创新型财经专业精品教材

财务会计

主编 吴育湘 杜 敏

镇 江

内 容 提 要

本书主要介绍了财务会计的相关知识。全书共 14 章，具体内容包括：总论、货币资金、应收及预付款项、存货、固定资产、无形资产和其他资产、投资性资产、流动负债、非流动负债、所有者权益、收入、费用、利润、财务报告。

本书内容系统、案例丰富、通俗易懂、实用性强，可作为财经专业及相关专业的教学用书，也可作为相关从业人员的参考用书。

图书在版编目（CIP）数据

财务会计 / 吴育湘，杜敏主编. -- 镇江 : 江苏大学出版社，2018.2（2024.5 重印）
ISBN 978-7-5684-0751-9

Ⅰ. ①财… Ⅱ. ①吴… ②杜… Ⅲ. ①财务会计－教材 Ⅳ. ①F234.4

中国版本图书馆 CIP 数据核字(2018)第 020205 号

财务会计
Caiwu Kuaiji

主　　编 / 吴育湘　杜　敏
责任编辑 / 柳　艳
出版发行 / 江苏大学出版社
地　　址 / 江苏省镇江市京口区学府路 301 号（邮编：212013）
电　　话 / 0511-84446464（传真）
网　　址 / http://press.ujs.edu.cn
排　　版 / 河北鹏润印刷有限公司
印　　刷 / 河北鹏润印刷有限公司
开　　本 / 787 mm×1 092 mm　1/16
印　　张 / 22.25
字　　数 / 514 千字
版　　次 / 2018 年 2 月第 1 版
印　　次 / 2024 年 5 月第 9 次印刷
书　　号 / ISBN 978-7-5684-0751-9
定　　价 / 59.60 元

如有印装质量问题请与本社营销部联系（电话：0511-84440882）

编者的话

“财务会计”是会计、审计、财务管理等专业的核心课程，是现代会计的一个重要分支。本课程是在“基础会计”课程的基础上，结合企业的主要经济业务，进一步系统阐述财务会计的基本理论和方法，具有承前启后的作用，是学习其他后续会计类课程的重要基础。

为了更好地满足财经专业学生及广大会计学者的需要，帮助其掌握会计核算的基本原理，对企业的主要经济业务进行会计处理，培养其分析、解决企业管理问题的能力，我们以我国现行《企业会计准则》为依据，参考国内外会计理论研究的最新成果，针对我国企业财务会计实务，组织编写了这本《财务会计》。

近几年来，财政部颁布并修订部分《企业会计准则》及相关的会计处理规定，对《财务会计》提出了更高的要求。为了适应不断变化的经济环境，及时跟踪金融资产、收入、财务会计报告等会计准则的变化和增值税改革的情况，满足学生对会计专业知识结构更完善的要求，更好地将学历教育服务于职业发展规划，特结合会计专业学历拓展要求对本书进行了修订和补充。

整体而言，本书具有以下特点：

- 紧跟时代，全新解读：本书紧扣我国会计改革和税法改革步伐，将最新会计准则体系的理念、框架、方法融入其中，充分反映会计理论和会计实务改革发展的最新成果。例如，本次更新了财务报表格式、最新增值税税率，根据收入准则修订了收入的确认和计量，根据金融工具准则修订了金融资产相关内容等，确保学生及时掌握新知识、了解新政策，主动适应时代的发展需求。
- 结构合理，内容系统：本书在内容上按照会计要素各项目分项展开，全面系统地介绍了财务会计的基本理论、基本知识、基本方法及最新的会计实务。这样的编排方式，一方面符合六大会计要素的编排顺序，通过对资产、负债、所有者权益、收入、费用、利润的逐一讲解，使知识更加系统化；另一方面符合职称考试的内容顺序，对参加职称考试的考生有一定的帮助。
- 微课辅助，扫码即学：本书采用“二维码”的形式对在会计实务中常用的原始票据、会计法规、税收法规等相关知识进行链接，扫码即可获得对相关知识的直观介绍，旨在增加学生对会计实务票据的感性认识，帮助学生加深对会计核算法规性的理解，丰富学生的课外知识，以拓展其会计视野。
- 例题丰富，资源配套：本书设有大量例题，由浅入深，力求复杂问题简单化，简单问题直观化；财务报告列举经典案例，对资产负债表、利润表和现金流量表的编制进行具体操作演示；设置业务能力训练，便于学生巩固所学财务会计理论知识，提高其会计核算技能。同时，本书还有专门的配套实训，以便学生将理论知识与工作实践紧密结合，切实提高财务会计综合能力。

➢ **数字资源，平台辅助：**本书为广大师生提供了一站式教学资源，读者可以登录文旌综合教育平台“文旌课堂”（www.wenjingketang.com）体验平台式教学及下载相关教学资源包。

此外，本书还提供了在线题库，支持“教学作业，一键发布”，教师只需通过微信或“文旌课堂”App 扫描扉页二维码，即可迅速选题、一键发布、智能批改，并查看学生的作业分析报告，提高教学效率、提升教学体验。学生可在线完成作业，巩固所学知识，提高学习效率。

为学习贯彻党的二十大精神，提升课程铸魂育人效果，本书专门在扉页“教·学资源”二维码中设计了相应栏目，以引导学生践行社会主义核心价值观，涵养学生奋斗精神、敬业精神、奉献精神、创新精神、工匠精神、法治精神、绿色环保意识等。

本书由吴育湘、杜敏任主编，贺晶、梅龙姬、徐丽华任副主编，缪梦、胡红梅、褚琴、余莉、刘凯迪、杨亚星参与编写，全书由何爱赟主审，由吴育湘设计全书的框架，拟定大纲和最后对全书进行总纂与定稿。具体分工如下：缪梦、胡红梅编写第一章、第十三章，吴育湘编写第二章、第十章，褚琴编写第三章及第十二章第一节、第二节、第三节，杜敏编写第四章、第十二章第四节，梅龙姬编写第五章、第十四章，刘凯迪编写第六章，徐丽华编写第七章，余莉编写第八章，杨亚星编写第九章，贺晶编写第十一章。

在编写过程中，我们参考了大量的文献资料，在此向这些作者表示诚挚的谢意。由于编者水平有限，书中难免存在疏漏与不当之处，敬请广大读者批评指正。

本书编委会

主　编　吴育湘　杜　敏

副主编　贺　晶　梅龙姬　徐丽华

参　编　缪　梦　胡红梅　褚　琴

余　莉　刘凯迪　杨亚星

主　审　何爱赟

目　录

1

第一章 总　论

学习目标

知识目标

通过本章的学习，了解财务会计的概念和特点，理解财务会计的目标和作用，熟悉财务会计的内容，掌握财务会计六要素、计量属性及其应用原则，熟悉财务会计法规体系和相关的企业内部会计制度。

能力目标

1. 能根据财务会计的概念和目标，简述财务会计在企业管理中的地位和作用。
2. 能理解会计信息质量要求对财务会计核算的影响。
3. 能根据会计要素的确认条件判断相关内容是否确认为会计要素。
4. 能根据财务会计法规的内在联系分析其在企业中的作用。

导入案例

2017 年 7 月 20 日至 10 月 11 日，财政部驻湖北省财政监察专员办事处对武汉江华股份有限公司及其下属公司 2016 年度会计信息质量进行了现场检查，并于 2017 年 11 月 20 日公布检查结果，指出该公司在会计核算、会计信息披露及会计基础性工作等方面存在严重的问题：该公司虚列、多列业务收入 29 609.5 万元，隐瞒、少计业务收入 13 187.39 万元，少计补贴收入 1 072.78 万元，虚列、多列投资损失 482.85 万元，不列、少列期间费用 3 028.63 万元。通过上述行为虚增 2014—2015 年的利润避免亏损，并通过将以前年度发生的费用及欠缴税款推迟记入 2016 年度等方法，人为调节各年度盈利数据，披露虚假财务信息。

分析：武汉江华股份有限公司在会计基础性工作上有哪些错误？上述行为违背了哪些会计信息质量要求？

第一节　会计概述

会计是随着人类社会生产实践活动的发展和经济管理的客观要求而产生和发展的。随着人类文明的不断进步、社会生产活动的不断革新、生产力的不断提高，以及与之相适应的生产关系不断完善，使会计的含义不断延伸，会计的核算基础、核算方法及内容都从简单的计量和记录行为，逐步衍生为社会经济发展管理活动的重要组成部分，并为社会经济的又好又快发展做出积极的促进作用。

一、会计的概念与作用

（一）会计的概念

会计是以货币为主要计量单位，运用专门的方法，对一定经济主体的经济活动过程进行全面、连续、系统、综合地核算和监督，并在此基础上对经济活动进行分析、预测和控制的一种管理活动，也是经济管理的重要组成部分。

（二）会计的作用

会计是现代企业一项重要的基础性工作，通过一系列会计程序，提供决策有用的信息，并积极参与经营管理决策，提高企业经济效益，服务于市场经济的健康有序发展。具体来说，会计在社会主义市场经济中的作用，主要包括以下几个方面。

1. 提供决策有用的信息，提高企业透明度，规范企业行为

会计通过其反映职能，提供有关企业财务状况、经营成果和现金流量方面的信息，是投资者和债权人等财务报告使用者进行决策的依据。

例如，对于作为企业所有者的投资者来说，他们为了选择投资对象、衡量投资风险、

做出投资决策，需要了解有关企业经营情况方面的信息及其所处行业的信息；对于作为债权人的银行来说，他们为了选择贷款对象、衡量贷款风险、做出贷款决策，需要了解企业的短期偿债能力和长期偿债能力，以及企业所处行业的基本情况及其在同行业所处的地位；对于作为社会经济管理者的政府部门来说，他们为了制定经济政策、进行宏观调控、配置社会资源，需要从总体上掌握企业的资产负债结构、损益状况和现金流转情况，从宏观上把握经济运行的状况和发展变化趋势。所有这一切，都需要会计提供有助于他们进行决策的信息，通过提高会计信息透明度来规范企业会计行为。

2. 加强经营管理，提高经济效益，促进企业可持续发展

企业经营管理水平的高低直接影响企业的经济效益、经营成果、竞争能力和发展前景，在一定程度上决定了企业的前途和命运。为了满足企业内部经营管理对会计信息的需要，现代会计已经渗透到了企业内部经营管理的各个方面。

例如，会计通过分析和利用有关企业财务状况、经营成果和现金流量方面的信息，可以通过全面、系统、总括地了解企业生产经营活动情况、财务状况和经营成果，预测和分析未来发展前景；可以通过发现过去经营活动中存在的问题，找出存在的差距及原因，并提出改进措施；可以通过预算的分解和落实，建立起内部经济责任制，从而做到目标明确、责任清晰、考核严格、赏罚分明。总之，会计通过真实地反映企业的财务信息，参与经营决策，为处理企业与各方面的关系、考核企业管理人员的经营业绩和落实企业内部管理责任奠定基础，有助于发挥会计工作在加强企业经营管理、提高经济效益方面的积极作用。

3. 考核企业管理层经济责任的履行情况

企业接受了包括国家在内的所有投资者和债权人的投资，就有责任按照投资者预定的发展目标和要求，合理利用资源，加强经营管理，提高经济效益，接受考核和评价。会计信息有助于评价企业的业绩，有助于考核企业管理层经济责任的履行情况。

二、会计的分类

（一）按会计主体所处的行业分类

会计按会计主体所处的行业分类，可分为工业企业会计、商业企业会计、农业会计、行政事业单位会计和非营利组织会计等。

工业企业会计、商业企业会计和农业会计组成企业会计，以权责发生制为基础对企业的经济活动进行会计核算。其中，工业企业会计和农业会计涉及生产（或培育）过程，成本核算是其会计核算的重要组成部分。行政事业单位会计和非营利组织会计均不以营利为目的，预算会计以收付实现制为基础、财务会计以权责发生制为基础对其业务活动进行会计核算。本教材主要讲解工业企业经济活动的会计核算。

（二）按会计系统的组成分类

会计按会计系统的组成分类，可分为财务会计和管理会计。会计系统是由财务会计和管理会计联合而成的，是企业管理系统的核心子系统，二者统一服务于现代企业会计管理的总体要求，共同为实现企业内部经营管理的目标和满足外部各利益相关者的要求服务。

1．财务会计

财务会计是以传统会计为主要内容，通过一定的程序和方法，将企业生产经营活动中大量的、日常的业务数据，经过记录、分类和汇总，编制成会计报表，向企业外部与企业有利害关系的集团和个人提供反映企业财务状况和经营成果的财务报表。财务会计工作的重点偏向事后反映，主要为企业外界服务，因此财务会计又称为“外部会计”。

2．管理会计

财政部关于全面推进管理会计体系建设的指导意见

管理会计是适应现代企业管理的需要，突破原有会计领域而发展起来的一门相对独立的会计学科。管理会计主要利用财务会计提供的会计信息及其生产经营活动中的有关资料，运用数学、统计等方面的一系列方法，通过整理、计算、对比和分析，向企业内部各级管理人员提供用以短期和长期经营决策，制定计划指导和控制企业经营管理信息的对内会计报告。管理会计的侧重点在于对企业经营管理遇到的特定问题进行分析研究，主要为企业内部管理服务，因此管理会计又称为“内部会计”。

三、财务会计的目标

财务会计目标，又称财务报告目标，是指企业编制财务报告提供会计信息的目的，对财务会计的规范发展起着导向性作用。财务会计目标从传统上来讲有两种观点：一是受托责任观，二是决策有用观。

（一）受托责任观和决策有用观

1．受托责任观

受托责任观主要形成于公司制企业。在公司制企业下，公司财产所有权与经营权分离，受托者接受委托者的委托后，获得了财产的自主经营权和处置权，但负有定期向委托者报告其受托责任履行情况的义务。财务会计受托责任观的核心内容是：财务报告目标应以恰当的方式有效反映受托者受托管理委托者财产责任的履行情况。财务报告在委托者和受托者之间扮演着桥梁作用，核心是揭示过去的经营活动与财务成果。

2．决策有用观

决策有用观主要源于资本市场的发展。随着公司制企业的发展，公司的股权进一步分散，分散的投资者关注的核心从公司财产本身更多地转向公司价值管理和资本市场股票的表现。公司财务报告为此需要向投资者提供与其投资决策相关的信息，这就是基于资本市场的财务报告的决策有用观。财务报告决策有用观的核心内容是：财务报告应当向投资者等外部使用者提供决策有用的信息，尤其是提供与企业财务状况、经营成果和现金流量等相关的信息，从而有助于使用者评价公司未来现金流量的金额、时间和不确定性。

（二）我国关于财务报告目标的规定

我国会计基本准则明确了财务报告的目标，规定财务报告的目标是向财务报告使用者提供与企业财务状况、经营成果和现金流量等有关的会计信息，反映企业管理层受托责任履行情况，有助于财务报告使用者做出经济决策。我国对财务报告目标的界定，兼顾了决策有用观和受托责任观。

第二节 财务会计的内容

一、会计基本假设

会计基本假设是企业会计确认、计量和报告的前提，是对会计核算所处时间、空间环境等所做的合理设定。会计基本假设包括会计主体、持续经营、会计分期和货币计量。

（一）会计主体

会计主体是指企业会计确认、计量和报告的空间范围。在会计主体假设下，企业应当对其本身发生的交易或者事项进行会计确认、计量和报告，反映企业本身所从事的各项生产经营活动。明确界定会计主体是开展会计确认、计量和报告工作的重要前提。

会计主体不同于法律主体。一般来说，法律主体必然是一个会计主体。例如，一个企业作为一个法律主体，应当建立财务会计系统，独立反映其财务状况、经营成果和现金流量。但是，会计主体不一定是法律主体。例如，在企业集团的情况下，一个母公司拥有若干子公司，母子公司虽然是不同的法律主体，但是母公司对于子公司拥有控制权，为了全面反映企业集团的财务状况、经营成果和现金流量，就有必要将企业集团作为一个会计主体，编制合并财务报表。又如，由企业管理的证券投资基金、企业年金基金等，尽管不属于法律主体，但属于会计主体，应当对每项基金进行会计确认、计量和报告。

（二）持续经营

持续经营是指在可以预见的将来，企业将会按当前的规模和状态持续经营下去，不会停业，也不会大规模削减业务。在持续经营假设的前提下，会计确认、计量和报告应当以企业持续、正常的生产经营活动为前提。

明确持续经营这个基本假设就意味着会计主体将按照既定用途使用资产，按照既定的合约条件清偿债务，会计人员就可以在此基础上选择会计原则和会计方法。如果判断企业会持续经营，就可以假定企业的固定资产会在持续经营的生产经营过程中长期发挥作用，并服务于生产经营过程，固定资产就可以根据历史成本进行记录，并采用折旧的方法，将历史成本分摊到各个会计期间或相关产品的成本中；如果判断企业不会持续经营，固定资产就不应采用历史成本进行记录并按期计提折旧。

（三）会计分期

会计分期是指将一个企业持续经营的生产经营活动划分为一个个连续的、间隔相同的期间。会计分期的目的，在于通过会计期间的划分，将持续经营的生产经营活动划分成连续、相等的期间，据以结算盈亏，按期编报财务报告，从而及时向财务报告使用者提供有关企业财务状况、经营成果和现金流量的信息。

在会计分期假设下，企业应当划分会计期间，分期结算账目和编制财务报告。会计期间通常分为年度和中期。中期是指短于一个完整的会计年度的报告期间，如月度、季度和半年度等。明确会计分期假设意义重大，有了会计分期，才产生了当期与以前期间、以后期间的差别，才使不同类型的会计主体有了记账的基准，进而出现了折旧、摊销等会计处理方法，从而形成了权责发生制和收付实现制的区别。

（四）货币计量

货币计量是指会计主体在财务会计确认、计量和报告时以货币为主要计量单位，反映会计主体的生产经营活动。

在有些情况下，统一采用货币计量也有缺陷，某些影响企业财务状况和经营成果的因素，如企业经营战略、研发能力和市场竞争力等，往往难以用货币来计量，但这些信息对于使用者决策来讲又很重要，因此，企业可以在财务报告中补充披露有关非财务信息来弥补上述缺陷。我国的会计核算应以人民币为记账本位币。业务收支以外币为主的企业，也可以选择某种外币作为记账本位币，但编制的财务报告应当折算为人民币反映；在境外设立的中国企业向国内报送的财务报告，也应当折算为人民币。

二、会计基础

企业会计的确认、计量和报告应当以权责发生制为基础。权责发生制基础要求，凡是当期已经实现的收入和已经发生或应当负担的费用，无论款项是否收付，都应当作为当期的收入和费用，计入利润表；凡是不属于当期的收入和费用，即使款项已在当期收付也不应当作为当期的收入和费用。

在实务中，企业交易或者事项的发生时间与相关货币收支时间有时并不完全一致。例如，款项已经收到，但销售并未实现；或者款项已经支付，但并不是为本期生产经营活动而发生的。为了更加真实、公允地反映特定会计期间的财务状况和经营成果，会计基本准则明确规定，企业在会计确认、计量和报告中应当以权责发生制为基础。

收付实现制是与权责发生制相对应的一种会计基础，它是以收到或支付的现金作为确认收入和费用等的依据。目前，我国的行政事业单位财务会计采用收付实现制，预算会计也采用收付实现制。

三、会计信息质量要求

会计信息质量要求是对企业财务报告中所提供会计信息质量的基本要求，是使财务报告中所提供会计信息对投资者等使用者决策有用应具备的基本特征，它主要包括可靠性、相关性、可理解性、可比性、实质重于形式、重要性、谨慎性和及时性等。

（一）可靠性

可靠性要求企业应当以实际发生的交易或者事项为依据进行确认、计量和报告，如实反映符合确认和计量要求的各项会计要素及其他相关信息，保证会计信息真实可靠、内容完整，不得根据虚构的、没有发生的或者尚未发生的交易或者事项进行确认、计量和报告。编报的报表及其附注内容等应当保持完整，不能随意遗漏或者减少应予披露的信息，与使用者决策相关的有用信息都应当充分披露。

（二）相关性

相关性要求企业提供的会计信息应当与投资者等财务报告使用者的经济决策需要相关，有助于投资者等财务报告使用者对企业过去、现在或者未来的情况做出评价或者预测。

会计信息质量的相关性要求，需要企业在确认、计量和报告会计信息的过程中，充分考虑使用者的决策模式和信息需要。但是，相关性是以可靠性为基础的，两者之间并不矛盾，不应将两者对立起来。也就是说，会计信息在保证可靠性的前提下，尽可能地做到相关性，以满足投资者等财务报告使用者的决策需要。

（三）可理解性

可理解性要求企业提供的会计信息应当清晰明了，便于投资者等财务报告使用者理解和使用。

企业编制财务报告、提供会计信息的目的在于使用，而要让使用者有效地使用会计信息，应当能让其了解会计信息的内涵，弄懂会计信息的内容，这就要求财务报告所提供的会计信息清晰明了，易于理解。只有这样，才能提高会计信息的有用性，实现财务报告的目标，满足向投资者等财务报告使用者提供决策有用信息的要求。

（四）可比性

可比性要求企业提供的会计信息应当相互可比，主要包括两层含义。

1. 同一企业不同时期可比

为了便于投资者等财务报告使用者了解企业财务状况、经营成果和现金流量的变化趋势，比较企业在不同时期的财务报告信息，全面、客观地评价过去、预测未来，从而做出决策。因此，会计信息应当可比。会计信息质量的可比性要求同一企业不同时期发生的相同或者相似的交易或者事项，应当采用一致的会计政策，不得随意变更。但是，满足会计信息可比性要求，并非表明企业不得变更会计政策，如果按照规定或者在会计政策变更后可以提供更可靠、更相关的会计信息的，可以变更会计政策。有关会计政策变更的情况，应当在附注中予以说明。

2. 不同企业相同会计期间可比

为了便于投资者等财务报告使用者评价不同企业的财务状况、经营成果和现金流量及其变动情况，会计信息质量的可比性要求不同企业同一会计期间发生的相同或者相似的交易或者事项，应当采用相同或相似的会计政策，确保会计信息口径一致、相互可比，以使不同企业按照一致的确认、计量和报告要求提供有关会计信息。

（五）实质重于形式

实质重于形式要求企业应当按照交易或者事项的经济实质进行会计确认、计量和报告，而不仅仅以交易或者事项的法律形式为依据。

企业发生的交易或事项在多数情况下，其经济实质和法律形式是一致的。但在某些特定情况下，也会出现不一致。例如，以融资租赁方式租入的资产，虽然从法律形式来讲企业并不拥有其所有权，但是由于租赁合同中规定的租赁期相当长，接近于该资产的使用寿命；租赁期结束时承租企业有优先购买该资产的选择权；在租赁期内承租企业有权支配资产并从中受益等，因此，从其经济实质来看，企业能够控制融资租入资产所创造的未来经济利益，在会计确认、计量和报告上就应当将以融资租赁方式租入的资产视为企业的资产，列入企业的资产负债表。

（六）重要性

重要性要求企业提供的会计信息应当反映与企业财务状况、经营成果和现金流量有关的所有重要交易或者事项。在实务中，如果会计信息的省略或者错报会影响投资者等财务报告使用者的决策判断，该信息就具有重要性。重要性的应用需要依赖职业判断，企业应当根据其所处环境和实际情况，从项目的性质和金额大小两方面加以判断。

（七）谨慎性

谨慎性要求企业对交易或者事项进行会计确认、计量和报告应当保持应有的谨慎，不应高估资产或者收益、低估负债或者费用。

在市场经济环境下，企业的生产经营活动面临着许多风险和不确定性，如应收款项的可收回性、固定资产的使用寿命、无形资产的使用寿命、售出存货可能发生的退货或者返修等。会计信息质量的谨慎性要求，需要企业在面临不确定性因素的情况下做出职业判断时，应当保持应有的谨慎，充分估计到各种风险和损失，既不高估资产或者收益，也不低估负债或者费用。例如，要求企业对可能发生的资产减值损失计提资产减值准备、对售出商品可能发生的保修义务等确认预计负债等，就体现了会计信息质量的谨慎性要求。

（八）及时性

及时性要求企业对于已经发生的交易或者事项，应当及时进行确认、计量和报告，不得提前或者延后。会计信息的价值在于帮助所有者或者其他方面做出经济决策，具有时效性。即使是可靠、相关的会计信息，如果不及时提供，就失去了时效性，对于使用者的效用就大大降低，甚至不再具有实际意义。

四、会计要素

会计要素是根据交易或者事项的经济特征所确定的财务会计对象的基本分类。会计要素按照其性质分为资产、负债、所有者权益、收入、费用和利润，其中，资产、负债和所有者权益要素侧重于反映企业的财务状况；收入、费用和利润要素侧重于反映企业的经营成果。

（一）资产

资产是指企业过去的交易或者事项形成的、由企业拥有或者控制的、预期会给企业带来经济利益的资源。资产按流动性（能否在1年或超过1年的一个营业周期变现或耗用）进行分类，可分为流动资产和非流动资产。流动资产包括库存现金、银行存款、交易性金融资产、应收票据、应收账款、预付账款、存货和其他应收款等；非流动资产包括以摊余成本计量的金融资产、长期股权投资、以公允价值计量且其变动计入其他综合收益的金融资产、投资性房地产、固定资产、无形资产和商誉等。

（二）负债

负债是指企业过去的交易或者事项形成的、预期会导致经济利益流出企业的现时义务。负债按偿还期（是否超过1年或超过1年的一个营业周期）进行分类，可分为流动负债和非流动负债。流动负债包括短期借款、交易性金融负债、应付票据、应付账款、应付职工薪酬、应交税费、应付股利和应付利息等；非流动负债包括长期借款、应付债券和长期应付款等。

（三）所有者权益

利得与损失

所有者权益是指企业资产扣除负债后，由所有者享有的剩余权益。公司的所有者权益，又称为股东权益。所有者权益是所有者对企业资产的剩余索取权，它是企业资产中扣除债权人权益后应由所有者享有的部分，既反映了所有者投入资本的保值增值情况，又体现了保护债权人权益的理念。

所有者权益的来源包括所有者投入的资本、直接计入所有者权益的利得和损失（其他综合收益）、留存收益等，通常由股本（或实收资本）、资本公积（含股本溢价或资本溢价、其他资本公积）、盈余公积和未分配利润构成。商业银行等金融企业在税后利润中提取的一般风险准备，也构成所有者权益。

（四）收入

收入是指企业在日常活动中形成的、会导致所有者权益增加的、与所有者投入资本无关的经济利益的总流入。收入按企业经营业务的主次进行分类，可分为主营业务收入和其他业务收入。

（五）费用

费用是指企业在日常活动中发生的、会导致所有者权益减少的、与向所有者分配利润无关的经济利益的总流出。费用主要包括营业成本、期间费用和资产减值损失等。

（六）利润

利润是指企业在一定会计期间的经营成果。通常情况下，如果企业实现了利润，表明企业的所有者权益将增加，业绩得到了提升；反之，如果企业发生了亏损（即利润为负数），表明企业的所有者权益将减少，业绩下滑了。因此，利润往往是评价企业管理层业绩的一项重要指标，也是投资者等财务报告使用者进行决策时的重要参考。

利润包括收入减去费用后的净额、直接计入当期利润的利得和损失等。其中，收入减去费用后的净额反映的是企业日常活动的业绩，直接计入当期利润的利得和损失反映的是企业非日常活动的业绩。直接计入当期利润的利得和损失是指应当计入当期损益、最终会引起所有者权益发生增减变动的、与所有者投入资本或者向所有者分配利润无关的利得或者损失。企业应当严格区分收入和利得、费用和损失之间的区别，以更加全面地反映企业的经营业绩。

五、会计要素计量属性

计量属性是指所予计量的某一要素的特性方面，如桌子的长度、铁矿的重量和楼房的面积等。从会计的角度，计量属性反映的是会计要素金额的确定基础，主要包括历史成本、重置成本、可变现净值、现值和公允价值等。

（一）历史成本

历史成本，又称为实际成本，是指为取得或制造某项财产物资时所实际支付的现金或其他等价物。例如，某设备价款 300 万元，运杂费 2 万元，安装调试费用 13 万元，则该项固定资产的成本为 315 万元。

在历史成本计量下，资产按照购置时支付的现金或者现金等价物的金额，或者按照购置资产时所付出的对价的公允价值计量。负债按照其因承担现时义务而实际收到的款项或者资产的金额，或者承担现时义务的合同金额，或者按照日常活动中为偿还负债预期需要支付的现金或者现金等价物的金额计量。

（二）重置成本

重置成本，又称现行成本，是指在当前市场条件下，重新取得同样一项资产所需支付的现金或现金等价物金额。在重置成本计量下，资产按照现在购买相同或者相似资产所需支付的现金或者现金等价物的金额计量。负债按照现在偿付该项债务所需支付的现金或者现金等价物的金额计量。重置成本常用于盘盈固定资产初始入账金额的确定。

（三）可变现净值

可变现净值是指在正常生产经营过程中，以预计售价减去进一步加工成本和预计销售费用及相关税费后的净值。其实质就是该资产在正常经营过程中可带来的预期净现金流入或流出（不考虑资金时间价值）。在可变现净值计量下，资产按照其正常对外销售所能收到现金或者现金等价物的金额扣减该资产至完工时估计将要发生的成本、估计的销售费用及相关税金后的金额计量。可变现净值常用于存货的期末计量。

（四）现值

现值是指对未来现金流量以恰当的折现率进行折现后的价值，是考虑资金时间价值的一种计量属性。在现值计量下，资产按照预计从其持续使用和最终处置所产生的未来净现金流入量的折现金额计量。负债按照预计期限内需要偿还的未来净现金流出量的折现金额计量。

（五）公允价值

公允价值是指在公平交易中，熟悉情况的交易双方自愿进行资产交换或者债务清偿的金额。在公允价值计量下，资产和负债按照在公平交易中，熟悉情况的交易双方自愿进行资产交换或者债务清偿的金额计量。

企业在对会计要素进行计量时，一般应当采用历史成本，采用重置成本、可变现净值、现值或公允价值计量的，应当保证所确定的会计要素金额能够持续取得并可靠计量。

第三节 企业财务会计法规体系

会计是一项综合性的经济管理工作，为了保证会计工作的顺利进行和会计任务的全面完成，会计工作必须做到有法可依，有章可循。制定和执行会计法规可以使会计工作符合预定的目标，有利于在经济活动中具体贯彻财经方针和政策，执行财经纪律；有了完善的会计法规，便能保障会计人员依法行使职权，充分发挥会计人员的作用；有了完善的会计法规，能保证会计工作有组织、有秩序地进行。

我国企业财务会计法规体系由《会计法》《企业会计准则》《小企业会计准则》组成。

一、会计法

《会计法》是我国会计核算的根本大法，是我国会计工作的母法。《会计法》就我国会计核算的主要方面做出了规定，涉及我国会计核算的所有领域，是包括企业会计核算法规在内的所有会计法规制定的基本依据。

《会计法》于 1985 年 1 月 21 日第六届全国人民代表大会常务委员会第九次会议通过，同年 5 月 1 日正式施行。现行的《会计法》于 2017 年 11 月 4 日第十二届全国人民代表大会常务委员会第三十次会议修正。全文共有 7 章 52 条，分别为：总则，会计核算，公司、企业会计核算的特别规定，会计监督，会计机构和会计人员，法律责任，附则。

二、企业会计准则

根据《会计法》的规定，中国企业会计准则由财政部制定。2006 年 2 月 15 日，财政部在多年会计改革经验积累的基础上，顺应我国社会主义市场经济发展和经济全球化的需要，发布了企业会计准则体系。这套企业会计准则体系包括《企业会计准则——基本准则》（以下简称基本准则）和具体准则及相关应用指南，实现了与国际财务报告准则的趋同。

企业会计准则体系自 2007 年 1 月 1 日起首先在上市公司范围内施行，之后逐步扩大到几乎所有大中型企业。

中国现行企业会计准则体系由基本准则、具体准则、应用指南和解释组成。

（一）基本准则

基本准则主要规范了财务报告目标、会计基本假设、会计基础、会计信息质量要求、会计要素分类及其确认计量原则和财务报告。基本准则在企业会计准则体系中发挥着十分重要的作用，主要包括以下几个方面。

1. 统驭具体准则的制定

基本准则是制定具体准则的基础，对各具体准则的制定起着统驭作用，可以确保各具体准则的内在一致性。我国基本准则第三条明确规定：企业会计准则包括基本准则和具体准则，具体准则的制定应当遵循本准则（即基本准则）。在企业会计准则体系的建设中，各项具体准则也都明确规定按照基本准则的要求进行制定和完善。

2. 为会计实务中出现的、具体准则尚未规范的新问题提供会计处理依据

在会计实务中，由于经济交易事项的不断发展、创新，一些新的交易或者事项在具体准则中尚未规范但又急需处理，这时，企业不仅应当对这些新的交易或事项及时进行会计处理，而且在处理时应当严格遵循基本准则的要求，尤其是基本准则关于会计要素的概念及其确认与计量等方面的规定。

（二）具体准则

具体准则是在基本准则的指导下，对企业各项资产、负债、所有者权益、收入、费用、利润及相关事项的确认、计量和报告进行规范的会计准则。

（三）应用指南

应用指南是对具体准则相关条款的细化和有关重点难点问题提供的操作性指南，以利于会计准则的关键落实和指导实务操作。

（四）解释

解释是对具体准则实施过程中出现的问题、具体准则条款规定不清楚或者尚未规定的问题做出的补充说明。

本教材按照《企业会计准则》的要求对经济业务进行核算。

三、小企业会计准则

2011 年 10 月 18 日，财政部发布了《小企业会计准则》。《小企业会计准则》规范了适用于小企业的资产、负债、所有者权益、收入、费用、利润及利润分配、外币业务、财务报表等会计处理及其报表列报等问题。《小企业会计准则》适用于在中华人民共和国境内依法设立的、符合《中小企业划型标准规定》所规定的小型企业标准的企业，但股票或债券在市场上公开交易的小企业、金融机构或其他具有金融性质的小企业、企业集团的母公

司和子公司除外，自 2013 年 1 月 1 日起在所有适用的小企业范围内施行。《小企业会计准则》的发布与实施，标志着我国涵盖所有企业的会计准则体系的建成。

【业务能力训练】

一、单项选择题

1．资产按照购置时支付的现金或者现金等价物的金额，又或者按照购置资产时所付出的对价的公允价值计量。采用的会计计量属性是（　　）。

A．历史成本　　B．重置成本
C．可变现净值　　D．公允价值

2．对期末存货采用成本与可变现净值孰低计价，其所体现的会计信息质量要求是（　　）。

A．及时性　　B．实质重于形式
C．谨慎性　　D．可理解性

3．企业提供的会计信息应有助于财务报告使用者对企业过去、现在或者未来的情况做出评价或者预测，这体现了会计核算质量要求的是（　　）。

A．相关性　　B．可靠性
C．可理解性　　D．可比性

4．下列可以确认为费用的是（　　）。

A．向股东分配的现金股利
B．固定资产清理净损失
C．到银行办理转账支付的手续费
D．企业为在建工程购买工程物资发生的支出

5．下列属于财务报告目标的决策有用观的论点是（　　）。

A．会计信息更多强调可靠性　　B．会计信息更多地强调相关性
C．会计计量采用历史成本　　D．会计计量采用当前市价

二、多项选择题

1．下列选项中，属于费用要素内容的有（　　）。

A．主营业务成本　　B．其他业务成本
C．营业外支出　　D．利润分配支出

2．相关性要求企业所提供的会计信息（　　）。

A．满足企业内部加强经营管理的需要
B．满足国家宏观经济管理的需要
C．满足有关各方了解企业财务状况和经营成果的需要
D．满足提高全民素质的需要

3．在确认资产要素时，应满足的条件有（　）。

A．符合资产要素概念

B．经济利益很可能流入企业

C．成本或者价值能够可靠地计量

D．符合历史成本原则

4．下列说法中，符合会计信息质量要求的有（　　）。

A．会计核算方法一经确定不得随意变更

B．会计核算应当及时进行，不得提前或延后

C．会计核算应当仅反映交易或事项的法律形式

D．会计核算应当以实际发生的交易或事项为依据

5．在有不确定因素情况下做出合理判断时，下列事项符合谨慎性要求的做法有（　）。

A．合理估计可能发生的损失和费用

B．设置秘密准备，以防备利润计划完成不佳的年度转回

C．充分估计可能取得的收益和利润

D．不要高估资产和预计收益

三、判断题

1．出售无形资产取得收益会导致经济利益的流入，所以它属于会计准则所定义的“收入”范畴。（　　）

2．判断一项会计事项是否具有重要性，主要取决于会计准则的规定，而不是取决于会计人员的职业判断。所以同一个事项在某一企业具有重要性，在另一企业则也具有重要性。（　　）

3．企业必须拥有其所有权的资源才能作为资产予以确认，所以租赁期内的融资租入固定资产，承租人没有其所有权，故不作为固定资产核算，只在备查账簿登记。（　　）

4．企业为减少本年度亏损而调减计提资产减值准备金额，体现了会计核算的谨慎性原则。（　　）

5．实质重于形式要求企业应当按照交易或者事项的经济实质进行会计确认、计量和报告，不应仅以交易或者事项的法律形式为依据。（　　）

2

第二章
货币资金

学习目标

知识目标

通过本章的学习，了解货币资金的特点和内部控制制度的有关规定，掌握现金和银行存款管理的有关规定，熟练处理现金、银行存款收付业务和银行转账业务，掌握现金和银行存款清查的方法和内容，了解其他货币资金的核算方法。

能力目标

1. 能根据货币资金内部控制制度的有关规定，根据企业特点制定与之相适应的企业内部控制制度。
2. 能根据收付款业务编制收付款单据，处理现金和银行存款业务。
3. 能进行现金和银行存款的序时核算、日常和期末对账，学会查找未达账项，编制银行存款余额调节表。
4. 能正确填制银行往来结算凭证，合理选用结算方式。

导入案例

张某为北京某大型国企的出纳员，2016年4月开始负责该公司在集宁一大型工程项目的款项收支和费用报销，因当地很多施工队没有对公账户，为了结算方便，公司便让他以个人名义开了几张公务卡，用于工程款项的结算，此外，张某还负责保管单位的各种银行结算票据、各种印章。张某利用这些便利条件，采用修改转账支票票根、收款不入账、销毁收入凭证、修改支出凭证和虚列工程款等方式，大肆贪污工程款，将所贪污的款项打入以自己名义开立的公务卡中，然后将这些款项据为己有，为了掩人耳目，每月伪造银行对账单，以应付领导的检查，至2019年6月，张某贪污挪用公款共计4 000万元。

分析：在该案例中，是什么原因导致张某在长达3年中贪污数额巨大的工程款而不被发现？其内部控制制度是否存在问题？具体有哪些？

第一节　货币资金概述

一、货币资金的内容

货币资金是指企业在生产经营过程中以货币形态存在的那部分资产。按其用途和存放地点不同，可分为库存现金、银行存款和其他货币资金。

（1）库存现金是指存放在企业的人民币现金和外币现钞。

（2）银行存款是指存放在银行或其他金融机构的货币资金。

（3）其他货币资金是指除库存现金、银行存款以外的可以用于支付的各种其他货币资金，包括外埠存款、银行汇票存款、银行本票存款、信用卡存款和存出投资款。

货币资金是企业在日常经营活动中必须需要的一部分资产，在企业日常的经营活动中，会发生大量的有关货币资金的收付款业务，如购买原材料、购置设备、支付职工薪酬、发生各种费用、缴纳税金和归还银行借款等，会发生货币资金的支付；销售产品、接受投资等，会发生货币资金的收取。为了企业经营的连续性，企业必须拥有一部分货币性资产。企业的货币资金拥有量是企业支付能力大小的标志，也是投资者分析企业财务状况好坏的重要标志。

二、货币资金的内部控制制度

货币资金具有很强的流动性和可接受性，但同时也有可能发生丢失、被盗及违法乱纪行为，保证其资金的安全性至关重要，建立货币资金的内部控制制度显得很有必要。

货币资金的内部控制制度是指单位为了保护货币资金的安全而制定的控制制度，根据财政部颁布的《内部会计控制——货币资金（试行）》《企业内部控制应用指引》的有关规定，货币资金的内部控制制度包括以下几个方面。

（一）职责分工和职权分离制度

货币资金收支应由出纳人员和会计人员分工负责，分别办理，职责分离。企业应设置专职出纳员负责货币资金的收付和各种收付款凭证的保管、收付款凭证的签发和日记账的登记。会计不得兼任出纳，出纳人员不得兼任稽核、会计档案保管，以及收入、支出、费用和债权债务账目的登记工作，企业不得由一人办理货币资金业务的全过程。

（二）配备合格人员，实行定期轮岗制度

企业办理货币资金业务，应当配备合格的人员，并根据自身具体情况进行岗位轮换。办理货币资金业务的人员应当具有良好的职业道德，尽忠职守，遵纪守法，客观公正，不断提高会计业务素质和职业道德水平。

（三）授权和批准制度

单位应当对货币资金业务建立严格的授权批准制度，单位各级工作人员，必须经过授权和批准，才能对有关经济业务进行处理，未经授权和批准，不允许接触该类业务。企业要规定各级管理人员的职责范围和业务处理权限，同时也要明确各级管理人员所要承担的责任，使他们对自己的业务处理行为负责。审批人应当在授权范围内进行审批，不得超越审批权限；经办人员应当在授权范围内，按照审批人的批准意见办理货币资金业务，对于审批人超越授权范围审批的货币资金业务，经办人有权拒绝，并向审批人的上级授权部门报告。对于单位重要的货币资金业务，应当实行集体决策和审批。

（四）内部记录和核对制度

所有货币资金的经济业务必须按会计制度规定进行记录，且各种收付款业务应集中到会计部门办理，任何单位和个人不得擅自出具收款或付款凭证，经济业务进行记录时，必须按照一系列措施和方法，按照规定的程序办理货币资金支付业务，把好支付申请、支付审批和支付办理三道关，以保证会计记录的真实、及时和正确。

出纳员要自觉进行经常性的对账工作，包括每日货币资金的账面数字和实际数字，应定期核对相符；每月都要向银行索要各存款户的对账单，并编制银行存款余额调节表，调节未达账项，如有调节不符，应及时查明原因，及时处理；内审人员应负责收支凭证和账目的定期审计和现金突击盘点及银行存款账的定期核对。

（五）安全制度

对货币资金必须有健全的保护措施，有专人负责保管，有专人进行内部监督。货币资金收付和保管只能由出纳员负责，其他人员非经单位集体特别授权，不得接触货币资金。出纳员应对购入票据及时登记，统一编号，妥善保管，开具票据时必须按编号顺序连续使用，对已使用和作废的银行结算票据要在登记簿上做详细记录，在作废票据上加盖“作废”章，全份保存，并详细登记，由领用人签名作证。银行预留印鉴分别由两人掌管，财务专用章由出纳员保管，法人章由财务部指定专人保管，建立复核制度，定期审查有关凭证的

填制、记账和算账工作。

（六）严密的收支凭证和传递程序

货币资金的收支事项，均应有一定的收支凭证和传递手续，使各项业务按正常渠道运行，每笔收款都要开票，每笔支出都要有单位负责人审批、会计主管审批和会计人员复核，尽可能使用转账结算。现金结算的款项要及时送存银行，出纳员收妥每笔款项后应在收款凭证上加盖“收讫”章；支付每一笔款项都应以健全的凭证和完善的审批手续为依据，付款后，必须在付款凭证上加盖“付讫”章。

第二节　库存现金

一、库存现金的管理

库存现金是存放在企业财务部门，由出纳保管的现款，包括人民币现金和外币现金。

库存现金是企业资产中流动性最强的一种货币性资产，既可用于支付各项费用和清偿债务，也可以用于流通，购置各种物品。现金作为一种交换媒介，具有普遍的可接受性，一旦被人侵占，可以不经任何改变，就可以为任何人所占有。因此，企业应加强库存现金的管理和控制，保证其安全性和完整性。

（一）库存现金的使用范围

根据国家现金管理制度和结算制度的规定，企业收支的各种款项必须按照国务院颁发的《现金管理暂行条例》的规定办理，在规定的范围内使用现金。允许企业使用现金结算的款项有：

（1）职工工资、津贴。

（2）个人劳务报酬。

（3）根据国家规定颁发给个人的科学技术、文化艺术、体育等各种奖金。

（4）各种劳保、福利费用及国家规定的对个人的其他支出。

（5）向个人收购农副产品和其他物资的价款。

（6）出差人员必须随身携带的差旅费。

（7）结算起点以下的零星支出。

（8）中国人民银行确定需要支付现金的其他支出。

属于上述现金结算范围的支出，企业可根据需要向银行提取现金支付；不属于上述现金结算范围的款项支付，一律通过银行进行转账结算。

（二）现金收支的规定

（1）企业在经营活动中发生的现金收入，应及时送存银行，不得直接用于支付企业的支出，即一般不得“坐支”。如因特殊情况需要坐支现金的，应事先报经开户银行核定坐支范围和限额。

（2）企业不得用不符合财务制度的凭证顶替库存现金，即不得“白条抵库”。

（3）不准谎报用途套取现金。

（4）不准将银行账户代其他单位和个人存入或支取现金。

（5）不准将单位收入的现金以个人名义存入储蓄，不准保留账外公款，即不得“公款私存”，不得设置“小金库”。

为了加强现金管理，满足企业日常零星开支的需要，减少现金的使用，国家采取了核定库存现金限额的管理办法。库存限额由开户银行根据企业的实际需要核定，一般应满足企业3至5天日常零星开支的需要。企业必须严格执行核定的库存现金限额，超过限额的库存现金，应及时送存银行；库存现金不足，可签发现金支票从开户银行提取。需要增加或减少库存现金限额的，应向开户银行提出申请，由开户银行核定。

二、库存现金的核算

（一）库存现金的总分类核算

为了核算企业库存现金的增减变化及结存情况，企业应设置“库存现金”账户。该账户属于资产类账户，其借方登记库存现金的增加额，贷方登记库存现金的减少额，期末借方余额表示库存现金的结存额。

企业收到现金时，借记“库存现金”账户，贷记有关账户。企业支付现金时，借记有关账户，贷记“库存现金”账户。

【例2-2-1】 2019年4月10日，胜利公司从银行提取现金2 000元。根据现金支票存根，编制的会计分录为：

借：库存现金　　2 000

　贷：银行存款　　2 000

【例2-2-2】 2019年4月10日，胜利公司收到仓库出售废旧物资交来的现金565元。根据增值税普通发票和收款收据，编制的会计分录为：

借：库存现金　　565

　贷：其他业务收入　　500

　　　应交税费——应交增值税（销项税额）　　65

【例2-2-3】 2019年4月12日，胜利公司报销办公室购买的办公用品200元，增值税税额26元，支付现金226元。根据增值税专用发票等凭证，编制的会计分录为：

借：管理费用——办公费　　200

　　应交税费——应交增值税（进项税额）　　26

　贷：库存现金　　226

（二）库存现金的明细分类核算

为了加强现金的管理，企业除了进行库存现金的总分类核算外，还要设置“库存现金日记账”（见表 2-1），进行序时登记，进行明细分类核算。

表 2-1　库存现金日记账

2019 年		凭证		摘要	对方账户	借方	贷方	余额
月	日	种类	号数					
4	1			期初余额				3 580
	5	付	2	提现	银行存款	2 000		5 580
	5	收	5	收销废旧货款	其他业务收入	565		6 145
	5	付	4	付办公费	管理费用		226	5 919
			5	本日合计		2 565	226	5 919
				……				

库存现金日记账为订本式账簿，由出纳员根据审核后的收付款凭证，按业务发生的先后顺序，逐日逐笔进行登记，每日业务终了，要结出余额，与实存数相核对，做到日清月结，保证账实相符。有多币种库存现金的企业，还应当按照币种分别设置“库存现金日记账”进行明细分类核算。

（三）备用金的核算

备用金是指企业财务部门拨付给内部用款单位或个人备作日常零星开支等的款项。备用金的报销是先借后用，凭据报销。

对于备用金的核算，企业可单独设置“备用金”账户核算，也可以在“其他应收款”账户核算。备用金按管理方式的不同，可分为定额备用金和非定额备用金。

1. 定额备用金的核算

定额备用金是财务部门根据企业内部各部门或个人零星开支的需要核定定额，拨付现金，供其使用，在其发生支出后，凭有关的支付凭证，到财务部门报销，补足其备用金。定额备用金的特点是使用部门或个人经常保持核定的现金定额，只有撤销定额备用金或定额备用金调整定额时，备用金才会发生变化。该方法适用于经常性有费用开支的内部单位和个人。

【例 2-2-4】　胜利公司总务科实行定额备用金制度，财务部门根据核定的备用金定额 3 000 元，支付现金。根据借款单等票据，编制的会计分录为：

借：其他应收款——总务科　　3 000

　贷：库存现金　　3 000

【例 2-2-5】　总务科购买办公用品 1 500 元，凭购买发票到财务部门报销，财务部门审核后支付现金 1 500 元，补足定额。根据购买发票等票据，编制的会计分录为：

借：管理费用——办公费　　1 500

　贷：库存现金　　1 500

2. 非定额备用金的核算

非定额备用金是财务部门对非经常使用现金的企业内部各部门或个人，根据每次业务所需要现金的数额拨付备用金，在其使用后，凭支付发票一次性到财务部门报销，多退少补，一次结清，下次再用时，重新办理手续。该方法适用于不经常使用现金的单位和个人，如差旅费、小额的采购等业务。

【例 2-2-6】　张山因出差向财务部门借款 2 000 元，财务部门支付现金。根据借款单等单据，编制的会计分录为:

借：其他应收款——张山　　2 000
　贷：库存现金　　2 000

【例 2-2-7】　张山出差回来，报销差旅费 2 200，财务部门根据其交来的有关单据，审核无误后，冲销其先借支的 2 000 元，支付现金 200 元。根据有关单据，编制的会计分录为:

借：管理费用——差旅费　　2 200
　贷：其他应收款——张山　　2 000
　　库存现金　　200

（四）库存现金的清查核算

库存现金清查的目的是为了保证现金的安全，防止现金丢失或收支记账时发生差错，以及贪污、挪用公款的行为。库存现金的清查包括出纳员每日的清点和组成清查小组进行定期和不定期的清查，一般采用实地盘点法，并将库存现金实存数与日记账核对。对于清查的结果，应当编制现金盘点报告单，如果发现账实不符，有待查明原因的现金溢余和短缺，应先通过“待处理财产损溢”账户核算，调整库存现金账项，做到账实相符。

为了核算企业在清查财产过程中查明的各种财产物资的盘盈（溢余）、盘亏（短缺）和毁损情况，企业应设置“待处理财产损溢”账户。该账户属于资产类账户，其借方登记待处理财产盘亏或毁损数，贷方登记待处理财产盘盈数，期末借方余额表示尚未处理的盘亏，期末贷方余额表示尚未处理的盘盈。

当发生盘盈时，借记“库存现金”“原材料”等账户，贷记“待处理财产损溢”账户；当发生盘亏时，借记“待处理财产损溢”账户，贷记“库存现金”“原材料”“库存商品”等账户。溢余和短缺报经管理部门批准后将发生的短缺和溢余分别处理，主要有以下几个方面:

（1）如为现金短缺，属于应由责任人赔偿或保险公司赔偿的部分，计入其他应收款；属于无法查明原因的部分，计入管理费用。

（2）如为现金溢余，属于应支付给有关人员或单位的部分，计入其他应付款；属于无法查明原因的部分，计入营业外收入。

【例 2-2-8】　2019 年 4 月 10 日，胜利公司出纳员在对现金进行清查时，发现现金短缺 200 元。根据现金盘点报告单，编制的会计分录为:

借：待处理财产损溢——待处理流动资产损溢　　200
　贷：库存现金　　200

【例 2-2-9】 2019 年 4 月 15 日，上述短缺现金原因查明，其中 120 元由于出纳员李华工作失职造成，另 80 元无法查明原因，经批准后转作管理费用。根据批准后的盘点报告单及相关单据，编制的会计分录为：

借：其他应收款——李华　　120

　　管理费用　　80

　贷：待处理财产损溢——待处理流动资产损溢　　200

【例 2-2-10】 2019 年 4 月 20 日，胜利公司出纳员在对现金进行清查时，发现现金溢余 50 元。根据现金盘点报告单，编制的会计分录为：

借：库存现金　　50

　贷：待处理财产损溢——待处理流动资产损溢　　50

【例 2-2-11】 2019 年 4 月 25 日，上述溢余现金原因无法查明，经批准，转入营业外收入。编制的会计分录为：

借：待处理财产损溢——待处理流动资产损溢　　50

　贷：营业外收入　　50

第三节　银行存款

一、银行存款的管理

银行存款是指企业存放于银行或其他金融机构的货币资金。按照国家现金管理和结算制度的规定，每个企业都要在银行开立账户，该账户称为结算户存款，用来办理存款、取款和转账结算。

企业在银行开设账户以后，除按规定可以通过库存现金进行收支活动的以外，均必须以银行存款进行收支结算，超过限额的库存现金也必须送存银行。任何单位都必须按照相关规定进行银行存款的管理，对于银行存款的存、取和转账业务，应进行严格的审批，认真审查银行存款收支的合法性和合理性，并建立一套严密的内部控制制度。通常，企业的出纳人员负责银行存款的收付，保管签发支票，登记银行存款日记账；会计人员则负责银行存款收支业务的审核工作，并登记银行存款总账。

（一）银行存款的开户管理

为了维护金融秩序，规范全国的银行账户的开立和使用，中国人民银行制定的《银行账户管理办法》规定：一个企业可以根据需要在银行开立四种账户，包括基本存款账户、一般存款账户、临时存款账户和专用存款账户。

（1）基本存款账户是企业办理日常转账结算和现金收付而开立的银行结算账户。

（2）一般存款账户是企业办理的转账结算账户，可以办理借款转出、借款归还、转账及现金缴存，但不得提取现金。

（3）临时存款账户是企业因临时经营需要而开立的账户，企业可以通过本账户办理转账结算和根据国家现金管理的规定办理现金的收付。企业注册验资、在异地临时有经营活动，或设立临时性的机构等情况可以开立临时存款账户，但有效期最长不超过两年。

（4）专用存款账户是企业因特殊用途需要开立的账户。按照《银行账户管理办法》的有关规定，只有法律、行政法规规定要专户使用的资金，才纳入专用存款账户的管理。例如，对基本建设资金、财政预算外资金、粮棉油收购资金等存款可以开立专用存款账户。

一个企业只能开设一个基本存款账户，根据需要可以开立多个一般存款账户，但不得在同一家银行的几个分支机构开立多个一般存款账户。

（二）银行存款账户的管理

企业在开立存款账户后，必须严格执行银行结算纪律的规定，具体内容包括：

（1）合法使用银行存款账户，不得转借其他单位或个人使用；不得用银行账户进行非法活动。

（2）不得签发没有资金保证的票据和远期支票，套取银行信用。

（3）不得签发、取得和转让没有真实交易和债权债务的票据，套取银行和他人资金。

（4）不准无理拒绝付款，任意占用他人资金。

（5）不准违反规定开立和使用账户。

（三）银行支付结算方式

结算是指企业、经济组织或个人由于商品交易、劳务供应或资金调拨等经济往来引起货币的收付行为。结算按支付形式的不同，可分为现金结算和转账结算。现金结算是指收付款双方直接用现金进行款项的收付；转账结算是企业或单位之间的款项收付不动用现金，而是由银行将收付的款项从付款人的账户划转到收款人的账户的行为。

为了规范全国的银行结算工作及方便各企业及各单位的交易业务，中国人民银行规定了可以使用的各种银行支付结算方式，按照中国人民银行制定的《支付结算办法》的规定，银行支付结算的方式主要有：银行汇票、银行本票、商业汇票、支票、汇兑、托收承付、委托收款和信用卡等。

1. 银行汇票

（1）银行汇票的概念与适用范围。

银行汇票是汇款人将款项交存出票银行，由出票银行签发的，约定自己或委托付款人在见票时按照实际结算的金额无条件付款给收款人或持票人的票据。

银行汇票的出票银行为银行汇票的付款人，该种结算方式适用于企业与异地单位或个人的商品交易、劳务供应和债权债务等各种款项的结算，该种结算方式使用范围广，方便灵活，结算迅速，“票随人走”，兑付性强，剩余款项由银行负责退回等。

（2）银行汇票结算的特征。

银行汇票可以用于转账，填明“现金”字样的银行汇票也可以用于支取现金，其中现金银行汇票的汇款人和收款人必须均为个人，申请人或收款人为单位的，不得在“银行汇票”上注明现金字样。银行汇票的提示付款期为自出票日起一个月，持票人超过付款期限提示付款的，代理付款人不予受理。

银行汇票可以背书转让，背书转让金额应不超过实际结算金额，未填写实际结算金额或实际结算金额超过出票金额的银行汇票不得背书转让。申请人因银行汇票超过付款期限或其他原因要求退款的，应将解讫通知同时提交到出票银行，缺少解讫通知书的退款应当在银行提示付款期满一个月后办理。

（3）银行汇票的结算程序。

单位或个人需要办理银行汇票的，需要到开户银行或出票银行提出申请，填制一式三联的“银行汇票申请书”，填写收款人名称、汇票金额、申请人名称和申请日期等事项并签章。银行受理后，申请人将资金交存出票银行，由出票银行开出汇票，如未在出票银行开立账户，也可以将现金交存银行或将相当于银行汇票金额的资金转至出票银行，由其开出银行汇票，申请人取得银行汇票后即可持往异地办理采购或其他支付业务，收款人在收到银行汇票时，应在出票金额以内，根据实际需要的款项办理结算，并将实际结算金额和多余款项金额准确、清晰地填写在银行汇票和解讫通知的有关栏内，同时填写银行进账单，连同银行汇票及解讫通知一起送交开户银行办理结算，收款人开户银行审核无误后，办理转账，然后由收款人银行和付款人银行（出票银行）进行资金清算，有多余款项的，由申请人银行将多余款项退回给申请人账户或退给申请人。银行汇票结算程序如图 2-1 所示。

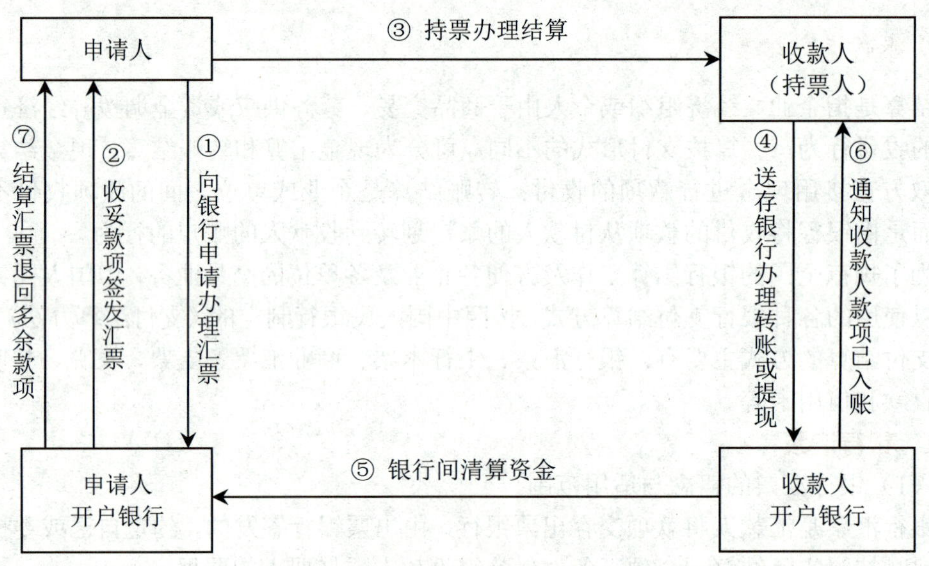

图 2-1　银行汇票结算程序图

2. 银行本票

（1）银行本票的概念与分类。

银行本票是申请人将款项交存银行，由银行签发后交给申请人以办理转账结算或支取现金的票据。银行本票分定额本票和非定额本票两种，定额本票面额为 1 000 元、5 000 元、10 000 元和 50 000 元。

（2）银行本票结算的特征。

银行本票由银行签发，保证兑付，信誉度高，支付功能强，单位和个人在同一票据交换区域需要支付的款项，均可使用银行本票。银行本票可以用于转账，填明“现金”字样的银行本票也可以用于支取现金，申请人或收款人为单位的，银行不得签发现金银行本票。

银行本票的提示付款期为自出票日起 2 个月，逾期的银行本票，兑付银行不予受理。银行本票的收款人可以在票据交换区域内将银行本票背书转让。

（3）银行本票的结算程序。

付款人需要使用银行本票办理结算时，需要到开户银行或出票银行提出申请，填制“银行本票申请书”，银行审查受理后，申请人将资金交存出票银行，由出票银行开出银行本票，如未在出票银行开立账户，也可以将现金交存银行或将相当于银行本票金额的资金转至出票银行，由其开出银行本票，持票人在与销售单位或其他单位办理业务时，要填明收款人名称办理结算。收款人收到票据审核无误后，填制银行进账单连同银行本票一起送交开户银行，银行审核无误后办理转账或支取现金。银行本票结算程序如图 2-2 所示。

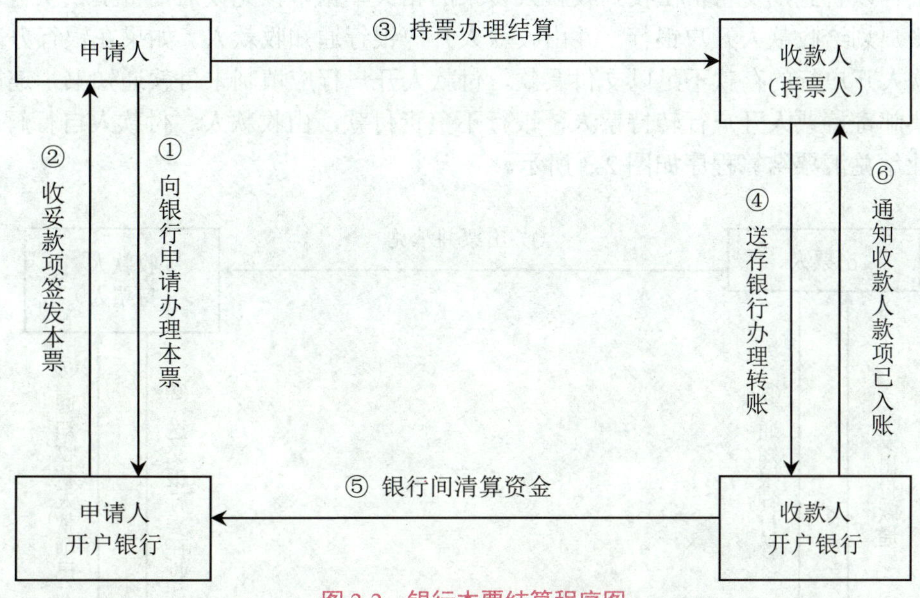

图 2-2 银行本票结算程序图

3. 商业汇票

（1）商业汇票的概念与适用范围。

商业汇票是出票人签发的，委托付款人在指定日期无条件支付确定的金额给收款人或持票人的票据。这种结算方式适用于在银行开立账户的法人及其他组织之间，具有真实的交易关系或债权债务关系，如购买材料、销售商品等业务。这种结算方式同城和异地均可使用。

（2）商业汇票结算的特征。

商业汇票的付款期限可由交易双方自行商定，但最长不得超过 6 个月，商业汇票的提示付款期限为自汇票到期日起 10 日，持票人应在提示付款期限内通过开户银行委托收款或直接向付款人提示付款，超过提示付款期限提示付款的，持票人开户银行不予受理。商业汇票可以背书转让，符合条件的商业汇票在尚未到期前可以向银行申请贴现，并按银行规定的贴现率向银行支付利息。

（3）商业汇票的分类。

商业汇票分为商业承兑汇票和银行承兑汇票，商业承兑汇票由银行以外的付款人承兑，银行承兑汇票由银行承兑。

- 商业承兑汇票是由付款人或收款人签发，付款人承兑的票据，商业承兑汇票的承兑人是付款人，也是交易中的购货单位。

收付款双方签订购销合同后，收款人或付款人签发一式三联商业承兑汇票后，由付款人承兑，付款人（购货单位）应在汇票正面记载“承兑”字样和承兑日期并签章。将汇票交给收款人，收款人收到承兑后的汇票，按购销合同发运商品，在汇票到期日前，收款人填制委托银行收款凭证，连同商业承兑汇票一起交开户银行办理收款手续，收款人开户银行将委托收款凭证和商业承兑汇票交付款人开户银行，付款人应在汇票到期前，将票款足额交存银行以备到期支付，在收到收款人转来的相关单据审核无误后，将票款从付款人开户银行账户划给收款人开户银行，并由收款人开户银行通知收款人。如果在银行办理划款时，付款人开户行的存款不足以支付票款，付款人开户行应填制未付款通知书，连同商业承兑汇票邮寄持票人开户行转持票人，银行不负责付款，由收款人、付款人自行解决。

商业承兑汇票结算程序如图 2-3 所示。

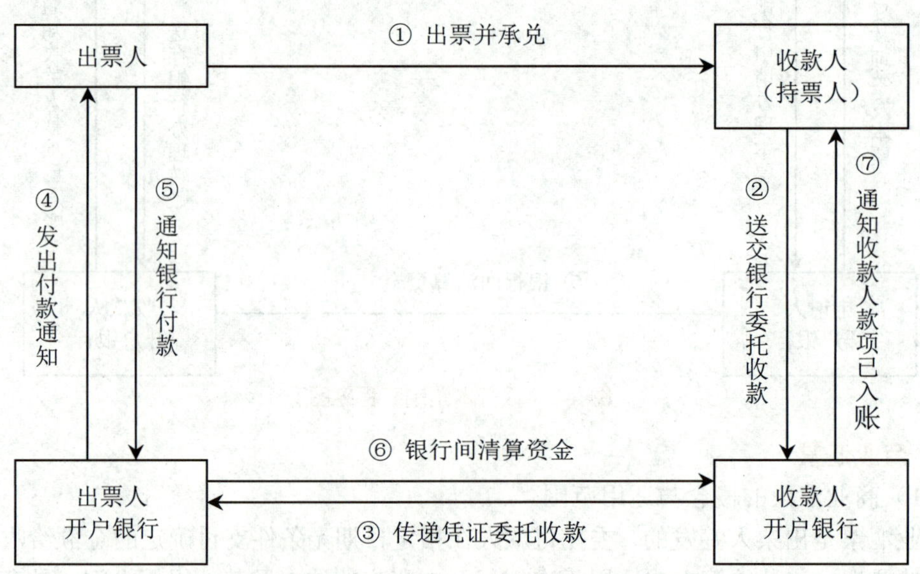

图 2-3　商业承兑汇票结算程序图

- 银行承兑汇票是由在银行开立存款账户的存款人（承兑申请人）签发，并由承兑申请人向开户银行申请，经银行审查同意承兑的票据。承兑银行按票面金额向出票人收取万分之五的手续费。银行承兑汇票的出票人是购货单位，承兑人和付款人是购货单位的开户银行。

购销双方确定采用银行承兑汇票结算后，购货单位（承兑申请人）签发一式三联商业承兑汇票后，向银行提出承兑申请，承兑银行收到汇票，按规定审查无误后，与承兑申请人签订“银行承兑协议”，在汇票正面记载“承兑”字样和承兑日期并签章，承兑申请人将银行承兑的汇票交收款人，收款人按合同发运商品。票据到期前收款人应填制银行“委托银行收款凭证”，连同汇票一起交银行代为收款。承兑申请人应在汇票到期前，将票款足额交存银行已备到期支付，承兑银行在汇票到期日向承兑申请人发出支款通知，收款人开户银行在收到收款人交来的银行承兑汇票和“委托银行收款”凭证后，经审核无误即代承兑银行将票款付到收款人账户，通知收款人，然后再与承兑银行清算代付款项。

银行承兑汇票结算程序如图 2-4 所示。

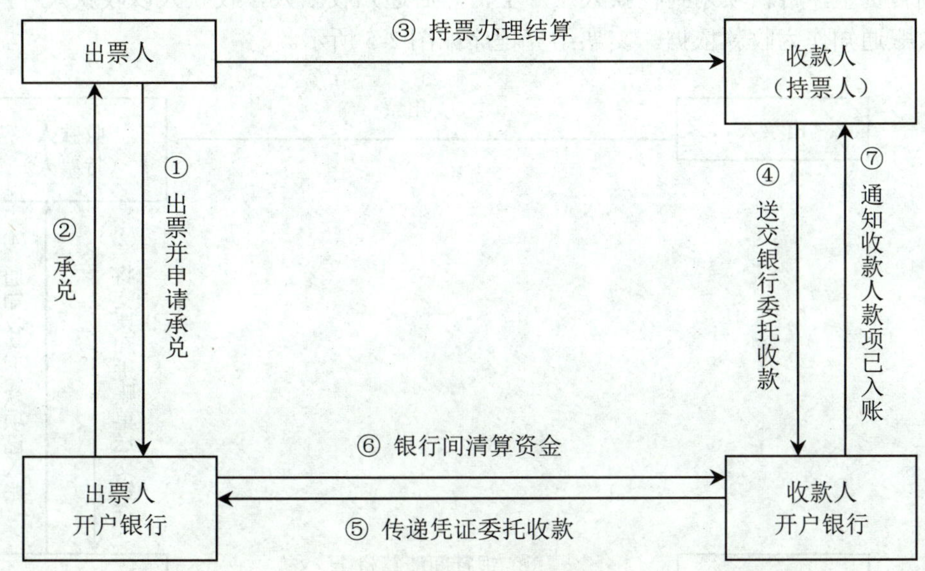

图 2-4 银行承兑汇票结算程序图

4．支票

（1）支票的概念与适用范围。

支票是由出票人签发的，委托办理支票存款业务的银行在见票时无条件支付确定的金额给收款人或持票人的票据。

中国人民银行于 2007 年 6 月 25 日建成全国支票影像交换系统，实现了支票在全国范围的互通使用。根据中国人民银行的规定，支票全国通用后出票人签发的支票凭证不变，异地使用支票的单笔金额上限为 50 万元。在此之前，支票只适用于单位和个人在同一票据交换区域的各种款项结算。

（2）支票的分类。

支票按照支付票款方式的不同，分为现金支票、转账支票和普通支票。现金支票是指支票上印有“现金”字样的支票，该支票只能用于支取现金。转账支票是指支票上印有“转账”字样的支票，该支票只能用于转账。普通支票是指支票上未印有“现金”或“转账”字样的支票，该支票可以用于支取现金，也可以用于转账。在普通支票左上角划两条平行线的，为划线支票，该支票只能用于转账，不能支取现金。

（3）支票的特征。

支票的提示付款期为自出票起 10 天，超过提示付款期限的，持票人开户银行不予受理，付款人不予付款。转账支票可以根据需要在票据交换区域内背书转让。

（4）支票的结算程序。

收付款人由于购买商品或其他交易采用支票结算方式，可以签发一式两联的转账支票，将正联给收款人，存根联记账。收款人收到支票后，填写银行进账单连同支票一起交收款人开户银行办理收款手续，收款人开户银行审核无误后，向付款人开户行提出付款要求，划转资金，将款项划到收款人账户上，然后通知收款人，收款人以收款人开户银行转回的收账通知作为收款依据。支票结算程序如图 2-5 所示。

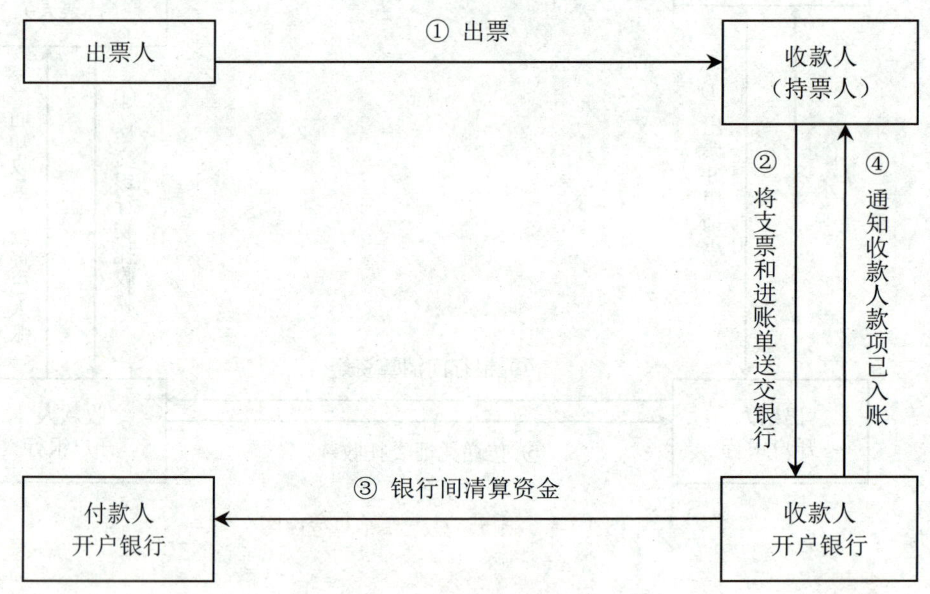

图 2-5　支票结算程序图

5. 汇兑

（1）汇兑的概念、特征与适用范围。

汇兑是汇款人委托银行将其款项汇往外地收款人或个人的一种结算方式。收款人既可以是在汇入行开立账户的单位，也可以是“留行待取”的个人，汇款人在银行已经汇出款项时，要填写银行印制的信汇凭证或电汇凭证，列明收款人名称，汇款金额及用途等。

汇兑结算方式划拨款项简便，比较灵活，适用面广，可用于各种资金调拨，清理旧欠，结算货款等。款项可以转账，也可以支取现金，而且没有金额起点的限制，用于各行各业之间的资金往来十分方便。

（2）汇兑的分类。

汇兑分为信汇和电汇两种。信汇是指汇款人委托银行通过邮寄方式将款项划给收款人，电汇是指汇款人委托银行通过电讯手段将款项划转给收款人。这两种汇款方式可由汇款人根据需要选择使用。

（3）汇兑的结算程序。

收付款人汇出款项项目，加盖预留银行印鉴，送达汇款人开户银行，未在银行开立户头的个人，也可将资金交存银行，委托银行将款项汇往收款人的开户银行，收款人的开户银行将汇款收进收款人存款户后，通知收款人收款。汇兑结算程序如图 2-6 所示。

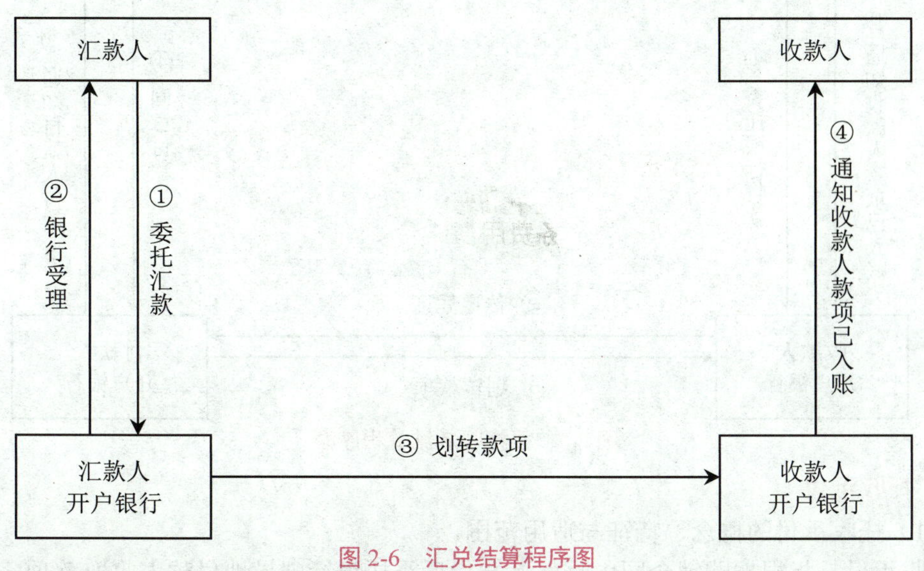

图 2-6 汇兑结算程序图

6．委托收款

（1）委托收款的概念、特征与适用范围。

委托收款是收款人委托银行向付款人收取款项的结算方式。委托收款结算方式便于收款人主动收款，在同城、异地均可采用；不受金额起点限制，无论单位还是个人，发生的商品交易、劳务供应及经承兑的商业汇票、债券和存单等付款人证明，均可办理款项的结算；委托收款还适用于收取水电费、电话费等付款人众多、分散的公用事业费等的款项。

（2）委托收款的结算程序。

委托收款结算分“委托”和“付款”两个阶段。

- 委托。收款人委托银行收款时，应填写“委托收款结算凭证”，并提供相关的债务证明，经付款人开户银行审查后，将“委托收款结算凭证”回单联盖章后退回给收款人，表示已经办妥委托收款手续。
- 付款。付款人开户银行收到由收款人开户银行转来的委托收款凭据和债务证明，审查无误后，应及时通知付款人，付款人接到通知后，应在规定的付款期限内付款，付款期为 3 天，付款人应在 3 天内审查债务的真实性，确认后通知银行付款，如果付款人不通知银行，银行视其同意付款，并在第 4 日从付款人单位账户中划出此笔托收款项，同时将收账通知转给收款人。

付款人如果在 3 天内经审查债务凭证，对收款人委托收取的款项需要拒绝付款的，应在付款期内出具拒绝付款理由书，连同有关证明材料等一并提交给其开户银行，由其转给收款人开户银行，转交给收款人。在付款期满，付款人如无足够资金支付全部款项，其开户银行应将债务证明材料连同委托收款凭证一起退回给收款人开户银行，由其转交收款人。

委托收款结算程序如图 2-7 所示。

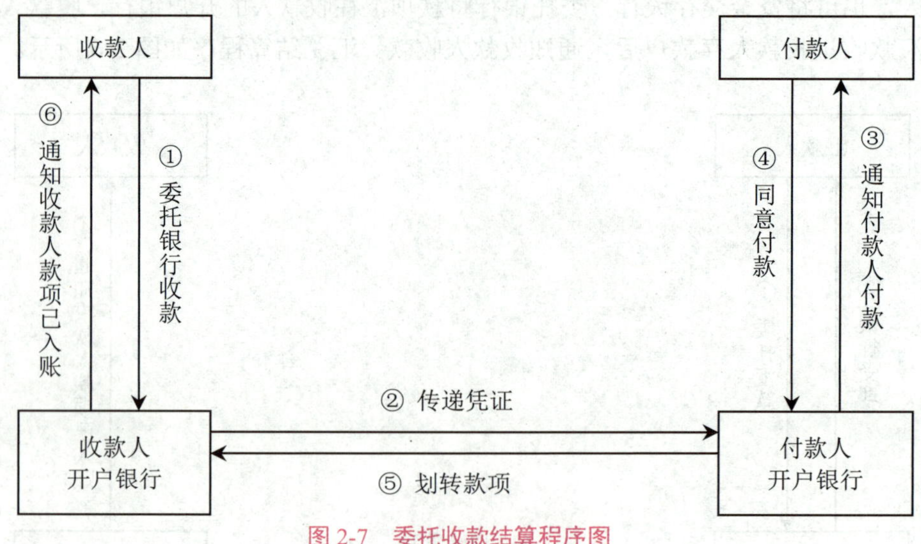

图 2-7 委托收款结算程序图

7. 托收承付

（1）托收承付的概念、特征与适用范围。

托收承付是指根据购销合同由收款人发货后委托银行向异地付款人收取款项，由付款单位向银行承认付款的结算方式。

使用托收承付结算方式的收款单位和付款单位，必须是国有企业、供销合作社及经营管理较好，并经开户银行审查同意的城乡集体所有制工业企业。办理托收承付结算款项，必须是商品交易，以及因商品交易而产生的劳务供应的款项。代销、寄销和赊销商品的款项，不得办理托收承付结算。

采用托收承付结算方式的，收款单位对于托收款项，应收到银行的收账通知时，根据收账通知和有关原始凭证，编制收款凭证；付款单位对于承付的款项，应于承付时根据托收承付结算凭证的承付通知和有关发票账单等原始凭证，编制付款凭证。

托收承付结算每笔的金额起点为 10 000 元，新华书店系统每笔的金额起点为 1 000 元。

（2）托收承付的结算程序。

托收承付结算分“托收”和“承付”两个阶段。

- 托收。销货单位（收款人）按合同发运商品，办妥托运手续后，根据销货发票、代垫运费单据等，填制“托收承付结算凭证”，连同销售发票、运费单据一并送交收款人开户银行办理托收手续，销售单位（收款人）开户银行收到托收凭证及其附件后，应认真进行审查，对审查无误同意办理的，应将托收凭证回单联盖章后退回给销售单位，表示已经办妥托收手续。
- 承付。购货单位（付款人）开户银行收到由收款人开户银行转来的托收承付结算凭证后，进行认真审核无误后，应将托收凭证及相关单据转给购货单位，购货单位收到单据后，应在规定的付款期内进行认真审核，安排资金准备付款。承付货款分为验单付款和验货付款，由收付款双方商量选用，在合同中明确规定。

验单付款的承付期为3天，从付款人开户银行发出承付通知的次日算起，收付款人在承付期内未向银行拒绝付款的，银行即视作承付，并在承付期满的次日将款项划给收款人。验货付款的承付期为10天，从运输部门向付款人发出提货通知的次日算起，收付款人在收到提货通知后，应向银行交验货通知，收付款人在银行发出承付通知后的10天内，如未收到提货通知，应在10天内将情况通知银行，如不通知，银行即视作已验货，承认付款，并于期满次日予以划款。收付款人付款后，收款人开户银行应将“托收承付结算凭证”收账通知转给收款人凭以记账。

不论是验单付款还是验货付款，收付款人都可以在付款期内提前向银行表示承付，收付款人在承付期满日款项不足支付的，其不足部分即为逾期未付款项，根据逾期天数，按每天万分之五计收逾期未付赔偿金。

验单或验货时，发现所到货物的品种、规格、数量和价格等与合同不一致，或货物已到，经验货与合同规定或发票清单不符的款项，应在承付期内，向银行提出全面或部分拒绝付款，收付款人提出拒绝付款时，必须填制“拒绝付款理由书”，注明拒绝付款的理由，送交开户银行，开户银行必须认真审核拒绝付款理由书，查验合同，银行同意全面或部分拒绝付款的，应在拒绝付款理由书上签署意见，并将拒付理由书、拒付证明和拒付商品清单及有关单证邮寄收款人开户银行转交收款人。

托收承付结算程序如图2-8所示。

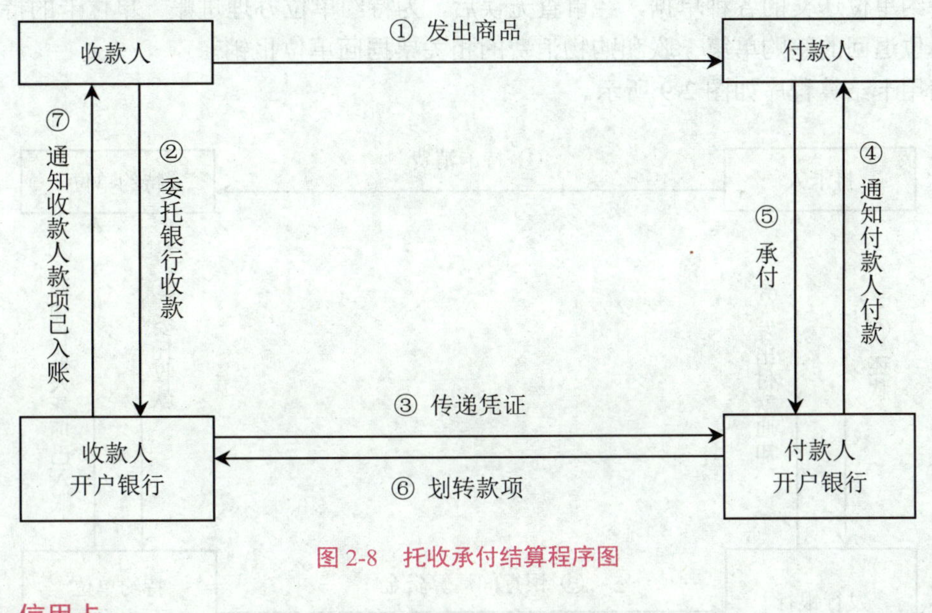

图2-8 托收承付结算程序图

8. 信用卡

(1) 信用卡概述。

信用卡是指商业银行向个人和单位发行的，凭以向特约单位购物、消费和向银行存取现金，且具有消费信用的特制载体卡片。

信用卡按使用对象分为单位卡和个人卡，单位卡的使用对象为单位，个人卡的使用对象为个人。信用卡按信誉等级分为金卡和普通卡。

凡在中国境内开设基本存款账户的单位均可申请单位卡，单位卡账户的资金一律从其基本存款账户转账存入，在使用过程中，需要向其账户续存入资金的，也一律从其基本存款账户转入，不得交存现金，也不得将销货款存入其账户。个人卡账户的资金以其持有的现金存入或以其工资性款项及属于个人的劳务报酬收入转账存入，严禁将单位的款项存入个人卡账户。

持卡人可以持卡在特约单位购物、消费，单位卡不得用于 10 万元以上的商品交易、劳务供应款项的结算，也不得支取现金，持卡人不得出租或转借信用卡，信用卡在规定的限额内允许透支，信用卡最高额度金卡不得超过 10 000 元，普通卡最高不得超过 5 000 元，透支期限最长为 60 天。

（2）信用卡的结算程序。

电子支付

单位或个人申请银行卡，应按照规定向发卡银行提出申请，填写“信用卡申请书”，银行审查受理后，申请人将资金交存银行，银行发给信用卡。持卡人在发卡银行指定的场所购物、消费时，应当将信用卡和身份证件一并交特约单位，特约单位审查无误的，在签购单上压卡，填写实际结算金额及相关信息，由持卡人签名确认后，将信用卡、身份证件和第一联签购单交还给持卡人。特约单位在每日营业终了，应将当日受理的信用卡签购单汇总，并填写进账单，连同签购单一并送交收单银行办理进账。收单银行接到特约单位送交的各种单据，经审查无误后，为特约单位办理进账。单位卡的持卡人凭特约单位退回的签购单第一联和购物消费的相关票据回单位报销。

信用卡结算程序如图 2-9 所示。

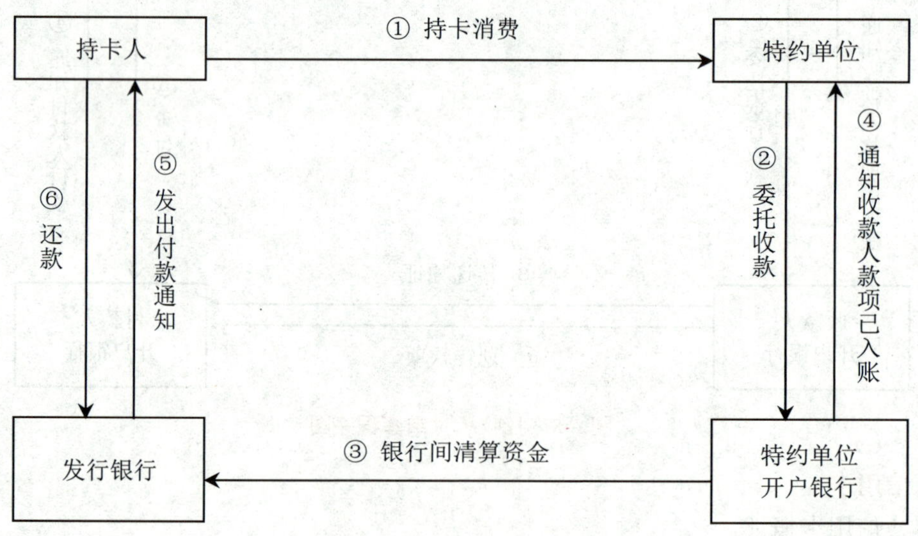

图 2-9 信用卡结算程序图

二、银行存款的核算

（一）银行存款的总分类核算

为了核算银行存款的收入、支出及结存，企业应设置“银行存款”账户。该账户属于资产类账户，其借方登记存入银行或其他金融机构的款项，贷方登记从银行提取或支付的款项，期末借方余额表示企业存在银行或其他金融机构存款的实际结存数。

企业将款项存入银行或其他金融机构时，借记“银行存款”账户，贷记“主营业务收入”“应收账款”等账户；由于采购或支付费用提取或支付存款时，借记“材料采购”“管理费用”等账户，贷记“银行存款”账户。

【例 2-3-1】 2019 年 4 月 10 日，胜利公司收到从银行转来的 A 公司汇来的前欠销货款 10 000 元。根据银行收账通知单，编制的会计分录为：

借：银行存款　　10 000

　贷：应收账款——A 公司　　10 000

【例 2-3-2】 2019 年 4 月 11 日，胜利公司从本市 B 文具商店购买一批办公用品，金额 2 000 元，增值税税额 260 元，开出转账支票支付。根据转账支票存根和增值税专用发票，编制的会计分录为：

借：管理费用——办公费　　2 000

　　应交税费——应交增值税（进项税额）　　260

　贷：银行存款　　2 260

【例 2-3-3】 2019 年 4 月 15 日，胜利公司采用电汇方式支付前欠 M 公司购货款 5 000 元。根据电汇凭证回单等单据，编制的会计分录为：

借：应付账款——M 公司　　5 000

　贷：银行存款　　5 000

（二）银行存款的明细分类核算

为了加强对银行存款的管理，企业除了对银行存款进行总分类核算外，还要设置“银行存款日记账”（见表 2-2），对企业的存款进行序时登记，进行明细分类核算。

表 2-2 银行存款日记账

2019 年		结算凭证	凭证		摘要	对方账户	借方	贷方	余额
月	日		种类	号数					
4	1				期初余额				840 000
	5	转支 12369	付	2	归还欠款	应收账款		140 000	700 000
	5	缴款单	收	5	收销货款	主营业务收入	565		700 565
	5	电汇 708	付	4	付材料款	材料采购		30 000	670 565

续表

2019年		结算凭证	凭证		摘要	对方账户	借方	贷方	余额
月	日		种类	号数					
	5				本日合计		565	170 000	670 565
					……				
	30				本月合计		856 750	567 890	1 128 860

银行存款日记账采用订本式账簿，由出纳员根据审核后的收付款结算凭证，按经济业务发生的先后顺序逐日逐笔登记，每日终了，要结出余额，定期与银行核对，保证账实相符。有外币业务的企业，还应分别按人民币和外币设置银行存款序时登记，设立多个存款账户的，要按银行账户设立日记账，分别进行序时登记。

（三）银行存款的清查核算

企业应定期或不定期地进行银行存款的清查。银行存款的清查是指企业银行存款日记账的账面余额与其开户银行转来的对账单的余额进行的核对。为了防止记账发生差错，正确掌握银行存款实际数额，企业应当定期与银行核对账目，对银行存款进行清查。银行存款清查的方法是银行存款日记账的账面余额与其开户银行转来的对账单的结存数进行的核对。如果企业定期将银行存款日记账的余额与其开户银行转来的对账单的余额有差额，则必须逐笔查明原因，及时纠正。

通常情况下，银行存款日记账的账面余额与其开户银行转来的对账单的结存数不一致的原因可能有两种：一种是企业或者银行记账有差错，另一种是存在未达账项。未达账项是指由于企业与银行取得凭证的实际时间不同，导致记账时间不一致，而发生的一方已取得结算凭证且已登记入账，而另一方未取得结算凭证尚未入账的款项；不包括遗失结算凭证和发现的待补结算凭证。

企业和银行之间可能会发生以下四个方面的未达账项：

一是银行已经收款入账，而企业尚未收到银行的收款通知因而未收款入账的款项（银行已收，企业未收）。

二是银行已经付款入账，而企业尚未收到银行的付款通知因而未付款入账的款项（银行已付，企业未付）。

三是企业已经收款入账，而银行尚未办理完转账手续因而未收款入账的款项（企业已收，银行未收）。

四是企业已经付款入账，而银行尚未办理完转账手续因而未付款入账的款项（企业已付，银行未付）。

银行存款余额调节表（见表 2-3）是企业为了核对本企业与银行双方的存款账面余额而编制的列有双方未达账项的一种报表。具体编制方法是在银行与开户单位的账面余额的基础上，加上各自的未收款、减去各自的未付款，然后再计算出双方余额。通过余额调节表后的余额才是企业银行存款实存数。

表 2-3　银行存款余额调节表

××年×月×日　　　　单位：元

项目	金额	项目	金额
银行对账单余额 加：企已收银未收 减：企已付银未付		企业银行存款日记账余额 加：银已收企未收 减：银已付企未付	
调整后的余额		调整后的余额	

银行存款余额调节表编制所依据的基本公式：

银行对账单余额+银未收−银未付=企业银行存款日记账的余额+企未收−企未付

经过调节，如果双方账面余额相等，一般说明没有记账错误；如果不相等，则应进一步查明原因，及时进行更正。至于未达账项，应在结算凭证到达以后记账。“银行存款余额调节表”余额中所列双方相等的调节后的余额，是企业在编制“银行存款余额调节表”当日可以动用的银行存款实有额。

值得注意的是，银行存款余额调节表只是为了核对账目，并不能作为调整银行存款账面余额的原始凭证。企业仍然应该以客观发生的业务为依据来进行会计核算，“银行存款余额调节表”只是用来核对企业与银行记账有无差错，反映企业实际可动用的银行存款余额。

【例 2-3-4】　2019 年 4 月 30 日，弘拓公司银行存款日记账余额 80 500 元，银行转来的对账单余额 120 500 元，经过逐笔校对，发现存在以下未达账项：

（1）企业送存转账支票 82 000 元，并已登记银行存款增加，但银行尚未记账。

（2）企业开出转账支票 60 000 元，但持票单位尚未到银行办理转账，银行尚未记账。

（3）企业委托银行代收友谊公司购货款 70 000 元，银行已收妥登记入账，但企业尚未收到收款通知。

（4）银行代企业支付电费 8 000 元，银行已登记企业银行存款减少，但企业尚未收到银行付款通知，尚未记账。

通过上述未达账项，编制的银行存款余额调节表如表 2-4 所示。

表 2-4　银行存款余额调节表

2019 年 4 月 30 日　　　　单位：元

项目	金额	项目	金额
银行对账单余额 加：企已收银未收 减：企已付银未付	120 500 82 000 60 000	企业银行存款日记账的余额 加：银已收企未收 减：银已付企未付	80 500 70 000 8 000
调整后的余额	142 500	调整后的余额	142 500

第四节　其他货币资金

一、其他货币资金的内容

其他货币资金是指除库存现金、银行存款以外的其他各种货币资金，包括银行汇票存款、银行本票存款、信用卡存款、外埠存款和存出投资款等。其他货币资金的性质同库存现金、银行存款一样均属于货币资金，可以用于购物或支付费用。从某种意义上说，其他货币资金属于一种银行存款，但它是有专门用途的存款，不能像结算户存款那样可以随时安排使用，应单独设置账户进行核算。

二、其他货币资金的核算

为了核算企业其他货币资金的增加变化及结存情况，企业应设置"其他货币资金"账户。该账户属于资产类账户，其借方登记其他货币资金的增加额，贷方登记其他货币资金的减少额，期末借方余额表示其他货币资金的结存数。为了详细反映其他货币资金的情况，在总分类账户下应设置"银行汇票存款""银行本票存款""信用卡存款""外埠存款""存出投资款"等明细账户。

（一）银行汇票存款

银行汇票存款是指企业为取得银行汇票按规定存入银行的款项。企业将款项交存银行后，银行开出银行汇票后，持票人可持往外地办理转账结算或支取现金，汇票使用后有多余款项或汇票超过提示付款期未付出的，可将其退回出票银行。

收付款人向银行申请开出银行汇票，将款项交存银行，取得银行汇票时，根据银行汇票申请书存根，借记"其他货币资金"账户，贷记"银行存款"账户。

在外地采购货物或支付其他款项时，根据"银行汇票"（多余款项通知书）和购货发票等，借记"材料采购""应交税费——应交增值税（进项税额）""银行存款（退回的多余款项）"等账户，贷记"其他货币资金——银行汇票存款"账户。

【例 2-4-1】　某企业向银行提交"银行汇票申请书"，并将款项 80 000 元交存开户银行，银行开出 80 000 元的银行汇票，采购员持往外地采购货物。根据银行退回的银行汇票申请书存根联，编制的会计分录为：

借：其他货币资金——银行汇票存款　　80 000

　贷：银行存款　　80 000

【例 2-4-2】　承上例，该企业采购员在外地采购材料，实际使用 70 200 元，其中材料价款 60 000 元，增值税税额 7 800 元，以所持银行汇票办理结算。根据发票账单和"银行汇票"（多余款项通知书），编制的会计分录为：

借：材料采购　　60 000

　　应交税费——应交增值税（进项税额）　　7 800
　　银行存款（退回的多余款项）　　12 200
　贷：其他货币资金——银行汇票存款　　80 000

（二）银行本票存款

银行本票存款是指企业为取得银行本票而按规定存入银行的款项。企业将款项交存银行后，银行按照企业需要开出银行本票，银行本票持有人可在同一票据交换区域内办理转账或支取现金，如企业由于银行本票超过提示付款期未使用的，可要求银行退款。银行本票存款的会计处理与银行汇票基本相同。

【例 2-4-3】　某企业向银行提交“银行本票申请书”，并将款项 22 600 元交存开户银行，银行开出 22 600 元的银行本票，采购员持往本市某商场采购办公用品。根据银行退回的银行本票申请书存根联，编制的会计分录为：

借：其他货币资金——银行本票存款　　22 600
　贷：银行存款　　22 600

【例 2-4-4】　承上例，该企业采购员在本市某商场购买办公用品一批，合计价款 20 000 元，增值税税额 2 600 元，以所持银行本票办理结算。根据发票账单等单据，编制的会计分录为：

借：管理费用——办公费　　20 000
　　应交税费——应交增值税（进项税额）　　2 600
　贷：其他货币资金——银行本票存款　　22 600

（三）信用卡存款

信用卡存款是指企业为了取得信用卡而按照规定存入银行的款项。单位信用卡账户的资金一律从其基本存款账户转账存入，持卡人可持信用卡在特约单位购物和消费，但不得支取现金。

企业办理信用卡，存入保证金及支付手续费时，根据支票存根、手续费收据等票据，借记“其他货币资金——信用卡存款”“财务费用”等账户，贷记“银行存款”账户。

持卡人持信用卡到特约单位消费购物后，凭特约单位退回的签购单和购物消费的相关票据回本单位报销后，借记“管理费用”等账户，贷记“其他货币资金——信用卡存款”账户。

【例 2-4-5】　某企业申请信用卡，开出 50 000 元支票交发卡银行。根据支票存根，编制的会计分录为：

借：其他货币资金——信用卡存款　　50 000
　贷：银行存款　　50 000

【例 2-4-6】　承上例，该单位张三持卡在某酒店招待客户，消费 3 000 元。根据刷卡消费签购单及相关发票，编制的会计分录为：

借：管理费用——招待费　　3 000
　贷：其他货币资金——信用卡存款　　3 000

（四）外埠存款

外埠存款是指企业到外地进行临时或零星采购时，汇往采购地银行开立采购专户的款项。企业可将款项委托当地银行汇往采购地开立采购专户，除采购员差旅费可以支取少量现金外，一律转账结算，采购专户只付不收，付完结束账户。企业在采购时，通过采购专户结算货款，采购结束后有结余款的，将余款退到企业的开户银行。

企业将款项委托银行汇往外地开立采购专户时，根据银行汇款凭证回单，借记“其他货币资金——外埠存款”账户，贷记“银行存款”账户。

在外地采购材料，收到采购员交来的供应单位发票账单等单据时，借记“材料采购”“应交税费——应交增值税（进项税额）”等账户，贷记“其他货币资金——外埠存款”账户。采购结束，将多余款项退回给开户银行时，借记“银行存款”账户，贷记“其他货币资金——外埠存款”账户。

【例 2-4-7】 某企业派采购员李四到外地采购材料，委托开户银行将 100 000 元汇往外地开立采购专户。根据收到银行汇款回单，编制的会计分录为：

借：其他货币资金——外埠存款	100 000	
贷：银行存款		100 000

【例 2-4-8】 承上例，采购员在外地采购材料共计支付款项 90 400 元，其中材料款 80 000 元，增值税税额 10 400 元，该笔款项通过外地的采购专户支付。根据购货发票等有关单据，编制的会计分录为：

借：材料采购	80 000	
应交税费——应交增值税（进项税额）	10 400	
贷：其他货币资金——外埠存款		90 400

【例 2-4-9】 承上例，外地的采购业务结束，将多余款项 9 600 元汇回，注销该采购专户。根据银行的收账通知，编制的会计分录为：

借：银行存款	9 600	
贷：其他货币资金——外埠存款		9 600

（五）存出投资款

存出投资款是企业以存入证券公司专户尚未转为金融资产或投资的款项。在我国，企业向证券市场进行股票、债券或基金投资时，应在证券公司申请开立证券账户，并向证券账户划出资金，该笔资金专门用于购买股票或债券、基金等。

企业向证券公司划出资金时，根据支票存根及相关单据，借记“其他货币资金——存出投资款”账户，贷记“银行存款”账户。

企业通过证券专户购买股票、债券或基金等，按实际支付的金额，借记“交易性金融资产”“债权投资”“其他债权投资”等账户，贷记“其他货币资金——存出投资款”账户。

【例 2-4-10】　某企业拟利用多余资金进行证券投资，向当地华泰证券公司申请开立证券专户，开出转账支票划出 400 000 存入该证券专户。根据支票存根等单据，编制的会计分录为：

借：其他货币资金——存出保证金　　400 000

　贷：银行存款　　400 000

【例 2-4-11】　承上例，该企业利用证券专户从二级市场买入 A 公司股票 20 000 股，每股市价 10 元，购入股票作为交易性金融资产。根据购入股票有关单据，编制的会计分录为：

借：交易性金融资产——股票　　200 000

　贷：其他货币资金——存出保证金　　200 000

【业务能力训练】

一、单项选择题

1．企业用于办理日常转账结算和现金收付的银行存款户是（　　）。

A．临时存款户　　B．基本存款户

C．专用存款户　　D．一般存款户

2．企业发现现金短缺属于无法查明的其他原因，按照管理权限经批准处理时，应在以下（　　）账户核算。

A．其他应收款　　B．管理费用

C．其他应付款　　D．财务费用

3．企业采用托收承付方式销售商品，其销售收入确认的时间是（　　）。

A．发出商品时　　B．发出商品时并向银行办妥托收手续时

C．发出商品时并办妥托运手续时　　D．购买单位承付全部货款

4．下列选项中，不通过“其他货币资金”账户核算的是（　　）。

A．信用证存款　　B．银行本票存款

C．信用卡存款　　D．商业汇票

5．下列关于银行存款业务的说法中，正确的是（　　）。

A．企业单位信用卡存款可以存取现金

B．企业信用证保证金存款余额不可以转存其开户行结算户存款

C．企业银行汇票存款的收款人不得将其收到的银行汇票背书转让

D．企业外埠存款除采购人员可从中提取少量的现金外，一律采用转账结算

二、多项选择题

1．下列业务中，允许使用现金的有（　　）。

A．职工工资、津贴

B．根据国家规定颁发给个人的科学技术、文化艺术、体育等各种奖金

C．出差人员必须随身携带的差旅费

D．支付大额购货款

2．下列关于结算方式的说法中，正确的有（　　）。

A．申请人或者收款人为单位的，银行不能签发现金银行汇票

B．银行本票的付款期限为自出票日起最长不超过 2 个月

C．支票的提示付款期限为自出票日起 10 日内

D．信用卡中的单位卡一律不得用于 10 万元以上的商品交易、劳务供应款项的结算

3．下列结算方式中，适用于异地结算的有（　　）。

A．银行汇票　　B．银行本票

C．商业汇票　　D．支票

4．当（　　）情况发生时，企业的银行存款日记账的账面余额将大于银行对账单余额。

A．企业已收款入账，银行未收款入账的未达账项

B．企业已付款入账，银行未付款入账的未达账项

C．银行已收款入账，企业未收款入账的未达账项

D．银行已付款入账，企业未付款入账的未达账项

5．出纳员不得兼管（　　）工作。

A．稽核　　B．会计档案保管

C．现金日记账　　D．债权债务账目的登记工作

三、判断题

1．库存现金是指企业为了备付日常零星开支而保管的现金，包括人民币和外币。（　　）

2．支票的提示付款期限为 10 天，自出票的次日起算。（　　）

3．银行本票的提示付款期，自出票日起最长不得超过 2 个月，在付款期内银行本票见票即付。（　　）

4．商业汇票只有在银行开立存款账户的法人及其他组织之间，而且具有真实的交易关系或债权债务关系才能使用。（　　）

5．采用托收承付结算方式办理结算的款项必须是商品交易及因商品交易而产生的劳务供应的款项，包括代销、寄销和赊销商品的款项。（　　）

四、实务题

1．甲公司为增值税一般纳税人，增值税税率 13%，原材料按实际成本核算。2019 年 4 月，发生下列经济业务（不考虑运费抵扣进项税额的问题）：

（1）6 日，填写银行本票申请书一份，金额 12 000 元，银行受理后，为企业办妥银行本票。

（2）8 日，向某工厂购进乙材料一批，货款 10 000 元，增值税税额 1 300 元，以前一天银行签发的银行本票付讫，收到对方退回的现金 700 元。

（3）11 日，销售商品一批，货款 16 000 元，增值税税额 2 080 元，收到银行本票，当即存入银行。

（4）14 日，填制银行汇票申请书一份，金额 20 000 元，银行受理后，为企业办妥银行汇票。

（5）15 日，销售商品一批，货款 20 000 元，增值税税额 2 600 元，收到票面金额为 22 600 元的银行汇票一张，当即按实际销售金额结算并存入银行。

（6）16 日，向南京钢铁厂购进丙材料一批，货款 15 000 元，增值税税额 1 950 元，运杂费 600 元，款项一并以面值 20 000 元的银行汇票支付，余款尚未退回。

（7）18 日，销售给上海机电设备公司商品一批，货款 50 000 元，增值税税额 6 500 元，收到一张 1 个月期限的不带息的商业承兑汇票。

（8）19 日，银行转来多余款收账通知，金额为 2 450 元，系本月 16 日签发的银行汇票使用后的余款。

要求：根据上述经济业务编制相关会计分录。

2．乙公司为增值税一般纳税人，增值税税率 13%，原材料按实际成本核算。2019 年 4 月，发生下列经济业务（不考虑运费抵扣进项税额的问题）：

（1）1 日，向 A 公司函购乙材料一批，填制信汇结算凭证，汇出款项 25 000 元。

（2）3 日，银行转来电汇收账通知一张，金额 36 000 元，系 B 公司汇来函购商品的货款。

（3）5 日，电汇广州工商银行 30 000 元，开立采购专户。

（4）7 日，向 B 公司发出函购的商品一批，货款 30 000 元，增值税税额 3 900 元，余款通过银行汇还对方。

（5）8 日，向广州中城公司购进丙材料一批，货款 20 000 元，增值税税额 2 600 元，运杂费 400 元，一并从本月 5 日在广州开立的采购专户支付。材料尚未运达。

（6）10 日，广州采购专户已结清，余款已退回存入银行。

（7）12 日，收到 A 公司发来函购乙材料，并收到其附来的发票和运杂费凭证，列明货款 20 000 元，增值税税额 2 600 元，运杂费 600 元，材料已验收入库。余款 1 800 元也已汇回，存入银行。

（8）15 日，销售给 C 公司商品一批，货款 20 000 元，增值税税额 2 600 元，连同以库存现金垫付的运杂费 500 元一并向银行办妥托收承付结算手续。

（9）17 日，银行转来苏州 D 工厂托收承付结算凭证，并附增值税专用发票一张，列明甲材料货款 50 000 元，增值税税额 6 500 元，运杂费凭证一张，金额 800 元，材料尚未收到，经审核无误，当即承付。

要求：根据上述经济业务编制相关会计分录。

第三章 应收及预付款项

3

学习目标

知识目标

通过本章的学习，了解应收及预付款项的相关规定，熟悉企业在日常生产经营过程中发生的各项债权，具体包括应收票据、应收账款和其他应收款等，以及企业按照合同规定预付的款项，如预付账款等，掌握各种债权的具体核算。

能力目标

1. 能具体区分各种债权的形式，如应收账款、应收票据和其他应收款等。

2. 能熟练掌握应收账款的核算，尤其是坏账准备的核算。

3. 能掌握应收票据的各种核算形式，如背书转让、贴现等，带息和不带息应收票据的核算。

4. 能掌握其他应收款所包含的核算内容，以及预付账款的具体账务处理方式。

在电商模式如火如荼进行的当下，企业纷纷与各大网站签订销售协议，顾客购买各种商品或者享受不同服务往往直接打款给类似京东、淘宝、美团、大众点评或百度糯米等网络运营中间商。

分析：作为商品的真正出售者和服务提供者应该如何核算商品或服务款，怎样进行账务处理？他们又该如何与网络运营商签订协议确保相关款项的及时足额到账，避免款项坏账的发生？

第一节　应收票据

一、应收票据概述

应收票据是指企业因销售商品、提供劳务等而收到的商业汇票。商业汇票是出票人签发的，委托付款人在指定日期无条件支付确定的金额给收款人或者持票人的票据。根据承兑人不同，商业汇票分为商业承兑汇票和银行承兑汇票；根据是否计息，商业汇票分为带息商业汇票和不带息商业汇票。

二、应收票据的核算

为了反映和监督应收票据取得、票款收回等情况，企业应设置“应收票据”账户。该账户属于资产类账户，其借方登记取得的应收票据的面值和带息票据的利息，贷方登记到期收回票款或到期前向银行贴现的应收票据的票面余额，期末借方余额表示企业持有的商业汇票的账面价值。

“应收票据”账户可按照开出、承兑商业汇票的单位进行明细分类核算，并设置“应收票据备查簿”，逐笔登记商业汇票的种类、号数和出票日、票面金额、交易合同号和付款人、承兑人、背书人的姓名或单位名称、到期日、背书转让日、贴现日、贴现率和贴现净额，以及收款日和收回金额、退票情况等资料。商业汇票到期结清票款或退票后，在备查簿中应予注销。

（一）不带息票据的核算

应收票据取得的原因不同，其账务处理也有所区别。因债务人抵偿前欠货款而取得的应收票据，借记“应收票据”账户，贷记“应收账款”账户；因企业销售商品、提供劳务等而收到开出、承兑的商业汇票，借记“应收票据”账户，贷记“主营业务收入”“应交税费——应交增值税（销项税额）”等账户。商业汇票到期收回款项时，应按实际收到的金额，借记“银行存款”账户，贷记“应收票据”账户。

【例 3-1-1】 2019 年 5 月 31 日，A 公司向 B 公司销售一批产品，价款 1 000 000 元，适用的增值税税率 13%，同日收到 B 公司开具的一张期限为 6 个月期不带息的银行承兑汇票，面值 1 130 000 元，支付所销售产品的价款和增值税税款。A 公司编制的会计分录为：

借：应收票据 1 130 000

　贷：主营业务收入 1 000 000

　　　应交税费——应交增值税（销项税额） 130 000

2019 年 11 月 30 日，A 公司上述应收票据到期，收回票面金额 1 130 000 元存入银行。A 公司编制的会计分录为：

借：银行存款 1 130 000

　贷：应收票据 1 130 000

（二）带息票据的核算

带息票据是指商业汇票到期时，承兑人除向收款人或被背书人支付票面金额外，还应按票面金额和票据规定的利息率支付自票据生效日起至票据到期日止利息的票据。带息票据在会计期末要计提带息票据的利息。计提利息时，借记“应收票据”账户，贷记“财务费用”账户。带息商业承兑汇票的利息计算公式为：

应收票据利息=应收票据面值×票据利率×票据期限

应收票据到期价值=应收票据面值×（1+票据利率×票据面值）

上述公式中的“利率”，一般指年利率，如果按月计算利息，应将年利率换算为月利率，如果按日计算利息，应将年利率换算为日利率。为计算方便，银行通常按一年 360 天计算。

票据期限是指出票日到到期日之间的期限，出票期限为月的，可以按月计算，按月计算的，为对月，即次月对日为一个月，如出票日为 7 月 5 日，三个月到期，则到期日为 10 月 5 日。票据期限也可以按天计算，按天计算的，应以实际天数计算，计算时算头不算尾或算尾不算头，如 80 天到期，票据的出票日为 7 月 1 日，它的到期日应为 9 月 19 日。7 月份 31 天（7 月 1 日计入），8 月份 31 天，9 月份 18 天（9 月 19 日不计入）；或者 7 月份 30 天（7 月 1 日不计入），8 月份 31 天，9 月份 19 天（9 月 19 日计入）计 80 天。

【例 3-1-2】 承【例 3-1-1】，假定当日收到的银行承兑汇票面值 1 130 000 元，票面利率 6%，期限 6 个月。会计处理如下：

2019 年 11 月 30 日，计提票据利息：

应计利息=1 130 000×6%×6÷12=33 900 元

2019 年 11 月 30 日到期：

到期价值=1 130 000×（1+6%×6÷12）=1 163 900 元

编制的会计分录为：

借：银行存款 1 163 900

　贷：应收票据 1 130 000

　　　财务费用 33 900

（三）应收票据的贴现

商业汇票贴现是指商业汇票的持票人，将未到期的商业汇票转让给银行或非银行金融机构，银行或非银行金融机构按票面金额扣除贴现利息后，将余额付给持票人的票据融资行为。企业将未到期的商业汇票进行贴现时，获得贴现金额的计算公式为：

带息票据贴现可获取的贴现金额=票据到期值−票据到期值×贴现率×贴现期限

不带息票据贴现可获取的贴现金额=票据到期值−面值×贴现率×贴现期限

贴现期限是指从其贴现之日至汇票到期日之间间隔的期限，承兑人在异地的，贴现的期限及贴现利息的计算应另加 3 天的划款日期。

由于票据的贴现而支付给银行的贴现利息，应记入“财务费用”账户，即票据贴现时，按照支付银行的贴现利息，借记“财务费用”账户，按照到期值与支付贴现利息之差，借记“银行存款”账户，贷记“应收票据”账户。

【例 3-1-3】　承【例 3-1-1】，假定 2019 年 10 月 31 日，企业持该应收票据向银行贴现，贴现率 12%，不附追索权，则计算过程和会计处理如下：

（1）票据到期值=1 130 000 元

（2）计算贴现利息=1 130 000×12%÷12×1=11 300 元

（3）计算贴现收入=1 130 000−11 300=1 118 700 元

2019 年 10 月 31 日，编制的会计分录为：

借：银行存款　　1 118 700

　　财务费用——贴现利息　　11 300

　贷：应收票据　　1 130 000

【例 3-1-4】　承【例 3-1-2】，该企业于 8 月末和 10 月末计提票据利息，其他条件不变。会计处理如下：

2019 年 8 月 31 日，计提票据利息时，增加应收票据的账面价值。

应计利息=1 130 000×6%÷12×3=16 950 元

借：应收票据　　16 950

　贷：财务费用——利息　　16 950

（1）票据到期值=1 130 000+1 130 000×6%÷12×6=1 163 900 元

（2）计算贴现利息=1 163 900×12%÷12×1=11 639 元

（3）计算贴现收入=1 163 900−11 639=1 152 261 元

（4）应收票据的账面价值=1 130 000+16 950=1 146 950 元

（5）应冲减的财务费用=1 152 261−1 146 950=5 311 元

2019 年 10 月 31 日，编制的会计分录为：

借：银行存款　　1 152 261

　贷：应收票据　　1 146 950

　　　财务费用——贴现利息　　5 311

（四）应收票据的转让

实务中，企业可以将自己持有的商业汇票背书转让。背书是指在票据背面或者粘单上记载有关事项并签章的票据行为。背书转让的，背书人应当承担票据责任。

通常情况下，企业将持有的商业汇票背书转让以取得所需物资时，按应计入取得物资成本的金额，借记“材料采购”“原材料”或“库存商品”等账户，按照增值税专用发票上注明的可抵扣的增值税税额，借记“应交税费——应交增值税（进项税额）”账户，按商业汇票的票面金额，贷记“应收票据”账户，如有差额，借记或贷记“银行存款”等账户。

【例 3-1-5】　承【例 3-1-1】，假定 A 公司于 2019 年 6 月 15 日将上述应收票据背书转让，以取得生产经营所需的甲材料，该材料价款 1 000 000 元，适用的增值税税率 13%。A 公司编制的会计分录为：

借：原材料	1 000 000	
应交税费——应交增值税（进项税额）	130 000	
贷：应收票据		1 130 000

第二节　应收账款

一、应收账款概述

应收账款是指企业因销售商品、提供劳务等经营活动，应向购货单位或接受劳务单位收取的款项，主要包括企业销售商品或提供劳务等应向有关债务人收取的价款及代购货单位垫付的包装费、运杂费及相关税费等。

（一）应收账款的确认

应收账款是伴随企业的销售行为发生而形成的一项债权。因此，应收账款的确认与收入的确认密切相关。通常在确认收入的同时，确认应收账款。也就是说，在商品的所有权已经转移给购货方，或劳务已经提供、收入已经实现时，对未取得的款项确认为应收账款。

（二）应收账款的计价

应收账款是因企业销售商品或提供劳务等产生的债权，应当按照实际发生额记账，其入账价值包括销售货物或提供劳务的价款、增值税税款，以及代购货方垫付的包装费、运杂费等。在确认应收账款的入账价值时，应当考虑有关的折扣因素，折扣一般包括商业折扣和现金折扣。

（1）商业折扣是为了鼓励购货方多购买商品而在价格上给予的优惠。商业折扣一般在交易发生时即已确定，它仅仅是确定实际销售价格的一种手段，不需在买卖双方任何一方的账上反映，因此，在存在商业折扣的情况下，应收账款按扣减商业折扣后的金额确认。

（2）现金折扣是指销货方在采用赊销方式销售货物或提供劳务时，为了鼓励购货方及早偿还货款而给予购货方的折扣优惠。现金折扣发生在销货之后，是一种融资性质的理财费用。因此，在现金折扣下，应收账款应按未考虑现金折扣时的金额确认。

二、应收账款的核算

为了反映和监督应收账款的增减变动及其结存情况，企业应设置“应收账款”账户。“应收账款”账户属于资产类账户，其借方登记应收账款的增加，贷方登记应收账款的收回及确认的坏账损失，期末借方余额表示企业尚未收回的应收账款；期末余额在贷方则表示企业预收的账款。应收账款应按不同的购货单位或接受劳务的单位设置明细账进行明细分类核算。

（一）一般应收账款的核算

销售商品时，应根据相关票据，借记“应收账款”账户，贷记相关账户。

【例 3-2-1】 甲公司采用托收承付结算方式向乙公司销售商品一批，价款 300 000 元，增值税税额 39 000 元，以银行存款代垫运杂费 6 000 元，已办理托收手续。甲公司编制的会计分录为：

借：应收账款　　345 000
　贷：主营业务收入　　300 000
　　　应交税费——应交增值税（销项税额）　　39 000
　　　银行存款　　6 000

甲公司实际收到款项时，编制的会计分录为：

借：银行存款　　345 000
　贷：应收账款　　345 000

（二）考虑商业折扣应收账款的核算

在有商业折扣的情况下，在销售商品后，应根据扣除商业折扣后的金额，借记“应收账款”账户，贷记相关账户。

【例 3-2-2】 2019 年 5 月 8 日，某企业销售商品 100 件，每件 100 元，为了建立长期合作关系，现给予对方 9 折优惠，考虑相关税费，对方款项未付。该企业编制的会计分录为：

借：应收账款　　10 170
　贷：主营业务收入　　9 000
　　　应交税费——应交增值税（销项税额）　　1 170

（三）考虑现金折扣应收账款的核算

在有现金折扣的情况下，在销售商品后，应根据不扣除现金折扣后的金额，借记“应收账款”账户，贷记相关账户。现金折扣作为一种融资费用，购货方提前付款时，借记“银行存款”“财务费用”等账户，贷记相关账户。

【例 3-2-3】 2019 年 5 月 8 日，某企业销售商品 100 件，增值税专用发票上注明的价款 10 000 元，增值税税额 1 300 元。企业为了及早收回货款而在合同中规定的现金折扣条件为“2/10，1/20，*n*/30”，假定计算现金折扣时不考虑增值税。

（1）2019 年 5 月 8 日，销售商品时，编制的会计分录为：

借：应收账款 11 300

　贷：主营业务收入 10 000

　　应交税费——应交增值税（销项税额） 1 300

（2）如果 2019 年 5 月 14 日收到货款，编制的会计分录为：

收到的款项=10 000×（1−2%）+1 300=11 100 元

借：银行存款 11 100

　　财务费用 200

　贷：应收账款 11 300

（3）如果 2019 年 5 月 23 日收到货款，编制的会计分录为：

收到的款项=10 000×（1−1%）+1 300=11 200 元

借：银行存款 11 200

　　财务费用 100

　贷：应收账款 11 300

（4）如果 2019 年 6 月 23 日收到货款，编制的会计分录为：

借：银行存款 11 300

　贷：应收账款 11 300

第三节 预付账款与其他应收款项

一、预付账款

（一）预付账款的内容

预付账款是指企业按照购货合同规定预付给供应单位的款项。在日常核算中，预付账款按实际付出的金额入账，如预付的材料款、商品采购货款、必须预先发放的在以后收回的农副产品预购定金等。对购货企业来说，预付账款是一项流动资产。

作为流动资产，预付款项不是用货币抵偿的，而是要求企业在短期内以某种商品、提供劳务或服务来抵偿。

（二）预付账款的核算

为了反映和监督预付账款的增减变动及其结存情况，企业应设置“预付账款”账户。该账户属资产类账户，其借方登记预付的款项及补付的款项，贷方登记收到所购物资时根据有关发票账单记入“原材料”等账户的金额及收回多付款项的金额，期末借方余额表示企业实际预付的款项；期末贷方余额则表示企业应付或应补付的款项。预付账款一般根据客户设置明细账。

预付款项情况不多的企业，可以不设置“预付账款”账户，而将预付的款项通过“应付账款”账户核算。

（1）企业根据购货合同的规定向供应单位预付款项时，借记“预付账款”账户，贷记“银行存款”账户。

（2）企业收到所购物资，按应计入购入物资成本的金额，借记“材料采购”或“原材料”“库存商品”等账户，按相应的增值税进项税税额，借记“应交税费——应交增值税（进项税额）”账户，按应付金额，贷记“预付账款”账户。

（3）当预付价款小于采购货物所需支付的款项时，应将不足部分补付，借记“预付账款”账户，贷记“银行存款”账户；当预付价款大于采购货物所需支付的款项时，对收回的多余款项，应借记“银行存款”账户，贷记“预付账款”账户。

【例 3-3-1】 A 公司向 B 公司采购材料 5 000 千克，每千克 10 元，所需支付的价款总计 50 000 元。按照合同规定向乙公司预付价款的 50%，验收货物后补付其余款项。

（1）预付 50%价款时，编制的会计分录为：

借：预付账款——B 公司	25 000	
贷：银行存款		25 000

（2）收到 B 公司发来的 5 000 千克材料，验收无误，增值税专用发票上记载的价款 50 000 元，增值税税额 6 500 元，以银行存款补付所欠款项 31 500 元。A 公司编制的会计分录为：

借：原材料	50 000	
应交税费——应交增值税（进项税额）	6 500	
贷：预付账款——B 公司		56 500
借：预付账款——B 公司	31 500	
贷：银行存款		31 500

二、其他应收款

（一）其他应收款的内容

其他应收款是指企业除应收票据、应收账款和预付账款等以外的其他各种应收及暂付款项。其主要内容包括：

（1）应收的各种赔款、罚款，如因企业财产等遭受意外损失而应向有关保险公司收取的赔款等。

（2）应收的出租包装物租金。

（3）应向职工收取的各种垫付款项，如为职工垫付的水电费、应由职工负担的医药费和房租费等。

（4）存出保证金，如租入包装物支付的押金。

（5）其他各种应收、暂付款项。

（二）其他应收款的核算

为了反映和监督其他应收账款的增减变动及其结存情况，企业应设置“其他应收款”账户。该账户属于资产类账户，其借方登记其他应收款的增加，贷方登记其他应收款的收回，期末借方余额表示企业尚未收回的其他应收款项。该账户一般根据相关项目类别或者债务人设置明细账。

【例 3-3-2】 甲公司在采购过程中发生材料毁损，按保险合同规定，应由××保险公司赔偿损失 30 000 元，赔款尚未收到。假定甲公司对原材料采用实际成本进行日常核算，甲公司编制的会计分录为：

借：其他应收款——××保险公司　　30 000

　贷：在途物资　　30 000

【例 3-3-3】 承【例 3-3-2】，甲公司如数收到上述××保险公司的赔款时，编制的会计分录为：

借：银行存款　　30 000

　贷：其他应收款——××保险公司　　30 000

【例 3-3-4】 A 公司以银行存款替职工张某垫付应由其个人负担的医疗费 5 000 元，拟从其工资中扣回。

（1）垫付时，编制的会计分录为：

借：其他应收款——张某　　5 000

　贷：银行存款　　5 000

（2）扣款时，编制的会计分录为：

借：应付职工薪酬　　5 000

　贷：其他应收款——张某　　5 000

第四节 坏 账

一、坏账及坏账损失的确认

企业的各项应收款项，可能会因购货人拒付、破产或死亡等原因而无法收回，这类无法收回的应收款项就是坏账。企业因坏账而遭受的损失为坏账损失或减值损失。符合下列证据之一的，可以确认为坏账损失：

（1）债务人被依法宣告破产、关闭、解散、撤销，或者被依法注销、吊销营业执照的，造成应收款项难以收回的，依据下列证据，确认为损失：① 法院的破产公告和破产清偿文件；② 工商、税务部门的注销、吊销证明；③ 政府部门责令关闭的行政决定或文件，在扣除以债务人清算财产清偿的部分后，确实不能收回的应收款项，作为坏账损失。

（2）债务人死亡或者依法被宣告失踪、死亡，其财产或者遗产确实不足清偿或者无法找到承债人追偿的应收款项，应当在取得相关法律文件后，作为坏账损失。

（3）涉诉的应收款项，以生效的法院判决书、裁定书依法追缴后仍未收回的款项或者胜诉但无法执行或者债务人无偿债能力被法院裁定终止执行的，依据法院的判决、裁定或终止执行的法律文件作为坏账损失。

（4）逾期三年以上的应收款项，企业有依法催收磋商记录，确认债务人已资不抵债、连续三年亏损或连续停止经营三年以上的，并能够认定在最近三年内没有任何业务往来的，作为坏账损失。

（5）与债务人达成债务重组的协议或法院批准债务人的破产重组计划后，无法追偿的部分作为坏账损失。

（6）因自然灾害、战争等不可抗力导致无法收回的，作为坏账损失。

（7）国务院财政、税务主管部门规定的其他情况。

二、坏账损失的核算

（一）账户设置

1. “坏账准备”账户

为了核算应收款项的坏账准备计提、转销等情况，企业应设置“坏账准备”账户。该账户属于资产类账户的抵减账户，其贷方登记当期计提的坏账准备金额，借方登记实际发生的坏账损失金额和冲减的坏账准备金额，期末余额在贷方表示企业已计提但尚未转销的坏账准备。

2. “资产减值损失”账户

为了核算资产的账面价值高于其可收回金额而造成的损失等情况，企业应设置“资产减值损失”账户。该账户属于损益类账户，其借方核算计提坏账准备和各项资产发生减值时提取的减值准备，贷方核算资产价值恢复后转回的减值准备及在资产负债表日将本账户余额结转“本年利润”账户的数额，期末结转后无余额。该账户应按减值损失的项目进行明细分类核算。

（二）坏账准备的计提方法及核算

企业应当在资产负债表日对应收款项的账面价值进行检查，有客观证据表明应收款项发生减值的，应当将该应收款项的账面价值减记至预计未来现金流量现值，减记的金额确认为减值损失，同时计提坏账准备。确定应收款项减值有两种方法，即直接转销法和备抵法，我国企业会计准则规定确定应收款项的减值只能采用备抵法，不得采用直接转销法。

备抵法是采用一定的方法按期估计坏账损失，计入当期损益，同时建立坏账准备，待坏账实际发生时，冲销已提的坏账准备，同时转销相应的应收账款余额的一种处理方法。采用这种方法，在报表上列示应收款项的净额，使财务报告使用者能了解企业应收款项的可收回金额。

在备抵法下，企业应当根据实际情况合理估计当期坏账损失金额。由于企业发生坏账损失带有很大的不确定性，所以只能以过去的经验为基础，参照当前的信用政策、市场环境和行业惯例，准确地估计每期应收款项未来现金流量现值，从而确定当期减值损失金额，计入当期损益。

根据估计方法的不同，备抵法下坏账准备的计提又具体分为应收款项余额百分比法、账龄分析法和销货百分比法三种。

1. 应收款项余额百分比法

应收款项余额百分比法是指按照期末应收款项余额的一定百分比估计坏账损失的方法。应收款项是指企业对预计可能无法收回的应收票据、应收账款、预付账款、其他应收款和长期应收款等应收预付款项所提取的坏账准备金。

坏账百分比由企业根据以往的资料或经验自行确定。在余额百分比法下，企业应在每个会计期末根据本期末应收款项的余额和相应的坏账率估计出期末坏账准备账户应有的余额，它与调整前坏账准备账户已有余额的差额，就是当期应提的坏账准备金额。

采用余额百分比法计提坏账准备的计算公式如下：

（1）首次计提坏账准备：

当期应计提的坏账准备=期末应收款项余额×坏账准备计提百分比

（2）以后计提坏账准备：

当期应计提的坏账准备=当期按应收款项计算应计提的坏账准备金额+（或-）坏账准备账户借方余额（或贷方余额）

企业计提坏账准备时，按应减记的金额，借记“资产减值损失——计提的坏账准备”账户，贷记“坏账准备”账户。冲减多计提的坏账准备时，借记“坏账准备”账户，贷记“资产减值损失——计提的坏账准备”账户。

企业确实无法收回的应收款项按管理权限报经批准后作为坏账转销时，应当冲减已计提的坏账准备，借记“坏账准备”账户，贷记“应收账款”“其他应收款”等账户。已确认并转销的应收款项以后又收回的，应当按照实际收到的金额，借记“应收账款”“其他应收款”等账户，贷记“坏账准备”账户；同时，借记“银行存款”账户，贷记“应收账款”“其他应收款”等账户。

【例 3-4-1】 2017 年 12 月 31 日，A 公司对应收款项开始进行减值测试。应收款项余额合计为 1 000 000 元，公司决定按照其余额的 10%计提坏账准备。假定 2017 年初坏账准备期初余额为零。

2017 年应提的坏账准备=1 000 000×10%=100 000 元

2017 年 12 月 31 日，编制的会计分录为：

借：资产减值损失——计提的坏账准备　　100 000

　贷：坏账准备　　100 000

【例 3-4-2】 承【例 3-4-1】，A 公司 2018 年应收款项确认实际发生坏账损失 30 000 元。确认坏账损失时，A 公司编制的会计分录为：

借：坏账准备　　30 000

　贷：应收账款　　30 000

【例 3-4-3】 承【例 3-4-1】和【例 3-4-2】，假设 A 公司 2018 年末应收款项余额为 1 200 000 元，则 A 公司 2018 年末应提的坏账准备为 120 000 元（1 200 000×10%）。根据 A 公司的坏账核算方法，其“坏账准备”账户应保持的贷方余额为 120 000 元。计提坏账准备前，“坏账准备”账户的实际余额为贷方 70 000 元（100 000−30 000），因此本年末应计提的坏账准备金额为 50 000 元（120 000−70 000）。2018 年 12 月 31 日，A 公司编制的会计分录为：

借：资产减值损失——计提的坏账准备　　50 000
　贷：坏账准备　　50 000

【例 3-4-4】 承【例 3-4-3】，2019 年 4 月 20 日，A 公司收回 2018 年已作坏账转销的应收账款 20 000 元，已存入银行。A 公司编制的会计分录为：

借：应收账款　　20 000
　贷：坏账准备　　20 000
借：银行存款　　20 000
　贷：应收账款　　20 000

【例 3-4-5】 承【例 3-4-4】，2019 年末，A 公司应收款项余额 900 000 元，则 A 公司 2019 年末应提的坏账准备为 90 000 元（900 000×10%）。计提坏账准备前，“坏账准备”账户的实际余额为贷方 140 000 元（120 000+20 000），因此本年末应冲销多提的坏账准备金额为 50 000 元（140 000−90 000）。2019 年 12 月 31 日，A 公司编制的会计分录为：

借：坏账准备　　50 000
　贷：资产减值损失——计提的坏账准备　　50 000

2．账龄分析法

账龄分析法是根据应收款项账龄的长短来估计坏账损失的方法。通常而言，应收款项的账龄越长，发生坏账的可能性越大。因此，将企业的应收款项按账龄长短进行分组，分别确定不同的计提百分比估算坏账损失，使坏账损失的计算结果更符合客观情况。

采用账龄分析法计提坏账准备的计算公式如下：

（1）首次计提坏账准备：

当期应计提的坏账准备=Σ（期末各账龄组应收款项余额×各账龄组坏账准备计提百分比）

（2）以后计提坏账准备：

当期应计提的坏账准备=当期按应收款项计算应计提的坏账准备金额+（或−）坏账准备账户借方余额（或贷方余额）

【例 3-4-6】 2019 年末，乙公司的应收款项账龄及估计坏账损失如表 3-1 所示。

表 3-1　乙公司应收账款账龄及估计的坏账损失

单位：元

应收账款账龄	应收款项金额	估计损失（%）	估计损失金额
未到期	20 000	1%	200

续表

应收账款账龄	应收款项金额	估计损失（%）	估计损失金额
过期 6 个月以下	10 000	3%	300
过期 6 个月以上	6 000	5%	300
合 计	36 000	—	800

假设乙公司 2019 年初坏账准备账户余额为贷方 100 元，计算 2019 年乙公司应计提的坏账准备及 2019 年末坏账准备账户余额。

分析：2019 年末坏账准备账户余额应为 800 元，2019 年年初有坏账准备贷方余额为 100 元，因此在本年中应计提坏账准备 700 元（800−100）。

该公司编制的会计分录为：

借：资产减值损失——计提的坏账准备　　700

　贷：坏账准备　　700

2019 年末坏账准备账户余额为 800 元（100+700），即根据应收账款入账时间的长短来估计坏账损失。

3．销货百分比法

销货百分比法是根据企业销售总额的一定百分比估计坏账损失的方法。百分比按本企业以往实际发生的坏账与销售总额的关系，结合生产经营与销售政策变动情况测定。在实际工作中，企业也可以按赊销百分比估计坏账损失。

采用销货百分比法计提坏账准备的计算公式为：

当期应计提的坏账准备=本期销售总额（或赊销额）×坏账准备计提比例

可以看出，采用销货百分比法，在决定各年度应提的坏账准备金额时，并不需要考虑坏账准备账户上已有的余额。从利润表的观点看，这种方法主要是根据当期利润表上的销货收入数字来估计当期的坏账损失，因此坏账费用与销货收入能较好地配合，比较符合配比概念。但是由于计提坏账时没有考虑到坏账准备账户以往原有的余额，如果以往年度出现坏账损失估计错误的情况就不能自动更正，资产负债表上的应收款项净额也就不一定能正确的反映其变现价值。因此，采用销货百分比法还应该定期地评估坏账准备是否适当，及时做出调整，以便能更加合理地反映企业的财务状况。

【例 3-4-7】 2019 年，某公司赊销金额为 20 000 元，根据以往资料和经验，估计坏账损失率为 1%，2019 年初坏账准备账户余额为贷方 200 元。则该公司 2019 年应计提的坏账准备为 200 元（20 000×1%），编制的会计分录为：

借：资产减值损失　　200

　贷：坏账准备　　200

2019 年末坏账准备账户余额为 400 元（200+200）。

【业务能力训练】

一、单项选择题

1. 应收票据账户的核算内容是（　　）。

A. 商业汇票　　B. 银行汇票

C. 银行本票　　D. 银行支票

2. 2019 年 5 月 2 日，A 公司销售产品应收 B 公司账款 12 000 元，8 月 30 日对该笔应收账款计提坏账准备 1 500 元，12 月 31 日该笔应收账款的未来现金流量现值为 9 500 元，则 12 月 31 日该笔应收账款应计提的坏账准备为（　　）元。

A. 3 000　　B. 1 000

C. 0　　D. 2 500

3. 2019 年 10 月 1 日，甲企业收到 A 公司商业承兑汇票一张，面值 113 000 元，利率为 4%，期限为 6 个月。则 2019 年 12 月 31 日资产负债表上列示的“应收票据”项目金额应为（　　）元。

A. 114 506.67　　B. 113 000

C. 114 130　　D. 119 780

4. 5 月 15 日，某企业销售产品一批，应收账款 11 万元，规定对方付款条件为“2/10，1/20，*n*/30”。购货单位已于 5 月 22 日付款，该企业实际收到的金额为（　　）万元（计算现金折扣时考虑增值税）。

A. 11　　B. 10

C. 10.78　　D. 8.8

5. 企业到期无法支付银行承兑汇票时，应付票据转入（　　）。

A. 其他应付款　　B. 短期借款

C. 不进行处理　　D. 应付账款

二、多项选择题

1. 下列关于应收款项的说法中，正确的有（　　）。

A. 一般企业对外销售商品或提供劳务形成的应收债权，通常应按从购货方应收的合同或协议价款作为初始确认金额

B. 企业收回应收款项时，应将取得的价款与账面价值之间的差额计入当期损益

C. 企业收回应收款项时，应将取得的价款与账面余额之间的差额计入当期损益

D. 企业收回应收款项时，应将取得的价款与账面价值之间的差额计入所有者权益

E. 企业收回应收款项时，应将取得的价款与账面余额之间的差额计入所有者权益

2. 商业汇票按承兑人不同，分为（　　）。

A. 商业承兑汇票　　B. 银行承兑汇票

C. 带息汇票　　D. 不带息汇票

3．根据《企业会计准则第22号——金融工具确认和计量》的规定，应计提坏账准备的应收款项包括（　　）。

A．应收账款　　B．预付账款

C．其他应收款　　D．长期应收款

4．下列选项中，应在“其他应收款”账户核算的是（　　）。

A．应收保险公司的各种赔款　　B．应收的各种罚款

C．应收出租包装物的租金　　D．存出保证金

5．应收款项包括（　　）。

A．应收票据　　B．应收账款

C．预付账款　　D．其他应收款

三、判断题

1．已确认为坏账的应收账款，意味着企业放弃了其追索权。（　　）

2．坏账损失采用直接转销法虽然简便易行，但却不符合收入与费用相配合的原则。（　　）

3．采用直接转销法核算坏账损失，当坏账实际发生时，直接将坏账损失计入当期损益。（　　）

4．用账龄分析法估计坏账损失是基于这种观点：账款拖欠的时间越长，发生坏账的可能性就越大，应提取的坏账准备金额就越多。（　　）

5．会计期末，当企业用一定方法计算出的应提坏账准备大于“坏账准备”账面余额时，应按其差额冲减多提的坏账准备。（　　）

四、实务题

1．甲公司销售A产品给乙公司，货已发出，甲公司开具的增值税专用发票上注明的产品价款100 000元，增值税税额13 000元。当日收到乙公司签发的不带息商业承兑汇票一张，期限3个月。A产品销售符合会计准则规定的收入确认条件。

要求：

（1）根据上述资料编制甲公司销售A产品的账务处理。

（2）编制3个月后应收票据到期，甲公司收回款项的账务处理。

2．甲企业向乙企业销售产品一批，货款10万元，尚未收到，已办妥托收手续，适用增值税税率13%。10日后甲企业收到乙企业寄来的一份3个月的商业承兑汇票抵付产品货款，面值113 000元。到期后，应收票据收回票面金额113 000元存入银行。

要求：

（1）根据上述资料编制甲公司销售产品时的会计分录。

（2）如果该票据到期，乙企业无力偿还借款，编制相关会计分录。

3．甲公司和乙公司均为增值税一般纳税人，适用增值税税率13%。2019年7月1日，甲公司从乙公司购进原材料一批，取得增值税专用发票，价款100万元，增值税税额13万元，甲公司向乙公司交付一张由企业签发并承兑的商业汇票，面值113万元，期限3个月，票面利率6%。原材料已经验收入库。

要求：根据上述资料编制相关会计分录。

4．某公司购进一批原材料，发票价格 200 万元，增值税税额 26 万元，付款条件为“2/10，*n*/30”。

要求：运用总价法进行原材料购入和不同付款条件付款时编制的会计分录。

5．2017 年 12 月 31 日，甲公司应收账款借方余额为 800 000 元，“坏账准备”账户原有贷方余额 3 000 元。2018 年 5 月，应收乙公司货款 5 000 元有确凿证据表明收不回，年末应收账款借方余额 600 000 元。2019 年 8 月，原已确认的乙公司货款 5 000 元又收回，年末应收账款余额为 400 000 元，估计坏账率为 5‰。

要求：根据上述资料编制相关会计分录。

4

第四章 存 货

学习目标

知识目标

通过本章的学习，掌握存货的概念、确认条件和分类；掌握存货的计价；掌握原材料收发按实际成本和计划成本计价核算；熟悉周转材料和委托加工物资的核算；掌握库存商品的核算；掌握存货清查的核算及存货的期末计量。

能力目标

1. 能准确确定存货的入账价值。
2. 能编写实际成本和计划成本计价方法下存货收发的会计分录。
3. 能处理存货盘盈、盘亏业务。
4. 能准确确定存货的可变现净值，对存货期末计价进行账务处理。

某市地税稽查局在2017年税收大检查中，发现某五金厂2016年上半年和下半年对存货成本采用了不同的计价方法。上半年产成品的存货成本采用先进先出法，销售实现后，按账面存货成本结转产品销售成本。但是从2016年7月开始，在未经税务机关批准的情况下，擅自改变存货计价方法而采用了加权平均法，致使2016年产品销售成本上升了将近400万元，企业该年度的应纳税所得额也相应减少了400万元，少缴企业所得税132万元。

分析：

1. 企业改变存货计价方法违反了会计制度的哪些规定？
2. 企业为什么改变存货计价方法，带来的结果是什么？

第一节　存货概述

一、存货的概念与特征

（一）存货的概念

存货是指企业在日常活动中持有以备出售的产成品或商品、处在生产过程中的在产品、在生产过程或提供劳务过程中耗用的材料和物料等，包括各类材料、在产品，半成品，产成品，商品及包装物、低值易耗品、委托代销商品等。

企业的存货主要包括：① 已确认为购进但尚未到达、尚未入库的在途存货；② 已入库但未收到有关结算单据的存货；③ 已发出但所有权尚未转移的存货；④ 委托其他单位代销或代加工的存货。

（二）存货的特征

在界定存货的概念时，必须把握存货的以下特征：

（1）存货是有形资产，这使它区别于无形资产。

（2）企业持有存货的最终目的是为了出售，而不是自用或消耗。这一特征使存货区别于固定资产等非流动资产和在建工程物资等与投资有关的资产。

（3）存货具有较强的流动性。在企业中，存货经常处于不断销售、耗用、购买或重置中，具有较快的变现能力和明显的流动性。

（4）存货具有时效性和发生潜在损失的可能性。在正常的经营活动下，存货能够规律地转换为货币资产或其他资产，但长期不能耗用的存货就有可能变为积压物资或降价销售，从而造成企业的损失。

二、存货的确认

存货必须在符合其概念的前提下，同时满足以下两个条件时，才能予以确认。

（一）该存货包含的经济利益很可能流入企业

企业在确认存货时，需要判断与该项存货相关的经济利益是否很可能流入企业。在实务中，主要通过判断与该项存货所有权相关的风险和报酬是否转移到了企业来确定。其中，与存货所有权相关的风险是指由于经营情况发生变化造成的相关收益的变动，以及由于存货滞销、毁损等原因造成的损失；与存货所有权相关的报酬是指在出售该项存货或其经过进一步加工取得的其他存货时获得的收入，以及处置该项存货实现的利润等。

通常情况下，取得存货的所有权是与存货相关的经济利益很可能流入本企业的一个重要标志。例如，根据销售合同已经售出（取得现金或收取现金的权利）的存货，其所有权已经转移，与其相关的经济利益已不能再流入企业，此时，即使该项存货尚未运离本企业，也不能再确认为本企业的存货。又如委托代销商品，由于其所有权并未转移至受托方，因而委托代销的商品仍应当确认为委托企业存货的一部分。总之，企业在判断与存货相关的经济利益能否流入企业时，主要结合该项存货所有权的归属情况进行分析确定。

（二）该存货的成本能够可靠地计量

作为企业资产的组成部分，要确认存货，企业必须能够对其成本进行可靠计量。存货的成本能够可靠地计量必须以确凿、可靠的证据为依据，并且具有可验证性。如果存货成本不能可靠地计量，则不能确认为一项存货。例如企业承诺的订货合同，由于并未实际发生，不能可靠确定其成本，因此就不能确认为购买企业的存货。又企业预计发生的制造费用，由于并未实际发生，不能可靠地确定其成本，因此不能计入产品成本。

三、存货的分类

存货的构成内容很多，且各有其特点，在不同的企业中，对各种存货的管理要求也不尽相同。为了加强存货的核算和管理，应对存货进行科学的分类。存货可以按不同的标志进行分类。

（一）存货按经济内容分类

存货按经济内容不同，可分为原材料、在产品、半成品、产成品、商品、包装物、低值易耗品和委托代销商品。

（1）原材料是指企业在生产过程中经加工改变其形态或性质并构成产品主要实体的各种原料及主要材料、辅助材料、燃料、修理用备件（备品备件）、包装材料和外购半成品（外购件）等。

（2）在产品是指企业正在制造尚未完工的生产物，包括正在各个生产工序加工的产品和已加工完毕但尚未检验或已检验但尚未办理入库手续的产品。

（3）半成品是指经过一定生产过程并已检验合格交付半成品仓库保管，但尚未完工成为产成品，仍需进一步加工的中间产品。

（4）产成品是指工业企业已经完成全部生产过程并已验收入库，可以按照合同规定的条件送交订货单位，或者可以作为商品对外销售的产品。企业接受来料加工制造的代制品和为外单位加工修理的代修品，制造和修理完成验收入库后，应视同企业的产成品。

（5）商品是指商品流通企业外购或委托加工完成验收入库用于销售的各种商品。

（6）包装物是指为了包装本企业的商品而储备的各种包装容器，如桶、箱、瓶、坛和袋等，其主要作用是盛装、装潢产品或商品。

（7）低值易耗品是指不能作为固定资产核算的各种用具物品，如工具、管理用具、玻璃器皿、劳动保护用品及在经营过程中周转使用的容器等。

（8）委托代销商品是指企业委托其他单位代销的商品。

需要注意的是，为建造固定资产等各项工程而储备的各种材料，虽然也具有存货的某些特征（如流动性），但它们并不符合存货的概念，因此，不能作为企业的存货进行核算。企业的特种储备及按国家指令专项储备的资产也不符合存货的概念，因而也不属于企业的存货。

（二）存货按存放地点分类

存货按存放地点不同，可分为库存存货、在途存货、加工中存货、委托代销存货和寄存的存货。

（1）库存存货是指已经运到企业并已验收入库的各种材料、商品，以及已验收入库的各种半成品和产成品等。

（2）在途存货是指已经支付货款，正在运输途中或已到达企业但尚未验收入库的各种存货。

（3）加工中存货是指企业自行生产加工及委托外单位加工中的各种存货。

（4）委托代销存货是指企业委托其他单位代销，但尚未办理代销货款结算的存货。

（5）寄存的存货是指产权属于企业所有，暂时存放在外单位的存货。

（三）存货按来源分类

存货按来源不同，可分为外购存货、自制存货和投资者投入存货。

（1）外购存货是指企业从外单位购入并已验收入库的材料、商品等存货。

（2）自制存货是指企业自备材料加工完成并验收入库的材料、半成品和产成品等存货。

（3）投资者投入存货是指投资者以存货形式进行的投资。

此外，企业还可能存在委托外单位加工的存货、接受捐赠的存货和盘盈的存货等。

四、存货成本的初始计量

存货应当按照成本进行初始计量。存货成本包括采购成本、加工成本和使存货到达场所和状态所发生的其他成本三个组成部分。企业在日常核算中采用计划成本法或售价金额法核算的存货成本，实质上也是存货的实际成本。

（一）外购存货成本

企业外购存货主要包括原材料和商品。外购存货的成本即存货的采购成本，是指企业物资从采购到入库前所发生的全部支出，包括购买价款、相关税费、运输费、装卸费、保险费，以及其他可归属于存货采购成本、费用。

商品流通企业在采购商品过程中发生的运输费、装卸费、保险费及其他可归属于存货采购成本的费用等进货费用，应计入所购商品成本。在实务中，企业也可以先将进货费用进行归集，期末再根据所购商品的存销情况进行分摊。对于已售商品的进货费用，计入主营业务成本；对于未售商品的进货费用，计入期末存货成本。企业采购商品的进货费用金额较小的，可以在发生时直接计入当期销售费用。

（1）购买价款是指企业购入材料或商品的发票账单上列明的价款，但不包括按规定可以抵扣的增值税进项税税额。

（2）相关税费是指企业购买、自制或委托加工存货所发生的消费税、资源税和不能从增值税销项税税额中抵扣的进项税税额等。

【例 4-1-1】　胜利公司系增值税一般纳税人。8 月购入 A 材料 3 050 千克，每千克 100 元（不含增值税），增值税税率 13%，另外支付运输费 2 000 元（不含增值税，取得运输业增值税专用发票，税率 9%）。则存货的采购总成本和单位成本为（保留小数点后 2 位）:

存货的采购总成本=3 050×100+2 000=307 000 元

存货的采购单位成本=307 000÷3 050=100.66（元/千克）

增值税进项税税额=3 050×100×13%+2 000×9%=39 830 元

（3）其他可归属于存货采购成本的费用，即采购成本中除上述各项以外的可归属于存货采购成本的费用，如在存货采购过程中发生的仓储费、包装费、运输途中的合理损耗和入库前的挑选整理费用等。这些费用能分清负担对象的，应直接计入存货的采购成本；不能分清负担对象的，应选择合理的分配方法，分配计入有关存货的采购成本。分配方法通常包括按所购存货的重量或采购价格的比例进行分配。

【例 4-1-2】　承【例 4-1-1】，假设 A 材料在运输途中发生合理损耗 50 千克，入库前发生挑选整理费用 2 000 元。则存货的采购总成本和单位成本为:

存货的采购总成本=3 050×100+2 000+2 000=309 000 元

存货的采购单位成本=309 000÷（3 050−50）=103（元/千克）

（二）委托加工存货成本

企业通过进一步加工而取得的存货，主要包括直接耗用原材料成本、在产品、半成品和委托加工物资等，其成本由采购成本和加工成本构成。某些存货还包括使存货达到场所和状态所发生的其他成本，如可直接认定的产品设计费用等。

1. 委托外单位加工的存货

委托外单位加工完成的存货，以实际耗用的原材料或者半成品、加工费、运输费和装卸费等费用及按规定应计入成本的税金，作为实际成本，其在会计处理上主要包括拨付加工物资、支付加工费用和税金、收回加工物资和剩余物资等几个环节。

2. 自行生产的存货

自行生产的存货的初始成本包括投入的原材料或半成品、直接人工和按照一定方式分配的制造费用。

（三）其他存货成本

企业取得存货的其他方式主要包括接受投资者投资、债务重组、企业合并及存货盘盈等。

（1）投资者投入存货的成本，应当按照投资合同或协议约定的价值确定，但合同或协议约定价值不公允的除外。若投资合并或协议约定价值不公允的情况下，按照该项存货的公允价值作为其入账价值。

（2）通过债务重组和企业合并等方式取得的存货的成本，按相关会计准则的规定确定。

（3）盘盈存货的成本应按其重置成本作为入账价值，并通过“待处理财产损溢”账户进行会计分录处理。按管理权限报经批准后，冲减当期管理费用。

（4）通过提供劳务取得的存货，其成本按从事劳务提供人员的直接人工和其他直接费用及可归属于该存货的间接费用确定。

（四）不计入存货成本的费用

（1）非正常消耗的直接材料、直接人工及制造费用，应计入当期损益，不得计入存货成本。

（2）仓储费用是指企业在采购入库后发生的储存费用，应计入当期损益。但是，在生产过程中为达到下一个生产阶段所必需的仓储费用则应计入存货成本。

五、存货成本的计价方法

企业对于各项存货的日常收发，必须根据有关收发凭证，在既有数量、又有金额的明细账内，逐项逐笔进行登记。企业进行存货的日常核算有两种方法：一种是采用实际成本进行核算；一种是采用计划成本进行核算。

（一）实际成本法

存货按实际成本计价是指每一种存货的收发结存量都按其取得或生产过程中所发生的实际成本计价。该方法适用于材料品种较少、收料次数不多的企业。在按实际成本计价时，同一种材料因进货批次不同、成本不同会出现多种价格，而存货管理按存货品类分类保管，所以库存同一品种的存货会有多种价格，因此，企业领用或发出的存货必须选定一种方法进行计价核算。企业领用或发出存货通常有先进先出法、加权平均法、移动加权平均法、后进先出法和个别计价法。

（二）计划成本法

存货按计划成本计价是指存货的收入、发出和结余均按预先制定的计划成本计价，同时另设“材料成本差异”账户，用来核算实际成本和计划成本的差额，同时计划成本法下存货的总分类和明细分类核算均按计划成本计价。

存货采用计划成本法核算，有利于简化会计核算工作，有利于考核采购部门的经营业绩，促使降低采购成本、节约支出，因此，这一计价方法在大中型制造企业中得到了广泛应用。计划成本法应用是否恰当，直接影响到企业财务核算的规范性、真实性，以及反映的财务状况、经营成果和现金流量是否真实。

第二节 原材料按实际成本计价

一、原材料的内容

原材料是企业在生产过程中经过加工改变其形态或性质并构成产品主要实体的各种原料、主要材料和外购半成品，以及不构成产品实体但有助于产品形成的辅助材料。原材料具体包括原料及主要材料、辅助材料、外购半成品（外购件）、修理用备件（备品备件）、包装材料和燃料等。

二、原材料收发的原始凭证

（一）原材料采购的原始凭证

企业外购材料收入业务，要办理货款结算和验收入库两个方面的凭证手续。由于货款结算方式不同，材料凭证的处理手续也不相同。

（1）仓库验收材料应填写一式多联的收料单（见表 4-1），一联留存仓库，作为登记材料明细账的依据；一联连同发票送交财会部门，作为材料收入核算的依据；一联送交供应部门留存备查。

表 4-1 收料单

年 月 日 编号：

材料编号	材料名称	规格	材质	单位	数量		计划单价	金额
					应收	实收		

会计： 质量检验员： 仓库： 经办人：

（2）生产车间的自制材料或生产过程中回收的废料、残料验收入库，通常由生产车间填制一式多联的“材料入库单”，办理入库手续。材料入库单的格式与收料单相似，如表 4-2 所示。

表 4-2 材料入库单

交库单位： 年 月 日 单号：

编号	产品名称	计量单位	交付数量	检验结果		实收数量
				合格	不合格	

会计： 质量检验员： 仓库： 经办人：

（3）委托加工材料加工完成验收入库，其凭证手续与外购材料相似。

（二）原材料发出的原始凭证

企业仓库发出材料，主要是生产车间和内部其他部门领用，还可能有对外销售和委托外单位加工等原因发出。对于不同原因的领料和发料业务，都需办理必要的凭证手续。

企业生产车间和内部其他部门领用材料，根据具体情况，可以分别使用出库单、领料单和限额领料单、领料登记表等凭证办理材料领发手续。出库单的格式如表 4-3 所示。

表 4-3 出库单

出货单位： 年 月 日 单号：

提货单位或领货部门： 销售单号： 发出仓库：

编号	名称及规格	单位	数量

仓库管理员： 销售经理： 会计： 经办人：

三、原材料的收入

（一）账户设置

材料按实际成本计价核算时，材料的收发及结存，无论总分类核算还是明细分类核算，均按照实际成本计价。为了核算存货，应设置“原材料”“在途物资”“委托加工物资”“应付账款”“预付账款”等账户。

1. “原材料”账户

为了核算库存各种材料的收发与结存情况，企业应设置“原材料”账户。该账户属于资产类账户，其借方登记入库材料的实际成本，贷方登记发出材料的实际成本，期末借方余额表示企业库存材料的实际成本。该账户一般按品种进行明细分类核算。

2. “在途物资”账户

为了核算企业材料、商品等物资的日常活动、尚未到达或尚未验收入库的各种物资的实际采购成本，企业应设置“在途物资”账户。该账户属于资产类账户，其借方登记企业购入的在途物资的实际成本，贷方登记验收入库的在途物资的实际成本，期末借方余额表示企业在途物资的采购成本。该账户应按照供应单位和物资品种进行明细分类核算。

3. “委托加工物资”账户

为了核算企业委托外单位加工的各种材料、商品等物资的实际成本，企业应设置“委托加工物资”账户。该账户属于资产类账户，其借方登记企业委托外单位加工物资的实际成本，贷方登记验收入库的委托加工物资的实际成本，期末借方余额表示企业委托外单位正在加工物资的实际成本。该账户应按照加工合同、受托加工单位及加工物资的品种等进行明细分类核算。

4. “应付账款”账户

为了核算企业因购买材料、商品和接受劳务等经营活动应支付的款项，企业应设置“应付账款”账户。该账户属于负债类账户，其贷方登记企业因购入材料、商品和接受劳务等经营活动应支付的款项，借方登记偿还的应付账款，期末贷方余额表示企业尚未支付的应付账款。

（二）原材料收入的核算

1. 外购原材料的核算

外购材料时，企业应当按照发票账单所列购买价款及相关税费，借记“在途物资”或“原材料”账户，按照税法规定可抵扣的增值税进项税额，借记“应交税费——应交增值税（进项税额）”账户，按照购买价款、相关税费及在外购物资过程发生的其他直接费用，贷记“库存现金”“银行存款”“其他货币资金”“预付账款”“应付账款”等账户。

材料已经收到、但尚未办理结算手续的，可暂不做会计分录；待办理结算手续后，再根据所付金额或发票账单的应付金额，借记“在途物资”账户，贷记“银行存款”等账户。

因材料短缺应由供应单位、外部运输机构赔偿的款项，应根据有关的索赔凭证，借记“应付账款”或“其他应收款”账户，贷记“在途物资”账户；属于运输途中合理损耗，应计入材料实际采购成本，会计上不必单独处理，只是相应地提高材料的实际单位成本；因自然灾害等发生的损失和尚待查明原因的途中损耗，先记入“待处理财产损溢”账户，查明原因后再作处理。

月末，应将仓库转来的外购材料收料凭证，分别下列不同情况进行汇总：

（1）对于收到发票账单的收料凭证（包括本月付款或开出、承兑商业汇票的上月收料凭证），应当按照汇总金额，借记“原材料”账户，贷记“在途物资”账户。

（2）对于尚未收到发票账单的收料凭证，应按照估计金额暂估入账，借记“原材料”账户，贷记“应付账款——暂估应付账款”账户，下月初用红字做同样的会计分录予以冲回，以便下月收到发票账单等结算凭证时，按照正常程序进行账务处理。

【例 4-2-1】　胜利公司从利民公司购入材料一批，取得的增值税专用发票上注明材料价款 11 000 元，增值税税额 1 430 元，另支付运费 1 000 元，取得了运输业增值税专用发票，增值税税额 90 元。款项已通过银行转账支付，材料尚未验收入库。胜利公司编制的会计分录为：

借：在途物资　　12 000

　　应交税费——应交增值税（进项税额）　　1 520

　贷：银行存款　　13 520

月末，材料到达验收入库，根据仓库转来的外购材料收料凭证时，编制的会计分录为：

借：原材料　　12 000

　贷：在途物资　　12 000

【例 4-2-2】　上月末胜利公司从万方公司采购材料 1 000 千克，每千克不含税价格为 500 元，取得增值税专用发票，增值税税率 13%，货款尚未支付。本月验收入库时，发现材料短缺 100 千克。

（1）假如短缺材料系万方发货错误，并已收到万方公司开具红字增值税专用发票。编制的会计分录为：

借：在途物资　　500 00

　　应交税费——应交增值税（进项税额）　　65 00

　贷：应付账款——万方公司　　565 00

材料入库时编制的会计分录为：

借：原材料　　450 000

　贷：在途物资　　450 000

（2）假如该 100 千克材料的短缺是由于验收人员小王操作不当造成的损毁，经协商由小王个人赔偿 30%损失，保险公司赔偿 70%损失。编制的会计分录为：

借：其他应收款——小王　　16 950

　　其他应收款——保险公司　　39 550

　贷：在途物资　　50 000

　　　应交税费——应交增值税（进项税额转出）　　6 500

材料入库时，编制的会计分录为：

借：原材料　　450 000

　贷：在途物资　　450 000

（注：短缺的材料，属于《中华人民共和国增值税暂行条例》第十条规定所规定的非正常损失的，按照《中华人民共和国增值税暂行条例实施细则》第二十七条规定，应当将该项购进货物或者应税劳务的进项税额从当期的进项税额中扣减。）

增值税关于非正常损失的规定

（3）假如该材料属于易挥发物资，加之天气干燥，自然挥发造成的，属于材料采购过程中的自然损耗。办理入库时，编制的会计分录为：

借：原材料　　500 000

　贷：在途物资　　500 000

此时，原材料入库单价=500 000÷900=556.56（元/千克）

（4）假如该 100 千克材料短缺，尚无法查明原因，则需将短缺成本计入“待处理财产损溢”，待查明原因后，再作进一步处理，编制的会计分录为：

借：待处理财产损溢　　　　　　　　　　　　　　　　50 000

　贷：在途物资　　　　　　　　　　　　　　　　　　　50 000

注：增值税进项税税额 6 500 元，暂不转出，待查明短缺原因后，再确定继续抵扣，还是进项税额转出。

【例 4-2-3】 2019 年 5 月 20 日，胜利公司从嘉美公司购入材料一批，已验收入库，但月末发票账单等结算凭证未到，货款尚未支付，该批材料合同价格 48 000 元。2019 年 6 月 5 日收到发票账单等结算凭证，以银行存款支付材料价款 50 000 元，增值税税额 6 500 元。

（1）2019 年 5 月末，按合同价格暂估入账时，编制的会计分录为：

借：原材料　　　　　　　　　　　　　　　　　　　48 000

　贷：应付账款——暂估应付账款　　　　　　　　　　　48 000

（2）2019 年 6 月初，用红字将会计分录予以冲销，编制的会计分录为：

借：原材料　　　　　　　　　　　　　　　　　　　[48 000]

　贷：应付账款——暂估应付账款　　　　　　　　　　　[48 000]

（3）2019 年 6 月 5 日，支付材料价款时，编制的会计分录为：

借：原材料　　　　　　　　　　　　　　　　　　　50 000

　　应交税费——应交增值税（进项税额）　　　　　　6 500

　贷：银行存款　　　　　　　　　　　　　　　　　　　56 500

2．自制原材料的核算

加工取得存货的成本包括直接材料、直接人工及按照一定方法分配的制造费用。经过 1 年期以上的制造才能达到预定可销售状态的存货发生的借款费用，也计入存货的成本。

借款费用是指企业因借款而发生的利息及其他相关成本，一般包括借款利息、辅助费用及因外币借款而发生的汇兑差额等。

企业自制并已验收入库的材料，按照实际成本，借记“原材料”账户，贷记“生产成本”账户。

【例 4-2-4】 2019 年 6 月 10 日，胜利公司自制的 A 材料验收入库，生产过程中发生的实际成本为 5 600 元。胜利公司编制的会计分录为：

借：原材料——A 材料　　　　　　　　　　　　　　　5 600

　贷：生产成本　　　　　　　　　　　　　　　　　　　5 600

3．委托加工材料的核算

委托加工物资核算的内容主要有发出委托加工物资、支付加工费用及应负担的运杂费、缴纳消费税、加工完成物资验收入库和退回剩余物资。

需要注意的是，如果委托加工物资属于应纳消费税的应税消费品，应由受托方在向委托方交货时代收代缴消费税。委托方缴纳消费税时，应分别不同情况处理：

（1）凡属加工物资收回后直接用于销售的，应将受托方代收代缴的消费税计入委托加工物资的成本，借记“委托加工物资”账户，贷记“银行存款”等账户。

（2）凡属加工物资收回后用于连续生产应税消费品的，所纳税款按规定准予抵扣以后销售环节应缴纳的消费税，借记“应交税费——应交消费税”账户，贷记“银行存款”等账户。

【例 4-2-5】 胜利公司发出 A 材料一批，委托乙企业加工成 B 材料（属于应税消费品）。A 材料的实际成本 100 000 元，支付的加工费 15 000 元，来回运杂费 2 000 元，胜利公司取得了材料加工和材料运输增值税专用发票，增值税合计 2 600 元，消费税 13 000 元，款项已用银行存款支付。B 材料已加工完毕验收入库。

（1）发出委托加工材料时，编制的会计分录为：

	借方	贷方
借：委托加工物资——乙企业	100 000	
贷：原材料——A 材料		100 000

（2）支付加工费、运杂费和税金。

① 假如 B 材料将来全部销售，或用于非应税消费品的生产，消费税计入委托加工物资成本。编制的会计分录为：

	借方	贷方
借：委托加工物资——乙企业	30 000	
应交税费——应交增值税（进项税额）	2 600	
贷：银行存款		32 600

B 材料验收入库时，编制的会计分录为：

	借方	贷方
借：原材料——B 材料	130 000	
贷：委托加工物资——乙企业		130 000

② 假如 B 材料将用于继续生产应税消费品，则委托加工环节消费税将来可进行抵扣。编制的会计分录为：

	借方	贷方
借：委托加工物资——乙企业	17 000	
应交税费——应交增值税（进项税额）	2 600	
——应交消费税	13 000	
贷：银行存款		32 600

B 材料验收入库时，编制的会计分录为：

	借方	贷方
借：原材料——B 材料	116 000	
贷：委托加工物资——乙企业		116 000

委托加工物资消费税的会计处理

委托加工物资消费税税收政策

四、原材料的发出

由于各种存货是分次购入或分批生产形成的，所以同一项目的存货，其单价或单位成本往往不同。要核算领用、发出存货的价值，就要选择一定的计量方法，只有正确地计算领用、发出存货的价值，才能真实地反映企业产品生产成本和销售成本，进而正确地确定企业的净利润。

企业会计制度规定，企业领用或发出存货，按照实际成本核算的，可以根据实际情况选择采用先进先出法、加权平均法、移动平均法、个别计价法或后进先出法等确定其实际成本。计价方法一经选用，不得随意变更。

（一）先进先出法

先进先出法是指以先购进的存货先发出的一种存货实物流转假设为前提，对发出存货进行计价的一种方法。其具体做法是：收入存货时，逐笔登记收入存货的数量、单价和金额；发出存货时，按照先购入的存货先发出的原则逐笔登记存货的发出成本和结存金额。

【例 4-2-6】 2019 年 6 月 1 日，胜利公司结存甲材料 400 千克，每千克实际成本 10 元；6 月 8 日和 6 月 22 日分别购入该材料 500 千克和 400 千克，每千克实际成本分别为 11 元和 12 元；6 月 12 日和 6 月 25 日分别发出该材料 700 千克和 300 千克。按先进先出法计价核算时，发出和结存材料的成本如表 4-4 所示。

表 4-4 材料明细账（先进先出法）

名称及规格：甲材料　　　　单位：元

2019 年		凭证字号	摘要	收入			发出			结存		
月	日			数量	单价	金额	数量	单价	金额	数量	单价	金额
6	1		期初结存							400	10	4 000
	8		购入	500	11	5 500				400 500	10 11	4 000 5 500
	12		发出				400 300	10 11	4 000 3 300	200	11	2 200
	22		购入	400	12	4 800				200 400	11 12	2 200 4 800
	25		发出				200 100	11 12	2 200 1 200	300	12	3 600
	30		本月合计	900		10 300	1 000		10 700	300	12	3 600

（二）月末一次加权平均法

月末一次加权平均法是指以本月全部进货数量加上月初存货数量作为权数，去除本月全部进货成本加上月初存货成本，计算出存货的加权平均单位成本，以此为基础计算本月发出存货成本和期末结存存货成本的一种方法。其计算公式为：

$$\text{加权平均单位成本}=\frac{\text{月初库存存货的实际成本}+\text{本月各批收入存货的实际成本之和}}{\text{月初库存存货数量}+\text{本月各批进货数量之和}}$$

$$\text{发出存货的成本}=\text{本月发出存货的数量}\times\text{加权平均单位成本}$$

$$\text{月末库存存货的成本}=\text{月末库存存货的数量}\times\text{加权平均单位成本}$$

或

本月发出存货的成本=月初库存存货的实际成本+本月收入存货的实际成本−月末库存存货的实际成本

【例 4-2-7】 根据【例 4-2-6】的资料，按月末一次加权平均法计价核算时，发出和结存材料的成本如表 4-5 所示。其中，

加权平均单价=（4 000+10 300）÷（400+900）=11 元

本月发出存货成本=1 000×11=11 000 元

月末库存存货实际成本=4 000+10 300−11 000=3 300 元

表 4-5 材料明细账（月末一次加权平均法）

名称及规格：甲材料　　　　单位：元

2019 年		凭证字号	摘要	收入			发出			结存		
月	日			数量	单价	金额	数量	单价	金额	数量	单价	金额
6	1		期初结存							400	10	4 000
	8		购入	500	11	5 500						
	12		发出				700					
	22		购入	400	12	4 800						
	25		发出				300					
	30		本月合计	900		10 300	1 000	11	11 000	300	11	3 300

（三）移动加权平均法

移动加权平均法是指以每次进货的成本加上原有库存存货的成本，除以每次进货数量加上原有库存存货的数量，据以计算加权平均单位成本，作为在下次进货前计算各次发出存货成本依据的一种方法。其计算公式为：

$$移动加权单位成本=\frac{原有库存存货的实际成本+本次收入存货的实际成本}{原有库存存货数量+本次进货数量}$$

本次发出存货的成本=本次发出存货数量×本次发货前存货的单位成本

本月月末库存存货成本=月末库存存货的数量×本月月末存货单位成本

或

本月月末库存存货成本=月初库存存货的实际成本+本月收入存货的实际成本−本月发出存货的实际成本

（四）个别计价法

企业所得税对存货计价方法的规定

个别计价法，又称个别认定法、具体辨认法或分批实际法，采用这一方法是假设存货具体项目的实际流转与成本流转相一致，按照各种存货逐一辨认各批发出存货和期末存货所属的购进批别和生产批别，分别按其购入或生产时所确定的单位成本计算各批发出存货和期

末存货成本的方法。在这种方法下，是把每一种存货的实际成本作为计算发出存货成本和期末存货成本的基础。

个别计价法的成本计算准确，符合实际情况，但在存货收发频繁情况下，其发出成本分辨的工作量较大。因此，该方法适用于一般不能替代使用的存货、为特定项目专门购入或制造的存货及提供的劳务，如珠宝、名画等贵重物品。

第三节 原材料按计划成本计价

一、账户设置

原材料按计划成本计价是指原材料收入、发出和结存均按计划成本计价核算，要求在原材料日常核算中，原材料收发凭证按计划成本填列，原材料总分类账和明细分类账按计划成本登记，由于材料的计划成本与实际成本产生差异，为了正确核算成本和考核采购业务成果，还需设置“材料采购”和“材料成本差异”账户。在月末计算本月发出材料成本差异后，再将原材料的计划成本调整为实际成本。

（一）“原材料”账户

在材料采用计划成本核算时，为了核算库存各种材料的收发与结存情况，企业应设置“原材料”账户。该账户的借方登记入库材料的计划成本，贷方登记发出材料的计划成本，期末借方余额表示企业库存材料的计划成本。

（二）“材料采购”账户

为了核算企业购入各种材料物资的采购成本，企业应设置“材料采购”账户。该账户属于资产类账户，其借方登记已支付的购入材料物资的实际成本，以及结转实际成本小于计划成本的差异额（节约额）；贷方登记已经付款并已验收入库的材料物资的计划成本，以及结转实际成本大于计划成本的差额（超支额）；月末借方余额表示已经付款但尚未运到或虽已运到但尚未验收入库的在途物资的实际成本。该账户可按供应单位或材料品种设置明细账进行明细分类核算。

（三）“材料成本差异”账户

为了核算各种材料的实际成本与计划成本的差异额，企业应设置“材料成本差异”账户。该账户属于资产类账户，是材料账户的备抵调整账户，其借方登记入库材料实际成本大于计划成本的超支额；贷方登记入库材料实际成本小于计划成本的节约额，以及月末结转发出材料应负担的成本差异（超支用蓝字，节约用红字）。期末如为借方余额，表示企业库存材料的实际成本大于计划成本的差异（即超支差异）；如为贷方余额，表示企业库存材料实际成本小于计划成本的差异（即节约差异）。该账户可以按材料类别如“原材料”“周转材料”或材料品种设置明细账。

二、原材料的收入

月末，应将仓库转来的收料凭证，分别按照下列不同情况进行处理：

（1）收到发票账单的收料凭证，应按照实际成本和计划成本分别汇总，并按照计划成本，借记“原材料”“周转材料”等账户，贷记“材料采购”账户。收到材料，还要结转收入材料的差异，将实际成本大于计划成本的超支差异，借记“材料成本差异”账户，贷记“材料采购”账户；将实际成本小于计划成本的节约差异做相反的会计处理。

（2）对于尚未收到发票账单的收料凭证，应按照计划成本暂估入账，借记“原材料”账户，贷记“应付账款——暂估应付账款”账户，下月初用红字做同样的会计分录予以冲回，以便下月收到发票账单等结算凭证时，按照正常程序进行账务处理。

【例 4-3-1】 2019 年 6 月 5 日，胜利公司外购生产用原材料一批，取得的增值税专用发票上注明原材料价款 15 000 元，增值税税额 1 950 元，全部款项已通过银行转账付讫。该批原材料已验收入库，计划成本为 16 000 元。

（1）支付原材料货款时，编制的会计分录为：

借：材料采购　　15 000
　　应交税费——应交增值税（进项税额）　　1 950
　贷：银行存款　　16 950

（2）月末，根据仓库转来的外购材料收料凭证，编制的会计分录为：

借：原材料　　16 000
　贷：材料采购　　16 000

同时，结转收入材料的节约差异，编制的会计分录为：

借：材料采购　　1 000
　贷：材料成本差异　　1 000

【例 4-3-2】 2019 年 6 月 25 日，胜利公司收到上海钢厂发来的钢材 10 吨，并已验收入库，但月底仍未收到结算凭证，该种钢材的计划单位成本 25 000 元。2019 年 7 月 6 日收到结算凭证，取得的增值税专用发票上注明原材料价款 245 000 元，增值税税额 31 850 元，款项已通过银行存款支付。

（1）2019 年 6 月末，按该种钢材计划成本暂估入账时，编制的会计分录为：

借：原材料　　250 000
　贷：应付账款——暂估应付账款　　250 000

（2）2019 年 7 月初，用红字作相同会计分录予以冲回，编制的会计分录为：

借：原材料　　[250 000]
　贷：应付账款——暂估应付账款　　[250 000]

（3）2019 年 7 月 6 日，收到结算凭证时，编制的会计分录为：

借：材料采购　　245 000
　　应交税费——应交增值税（进项税额）　　31 850
　贷：银行存款　　276 850

（4）根据仓库转来的外购材料收料凭证，结转计划成本，编制的会计分录为：

借：原材料　　250 000

　贷：材料采购　　250 000

同时，结转收入材料的超支差异，编制的会计分录为：

借：材料采购　　5 000

　贷：材料成本差异　　5 000

企业自制或委托外单位加工的原材料验收入库时，应按原材料计划成本借记“原材料”账户，按实际成本贷记“生产成本”或“委托加工物资”账户，并按原材料实际成本与计划成本之差，借记或贷记“材料成本差异”账户。

以上原材料验收入库和结转成本差异的会计分录是逐笔编制的，为了简化核算工作，一般可按旬或按月汇总编制。

三、原材料的发出

采用计划成本进行材料日常核算的企业，日常领用、发出原材料均按照计划成本进行账务处理，即按发出原材料的计划成本，借记“生产成本”“管理费用”“销售费用”“委托加工物资”“其他业务成本”等账户，贷记“原材料”等账户。由于原材料发出业务比较频繁，为简化核算手续，一般应根据原材料发料凭证，按原材料的领用部门和用途，定期或月末归类汇总，编制发料凭证汇总表。

【例 4-3-3】 2019 年 7 月，胜利公司发出材料一批，根据发料凭证汇总计划成本如表 4-6 所示。

表 4-6　发出材料计划成本汇总

单位：元

材料用途	计划成本
基本生产车间生产产品领用	240 000
辅助生产车间生产产品领用	110 000
各车间一般消耗	35 000
企业管理部门领用	48 000
对外销售	67 000
合计	500 000

企业月初“原材料”账户余额 150 000 元，当月收入原材料计划成本 450 000 元。月初“材料成本差异”账户贷方余额 3 800 元，本月收入材料成本差异 800 元。结转发出原材料计划成本时，编制的会计分录为：

借：生产成本——基本生产成本　　240 000

　　　　　——辅助生产成本　　110 000

制造费用	35 000
管理费用	48 000
其他业务成本	67 000
贷：原材料	500 000

四、材料成本差异的计算和结转

采用计划成本对原材料进行日常核算，发出原材料先按计划成本计价，月末，再将月初原材料的成本差异和本月取得的原材料形成的成本差异在本月发出原材料和月末结存原材料之间进行分摊，将本月发出原材料和月末结存原材料的计划成本调整为实际成本，计划成本、成本差异和实际成本之间的关系如下：

实际成本=计划成本+超支差异

或

实际成本=计划成本-节约差异

为了便于原材料成本差异的分摊，企业应当计算材料成本差异率，作为分摊材料成本差异的依据。材料成本差异率及发出材料应分摊的材料成本差异的计算公式如下：

$$\text{本月材料成本差异率}=\frac{\text{月初结存材料的成本差异}+\text{本月验收入库材料的成本差异}}{\text{月初结存材料的计划成本}+\text{本月验收入库材料的计划成本}}\times 100\%$$

$$\text{月初材料成本差异率}=\frac{\text{月初结存材料的成本差异}}{\text{月初结存材料的计划成本}}\times 100\%$$

发出材料应负担的成本差异=发出材料的计划成本×材料成本差异率

发出材料应负担的成本差异应当按月分摊，不得在季末或年末一次计算。发出材料应负担的成本差异，除委托外部加工发出材料可按照月初成本差异率计算外，应使用本月的实际成本差异率；月初成本差异率与本月实际成本差异率相差不大的，也可按照月初成本差异率计算。计算方法一经确定，不得随意变更。

【例 4-3-4】 承【例 4-3-3】，计算并结转胜利公司发出原材料应负担的成本差异：

本月材料成本差异分配率=（-3 800+800）÷（150 000+450 000）×100%=-0.5%

发出材料应分摊的成本差异=500 000×（-0.5%）=-2 500 元

编制的会计分录为：

借：材料成本差异	2 500	
贷：生产成本——基本生产成本		1 200
——辅助生产成本		550
制造费用		175
管理费用		240
其他业务成本		335

第四节 周转材料

一、周转材料的内容

周转材料是指企业能够多次使用，逐渐转移价值但仍然保持原有形态、不确认为固定资产的材料，如包装物和低值易耗品。

二、周转材料的核算

为了反映周转材料的增减变动及结存情况，企业应设置“周转材料”账户。该账户属资产类账户，用来核算周转材料的计划成本或实际成本，包括包装物和低值易耗品等。其借方登记入库周转材料的计划成本或实际成本；贷方登记发出周转材料的计划成本或实际成本及在用周转材料的摊销额；期末余额在借方，反映企业在库周转材料的计划成本或实际成本及在用周转材料的摊余价值。

“周转材料”账户可以按“低值易耗品”“包装物”设置明细账进行明细分类核算，采用五五摊销的周转材料，还可设置“在库”“在用”和“摊销”等三级明细账。包装物和低值易耗品多的企业也可以单独设置“低值易耗品”“包装物”账户核算。

（一）低值易耗品的核算

1. 低值易耗品的概念与特征

低值易耗品是指不能作为固定资产的各种用具物品，如工具、管理用具或玻璃器皿，以及在经营过程中周转使用的包装容器等。低值易耗品按用途可分为一般工具、专用工具、替换设备、管理用具和劳动保护用品等。

低值易耗品的性质属于劳动资料，它可以多次参与生产周转而不改变其原有的实物形态，价值是随着实物的不断磨损逐渐地转移到成本、费用中去的；在使用过程中需要进行维修，报废时有一定的残值。从这些方面看，低值易耗品与固定资产是相同的，但低值易耗品又具有品种多、数量大、价值较低、使用年限较短、容易损坏和收发频繁等特点，这又不同于固定资产而与原材料类似。

在实际工作中，为了简化管理和核算工作，将低值易耗品列入流动资产的存货类，其购入、库存的管理和核算与原材料基本相同，但对其在使用中转移的损耗的价值则采用摊销的方法摊入成本、费用中。

2. 低值易耗品增加的核算

低值易耗品采购、入库，无论是实际成本计价还是计划成本计价，均与原材料的账务处理基本相同。

【例 4-4-1】 胜利公司对低值易耗品采用实际成本法核算。本期采购纱线一批，取得增值税专用发票上注明价款 1 000 元，数量 40 捆。供货方送货上门，胜利公司已用现金支付货款。编制的会计分录为：

借：周转材料——低值易耗品　1 000

　　应交税费——应交增值税（进项税额）　130

　贷：库存现金　1 130

3. 低值易耗品领用和摊销的核算

低值易耗品从仓库领用发出交有关部门使用之后，即从“在库”转为“在用”阶段，表示低值易耗品已投入使用，这时就要采用一定的方法将低值易耗品的价值摊入成本。低值易耗品的摊销方法，应按不同低值易耗品价值的大小、使用期限的长短及每月领用数额的均衡性等情况，采用一次摊销或五五摊销法进行摊销。

（1）一次摊销法。

采用一次摊销法摊销低值易耗品，在领用低值易耗品时，按其用途将其全部价值摊入“制造费用”“管理费用”“其他业务成本”等账户；报废时，低值易耗品的残料价值作为当期低值易耗品摊销额的减少，冲减对应的成本费用账户。

【例 4-4-2】　胜利公司某基本生产领用扳手一批，实际成本 500 元，全部计入制造费用。编制的会计分录为：

借：制造费用　500

　贷：周转材料——低值易耗品　500

后来该批扳手报废，变价收入 20 元，编制的会计分录为：

借：库存现金　20

　贷：制造费用　20

一次摊销法核算简便，但不利于实物管理，而且价值一次结转也影响费用成本的均衡性，所以该方法适用于单位价值较低，或容易损耗，而且一次性领用不多的管理工具、玻璃器皿等低值易耗品。

（2）五五摊销法。

五五摊销法是指在领用低值易耗品时先摊销其账面价值的 50%，待其报废时再摊销其账面价值的 50%的一种摊销方法。

采用五五摊销法，低值易耗品应设置“在库”“在用”和“摊销”明细账，在领用低值易耗品时，将低值易耗品的成本从“在库”明细账转入“在用”明细账，同时按领用低值易耗品的 50%作为摊销额，计入相应的成本费用账户。低值易耗品报废时，再摊销剩余的 50%，同时将残料价值冲减摊销的成本费用账户，并将“在用”“摊销”明细账结转。

低值易耗品采用计划成本计价的，还应在报废低值易耗品的月份终了，计算结转应分摊的材料成本差异。

【例 4-4-3】　2019 年 5 月 10 日，胜利公司生产车间领用工具一批，计划成本 2 000 元，该批工具于 2019 年 8 月报废，报废时残料作价收入 200 元，做修理用原材料入库。本月材料成本差异率为 1%。

（1）2019 年 5 月 10 日，领用工具时，编制的会计分录为：

借：周转材料——低值易耗品——在用　　2 000
　贷：周转材料——低值易耗品——在库　　2 000

（2）摊销该批低值易耗品价值的 50%，编制的会计分录是：

借：制造费用　　1 000
　贷：周转材料——低值易耗品——摊销　　1 000

（3）2019 年 8 月，该批工具报废时，摊销其剩余的 50%，编制的会计分录为：

借：原材料　　200
　　制造费用　　800
　贷：周转材料——低值易耗品——摊销　　1 000

（4）结转报废低值易耗品明细账，编制的会计分录为：

借：周转材料——低值易耗品——摊销　　2 000
　贷：周转材料——低值易耗品——在用　　2 000

同时，结转报废低值易耗品的材料成本差异，编制的会计分录为：

借：制造费用　　20
　贷：材料成本差异　　20

采用五五摊销法虽然在会计处理上略显烦琐，但低值易耗品在报废之前，始终有 50% 的价值保留在账面上，有利于加强对周转材料的管理核算。该方法适用于领用数量多，金额较大的低值易耗品的摊销，其他周转材料也可以采用这种方法。

（二）包装物的核算

1. 包装物的核算范围

包装物是指为了包装本企业商品而储备的各种包装容器，如桶、箱、瓶、坛和袋等。但是下列包装物，在会计上不作为包装物进行核算：

（1）各种包装用的材料，如纸、绳、铁丝和铁皮等，应作为原材料进行核算。

（2）企业在生产经营过程中用于储存和保管产品或商品、材料、半成品、零部件等，不随同产品或商品出售、出租或出借的包装物，如企业在经营过程中周转使用的包装容器，应按其价值大小和使用年限长短，分别归入固定资产或低值易耗品进行核算。

2. 包装物的核算内容

包装物的核算内容主要包括：

（1）生产过程中用于包装产品作为产品组成部分的包装物。

（2）随同商品出售而不单独计价的包装物。

（3）随同商品出售而单独计价的包装物。

（4）出租或出借给购买单位使用的包装物。

包装物数量不多的企业，也可以不设置“周转材料”账户，将包装物并入“原材料”账户核算。各种包装材料，如纸、绳、铁丝和铁皮等，应在“原材料”账户内核算；用于储存和保管产品、材料而不对外出售的包装物，应按照价值大小和使用年限长短，分别在“固定资产”或“周转材料”账户核算。

3. 包装物收入的核算

包装物可以采用实际成本核算，也可以采用计划成本核算，企业购入、自制或委托外单位加工完成并已验收入库的包装物，比照“原材料”账户相关规定进行核算。

【例 4-4-4】 胜利公司购入一批包装袋，买价 20 000 元，增值税税额 2 600 元，运杂费 500 元(未取得有效增值税发票)。款项用银行存款转账支付，商品已验收入库。编制的会计分录为：

借：周转材料——包装物　　20 500
　　应交税费——应交增值税（进项税额）　　2 600
　贷：银行存款　　23 100

4. 包装物发出的核算

（1）生产领用包装物，应根据领用包装物的实际成本，借记“生产成本”账户，按照领用包装物的计划成本，贷记“周转材料——包装物”账户，按其差额，借记或贷记“材料成本差异”等账户。

【例 4-4-5】 胜利公司对包装物采用计划成本核算，某月生产产品领用包装物的计划成本为 100 000 元，材料成本差异率为 –3%。编制的会计分录为：

借：生产成本　　97 000
　　材料成本差异　　3 000
　贷：周转材料——包装物　　100 000

（2）随同商品出售的包装物。

① 随同商品出售且不单独计价的包装物，应按其实际成本计入销售费用，借记“销售费用”账户，贷记“周转材料——包装物”“材料成本差异”等账户。

【例 4-4-6】 胜利公司某月销售商品领用不单独计价的包装物一批，计划成本为 80 000 元，该包装物的材料成本差异率为 3%。编制的会计分录为：

借：销售费用　　82 400
　贷：周转材料——包装物　　80 000
　　　材料成本差异　　2 400

② 随同商品出售且单独计价的包装物，一方面应反映其销售收入，计入其他业务收入；另一方面应反映其实际销售成本，计入其他业务成本。

【例 4-4-7】 胜利公司销售商品领用单独计价的包装物，该批包装物的实际成本 80 000 元，销售收入 100 000 元，增值税税额 13 000 元，款项已存入银行。

（1）出售单独计价的包装物时，编制的会计分录为：

借：银行存款　　113 000
　贷：其他业务收入　　100 000
　　　应交税费——应交增值税（销项税额）　　13 000

（2）结转所收单独计价包装物的成本时，编制的会计分录为：

借：其他业务成本　　80 000

　贷：周转材料——包装物　　80 000

（3）出租或者出借的包装物。

企业出租或者出借包装给其他单位使用，是转让其包装物的使用权，出租、出借时一般收取略高于包装物成本的押金，待用户归还时再退还押金。核算原则一般为：出租包装物的租金收入计入“其他业务收入”账户，发生的包装物修理费及其价值摊销应计入“其他业务成本”账户；出借包装物不收取租金，发生的包装物修理费及其价值摊销应计入“销售费用”账户；企业收取的包装物押金应计入“其他应付款”账户。

对于逾期未退还的包装物，没收其押金，借记“其他应付款”账户，贷记“其他业务收入”“应交税费——应交增值税（销项税额）”等账户。

出租或出借的包装物在使用过程中发生的价值损耗应采用一次摊销法或五五摊销法，以后收回使用过的出租和出借包装物时为加强实物管理，应当在备查簿上进行登记。

采用一次摊销法，应编制如下会计分录：

领用时：

借：其他业务成本或销售费用

　贷：周转材料——包装物

报废时，包装物的残料价值应冲减有关成本费用：

借：原材料

　贷：其他业务成本

包装物金额比例高的情况下也可以使用五五摊销法进行摊销。

【例 4-4-8】 2019 年 6 月，胜利公司在销售商品过程中，出租给大方公司包装物一批，其实际成本 900 元，每月收到租金 600 元，押金 1 200 元，租期两个月。包装物采用五五摊销法。

（1）领用包装物时，编制的会计分录为：

借：周转材料——包装物——在用　　900

　贷：周转材料——包装物——在库　　900

（2）领用时，摊销包装物成本的 50%，编制的会计分录为：

借：其他业务成本　　450

　贷：周转材料——包装物——摊销　　450

（3）收到包装物押金时，编制的会计分录为：

借：库存现金　　1 200

　贷：其他应付款——大方公司　　1 200

（4）1～2 月收到租金时，编制的会计分录为：

借：库存现金　　678

　贷：其他业务收入　　600

　　　应交税费——应交增值税（销项税额）　　78

（5）第 2 月末，再摊销 50%的包装物成本时，编制的会计分录为：

借：其他业务成本　　450

　贷：周转材料——包装物——摊销　　450

（6）全部摊销完并报废时，编制的会计分录为：

借：周转材料——包装物——摊销　　900

　贷：周转材料——包装物——在用　　900

第五节　库存商品

库存商品具体包括库存的外购商品、自制商品产品、存放在门市部准备出售的商品、发出展览的商品，以及寄存在外或存放在仓库的商品等。

为了核算企业库存的各种商品的实际成本或计划成本，企业应设置“库存商品”账户。该账户属于资产类账户，其借方登记验收入库商品的成本，贷方登记发出商品的成本，期末借方余额表示库存商品的成本。

一、制造企业库存商品的核算

制造企业的产品一般应按实际成本核算。在这种情况下，库存商品的收入、发出和销售，平时只记数量，不记金额；月度终了，计算入库库存商品的实际成本。对发出和销售的库存商品，可以采用先进先出法、加权平均法、移动平均法或个别计价法等方法确定其成本。

（一）库存商品入库的核算

库存商品制造完工经检验合格后，应由生产车间按照交库数量填写“产成品入库单”，交仓库点收数量并登记明细账。月终，根据产成品入库单和成本计算资料编制“产成品入库汇总表”，据以进行产成品入库的总分类核算。

【例 4-5-1】 2019 年 6 月 8 日，胜利公司编制的“产成品入库汇总表”如表 4-7 所示。

表 4-7　产成品入库汇总表

生产车间：一车间　　2019 年 6 月 8 日　　单位：元

产品名称	计量单位	数量	单位成本	总成本	备注
甲产品	件	450	110	49 500	
乙产品	件	225	50	11 250	
合计				60 750	

仓库负责人：张三　　验收员：李四　　保管员：黄进

根据表 4-7，编制的会计分录为：

借：库存商品——甲产品　　49 500

　　　　　——乙产品　　11 250

贷：生产成本——基本生产成本——甲产品　　49 500
——乙产品　　11 250

（二）库存商品销售的核算

企业销售部门销售产品时，应填制“销售产品发货单”，交仓库办理产品出库手续并据以登记明细账。月终，结转发出和销售的产品成本。对已经实现销售的库存商品成本，应结转到“主营业务成本”账户；对采用分期收款销售方式发出库存商品成本，应结转到“发出商品”账户；对委托代销的销售方式发出的库存商品成本，应结转到“委托代销商品”账户。

【例 4-5-2】 2019 年 7 月，胜利公司编制的“产成品发出汇总表”如表 4-8 所示。

表 4-8 产成品发出汇总表

仓库：四号仓库　　2019 年 7 月 3 日　　单位：元

产品名称	计量单位	数量	单位成本	总成本	备注
甲产品	件	100	110	11 000	
乙产品	件	50	50	2 500	
合计				13 500	

仓库负责人：张三　　保管员：黄进

根据表 4-8，编制的会计分录为：

借：主营业务成本　　13 500
贷：库存商品——甲产品　　11 000
——乙产品　　2 500

库存商品种类较多的制造企业，也可按计划成本进行日常核算，其实际成本与计划成本之间的差异，计入“产品成本差异”（比照原材料计划成本的核算原理）。

二、商品流通企业库存商品的核算

（一）售价金额核算法

1. 售价金额核算法的内容

售价金额核算法是指售价金额反映商品增减变动及结存情况的核算方法。采用售价金额核算法处理库存商品的日常业务时，对于商品的零售价格，一般计入“库存商品”账户；对于购入商品的实际采购成本（进价）与零售价格之间的差额，一般计入“商品进销差价”账户；对于商品在采购过程中发生的采购费用，一般计入“销售费用”账户。销售发出的库存商品以其售价记入“主营业务成本”账户，同时按一定的方法分摊已销商品实现的进销差价。

以售价登记“库存商品”账户的目的在于：能使库存商品账户的计价方式与企业的各

营业柜组、仓库等的商品标价相一致，从而便于商品的实务管理。

2．售价金额核算法下的账户设置

对商品采用售价金额核算，“库存商品”账户的借方、贷方和余额均反映商品的售价，这里的售价是指商品的含税零售价。同时，为了核算库存商品售价与进价之间的差额，企业还应设置“商品进销差价”账户，该账户属于资产类账户，是“库存商品”账户的备抵调整账户。其贷方登记入库商品售价大于进价的差额，借方登记分摊已销商品的进销差价和因商品发出、加工、出租和发生损失等减少的进销差价，期末贷方余额表示尚未销售也尚未摊销的商品的进销差价。“商品进销差价”账户应按商品类别或实物负责人设置明细账，进行明细分类核算。

“库存商品”账户期末借方余额减去“商品进销差价”账户期末贷方余额即为期末库存商品的实际成本（进价）。

3．售价金额核算法下库存商品的核算

（1）商品购进的核算。商品购进中发生的购货费用在“销售费用”账户中核算。

【例 4-5-3】 胜利公司采购家电一批，总进价 150 000 元，增值税税额 19 500 元，运输费用 1 000 元（取得运输业增值税专用发票），运输费增值税税额 90 元，所有款项已用银行存款支付，商品已验收入库。假定该批家电的总售价 237 300 元。

（1）购货付款时，编制的会计分录为：

借：在途物资	150 000	
销售费用	1 000	
应交税费——应交增值税（进项税额）	19 590	
贷：银行存款		170 590

（2）验收入库时，编制的会计分录为：

借：库存商品	237 300	
贷：在途物资		150 000
商品进销差价		87 300

（2）商品销售的核算。商业零售企业对每天发生的商品销售业务，一方面要反映销售收入的实现，另一方面要按售价结转商品的销售成本。

【例 4-5-4】 承【例 4-5-3】，胜利公司销售该批家电确认销售收入时，编制的会计分录为：

借：银行存款	237 300	
贷：主营业务收入		237 300

同时，结转销售成本，编制的会计分录为：

借：主营业务成本	237 300	
贷：库存商品		237 300

（3）计算商品的进销差价。

在售价金额法下，按含税售价作为商品销售收入和结转商品销售成本，虚增了“收入”和“成本”，应把“主营业务收入”账户中包含的销项税额分解出来，转到“应交税费”账户，把已销商品应分摊的进销差价从“商品进销差价”转到“主营业务成本”账户。

实际工作中，一般在月末集中分解销售收入和计算进销差价率，相关计算公式为：

$$\text{不含税销售收入}=\frac{\text{含税销售收入}}{1+\text{增值税税率}}$$

$$\text{销项税额}=\text{不含税销售收入}\times\text{增值税税率}$$

$$\text{商品进销差价率}=\frac{\text{期初库存商品的进销差价}+\text{本期购入商品进销差价}}{\text{期初库存商品的售价}+\text{本期购入商品的售价}}\times100\%$$

月末结转商品分摊进销差价，其计算公式为：

$$\text{本月主营业务收入}=\text{不含税的贷方发生额}\times\text{商品进销差价率}$$

【例 4-5-5】 承【例 4-5-3】，假定胜利公司期初库存家电进价成本为 250 000 元，相应不含税售价总额为 310 000 元。

本批家电不含税销售收入=237 300÷（1+13%）=210 000 元

$$\text{本期商品进销差价率}=\frac{(310\,000-250\,000)+(210\,000-150\,000)}{310\,000+210\,000}\times100\%=23.08\%$$

月末应结转商品进销差价=210 000×23.08%=48 468 元

编制的会计分录为：

借：商品进销差价　　48 468

　贷：主营业务成本　　48 468

（二）毛利率计算法

商品流通企业采用毛利率法核算的，在商品到达验收入库后，按商品进价，借记“库存商品”账户，贷记“银行存款”“在途物资”等账户。委托外单位加工收回的商品，按商品进价，借记“库存商品”账户，贷记“委托加工物资”账户。

使用毛利率法时，首先要根据本期销售净额乘以上期实际（或本期计划）毛利率匡算本期销售毛利，然后根据毛利率计算发出商品或期末库存商品成本。相关计算公式为：

$$\text{毛利率}=\text{销售毛利}\div\text{销售净额}\times100\%$$

$$\text{销售净额}=\text{商品销售收入}-\text{销售的退回或折让}$$

$$\text{销售毛利}=\text{销售净额}\times\text{毛利率}$$

$$\text{本期销售成本}=\text{销售净额}-\text{销售毛利或销售净额}\times（1-\text{毛利率}）$$

$$\text{期末存货成本}=\text{期初存货成本}+\text{本期购货成本}-\text{本期销售成本}$$

【例 4-5-6】 2019 年 7 月 1 日，胜利公司男士皮鞋库存 1 500 万元，本月购进 3 000 万元，本月销售收入 4 000 万元，上季度该类商品毛利率为 20%。本月已销商品和月末库存商品的成本计算如下：

本月销售收入=4 000 万元

销售毛利=4 000×20%=800 万元

本月销售成本=4 000−800=3 200 万元

库存商品成本=1 500+3 000−3 200=1 300 万元

根据上述计算结果，结转已销商品销售成本，编制的会计分录为：

借：主营业务成本　　32 000 000

　贷：库存商品　　32 000 000

毛利率法适用于商品批发企业，采用这种方法既能减轻工作量，又能满足库存商品管理的需要。毛利率法也适用于经营品种较多，月度计算成本确有困难的企业。

毛利率法是一种简化的成本计算方法，但是全部（或大类）商品的综合毛利率受影响的因素较多，计算结果往往不够精确。在采用毛利率法时，一般只在季度的头两个月使用，季末则必须用“加权平均法”等其他成本计算方法来计算和调整，以便在一个季度范围内使商品销售成本和期末结存商品金额符合实际。

第六节　存货的期末计量

一、存货清查

企业在进行存货的日常收发及保管过程中，因种种原因可能会造成存货实际结存数量与账面结存数量不符。为了确保账实相符，企业应定期或不定期进行存货盘点。发生存货盘盈、盘亏及毁损时，应及时查明原因，并进行账务处理，以保证账实相符。

（一）存货清查的方法

存货清查通常采用实地盘点的方法。在清查时，通过点数、过磅等方法，确定实存数量。对于一些无法通过具体的方法进行度量的存货，则应通过测量、估计等方法确定其实际数量。有些存货还要通过物理方法或化学方法来检查其质量是否合格、是否变质等。

存货应当定期盘点，每年至少盘点一次。在实地盘点之前，应先把有关存货明细账登记齐全，算出结存数量和金额，以备核对。盘点后，应根据盘点记录，将实存数与账面数进行核对，核实盘盈、盘亏和毁损的数量，查明造成盈亏和毁损的原因，并据以编制存货盘点报告表，如表 4-9 所示。

表 4-9 库存商品盘点报告表

盘点单位： 年 月 日

实物负责人： 共 页第 页第 号

<table>
<tr><th rowspan="2">货号</th><th rowspan="2">规格</th><th rowspan="2">品名</th><th rowspan="2">单位</th><th colspan="2">上月结存</th><th colspan="2">本月收进</th><th colspan="2">本月拨出</th><th colspan="3">实际盘点</th><th colspan="2">本月销货</th></tr>
<tr><th>数量</th><th>金额</th><th>数量</th><th>金额</th><th>数量</th><th>金额</th><th>数量</th><th>单价</th><th>金额</th><th>数量</th><th>金额</th></tr>
<tr><td></td><td></td><td></td><td></td><td></td><td></td><td></td><td></td><td></td><td></td><td></td><td></td><td></td><td></td><td></td></tr>
<tr><td></td><td></td><td></td><td></td><td></td><td></td><td></td><td></td><td></td><td></td><td></td><td></td><td></td><td></td><td></td></tr>
<tr><td colspan="4">合计</td><td></td><td></td><td></td><td></td><td></td><td></td><td></td><td></td><td></td><td></td><td></td></tr>
<tr><td rowspan="2" colspan="2">实际结算</td><td colspan="2">账面结存余额</td><td colspan="2">实际盘存总额</td><td colspan="2">盘多金额</td><td colspan="2">盘少金额</td><td colspan="2">本月实际金额</td><td>规定损耗率</td><td>规定损耗额</td><td>超出规定损耗额</td></tr>
<tr><td colspan="2"></td><td colspan="2"></td><td colspan="2"></td><td colspan="2"></td><td colspan="2"></td><td></td><td></td><td></td></tr>
</table>

主管： 会计分录： 复核： 盘点人：

（二）存货清查的核算

1. 存货盘盈

存货盘盈是指存货的实存数大于存货的账面数。在发生存货盘盈时，应编制“库存商品盘点报告表”及时办理存货入账手续，调整账目记录，使账实相符，同时查明盘盈原因，如果存货盘盈是由于收发计量或核算上的误差等原因造成的，应报经批准后，冲减管理费用。

【例 4-6-1】 胜利公司在年末进行存货清查，发生盘盈库存商品（A 商品）一批，数量 20 件，现行市价 100 元/件。发生盘盈时，编制的会计分录为：

借：库存商品——A 商品 2 000

贷：待处理财产损溢——待处理流动资产损溢 2 000

经查，A 商品是由于记账错误造成的，经批准后进行处理，冲减管理费用，编制的会计分录为：

借：待处理财产损溢——待处理流动资产损溢 2 000

贷：管理费用 2 000

2. 存货盘亏

存货盘亏是指存货的实存数小于存货的账面数。存货盘亏要及时填制相关原始凭证，并及时调整账面，并查明盘亏原因，在未查明原因之前，将发生盘亏造成的损失（包括税金等），计入“待处理财产损溢”账户。

造成存货盘亏和毁损的原因有多种，报经批准后，应根据不同的原因，分别不同的情况进行处理：

（1）属于自然损耗产生的定额内损耗，经批准后转作管理费用。

（2）属于收发计量差错和管理不善等原因造成的短缺或毁损，应先扣除残料价值、可以收回的保险赔偿和过失人的赔偿，然后将净损失计入管理费用。

（3）属于自然灾害或意外事故造成的存货毁损，应先扣除残料价值和可收回的保险赔偿，然后将净损失转作营业外支出。

【例 4-6-2】 胜利公司在年末进行存货清查，发生 A 材料盘亏毁损，账面成本 1 000 元，增值税税额 130 元。由于 A 材料毁损是属于非正常损失，采购 A 材料的增值税进项税额不得从当期销项税额中抵扣。编制的会计分录为：

借：待处理财产损溢——待处理流动资产损溢　　1 130
　贷：原材料——A 材料　　1 000
　　　应交税费——应交增值税（进项税额转出）　　130

经查，A 材料毁损属于管理员操作不当造成，管理员张某赔偿 30%损失，保险公司承担 50%损失，其余由企业自行承担。编制的会计分录为：

借：其他应收款——张某　　339
　　其他应收款——保险公司　　565
　　管理费用　　226
　贷：待处理财产损溢——待处理流动资产损溢　　1 130

如果企业存货是采用计划成本核算的，或者是采用售价金额法核算的，盘亏和毁损的存货还应当同时结转材料成本差异或商品进销差价。

二、存货的期末计价

存货的期末计价是指在资产负债表日，存货以什么价值反映在资产负债表中的问题。根据我国企业会计准则的相关规定，资产负债表日，存货应当按照成本与可变现净值孰低计量。

（一）成本与可变现净值孰低法的概念

存货与可变现净值孰低法是指对期末存货按照成本与可变现净值两者之中较低者进行计价的方法。存货成本高于其可变现净值的，应当计提存货跌价准备，计入当期损益。如果以前减记存货价值的影响因素已经消失，则减记的金额应予以恢复，并在原已计提存货跌价准备金额内转回，转回的金额计入当期损益。

所谓成本是指期末存货的实际成本，如企业在存货的日常核算中采用计划成本法、售价金额核算法等简化核算方法，则成本应为经调整后的实际成本。

所谓可变现净值是指在日常活动中，存货的估计售价减去至完工时估计将要发生的成本、估计的销售费用及相关税费后的金额。可变现净值的特征表现为存货的预计未来净现值净量，而不是存货的售价或合同价。

（二）存货减值迹象的判断

存货存在下列情况之一的，表明存货的可变现净值低于成本：

（1）该存货的市场价格持续下跌，并且在可预见的未来无回升的希望。

（2）企业使用该项原材料生产的产品的成本高于产品的销售价格。

（3）企业因产品更新换代，原有库存材料已不适应新产品的需要，而该材料的市场价格又低于其账面成本。

（4）因企业所提供的商品或劳务过时或消费者偏好改变而使市场的需求发生变化，导致市场价格逐渐下跌。

（5）其他足以证明该项存货实质上已经发生减值的情形。

存货存在下列情形之一的，通常表明存货的可变现净值为零：

（1）已霉烂变质的存货。

（2）已过期且无转让价值的存货。

（3）生产中已不再需要，并且已无使用价值和转让价值的存货。

（4）其他足以证明已无使用价值和转让价值的存货。

（三）存货可变现净值的确定

存货可变现净值的确定原则有：

（1）企业确定存货的可变现净值，应当以取得的确凿证据为基础，并考虑持有存货的目的、资产负债表日后事项的影响等因素。

（2）产成品、商品和用于出售的材料等直接用于出售的商品存货，其可变现净值为在正常生产经营过程中，该存货的估计售价减去估计的销售费用和相关税费后的金额。

（3）需要经过加工的材料存货，用其生产的产成品可变现净值高于成本的，该材料仍然应当按照成本计量，其可变现净值为在正常生产经营过程中，以该材料所生产的产成品的估计售价减去至完工时估计将要发生的成本、销售费用和相关税费后的金额。

（4）为执行销售合同或者劳务合同而持有的存货，其可变现净值应当以合同价格为基础计算。

企业持有的同一项存货的数量多于销售合同或劳务合同订购数量的，应分别确定其可变现净值，并与其相对应的成本进行比较，分别确定存货跌价准备的计提或转回金额。超出合同部分的存货的可变现净值，应当以一般销售价格为基础计算。

【例 4-6-3】 2019 年 7 月，胜利公司甲材料账面成本 2 000 元，数量 10 件，甲材料对应的 A 产品每件市价 800 元，每 2 件甲材料生产 1 件 A 产品，每件 A 产品生产成本 120 元，全部销售费用 50 元。则：

2019 年 7 月，库存甲材料可生产 A 产品数量=10÷2=5 件

2019 年 7 月，甲材料可变现净值=800×5−5×120−50=3 350 元

2019 年 8 月，甲材料新增 12 件，成本 210 元/件，生产领用 8 件，发出存货采用先进先出法。期末，A 产品市价 600 元/件，同时甲材料加工为 A 产品成本上升为 150 元/件，不考虑销售费用。则：

2019 年末甲材料数量=10+12−8=14 件

2019 年末该批甲材料可生产 A 产品数量=14÷2=7 件

2019 年末甲材料可变现净值=600×7−150×7−0=3 150 元

（四）存货跌价准备的核算

为了核算存货的跌价准备，企业应设置“存货跌价准备”账户。该账户属于资产类账户，是存货的备抵账户，其贷方登记计提的存货跌价准备金额，借方登记实际发生的存货跌价损失金额和冲减的存货跌价准备金额，期末贷方余额表示企业已经计提但尚未转销的存货跌价准备。

1. 存货跌价准备的计提

资产负债表日，存货的成本高于可变现净值，企业应当计提存货跌价准备。按照可变现净值低于成本的差额，借记“资产减值损失——计提存货跌价准备”账户，贷记“存货跌价准备”账户。

【例 4-6-4】 胜利公司采用成本与可变现将值孰低对存货进行期末计量。2019 年 7 月末存货的账面成本 100 000 元，由于市场价格下跌，预计可变现净值 95 000 元，由此应计提的存货跌价准备 5 000 元。编制的会计分录为：

借：资产减值损失——计提存货跌价准备　　5 000

　贷：存货跌价准备　　5 000

《企业所得税法》关于存货减值的涉税规定

存货跌价准备通常应当按单个存货项目计提。但是对于数量繁多、单价较低的存货，可以按照存货类别计提存货跌价准备。在某些特殊情况下，也可以将存货予以合并，作为计提存货跌价准备的基础。例如，与在同一地区生产和销售产品系列相关、具有相同或类似最终用途或目的，且难以与其他项目分开计量的存货，因其所处的经济环境、法律环境和市场环境等相同，具有类似的风险和报酬，可以按该产品系列合并计提存货跌价准备。

2. 存货跌价准备的确认和回转

企业应在每一资产负债表日，比较存货成本与可变现净值，计算出应计提的存货跌价准备，再与已提数进行比较，若应提数大于已提数，应予补提。企业计提的存货跌价准备，应计入当期损益（资产减值损失）。

【例 4-6-5】 承【例 4-6-4】，假定胜利公司 2019 年 10 月末存货的可变现净值 97 000 元，存货的账面成本 100 000 元。2019 年 10 月末应提的存货跌价准备 3 000 元（100 000–97 000），由于存货跌价准备账户上年已提有存货跌价准备 5 000 元，应将 2 000 元（5 000–3 000）转回。因此，应冲减已计提的存货跌价准备 2 000 元。编制的会计分录为：

借：存货跌价准备　　2 000

　贷：资产减值损失——计提存货跌价准备　　2 000

【例 4-6-6】 承【例 4-6-5】，假定胜利公司 2019 年末存货的可变现净值 120 000 元，存货的账面余额 110 000 元。存货的账面成本低于存货可变现净值，意味着前期已计提的存货跌价准备已经恢复，由于存货跌价准备账户有贷方余额 3 000 元，因此，在原已计提的存货跌价准备的范围内恢复存货账面价值，将所提的“存货跌价准备”全部转回。编制的会计分录为：

借：存货跌价准备 3 000
　贷：资产减值损失——计提存货跌价准备 3 000

3. 存货跌价准备的结转

企业计提了存货跌价准备，如果其中有部分存货已经销售，则企业在结转销售成本时，应同时结转对其已计提的存货跌价准备。结转已销售存货跌价准备时，借记"存货跌价准备"账户，贷记"主营业务成本"或"其他业务成本"账户。

【例 4-6-7】 2019 年，胜利公司销售 A 产品一批，占 A 产品总库存量的 30%，销售前 A 产品已计提存货跌价准备 4 000 元。则对于本次销售的 A 产品应结转的存货跌价准备，编制的会计分录为：

借：存货跌价准备（4 000×30%） 1 200
　贷：主营业务成本 1 200

对于因债务重组、非货币性交易转出的存货，应同时结转已计提的存货跌价准备，但不冲减当期的管理费用，按债务重组和非货币性交易的原则进行会计分录处理。按存货类别计提存货跌价准备的，也应按比例结转相应的存货跌价准备。

【业务能力训练】

一、单项选择题

1. 某企业采用先进先出法计算发出材料成本。2019 年 4 月 1 日，结存 A 材料 2 000 千克，每千克实际成本 20 元；4 月 4 日和 4 月 15 日分别购进 A 材料 3 000 千克和 4 000 千克，每千克实际成本分别为 19 元和 21 元；4 月 10 日和 4 月 27 日分别发出 A 材料 4 000 千克和 3 500 千克。则 A 材料月末账面余额为（　　）元。

A．28 500　　B．30 166
C．31 500　　D．40 000

2. 原材料采用先进先出法计价，在原材料物价下降的情况下，将会使企业的（　　）。

A．期末存货降低，当期利润增加
B．期末存货降低，当期利润减少
C．期末存货升高，当期利润减少
D．期末存货升高，当期利润增加

3. 某商场年初商品的成本为 28 万元，售价总额为 35 万元，当年购入商品的成本为 20 万元，售价总额为 25 万元，当年实现的销售收入为 42 万元，在采用售价金额核算法的情况下，该商场年末库存商品的成本为（　　）万元。

A．18　　B．14.4
C．12　　D．9.6

4．某工业企业为增值税小规模纳税人，材料按实际成本核算。2019 年 10 月 9 日，购入材料 1 000 千克，取得的增值税专用发票上注明的不含税价款 20 000 元，增值税税额 2 600 元。材料收到时发现短缺 10 千克，属定额内合理损耗，材料入库前发生挑选整理费用 300 元，材料已验收入库。则该企业取得材料的入账价值应为（　　）元。

A．20 000　　B．22 900　　C．22 600　　D．20 300

5．某企业材料采用计划成本核算。月初结存材料计划成本 200 万元，材料成本差异为节约 20 万元，当月购入材料一批，实际成本 135 万元，计划成本 150 万元，领用材料的计划成本 180 万元。则当月结存材料的实际成本为（　　）万元。

A．153　　B．180　　C．162　　D．150

二、多项选择题

1．“材料成本差异”账户贷方可以用来登记（　　）。

A．购进材料实际成本小于计划成本的差额

B．发出材料应负担的超支差异

C．发出材料应负担的节约差异

D．购进材料实际成本大于计划成本的差额

2．包装物是指为了包装本企业产品而储备的各种包装容器，包括（　　）。

A．随同产品出售而单独计价的包装物

B．随同产品出售而不单独计价的包装物

C．生产过程中用于包装产品作为产品组成部分的包装物

D．出租或出借给购买单位使用的包装物

3．周转材料的核算范围包括（　　）。

A．生产周转使用的原材料　　B．包装物

C．低值易耗品　　D．建筑行业使用模板、脚手架等

4．下列各种物资中，应当作为企业存货核算的有（　　）。

A．委托加工材料　　B．在途的材料

C．低值易耗品　　D．工程物资

5．企业购进材料一批，已验收入库，但结算凭证未到，货款尚未支付，应采用（　　）处理。

A．材料验收入库时入账　　B．材料验收入库时先不入账

C．月末按暂估价入账　　D．下月初作相反的分录冲回

三、判断题

1．存货计价方法的选择直接影响着资产负债表中资产总额的多少，而与利润表中净利润的大小无关。（　　）

2．企业已完成销售手续但购买方在月末尚未提取的商品，应作为企业的库存商品核算。（　　）

3．存货发生减值时，应提取存货跌价准备，提取存货跌价准备后，当该存货被领用或出售时其相应的存货跌价准备也应该转出。（　　）

4．企业采用计划成本进行材料的日常核算时，月末分摊材料成本差异时，超支差异记入“材料成本差异”账户的借方，节约差异记入“材料成本差异”账户的贷方。 （ ）

5．当存货的可变现净值高于其实际成本时，应将原存货跌价准备中已有的金额全部冲减，但最多将存货跌价准备的金额冲减至零为止。 （ ）

四、实务题

1．某企业材料采用计划成本核算，2019 年 10 月份材料采购业务资料如下（假定不考虑运费增值税抵扣问题）：

（1）6 日，采购 A 材料一批，增值税专用发票上注明货款 210 000 元，增值税税额 27 300 元，款项尚未付，材料运到并验收入库，另用银行存款支付运杂费 2 000 元。计划成本为 220 000 元。

（2）20 日，采购 B 材料一批，增值税专用发票上注明货款 50 000 元，增值税税额 6 500 元，对方代垫运杂费 2 000 元，款项用银行存款支付，材料尚未运到。

（3）28 日，收到 C 材料一批，结算凭证未到，以 200 000 元的计划成本暂估入库。

要求：根据上述经济业务编制相关会计分录。

2．甲公司委托乙公司加工用于直接出售的应税消费品，甲、乙两公司均为增值税一般纳税人，甲公司对材料采用计划成本法核算。相关资料如下：

（1）甲公司发出材料一批，计划成本 70 000 元，材料成本差异率-2%。

（2）合同规定，甲公司用银行存款支付乙公司加工费用 5 000 元，增值税税额 650 元，消费税 1 000 元。

（3）甲公司用银行存款支付往返运杂费 600 元（假定不考虑运费增值税抵扣问题）。

（4）甲公司委托乙公司加工完成后的应税消费品计划成本 80 000 元，该批应税消费品已验收入库。

要求：根据上述经济业务，编制甲公司有关委托加工业务的会计分录。

3．甲公司周转材料按实际成本核算，对出租、出借包装物要求采用一次摊销法摊销其价值，发出低值易耗品要求采用五五摊销法摊销其价值。2019 年 12 月，周转材料发生以下相关业务（假定不考虑增值税）：

（1）5 日，发出 A 包装物 10 件用于出租，每件实际成本 120 元，每件收取租金 40 元、押金 150 元存入银行。

（2）10 日，生产车间领用生产用甲工具 20 件，每件成本 300 元。

（3）16 日，生产车间报废乙工具 10 件，每件成本 500 元，残料变价收入 1 000 元存入银行。

（4）18 日，收回 5 月份出租的 B 包装物 8 件入库，B 包装物每件实际成本 80 元，当时每件收取押金 100 元，退回 8 件包装物的押金，没收未退回 2 件包装物的押金。

要求：根据上述经济业务编制相关会计分录。

4．甲公司对存货单项计提存货跌价准备，2018 年末关于计提存货跌价准备的资料如下：

（1）甲商品账面余额 300 万元，已计提存货跌价准备 30 万元。目前的市场销售价格预计为 320 万元，预计销售费用和相关税金为 10 万元。

（2）乙商品账面余额为 500 万元，未计提存货跌价准备。其中有 40%已签订销售合同，合同价 230 万元；另 60%未签订合同，目前的市场销售价格预计为 290 万元。乙商品的预计销售费用和税金为 25 万元。

（3）丙材料实际成本 20 000 元。全部用于生产 A 产品，共 10 件，A 产品每件加工成本 2 000 元，每件售价 5 000 元，现有 8 件已签订销售合同，合同规定每件 4 500 元，假定销售税费均为销售价格的 10%。丙材料未计提存货跌价准备。

要求：计算上述存货的期末可变现净值和应计提的存货跌价准备，并进行相应的账务处理。

5

第五章 固定资产

学习目标

知识目标

通过本章的学习，了解固定资产的概念、特点和分类；理解固定资产的确认条件、固定资产折旧的意义；掌握固定资产的初始计量和后续计量及其账务处理；掌握固定资产处置、固定资产减值的账务处理。

能力目标

1. 能简述固定资产与其他有形资产的区别。
2. 能进行固定资产初始计量和后续计量的账务处理。
3. 能运用各种不同方法计提固定资产的折旧额并进行账务处理。
4. 能进行固定资产处置的账务处理。
5. 能进行固定资产减值的确认、计量及账务处理。

导入案例

0.78亿元、4.36亿元，这是厦门建发、南方航空对厦门航空（厦门建发与南方航空的合资企业）2002年净利润分别的描述。那么厦门航空的真实会计数据到底如何呢？据了解，对厦门航空净利润的争议很可能是对飞机折旧年限的看法存在差异。

国家有关部门对于民航飞机折旧年限问题，自2002年起有所调整，其中规定，小飞机从8年至15年延长到10年至15年，大飞机从10年至15年延长到10年至20年。这也就是说，对于飞机折旧年限存在一定的弹性空间。考虑到飞机折旧年限对于航空公司利润核算的重大影响，如果对航空公司飞机的折旧年限做出一定调整，其年度利润的差别会相当大。

据了解，南航编制会计报表所采用的会计政策是依据当时执行的财政部发布的《企业会计准则》《企业会计制度》及其补充规定和相关具体会计准则规定；而厦航编制会计报表所采用的主要会计政策是依据《企业会计准则》及中国民航颁发的《运输（民用航空）企业会计制度》。因此，在对飞机进行折旧时，南航采取了直线折旧法，即原值减去28.75%预计残值后，按10～15年的预计可使用年限作为标准，年折旧率为4.75%；而厦航采取加速折旧法，折旧年限为8～10年，残值率为3%，年折旧率为9.7%～12.1%，比南航现行的要高得多。

飞机折旧在航空公司每年的运营成本中所占的比例较大，是诸多成本费用中最高的支出之一。相当一批航空公司的飞机折旧成本超过了航油支出。南方航空在合并厦门航空经审计的会计报表时有可能不认同厦门航空的飞机折旧年限，导致了净利润结果的差异。

分析：导致0.78亿元和4.36亿元的利润差额的原因是什么？折旧年限和折旧方法不同，对利润的影响是什么？

第一节　固定资产概述

一、固定资产的特征与确认

固定资产是指同时具有以下特征的有形资产：① 为生产商品、提供劳务、出租或经营管理而持有；② 使用寿命超过一个会计年度。

（一）固定资产的特征

作为企业的固定资产应具备以下三个特征。

1．持有目的不是为了出售

企业持有固定资产的目的，是为了生产商品、提供劳务、出租或经营管理的需要，而不像存货是为了对外出售。这一特征是固定资产区别于存货等流动资产的重要标志。

2. 使用寿命长

企业使用固定资产的期限较长，使用寿命一般超过一个会计年度。这一特征表明企业固定资产属于非流动资产，其给企业带来的收益期超过一年，能在一年以上的时间里为企业创造经济利益。

3. 固定资产为有形资产

企业的固定资产具有实物特征，这一特征将固定资产与无形资产区别开来。有些无形资产可能同时符合固定资产的其他特征，如企业为生产商品、提供劳务而持有的计算机软件，使用寿命超过一个会计年度，但是由于其没有实物形态，所以不属于固定资产。

（二）固定资产的确认

对于符合固定资产概念的资产，要确认为企业的固定资产在资产负债表中列示，还必须同时满足以下两个条件。

1. 与该固定资产有关的经济利益很可能流入企业

企业在确认固定资产时，需要判断与该项固定资产有关的经济利益是否很可能流入企业。实务中，主要是通过判断与该固定资产所有权相关的风险与报酬是否转移到了企业来确定。

通常情况下，取得固定资产所有权是判断与固定资产所有权有关的风险和报酬是否转移到企业的一个重要标志。凡是所有权已属于企业，无论企业是否收到或拥有该固定资产均可作为企业的固定资产；反之，凡是没有取得所有权，即使存放在企业，也不能作为企业的固定资产。

但是所有权是否转移不是判断的唯一标准。在有些情况下，某项固定资产的所有权虽然不属于企业，但是企业能够控制与该项固定资产有关的经济利益流入企业。在这种情况下，企业应将该固定资产予以确认。例如，融资租入固定资产，企业虽然不拥有该项固定资产的所有权，但企业能够控制与该固定资产有关的经济利益流入企业，与该固定资产所有权有关的风险和报酬实质上已转移到了企业，因此符合固定资产确认的第一个条件。

2. 该固定资产的成本能够可靠地计量

成本能够可靠地计量是资产确认的一项基本条件。要确认固定资产，企业取得该固定资产所发生的支出必须能够可靠地计量。企业在确定固定资产成本时，有时需要根据所获得的最新资料，对固定资产的成本进行合理地估计。如果企业能够合理地估计出固定资产的成本，则视同固定资产的成本能够可靠地计量。例如，对于已经达到预定可使用状态的固定资产，在尚未办理竣工决算前，企业需要根据工程预算、工程造价或工程实际发生的成本等资料，按暂估价值确定固定资产的成本，待办理了竣工手续后再作调整。

二、固定资产的分类

企业的固定资产种类繁多、规格不一，为了加强管理、便于组织会计核算，有必要对其进行科学、合理的分类。根据不同的管理需要和核算要求及不同的分类标准，可以对固定资产进行不同的分类，主要有以下几种分类方法。

（一）按经济用途分类

固定资产按经济用途不同，可分为生产经营用固定资产和非生产经营用固定资产。

（1）生产经营用固定资产是指直接服务于企业生产、经营过程的各种固定资产，如生产经营用的房屋、建筑物、机器、设备、器具和工具等。

（2）非生产经营用固定资产是指不直接服务于生产、经营过程的各种固定资产，如职工宿舍等使用的房屋、设备和其他固定资产等。

固定资产按经济用途分类，可以归类反映和监督企业生产经营用固定资产和非生产经营用固定资产之间，以及生产经营用各类固定资产之间的组成和变化情况，借以考核和分析企业固定资产的利用情况，促使企业合理地配备固定资产，充分发挥其效用。

（二）按使用情况分类

固定资产按使用情况不同，可分为使用中的固定资产、未使用的固定资产和不需用的固定资产。

（1）使用中的固定资产是指正在使用中的生产经营用和非生产经营用固定资产。由于季节性或大修理等原因暂时停用的固定资产、车间替换备用的设备和企业出租给其他单位使用的固定资产都属于使用中的固定资产。

（2）未使用的固定资产是指已经完工但尚未交付使用的新增固定资产及因改扩建等原因暂停使用的固定资产。

（3）不需用的固定资产是指企业多余或不适用、需要调配处理的各项固定资产。

固定资产按使用情况分类，可以便于分析固定资产的利用效率，挖掘固定资产的使用潜力，促使企业合理地使用固定资产。

（三）按所有权分类

固定资产按所有权不同，可以分为自有固定资产和融资租入固定资产。

（1）自有固定资产是指企业拥有的可供企业自由支配长期使用的固定资产。

（2）融资租入固定资产是指企业采用融资租赁方式从其他单位租入的固定资产。

固定资产按所有权分类，可以正确界定固定资产的产权，便于了解资产的权属关系。

（四）按综合标准分类

在实际工作中，通常结合固定资产的经济用途、使用情况和产权关系等因素进行综合分类，将固定资产分为生产经营用固定资产、非生产经营用固定资产、租出固定资产、未使用固定资产、不需用固定资产、土地和融资租入固定资产七大类。

其中，租出固定资产是指企业在经营租赁方式下出租给外单位使用的固定资产。

土地是指过去已经估价单独入账的土地。因征地而支付的补偿费，应计入与土地有关的房屋、建筑物的价值内，不单独作为土地价值入账。企业取得的土地使用权，应作为无形资产管理，不作为固定资产管理。

融资租入固定资产是指企业以融资租赁方式租入的固定资产，在租赁期内，应视同自有固定资产进行管理。

由于企业的经营性质不同，经营规模各异，对固定资产的分类不可能完全一致。但实际工作中，企业大多采用综合分类的方法作为编制固定资产目录、进行固定资产核算的依据。

三、固定资产的初始计量

固定资产的初始计量即确定固定资产的初始入账价值。固定资产的初始入账价值是指固定资产达到可使用状态前所发生的一切合理、必要的支出，具体的确定方式因固定资产的来源渠道不同而异。

取得的不动产包括以直接购买、接受捐赠、接受投资入股及抵债等各种形式取得的不动产。纳税人新建、改建、扩建、修缮或装饰不动产，属于不动产在建工程。

（一）外购的固定资产

企业外购的固定资产，应按实际支付的购买价款、相关税费、使固定资产达到预定可使用状态前所发生的可归属于该项资产的运输费、装卸费、安装费和专业人员服务费等，作为固定资产的取得成本。

外购固定资产是否达到预定可使用状态，需要根据具体情况进行分析判断。

1. 购入不需要安装的固定资产

企业购入不需要安装的固定资产，应按实际支付的购买价款、相关税费及使固定资产达到预定可使用状态前所发生的可归属于该项资产的运输费、装卸费和专业人员服务费等,作为固定资产成本。

《关于深化增值税改革有关政策的公告》第五条规定：自 2019 年 4 月 1 日起，纳税人取得不动产或者不动产在建工程的进项税额不再分 2 年抵扣。此前按照上述规定尚未抵扣完毕的待抵扣进项税额，可自 2019 年 4 月税款所属期起从销项税额中抵扣。

对于增值税一般纳税人，企业购入的生产经营用固定资产所支付的增值税在符合税收法规规定情况下，应从销项税额中扣除（即进项税额可以抵扣），不再计入固定资产成本。购进固定资产支付的运输费，按取得的增值税专用运输发票上注明的运输费金额计入固定资产成本，按其运输费与增值税税率计算的进项税额，也可以抵扣。

2. 购入需要安装的固定资产

购入需要安装的固定资产，应在购入的固定资产取得成本的基础上加上安装调试成本等，作为购入固定资产的成本，在安装过程中支付的增值税，如取得增值税专用发票，可作为进项税额从销项税额中抵扣。

3. 一笔款项购入多项没有单独标价的固定资产

企业以一笔款项购入多项没有单独标价的固定资产，应将各项资产单独确认为固定资产，并按各项固定资产公允价值的比例对总成本进行分配，分别确定各项固定资产的成本。

（二）自行建造的固定资产

企业自行建造固定资产，应当按照建造该项资产达到预定可使用状态前所发生的必要支出，作为固定资产的成本。企业自建固定资产，主要有自营和出包两种方式，由于采用的建设方式不同，其初始计量也不同。

1. 自营方式建造的固定资产

企业以自营方式建造固定资产是指企业自行组织工程物资采购、自行组织施工人员从事工程施工完成固定资产建造，其成本应当按照直接材料、直接人工和直接机械施工费等计量。

2. 出包方式建造的固定资产

企业采用出包方式建造固定资产，要与建造承包商签订建造合同，企业负责筹集资金和组织管理工程建设，建造承包商负责建筑安装工程施工任务。企业的新建、改建和扩建等建设项目，通常均采用出包方式。

企业以出包方式建造固定资产，其成本由建造该项固定资产达到预定可使用状态前所发生的必要支出构成，一般包括发生的建筑工程支出、安装工程支出，以及需分摊计入的待摊支出。

（三）投资者投入的固定资产

接受固定资产投资的企业，在办理固定资产移交手续之后，应按投资合同或协议约定的价值加上应支付的相关税费作为固定资产的入账价值，但合同或协议约定价值不公允的除外。

（四）接受捐赠的固定资产

企业接受捐赠的固定资产，应按以下规定确定其入账价值：

（1）捐赠方提供了有关凭据的，按凭据上标明的金额加上应支付的相关税费，作为入账价值。

（2）捐赠方没有提供有关凭据的，按如下顺序确定其入账价值：

① 同类或类似固定资产存在活跃市场的，按同类或类似固定资产的市场价格估计的金额，加上应支付的相关税费，作为入账价值。

② 同类或类似固定资产不存在活跃市场的，按该接受捐赠的固定资产的预计未来现金流量现值，作为其入账价值。

（3）如受赠的系旧的固定资产，按照上述方法确认的固定资产原价，减去按该项资产的新旧程度估计的价值损耗后的余额，作为入账价值。

（五）融资租入的固定资产

由于资产的租赁期基本上包括了资产的有效使用年限，承租企业实质上获得了租赁资产所能提供的主要经济利益，同时承担了与资产所有权有关的风险，实质上与资产所有权有关的全部风险和报酬已经转移。因此，融资租入的固定资产应作为一项固定资产入账，同时确认相应的负债，并采用与自有固定资产相一致的折旧政策提折旧。

（六）盘盈的固定资产

企业在财产清查中盘盈的固定资产，应作为前期差错处理。前期差错是指由于没有运用或错误运用下列两种信息，而对前期财务报表造成漏报或错报：① 编报前期财务报表时预期能够取得并加以考虑的可靠信息；② 前期财务报表批准报出时能够取得的可靠信息。前期差错通常包括计算错误、应用会计政策错误、疏忽或曲解事实、舞弊产生的影响及存货、固定资产盘盈等。

（七）改扩建的固定资产

企业的固定资产在投入使用后，为了适应新技术发展的需要，或者为维护或提高固定资产的使用效能，往往需要对现有固定资产进行改扩建，从而得到新固定资产。这些支出中，符合固定资产确认条件的，计入固定资产成本；不符合固定资产确认条件的，计入当期损益。

第二节　固定资产的增加

一、账户设置

为了核算固定资产增加，企业一般需要设置“固定资产”“在建工程”“工程物资”等账户。

（一）“固定资产”账户

为了核算企业的固定资产，企业应设置“固定资产”账户。该账户属于资产类账户，其借方登记企业增加的固定资产原价，贷方登记企业减少的固定资产原价，期末借方余额表示企业期末固定资产的账面原价。企业应当设置“固定资产登记簿”和“固定资产卡片”，按固定资产类别、使用部门和每项固定资产进行明细分类核算。

（二）“在建工程”账户

为了核算企业基建、更新改造等在建工程发生的支出，企业应设置“在建工程”账户。该账户属于资产类账户，其借方登记企业各项在建工程的实际支出，贷方登记完工工程转出的成本，期末借方余额表示企业尚未达到预定可使用状态的在建工程的成本。

（三）“工程物资”账户

为了核算企业为在建工程而准备的各种物资的实际成本，企业应设置“工程物资”账户。该账户属于资产类账户，其借方登记企业购入工程物资的成本，贷方登记领用工程物资的成本，期末借方余额表示企业为在建工程准备的各种物资的成本。

二、固定资产增加的核算

（一）外购固定资产的核算

1. 购入不需要安装的固定资产

企业购入不需要安装的固定资产，应按照实际支付的价款、税金和包装费、运杂费等费用作为购入固定资产的入账价值，借记“固定资产”账户，根据可以抵扣的增值税进项税额，借记“应交税费——应交增值税（进项税额）”账户，根据支付的全部价款，贷记“银行存款”“应付票据”等账户。

【例 5-2-1】 甲公司为增值税一般纳税人，购入一台不需要安装即可投入使用的设备，取得的增值税专用发票上注明的价款 30 000 元，增值税税额 3 900 元，另支付包装费 700 元，款项以银行存款支付。甲公司编制的会计分录为：

借：固定资产　　30 700
　　应交税费——应交增值税（进项税额）　　3 900
　贷：银行存款　　34 600

2. 购入需要安装的固定资产

企业购入需要安装的固定资产，只有在安装调试后达到设计要求或合同规定的标准，该项固定资产才可发挥作用，达到预定可使用状态。企业购入需安装的固定资产，应通过“在建工程”账户归集购置和安装过程中所发生的全部支出，以确定其总成本。固定资产安装完毕交付使用时，再将其总成本由“在建工程”账户转入“固定资产”账户。

【例 5-2-2】 甲公司为增值税一般纳税人，用银行存款购入一台需要安装的设备，增值税专用发票上注明的价款 200 000 元，增值税税额 26 000 元，支付安装费 40 000 元，增值税税额 3 600 元。

（1）购入设备进行安装时，编制的会计分录为：

借：在建工程　　200 000
　　应交税费——应交增值税（进项税额）　　26 000
　贷：银行存款　　226 000

（2）支付安装费时，编制的会计分录为：

借：在建工程　　40 000
　　应交税费——应交增值税（进项税额）　　3 600
　贷：银行存款　　43 600

（3）设备安装完毕交付使用时，编制的会计分录为：

借：固定资产　　240 000
　贷：在建工程　　240 000

3. 一笔款项购入多项没有单独标价的固定资产

在实际工作中，企业可能以一笔款项购入多项没有单独标价的资产。如果这些资产均符合固定工资的概念，并满足固定资产的确认条件，则应将各项资产单独确认为固定资产，并按各项固定资产公允价值的比例对总成本进行分配，分别确定各项固定资产的成本。

【例 5-2-3】 甲公司向乙公司一次购进了三台不同型号且具有不同生产能力的设备 A、B、C，增值税专用发票上注明价款 100 000 000 元，增值税税额 13 000 000 元，包装费 750 000 元，全部以银行存款转账支付。假设设备 A、B、C 的公允价值分别为 45 000 000 元、38 500 000 元和 16 500 000 元，不考虑其他相关税费。甲公司会计处理如下：

（1）确定应计入固定资产成本的金额，包括购买价款、保险费和装卸费等，即：

应计入固定资产的成本=100 000 000+750 000=100 750 000 元

（2）确定设备 A、B、C 的价值分配比例：

A 设备应分配的固定资产价值比例为：

45 000 000÷（45 000 000+38 500 000+16 500 000）×100%=45%

B 设备应分配的固定资产价值比例为：

38 500 000÷（45 000 000+38 500 000+16 500 000）×100%=38.5%

C 设备应分配的固定资产价值比例为：

16 500 000÷（45 000 000+38 500 000+16 500 000）×100%=16.5%

（3）确定 A、B、C 设备各自的成本：

A 设备的成本=100 750 000×45%=45 337 500 元

B 设备的成本=100 750 000×38.5%=38 788 750 元

C 设备的成本=100 750 000×16.5%=16 623 750 元

（4）甲公司编制的会计分录为：

分录	借方	贷方
借：固定资产——A 设备	45 337 500	
——B 设备	38 788 750	
——C 设备	16 623 750	
应交税费——应交增值税（进项税额）	13 000 000	
贷：银行存款		113 750 000

（二）自行建造固定资产的核算

1. 自营工程

企业以自营方式建造固定资产，应通过“在建工程”账户归集核算发生的工程成本，工程完工达到预定可使用状态时，从“在建工程”账户转入“固定资产”账户。

（1）购入工程物资时，根据实际支付的买价和应计入工程物资成本的包装运杂费等，借记“工程物资”账户，根据可以抵扣的增值税进项税额，借记“应交税费——应交增值税（进项税额）”账户，根据支付的全部价款，贷记“银行存款”等账户。

（2）领用工程物资时，根据实际成本，借记“在建工程”账户，贷记“工程物资”账户。

（3）领用本企业原材料或库存商品时，将原材料及库存商品的实际成本计入工程成本，借记“在建工程”账户，贷记“原材料”“库存商品”等账户；在建工程领用本企业生产的商品时，借记“在建工程”账户，贷记“库存商品”账户。

（4）自营工程发生的其他费用（如分配工程人员工资等），借记“在建工程”账户，贷记“银行存款”“应付职工薪酬”等账户。

（5）自营工程达到预定可使用状态时，按其成本，借记“固定资产”账户，贷记“在建工程”账户。

（6）建设期间发生的工程物资盘亏、报废及毁损，减去净残值及赔偿后的净损失，计入所建工程项目的成本；盘盈的工程物资或处置净收益，冲减所建工程项目的成本。

（7）工程完工后发生的工程物资的盘亏、报废和毁损，计入当期营业外支出。

【例 5-2-4】 甲公司自建厂房一幢，购入为工程准备的各种物资 500 000 元，支付增值税税额 65 000 元，全部用于工程建设。领用本企业生产的水泥一批，实际成本 80 000 元，税务部门确定的计税价格 100 000 元，增值税税率 13%。工程人员应计工资 100 000 元，支付的其他费用 30 000 元，工程完工并达到预定可使用状态。

（1）购入工程物资时，编制的会计分录为：

借：工程物资　500 000
　　应交税费——应交增值税（进项税额）　65 000
　贷：银行存款　565 000

（2）工程领用工程物资时，编制的会计分录为：

借：在建工程　500 000
　贷：工程物资　500 000

（3）工程领用本企业生产的水泥时，编制的会计分录为：

借：在建工程　80 000
　贷：库存商品　80 000

（4）分配工程人员工资时，编制的会计分录为：

借：在建工程　100 000
　贷：应付职工薪酬　100 000

（5）支付工程发生的其他费用时，编制的会计分录为：

借：在建工程　30 000
　贷：银行存款　30 000

（6）工程完工转入固定资产成本，编制的会计分录为：

借：固定资产　710 000
　贷：在建工程　710 000

2. 出包工程

企业采用出包方式建造的固定资产工程，其工程的具体支出主要由建造承包商核算，在这种方式下，“在建工程”账户主要是反映企业与建造承包商办理工程价款结算的情况，企业支付给建造承包商的工程价款作为工程成本，通过“在建工程”账户核算。

企业按合理估计的发包工程进度和合同规定向建造承包商结算的进度款，借记“在建工程”账户，贷记“银行存款”等账户；工程完成时，按合同规定补付的工程款，借记“在建工程”账户，贷记“银行存款”等账户；工程达到预定可使用状态时，按其成本，借记

“固定资产”账户，贷记“在建工程”账户。

【例 5-2-5】 甲公司将一幢厂房的建造工程出包给丙公司承建，按合理估计的发包工程进度和合同规定向丙公司结算进度款 500 000 元。工程完工后，收到丙公司有关工程结算单据，补付工程款 400 000 元，工程完工并达到预定可使用，适用增值税税率 9%。

（1）按合理估计的发包工程进度和合同规定向丙公司结算进度款时，编制的会计分录为：

借：在建工程　　500 000
　　应交税费——应交增值税（进项税额）　　45 000
　贷：银行存款　　545 000

（2）补付工程款时，编制的会计分录为：

借：在建工程　　400 000
　　应交税费——应交增值税（进项税额）　　36 000
　贷：银行存款　　436 000

（3）工程完工并达到预定可使用状态时，编制的会计分录为：

借：固定资产　　900 000
　贷：在建工程　　900 000

（三）投资者投入固定资产的核算

投资者投入的固定资产，在办理固定资产移交手续之后，应按投资合同或协议约定的价值（约定价值不公允的除外），借记“固定资产”账户，贷记“实收资本”账户。

【例 5-2-6】 甲公司接受乙公司投入的设备一台，乙公司的账面原价为 700 000 元，双方确认的价值为 600 000 元（假设未发生其他税费）。甲公司编制的会计分录为：

借：固定资产　　600 000
　贷：实收资本——乙公司　　600 000

（四）接受捐赠固定资产的核算

企业接受捐赠的固定资产在按照会计规定确定入账价值以后，按接受捐赠金额，计入营业外收入。

【例 5-2-7】 甲公司接受一台全新专用设备的捐赠，捐赠者提供的有关价值凭证上标明的价格 117 000 元，增值税税额 15 210 元，办理产权过户手续时支付相关税费 2 900 元。甲公司编制的会计分录为：

借：固定资产　　119 900
　　应交税费——应交增值税（进项税额）　　15 210
　贷：营业外收入——捐赠利得　　132 210
　　　银行存款　　2 900

（五）融资租入固定资产的核算

企业融资租入固定资产应按照以下步骤进行处理：

（1）企业在租赁期开始日，将租赁开始日租赁资产的公允价值（含增值税）与最低租赁付款额现值两者中较低者，加上在租赁谈判和签订租赁合同过程中发生的、可直接归属于租赁项目的手续费、律师费、差旅费和印花税等初始直接费用，减去可抵扣的增值税后余额作为租入资产的入账价值，借记“固定资产——融资租入固定资产”账户；按最低租赁付款额，贷记“长期应付款”账户；按发生的初始直接费用，贷记“银行存款”等账户；按其差额，借记“未确认融资费用”账户。

（2）每期支付租赁费用时，借记“长期应付款”账户，贷记“银行存款”账户。如果支付的租金中包含履约成本，按履约成本，借记“制造费用”“管理费用”等账户。

（3）每期采用实际利率法分摊未确认融资费用时，按当期应分摊的未确认融资费用金额，借记“财务费用”账户，贷记“未确认融资费用”账户。

（六）盘盈固定资产的核算

盘盈固定资产入账价值的确定方法是：如果同类或类似固定资产存在活跃市场的，应按同类或类似固定资产的市场价格，减去按该项固定资产新旧程度估计价值损耗后的余额确定；如果同类或类似固定资产不存在活跃市场的，应按盘盈固定资产的预计未来现金流量的现值计价入账。盘盈的固定资产待报经批准后，应作为企业以前年度的差错，记入“以前年度损益调整”账户。

【例 5-2-8】 甲公司在固定资产清查中，发现一台仪器没有在账簿中记录。该仪器当前市场价格为 8 000 元，根据其新旧程度估计价值损耗为 2 000 元。甲公司编制的会计分录为：

借：固定资产　　6 000

　贷：以前年度损益调整　　6 000

（七）改扩建固定资产的核算

企业取得改扩建的固定资产，在改扩建时，将固定资产的原价、已计提的累计折旧和减值准备转销，将固定资产的账面价值转入“在建工程”账户，并停止计提折旧。发生的改扩建支出，通过“在建工程”账户核算。在固定资产改扩建完成并达到预定可使用状态时，再从“在建工程”转为“固定资产”账户，并按重新确定的固定资产原值、使用寿命、预计净残值和折旧方法计提折旧。

第三节 固定资产折旧

一、固定资产折旧的概念

固定资产折旧是指在固定资产使用寿命内，按照确定的方法对应计折旧额进行系统分摊。其中，应计折旧额是指应当计提折旧的固定资产的原价扣除其预计净残值后的金额；已计提减值准备的固定资产，还应当扣除已计提的固定资产减值准备累计金额。预计净残值是指假定固定资产预计使用寿命已满并处于使用寿命终了时的预期状态，企业目前从该项资产处置中获得的扣除预计处置费用后的金额。

二、影响固定资产折旧的因素

影响固定折旧的因素主要有以下几个方面：

（1）固定资产原价。它是指固定资产的成本。

（2）预计净残值。它是指企业处置固定资产时获得的预计残值收入（如报废清理时剩下的器材、零件材料等残余价值）扣除处置费用（如报废清理时发生的拆卸、整理、搬运等费用）后的金额。

（3）固定资产减值准备。它是指固定资产已计提的固定资产减值准备累计金额。

（4）固定资产的使用寿命。它是指企业使用固定资产的预计期间，或者该固定资产所能生产产品或提供劳务的数量。

三、固定资产折旧的计提范围

《企业会计准则第 4 号——固定资产》规定，企业应对所有的固定资产计提折旧，但是，已提足折旧仍继续使用的固定资产和单独计价入账的土地除外。具体应该注意以下几点：

（1）固定资产提足折旧后，不论能否继续使用，均不再计提折旧。提足折旧是指已经提足该项固定资产的应计折旧额；提前报废的固定资产也不再补提折旧。

（2）已达到预定可使用状态但尚未办理竣工决算的固定资产，应当按照估计价值确定其成本，并计提折旧，待办理竣工决算后再按实际成本调整原来的暂估价值，但不需要调整原已计提的折旧额。

（3）处于更新改造过程中停止使用的固定资产，应将其账面价值转入在建工程，不再计提折旧。更新改造项目达到预定可使用状态转为固定资产后，再按照重新确定的使用寿命、预计净残值和折旧方法计提折旧。

（4）融资租入固定资产，应当采用与自有应计提折旧资产相一致的折旧政策。确定租赁资产的折旧期间应依租赁合同而定。能够合理确定租赁期间届满时将会取得租赁资产所有权的，应以租赁期开始日租赁资产的使用寿命作为折旧期间；无法合理确定租赁期届满后承租人是否能够取得租赁资产所有权的，应当以租赁期与租赁资产使用寿命两者中较短者作为折旧期间。

（5）固定资产应当按月计提折旧，并根据用途计入相关资产的成本或者当期损益。固定资产应当自达到预定可使用状态时开始计提折旧，终止确认时或划分为持有待售非流动资产时停止计提折旧。

为了简化核算，当月增加的固定资产，当月不计提折旧，从下月起计提折旧；当月减少的固定资产，当月仍计提折旧，从下月起不计提折旧。

四、固定资产的折旧方法

企业应当根据与固定资产有关的经济利益的预期消耗方式，合理选择折旧方法。固定资产折旧方法包括年限平均法、工作量法、双倍余额递减法和年数总和法等。企业选用不同的固定资产折旧方法，将影响固定资产使用寿命期间内不同时期的折旧费用，因此，固定资产的折旧方法一经确定，不得随意变更。

（一）年限平均法

年限平均法，又称直线法，是指将固定资产的应计折旧额均衡地分摊到固定资产预计使用寿命内的一种方法。采用这种方法计算的每期折旧额相等，其计算公式为：

年折旧额=（固定资产原值-预计净残值）÷预计使用寿命（年）

年折旧率=（1-预计净残值率）÷预计使用寿命（年）×100%

月折旧率=年折旧率÷12

月折旧额=固定资产原价×月折旧率

【例 5-3-1】 甲公司有一幢厂房，原价 5 000 000 元，预计可使用 20 年，预计报废时的净残值率 2%。该厂房的折旧率和折旧额的计算如下：

年折旧率=（1-2%）÷20=4.9%

月折旧率=4.9%÷12=0.41%

月折旧额=5 000 000×0.41%=20 500 元

年限平均法的优点是计算简便，但这种方法只注重固定资产使用时间的长短，而忽视了其实际利用程度，当固定资产在各期的负荷程度相同时，采用年限平均法计算折旧才显得合理。如果各期负荷程度不同，采用年限平均法计算折旧会与固定资产的实际损耗程度不一致，也就不能反映固定资产的实际使用情况。因此，该方法适用于各个时期使用程度和使用效率大致相同的固定资产。

（二）工作量法

工作量法是根据实际工作量计算每期应提折旧额的一种方法。其计算公式为：

单位工作量折旧额=固定资产原价×（1-预计净残值率）÷预计总工作量

某项固定资产月折旧额=该项固定资产当月工作量×单位工作量折旧额

【例 5-3-2】 甲公司的一辆运货卡车的原价 600 000 元，预计总行驶里程 500 000 公里，预计报废时的净残值率 5%，本月行驶 4 000 公里。该辆汽车的月折旧额计算如下：

单位里程折旧额=600 000×（1−5%）÷500 000=1.14（元/公里）

本月折旧额=4 000×1.14=4 560 元

工作量法的优点是能够使每期提取的折旧额与固定资产在当期时间的使用程度相一致，使用程度越高，工作量越大，提取的折旧额就越大。因此，该方法较适用于磨损程度与完成工作量成正比例关系的固定资产，或在使用期限内不能均衡使用的固定资产。

（三）双倍余额递减法

双倍余额递减法是指在不考虑固定资产预计净残值的情况下，根据每期期初固定资产原价减去累计折旧后的金额和双倍的直线法折旧率计算固定资产折旧的一种方法。应用这种方法计算折旧额时，由于每年年初固定资产净值没有扣除预计净残值，所以在计算固定资产折旧额时，应在其折旧年限到期前两年内，将固定资产净值扣除预计净残值后的余额平均摊销。其计算公式为：

年折旧率=2÷预计使用寿命（年）×100%

月折旧率=年折旧率÷12

月折旧额=（固定资产原价−累计折旧）×月折旧率

【例 5-3-3】 甲公司一项固定资产的原价 1 000 000 元，预计使用年限 5 年，预计净残值 4 000 元。按双倍余额递减法计提折旧，每年的折旧额计算如下：

年折旧率=2÷5×100%=40%

第 1 年应计提的折旧额=1 000 000×40%=400 000 元

第 2 年应计提的折旧额=（1 000 000−400 000）×40%=240 000 元

第 3 年应计提的折旧额=（1 000 000−400 000−240 000）×40%=144 000 元

从第 4 年起改用年限平均法（直线法）计提折旧：

第 4 年、第 5 年的年折旧额=［（1 000 000−400 000−240 000−144 000）−4 000］÷2=106 000 元

（四）年数总和法

年数总和法，又称年限合计法，是指将固定资产的原价减去预计净残值后的余额，乘以一个以固定资产尚可使用寿命为分子、以预计使用寿命逐年数字之和为分母的年递减的分数计算每年的折旧额。其计算公式为：

年折旧率=尚可使用寿命÷预计使用寿命的年数总和×100%

月折旧率=年折旧率÷12

月折旧额=（固定资产原价−预计净残值）×月折旧率

【例 5-3-4】 承【例 5-3-3】，若采用年数总和法，计算的各年折旧额如表 5-1 所示。

表 5-1 年数总和法折旧计算表

单位：元

年份	尚可使用年限	原价–净残值	变动折旧率	年折旧额	累计折旧
1	5	996 000	5/15	332 000	332 000
2	4	996 000	4/15	265 600	597 600
3	3	996 000	3/15	199 200	796 800
4	2	996 000	2/15	132 800	929 600
5	1	996 000	1/15	66 400	996 000

加速折旧

双倍余额递减法和年数总和法都属于加速折旧法，加速折旧法的特点是在固定资产使用的早期多提折旧，后期少提折旧，并且递减的速度逐年加快。这样能够使固定资产投资在早期较多地收回，在税法允许将企业计提的折旧费作为税前费用扣除的前提下，还能够减少企业早期的所得税税额。

五、固定资产折旧的核算

为了核算固定资产的累计折旧，企业应设置“累计折旧”账户。该账户属于资产类账户，是“固定资产”的调整账户，其贷方登记企业计提的固定资产折旧，借方登记处置固定资产转出的累计折旧，期末贷方余额表示企业固定资产的累计折旧额。

固定资产应当按月计提折旧，计提的折旧应当记入“累计折旧”账户，并根据用途计入相关资产的成本或者当期损益。

企业自行建造固定资产过程中使用的固定资产，其计提的折旧应计入在建工程成本；基本生产车间所使用的固定资产，其计提的折旧应计入制造费用；管理部门所使用的固定资产，其计提的折旧应计入管理费用；销售部门所使用的固定资产，其计提的折旧应计入销售费用；经营租出的固定资产，其应提的折旧额应计入其他业务成本。企业计提固定资产折旧时，借记“制造费用”“管理费用”“销售费用”“其他业务成本”等账户，贷记“累计折旧”账户。

【例 5-3-5】 2019 年 5 月份，甲企业各生产车间应分配的固定资产折旧额为：一车间 1 500 000 元，二车间 2 400 000 元，三车间 3 600 000 元。甲企业编制的会计分录为：

借：制造费用——一车间　　1 500 000
　　　　　　——二车间　　2 400 000
　　　　　　——三车间　　3 600 000
　贷：累计折旧　　　　　　　7 500 000

【例 5-3-6】 2019 年 6 月份，甲公司管理部门、销售部门应分配的固定资产折旧额为：管理部门房屋建筑物计提折旧 14 800 000 元，运输工具计提折旧 2 400 000 元；销售部门房屋建筑物计提折旧 3 200 000 元，运输工具计提折旧 2 630 000 元。当月新购置管理用机器设备一台，成本为 5 400 000 元，预计使用寿命为 10 年，该企业同类设备计提折旧采用年限平均法。甲公司编制的会计分录为：

借：管理费用　　17 200 000

　　销售费用　　5 830 000

　贷：累计折旧　　23 030 000

第四节　固定资产的后续支出

一、固定资产后续支出的内容

固定资产的后续支出是指固定资产使用过程中发生的更新改造支出、修理费用等。企业的固定资产在投入使用后，为了适应新技术发展的需要，或者为维护或提高固定资产的使用效能，往往需要对现有固定资产进行维护、改建、扩建或者改良。

后续支出的处理原则为：符合固定资产确认条件的，应当计入固定资产成本，同时将被替换部分的账面价值扣除；不符合固定资产确认条件的，应当计入当期损益。

（一）资本化的后续支出

与固定资产有关的后续支出，如果使可能流入企业的经济利益超过了原先的估计，则应将该后续支出予以资本化。固定资产发生的后续支出，符合下列条件之一的，应确认为资本性支出：① 延长了固定资产的使用寿命；② 提高了固定资产的生产能力；③ 实质性提高了产品质量；④ 实质性降低了产品生产成本；⑤ 实现了产品的更新换代；⑥ 改善了企业经营管理环境或条件。

固定资产发生可资本化的后续支出时，企业一般应将该固定资产的原价、已计提的累计折旧和减值准备转销，将其账面价值转入在建工程，并停止计提折旧。发生的可资本化的后续支出，通过“在建工程”账户核算，在固定资产发生的后续支出完工并达到预定可使用状态时，再从在建工程转为固定资产，并按重新确定的使用寿命、预计净残值和折旧方法计提折旧。

（二）费用化的后续支出

一般情况下，固定资产投入使用之后，由于固定资产磨损、各组成部分耐用程度不同，可能导致固定资产的局部损坏，为了维护固定资产的正常运转和使用，充分发挥其使用效能，企业会对固定资产进行必要的维护。

固定资产的日常维护支出通常不满足固定资产的确认条件，应在发生时直接计入当期损益。企业生产车间和行政管理部门等发生的固定资产修理费用等后续支出计入管理费用；企业专设销售机构的，其发生的与专设销售机构相关的固定资产修理费用等后续支出，计入销售费用。固定资产更新改造支出不满足固定资产确认条件的，也应在发生时直接计入当期损益。

融资租入固定资产发生的固定资产后续支出，比照上述原则处理。经营租入固定资产发生的改良支出，应通过“长期待摊费用”账户核算，并在剩余租赁期与租赁资产尚可使用年限两者中较短的期间内，采用合理的方法进行摊销。

二、固定资产后续支出的核算

（一）固定资产的修理

固定资产由于使用、自然侵蚀、意外事故等原因会发生不同程度的损坏，影响其正常使用。为了恢复固定资产使用效能，保证固定资产经常处于完好状态，企业必须定期或不定期地对固定资产进行维护保养，并对损坏的部分进行及时的修复。

固定资产的修理按其修理范围大小、费用支出多少、修理间隔时间长短等，分为日常修理和大修理两种。固定资产日常修理包括中、小修理，是保持和恢复固定资产正常工作状态所进行的经常性修理，其特点是修理范围小、费用支出少、修理间隔时间短。固定资产大修理是保持和恢复固定资产正常工作状态所进行的定期修理和局部更新，其特点是修理范围大、费用支出多、修理次数少、修理间隔时间长。

固定资产进行日常修理和大修理，从作用上来讲，只是对固定资产使用性能的恢复和维持，因此一般情况下对固定资产修理期间所发生的修理费用也不再加以区分和采取不同方法进行处理，而是在发生的当期按照固定资产的用途和部门的不同计入当期损益中，不再进行资本化。但是如果企业对固定资产定期检查发生的大修理费用，有确凿的证据表明其符合固定资产确认的条件，可以计入固定资产的成本，即可以将支出资本化。

【例 5-4-1】 2019 年 8 月 1 日，甲公司对管理部门使用的设备进行日常修理，发生修理费 5 000 元。甲公司编制的会计分录为：

借：管理费用　　5 000

　贷：银行存款　　5 000

（二）固定资产改、扩、建或改良

固定资产改、扩、建主要表现在对原有固定资产进行实物的添加。由于改、扩、建需要追加固定资产投资，因此，在会计概念上就将这项追加的投资看成是固定资产使用中增加的一项资本性支出。

固定资产改良是对资产质量有较大改进或显著提高，其未来带来的经济利益与过去相比也会有显著的增加，在经济利益很可能流入企业不受影响的情况下，一般要进行资本化处理。

【例 5-4-2】 2011 年 1 月份，甲航空公司购入一架飞机总计花费 80 000 000 元（含发动机），发动机当时的购价 5 000 000 元。甲航空公司未将发动机单独作为一项固定资产进行核算。2019 年初，甲航空公司开辟新航线，航程增加。公司更换了一部新发动机，将旧发动机报废清理。新发动机的成本 7 000 000 元，另支付安装费用 1 000 元。

假定飞机的年折旧率为 3%，不考虑预计净残值和相关税费的影响，替换下的老发动机报废且无残值收入。

（1）2019 年初，飞机的累计折旧金额为 19 200 000 元（80 000 000×3%×8），将固定资产净值转入在建工程，编制的会计分录为：

借：在建工程　　60 800 000
　　累计折旧　　19 200 000
　贷：固定资产　　80 000 000

（2）安装新发动机，编制的会计分录为：

借：在建工程　　7 001 000
　贷：工程物资　　7 000 000
　　　银行存款　　1 000

（3）2019 年初，老发动机的账面价值为 3 800 000 元（5 000 000−5 000 000×3%×8），终止确认旧发动机的账面价值时，编制的会计分录为：

借：营业外支出——处置非流动资产损失　　3 800 000
　贷：在建工程　　3 800 000

（4）新发动机安装完毕，投入使用，编制的会计分录为：

固定资产的入账价值=60 800 000+7 001 000−3 800 000=64 001 000 元

借：固定资产　　64 001 000
　贷：在建工程　　64 001 000

（三）固定资产的装修

固定资产装修的核算具体处理有：

（1）装修费用较小，应计入当期损益。

（2）装修费用较大，如果满足固定资产的确认条件，装修费用应当计入固定资产账面价值，并在“固定资产”账户下单设“固定资产装修”明细账户进行核算，在两次装修间隔期间与固定资产尚可使用年限两者中较短的期间内，采用合理的方法单独计提折旧。如果在下次装修时，与该项固定资产相关的“固定资产装修”明细账户仍有账面价值，应将该账面价值一次全部计入当期营业外支出。

（3）融资租入固定资产发生的固定资产后续支出，比照上述原则处理。发生的固定资产装修费用等，满足固定资产确认条件的，应在两次装修间隔期间、剩余租赁期与固定资产尚可使用年限三者中较短的期间内，采用合理的方法单独计提折旧。

第五节　固定资产的处置

一、固定资产处置概述

固定资产处置包括固定资产的出售、转让、报废或毁损、对外投资、非货币性资产交换和债务重组等。固定资产满足下列条件之一的，应当予以终止确认：

（1）该固定资产处于处置状态。处于处置状态的固定资产不再用于生产商品、提供劳务、出租或经营管理，因此不再符合固定资产的概念，应予终止确认。

（2）该固定资产预期通过使用或处置不能产生经济利益。固定资产的确认条件之一是“与该固定资产有关的经济利益很可能流入企业”，如果一项固定资产预期通过使用或处置不能产生经济利益，就不再符合固定资产的概念和确认条件，应予终止确认。

二、固定资产处置的核算

为了核算因出售、报废、毁损、对外投资、非货币性资产交换和债务重组等原因转出的固定资产价值及在清理过程中发生的费用等，企业应设置“固定资产清理”账户。该账户属于资产类账户，其借方登记转出的固定资产账面价值、清理过程中应支付的相关税费及其他费用，贷方登记固定资产清理完成的处理，期末借方余额表示企业尚未清理完毕的固定资产清理净损失，期末贷方余额则表示企业尚未清理完毕的固定资产清理净收益。企业应当按照被清理的固定资产项目设置明细账，进行明细分类核算。

固定资产处置的核算，具体包括以下几个环节。

（一）固定资产转入清理

企业因出售、报废、毁损、对外投资、非货币性资产交换和债务重组等转出的固定资产，按该项固定资产的账面价值，借记“固定资产清理”账户，按已计提的累计折旧，借记“累计折旧”账户，按已计提的减值准备，借记“固定资产减值准备”账户，按其账面原价，贷记“固定资产”账户。

（二）发生的清理费用

固定资产清理过程中应支付的相关税费及其他费用，借记“固定资产清理”账户，贷记“银行存款”等账户。

（三）出售收入、残料等的处理

销售自己使用过的固定资产涉及增值税的规定

收回出售固定资产的价款、残料价值和变价收入等，借记“银行存款”“原材料”等账户，贷记“固定资产清理”账户。企业销售不动产，应当按应收或已收的金额，借记“应收账款”“应收票据”“银行存款”等账户，按取得的收入金额，贷记“固定资产清理”等账户，按现行增值税制度规定计算的销项税额，贷记“应交税费——应交增值税（销项税额）”等账户（小规模纳税人应贷记“应交税费——应交增值税”账户）。纳税人销售其取得的不动产或者不动产在建工程时，尚未抵扣完毕的待抵扣进项税额，允许于销售的当期从销项税额中抵扣。

（四）保险赔偿等的处理

应由保险公司或过失人赔偿的损失，借记“其他应收款”等账户，贷记“固定资产清理”账户。

（五）清理净损益的处理

固定资产清理后发生的净损益，依据固定资产处置方式的不同，分别适用不同的处理方法：

（1）因已丧失使用功能或因自然灾害发生毁损等原因报废清理产生的利得或损失应计入营业外收支。属于生产经营期间正常报废清理产生的处理净损失，借记“营业外支出——处置非流动资产损失”账户，贷记“固定资产清理”账户；属于生产经营期间由于自然灾害等非正常原因造成的借记“营业外支出——非常损失”账户，贷记“固定资产清理”账户；如为净收益，贷记“营业外收入”账户。

（2）因出售、转让等原因产生的固定资产处置利得或损失应计入资产处置损益。产生处置净损失的，借记“资产处置损益”账户，贷记“固定资产处理”账户；如为净收益，借记“固定资产清理”账户，贷记“资产处置损益”账户。

【例 5-5-1】甲公司出售一座建筑物，原价 2 000 000 元，已计提折旧 1 000 000 元，未计提减值准备，实际出售价格 1 200 000 元，已通过银行收回价款。适用的增值税税率为 13%。

（1）将出售固定资产转入清理时，编制的会计分录为：

借：固定资产清理　　1 000 000
　　累计折旧　　1 000 000
　贷：固定资产　　2 000 000

（2）收回出售固定资产的价款时，编制的会计分录为：

借：银行存款　　1 356 000
　贷：固定资产清理　　1 200 000
　　　应交税费——应交增值税（销项税额）　　156 000

（3）结转出售固定资产实现的利得时，编制的会计分录为：

借：固定资产清理　　200 000
　贷：资产处置损益　　200 000

【例 5-5-2】乙公司现有一台设备由于性能等原因决定提前报废，原价 500 000 元，已计提折旧 450 000 元，未计提减值准备。报废时的残值变价收入 20 000 元，报废清理过程中发生清理费用 3 500 元。有关收入、支出均通过银行办理结算。

（1）将报废固定资产转入清理时，编制的会计分录为：

借：固定资产清理　　50 000
　　累计折旧　　450 000
　贷：固定资产　　500 000

（2）收回残料变价收入时，编制的会计分录为：

借：银行存款　　20 000
　贷：固定资产清理　　20 000

（3）支付清理费用时，编制的会计分录为：

借：固定资产清理　　3 500

　贷：银行存款　　3 500

（4）结转报废固定资产发生的净损失时，编制的会计分录为：

借：营业外支出——处置非流动资产损失　　33 500

　贷：固定资产清理　　33 500

【例 5-5-3】　丙公司因遭受水灾而毁损一座仓库，该仓库原价 4 000 000 元，已计提折旧 1 000 000 元，未计提减值准备。其残料估计价值 50 000 元，残料已办理入库。发生的清理费用 20 000 元，以现金支付。经保险公司核定应赔偿损失 1 500 000 元，尚未收到赔款（假定不考虑相关税费的影响）。

（1）将毁损的仓库转入清理时，编制的会计分录为：

借：固定资产清理　　3 000 000

　　累计折旧　　1 000 000

　贷：固定资产　　4 000 000

（2）残料入库时，编制的会计分录为：

借：原材料　　50 000

　贷：固定资产清理　　50 000

（3）支付清理费用时，编制的会计分录为：

借：固定资产清理　　20 000

　贷：库存现金　　20 000

（4）确定应由保险公司理赔的损失时，编制的会计分录为：

借：其他应收款　　1 500 000

　贷：固定资产清理　　1 500 000

（5）结转毁损固定资产发生的损失时，编制的会计分录为：

借：营业外支出——非常损失　　1 470 000

　贷：固定资产清理　　1 470 000

第六节　固定资产的期末计量

一、固定资产的清查

企业应当定期或者至少于每年年末对固定资产进行清查盘点，以保证固定资产核算的真实性，充分挖掘企业现有固定资产的潜力。在固定资产清查过程中，如果发现盘盈、盘亏的固定资产，应当填制固定资产盘盈盘亏报告表。清查固定资产的损益，应当及时查明原因，并按照规定程序报批处理。

（一）固定资产盘盈

企业在财产清查中盘盈的固定资产作为前期差错处理。企业在财产清查中盘盈的固定资产，在按管理权限报经批准处理前应先通过“以前年度损益调整”账户核算。盘盈的固定资产，应按重置成本确定其入账价值，借记“固定资产”账户，贷记“以前年度损益调整”账户。

【例 5-6-1】 2019 年 6 月 5 日，甲公司在财产清查过程中发现 2019 年 4 月份购入的一台设备尚未入账，重置成本 30 000 元（假定与其计税基础不存在差异）。假定甲公司按净利润的 10%提取法定盈余公积，不考虑相关税费及其他因素的影响。

（1）盘盈固定资产时，编制的会计分录为：

借：固定资产 30 000
　贷：以前年度损益调整 30 000

（2）结转为留存收益时，编制的会计分录为：

借：以前年度损益调整 30 000
　贷：盈余公积——法定盈余公积 3 000
　　　利润分配——未分配利润 27 000

（二）固定资产盘亏

企业在财产清查中盘亏的固定资产，按照盘亏固定资产的账面价值，借记“待处理财产损溢”账户，按照已计提的累计折旧，借记“累计折旧”账户，按照已计提的减值准备，借记“固定资产减值准备”账户，按照固定资产的原价，贷记“固定资产”账户。企业按照管理权限报经批准后处理时，按照可收回的保险赔偿或过失人赔偿，借记“其他应收款”账户，按照应计入营业外支出的金额，借记“营业外支出——盘亏损失”账户，贷记“待处理财产损溢”账户。

【例 5-6-2】 甲公司进行财产清查时发现短缺一台笔记本电脑，原价 10 000 元，已计提折旧 7 000 元。

（1）盘亏固定资产时，编制的会计分录为：

借：待处理财产损溢——待处理固定资产损益 3 000
　　累计折旧 7 000
　贷：固定资产 10 000

（2）报经批准转销时，编制的会计分录为：

借：营业外支出——盘亏损失 3 000
　贷：待处理财产损溢——待处理固定资产损益 3 000

二、固定资产减值

（一）固定资产减值的确认

固定资产的初始入账价值采用历史成本，由于固定资产使用年限较长，市场条件和经营环境的变化、科学技术的进步，以及企业经营管理不善等原因都可能导致固定资产创造未来经济利益的能力大大下降。因此，固定资产的真实价值有可能低于账面价值，期末必须对固定资产减值损失进行确认。

（二）固定资产减值损失的核算

为了核算固定资产在当期确认的资产减值损失和计提的减值准备，企业应当设置“固定资产减值准备”账户。该账户属于资产类账户，是“固定资产”账户的备抵账户，其借方登记所确认的资产减值金额，贷方登记减值准备累积金额，资产减值准备账户累积每期计提的资产减值准备，直至固定资产被处置时才予以转出。

固定资产在资产负债表日存在可能发生减值的迹象时，其可收回金额低于账面价值的，企业应当将该固定资产的账面价值减记至可收回金额，减记的金额确认为减值损失，计入当期损益，同时计提相应的资产减值准备，借记“资产减值损失——计提的固定资产减值准备”账户，贷记“固定资产减值准备”账户。固定资产减值损失一经确认，在以后会计期间不得转回。

【例 5-6-3】 2019 年 12 月 31 日，甲公司的某生产线存在可能发生减值的迹象。经计算，机器的可收回金额合计为 1 230 000 元，账面价值为 1 400 000 元，以前年度未对该生产线计提过减值准备。由于可收回金额低于账面价值，应按两者之间的差额 170 000 元（1 400 000−1 230 000）计提固定资产减值准备。甲公司编制的会计分录为：

借：资产减值损失——计提的固定资产减值准备　　170 000

　贷：固定资产减值准备　　170 000

【业务能力训练】

一、单项选择题

1．某项固定资产原值为 15 500 元，预计使用年限为 5 年，预计净残值为 500 元，按双倍余额递减法计提折旧，则第二年末该固定资产的账面价值为（　　）元。

A．5 580　　B．6 320

C．5 900　　D．6 500

2．2019 年 4 月 20 日，某企业自行建造的一条生产线投入使用，该生产线建造成本为 740 万元，预计使用年限为 5 年，预计净残值为 20 万元。在采用年数总和法计提折旧的情况下，2019 年该设备应计提的折旧额为（　　）万元。

A．240　　B．140　　C．180　　D．160

3．2016 年 12 月 31 日，某企业购入一台设备，入账价值为 300 万元，预计使用寿命为 5 年，预计净残值为 0，采用年数总和法计提折旧。2018 年 12 月 31 日，该设备存在减值迹象，经测试预计可收回金额为 100 万元。假设该固定资产预计使用寿命、折旧方法和预计净残值没变，则 2019 年该设备应计提折旧额为（　　）万元。

A．50　　B．24　　C．36　　D．36.4

4．企业购入三项没有单独标价的不需要安装的固定资产甲、乙、丙，实际支付的价款总额为 960 万元。其中甲的公允价值为 600 万元，乙的公允价值为 100 万元，丙的公允价值为 300 万元。根据公允价值比例，固定资产甲的入账价值为（　　）万元。

A．600　　B．576　　C．960　　D．300

5．S 公司的一台机器设备采用工作量法计提折旧。原价为 120 000 元，预计生产产品产量为 100 000 件，预计净残值率为 5%，本月生产产品 2 000 件。则该台机器设备本月的折旧额为（　　）元。

A．2 400　　B．2 000　　C．1 140　　D．2 280

二、多项选择题

1．下列各项中，影响固定资产清理净损益的有（　　）。

A．清理固定资产发生的税费　　B．清理固定资产的变价收入

C．清理固定资产的账面价值　　D．清理固定资产耗用的材料成本

2．“固定资产清理”账户的贷方登记的项目有（　　）。

A．转入清理的固定资产净值　　B．变价收入

C．结转的清理净收益　　D．结转的清理净损失

3．下列各项中，会引起固定资产账面价值发生变化的有（　　）。

A．计提固定资产减值准备　　B．计提固定资产折旧

C．固定资产改扩建　　D．固定资产大修理

4．企业计算固定资产折旧的主要依据是（　　）。

A．固定资产的预计使用年限　　B．固定资产取得时的原始价值

C．固定资产的预计净残值　　D．已计提的减值准备

5．下列关于固定资产会计处理的说法中，正确的有（　　）。

A．固定资产折旧方法一经确定不得改变

B．固定资产减值损失一经确认在以后的会计期间不得转回

C．季节性停用的固定资产不停止计提折旧

D．自行建造的固定资产应自办理竣工决算时开始计提折旧

三、判断题

1．企业接受其他单位固定资产的投资时，“固定资产”账户的入账价值应考虑投资方原账面价值，但“实收资本”账户金额应按双方合同约定的价值入账。（　　）

2．固定资产的各组成部分别具有不同使用寿命，适用不同折旧率的，应当分别将各组成部分确认为单项固定资产。（　　）

3．对于已达到预定可使用状态但尚未办理竣工决算的固定资产，待办理竣工决算后，若实际成本与原暂估价值存在差异的，应调整已计提的折旧。（　　）

4．从本质上讲，折旧也是一种费用，只不过这种费用未在计提折旧期间引起货币资金的真实流出，而是先期已经发生的支出。（　　）

5．企业在购入固定资产时，增值税专用发票上列示的增值税可以从企业的销项税额中抵扣。（　　）

四、实务题

1．2019 年 5 月 1 日，乙企业准备自行建造一座职工宿舍。相关资料如下：

（1）5 月 8 日，购入工程物资一批，货款 300 000 元，增值税税额 39 000 元，款项以银行存款支付。

（2）5 月 8 日至 10 月 30 日，工程先后领用工程物资 280 000 元。

（3）6 月 3 日，领用生产用原材料一批，该批原材料成本为 80 000 元，应承担的增值税进项税额为 10 400 元。

（4）工程建设期间辅助生产车间为工程提供有关的劳务支出 35 000 元。

（5）工程建设期间发生工程人员职工薪酬 65 800 元。

（6）10 月 30 日，工程完工并交付使用。

（7）工程完工，剩余工程物资转入企业原材料仓库。

要求：根据上述经济业务编制相关会计分录。

2．2019 年，丙公司将本公司 2017 年 5 月份购置的一生产用设备出售，该设备原价 100 000 元，已提折旧 20 000 元，未计提减值准备。出售过程中发生相关费用 2 000 元，以银行存款支付。取得出售价款 60 000 元，增值税进项税额 7 800 元，存入银行。

要求：根据上述经济业务编制相关会计分录。

3．2019 年末，甲公司在财产清查中发生盘亏一台设备，该设备原价 120 000 万元，已提折旧 60 000 元。另有一台原价 60 000 元，已提折旧 40 000 元的设备报废，清理过程中取得残料收入 1 000 元，发生清理费用 1 500 元，均以银行存款结算。

要求：根据上述经济业务编制相关会计分录。

6

第六章 无形资产和其他资产

学习目标

知识目标

通过本章的学习，了解无形资产的概念、特征、种类和计价方法；了解无形资产与有形资产的区别；掌握无形资产的取得、摊销条件和方法及处置的账务处理；了解无形资产减值的确认和计量；了解其他资产的内容。

能力目标

1. 能简述无形资产与有形资产的区别。
2. 能对无形资产的取得、摊销、处置、报废和减值进行账务处理。

导入案例

袁隆平农业高科技股份有限公司（隆平高科 000998）是由湖南省农业科学院作为主要发起人，联合湖南杂交水稻研究中心、湖南东方农业产业公司、袁隆平先生等共同发起设立的，主要从事杂交水稻、杂交辣椒和甜西瓜等高科技农作物种子、种苗的培育、繁殖和推广销售。该公司的特别之处就在于一项无形资产，是我国著名科学家袁隆平先生的名字。根据公司和袁隆平先生签订的协议，袁隆平先生同意在股份公司存续期间将其姓名用于股份公司的名称和公司股票上市时的股票简称，公司则向袁隆平先生支付姓名权使用费580万元。袁隆平是中国工程院院士、“世界杂交水稻之父”，以他几十年在杂交水稻方面的研究成果，为解决我们这个泱泱大国13 亿人口的吃饭问题，起了举足轻重的作用。而“袁隆平”这三个字的品牌价值，据有关资产评估事务所的评估，达 1 008.9 亿元。

分析：

1. 什么是无形资产？

2. 企业对于无形资产应该如何进行会计核算呢？

第一节　无形资产

一、无形资产概述

（一）无形资产的概念与特征

无形资产是指企业拥有或者控制的没有实物形态的可辨认非货币性资产。与其他资产相比，无形资产具有以下三个主要特征。

1. 无形资产不具有实物形态

无形资产是不具有实物形态的非货币性资产，它们通常表现为某种权利、技术或者获取超额利润的综合能力，如专利权、土地使用权和非专利技术等。无形资产不像固定资产、存货等有形资产具有实物形体，但拥有它们能够获得高于同行业一般水平的盈利能力。

2. 无形资产具有可辨认性

作为无形资产核算的资产，必须是能够区别于其他资产可单独辨认的。符合以下条件之一的，则认为符合无形资产概念中的可辨认性标准：

（1）能够从企业中分离或者划分出来，并能单独或者与相关合同、资产或负债一起，用于出售、转让、授予许可、租赁或者交换。

（2）源自合同性权利或其他法定权利，无论这些权利是否可以从企业或其他权利或义务中转移或者分离。

商誉通常是与企业整体价值联系在一起的，无法与企业自身相分离而存在，不具有可辨认性，不属于本章所指的无形资产。

3. 无形资产属于非货币性长期资产

非货币性资产是指企业持有的货币资金和将以固定或可确定的金额收取的资产以外的其他资产。无形资产在持有过程中为企业带来未来经利益的情况不确定，不属于以固定或可确定的金额收取的资产，属于非货币性资产。

(二) 无形资产的内容

无形资产主要包括专利权、非专利技术、商标权、著作权、土地使用权和特许权等。

1. 专利权

专利权是指国家专利主管机关依法授予发明创造专利申请人，对其发明创造在法定期限内所享有的专有权利，包括发明专利权、实用新型专利权和外观设计专利权。专利权给予持有者独家使用或控制某项发明的特殊权利。《中华人民共和国专利法》明确规定，专利人拥有的专利权受到国家法律保护。专利权是允许其持有者独家使用或控制的特权，但它并不保证一定能给持有者带来经济效益，如有的专利可能会被另外更有经济价值的专利所淘汰等。因此，企业不应将其所拥有的一切专利权都予以资本化，作为无形资产管理和核算。

一般而言，只有从外单位购入的专利或者自行开发并按法律程序申请取得的专利，才能作为无形资产管理和核算。这种专利可以降低成本，或者提高产品质量，或者将其转让出去获得转让收入。

企业从外单位购入的专利权，应按实际支付的价款作为专利权的成本；企业自行开发并按法律程序申请取得的专利权，应按照无形资产准则确定的金额作为成本。

2. 商标权

商标权是指专门在某类指定的商品或产品上使用特定的名称或图案的权利。商标经过注册登记，就获得了法律上的保护。《中华人民共和国商标法》明确规定，经商标局核准注册的商标为注册商标，商标注册人享有商标专用权，受法律的保护。

企业自创的商标并将其注册登记，所花费用一般不大，是否将其资本化并不重要。能够给拥有者带来获利能力的商标，往往是通过多年的广告宣传和其他传播商标名称的手段，以及客户的信赖等树立起来的。广告费一般不作为商标权的成本，而是在发生时直接计入当期损益。

按照《中华人民共和国商标法》的规定，商标可以转让，但受让人应保证使用该注册商标的产品质量。如果企业购买他人的商标，一次性支出费用较大的，可以将其资本化，作为无形资产管理。这时，应根据购入商标的价款、支付的手续费及有关费用作为商标的成本。

3. 土地使用权

土地使用权是指国家准许某一企业或单位在一定期间内对国有土地享有开发、利用和经营的权利。根据《中华人民共和国土地管理法》规定，我国实行土地社会主义公有制，即全民所有制和劳动群众集体所有制。任何单位、企业和个人不得侵占、买卖或者以其他形式非法转让土地。企业取得土地使用权，应将取得时发生的支出资本化，作为土地使用权的成本，记入“无形资产”账户。

4. 非专利技术

非专利技术是指先进的、未公开的、未申请专利、可以带来经济效益的技术及诀窍。其主要内容包括：① 工业专有技术，即在生产上已经采用，且限于少数人知道，不享有专利权或发明权的生产、装配、修理、工艺或加工方法的技术知识；② 商业（贸易）专有技术，即具有保密性质的市场情报、原材料价格情报及用户、竞争对象的情况和有关知识；③ 管理专有技术，即生产组织的经营方式、管理方式和培训职工方法等保密知识。非专利技术并不是专利法的保护对象，专有技术所有人依靠自我保密的方式来维持其独占权，可以用于转让和投资。

企业的非专利技术，有些是自己开发研究的，有些是根据合同规定从外部购入的。如果是企业自己开发研究的，应将符合《企业会计准则第 6 号——无形资产》规定的开发支出资本化条件的，确认为无形资产。对于从外部购入的非专利技术，应将实际发生的支出予以资本化，作为无形资产入账。

5. 著作权

著作权，又称版权，是指制作者对其创作的文学、科学和艺术作品依法享有的某种特殊权利。著作权包括两方面的权利，即精神权利（人身权利）和经济权利（财产权利）。前者指作品署名权、发表作品、确认作者身份、保护作品完整性和修改已经发表的作品等各项权利，包括发表权、署名权、修改权和保护作品完整权；后者指以出版、表演、广播、展览、录制唱片和摄制影片等方式使用作品及因授权他人使用作品而获得经济利益的权利。

6. 特许权

特许权，又称经营特许权、专营权，是指企业在某一地区经营或销售某种特定商品的权利或是一家企业接受另一家企业使用其商标、商号或技术秘密等的权利。前者一般是指政府机关授权、准许企业使用或在一定地区享有经营某种业务的特权，如水、电、邮电通讯等专营权和烟草专卖权等；后者指企业间依照签订的合同，有期限或无期限使用另一家企业的某些权利，如连锁店分店使用总店的名称等。

（三）无形资产的确认条件

无形资产应当在符合概念的前提下，同时满足以下两个确认条件时，才能予以确认。

1. 与该无形资产有关的经济利益很可能流入企业

资产最基本的特征是产生的经济利益预期很可能流入企业，如果某一项目产生的经济利益预期不能流入企业，就不能确认为企业的资产。如果某一无形资产的经济利益预期很可能流入企业，并同时满足无形资产确认的其他条件，则企业应将其确认为无形资产。例如，企业外购一项专利权，拥有专利权的企业在一定年限内其专利权受法律保护。此时，表明企业能够控制该项无形资产所产生的经济利益。

在实务工作中，要确定无形资产产生的经济利益是否很可能流入企业，应当对无形资产在预计使用寿命内可能存在的各种经济因素做出合理估计，并且应当有明确证据支持。在进行这种判断时，需要考虑相关的因素。例如，企业是否有足够的人力资源、高素质的管理队伍和相关硬件设备等来配合无形资产为企业创造经济利益。最为重要的是应关注外界因素的影响，如是否存在相关的新技术、新产品冲击与无形资产相关的技术或利用其生产的产品的市场等。

2. 该无形资产的成本能够可靠地计量

成本能够可靠地计量是资产确认的一项基本条件。例如，一些高科技领域的高科技人才，假定其与企业签订了服务合同，且合同规定其在一定期限内不能为其他企业提供服务。在这种情况下，虽然这些高科技人才的知识在规定的期限内预期能够为企业创造经济利益，但由于这些高科技人才的知识难以准确或合理辨认，加之为形成这些知识所发生的支出难以计量，从而不能作为企业的无形资产加以确认。

（四）无形资产的初始计量

无形资产通常是按实际成本计量，即以取得无形资产并使之达到预定用途而发生的全部支出，作为无形资产的成本。对于不同来源取得的无形资产，其初始成本构成也不尽相同。

1. 外购的无形资产

外购的无形资产，其成本包括购买价款、相关税费及直接归属于使该项资产达到预定用途所发生的其他支出。其中，直接归属于使该项资产达到预定用途所发生的其他支出包括使无形资产达到预定用途所发生的专业服务费用、测试无形资产是否能够正常发挥作用的费用等。下列各项不包括在无形资产的初始成本中：

（1）为引入新产品进行宣传发生的广告费、管理费用及其他间接费用。

（2）无形资产达到预定用途后所发生的支出，不构成无形资产的成本。例如，在形成预定经济规模之前发生的初始运作损失，以及在无形资产达到预定用途之前发生的其他经营活动的支出，如果该经营活动并非是与无形资产达到预定用途必不可少的，则有关经营活动的损益应于发生时计入当期损益，而不构成无形资产的成本。

外购的无形资产，应按其取得成本进行初始计量；如果购入的无形资产超过正常信用条件延期支付价款，实质上具有融资性质的，应按所取得无形资产购买价款的现值计量其成本，现值与应付价款之间的差额作为未确认的融资费用，在付款期间内按照实际利率法确认为利息费用。

2. 自行开发的无形资产

企业自行进行的无形资产研究开发项目，区分为研究阶段与开发阶段。

研究阶段是指为获取新的技术和知识等进行的有计划的调查，研究阶段是探索性的，为进一步开发活动进行资料及相关方面的准备，已进行的研究活动将来是否会转入开发、开发后是否会形成无形资产等均具有较大的不确定性。

相对于研究阶段而言，开发阶段应当已完成研究阶段的工作，在很大程度上已具备形成一项新产品或新技术的基本条件。

根据企业会计准则规定，企业内部研究开发项目发生的支出，按下列规定处理：

（1）企业研究阶段的支出全部费用化，计入当期损益（管理费用）。

（2）开发阶段的支出符合资本化条件的，才能确认为无形资产；不符合资本化条件的计入当期损益（管理费用）。

（3）无法区分研究阶段支出和开发阶段支出，应当将其所发生的研发支出全部费用化，计入当期损益（管理费用）。

对于企业内部开发项目发生的开发支出，在同时满足下列条件的，应当确认为无形资产：

（1）完成该无形资产以使其能够使用或出售在技术上具有可行性。

（2）具有完成该无形资产并使用或出售的意图。

（3）无形资产产生经济利益的方式。

（4）有足够的技术、财务资源和其他资源支持，以完成该无形资产的开发，并有能力使用或出售该无形资产。

（5）归属于该无形资产开发阶段的支出能够可靠地计量。

3．投资者投入的无形资产

投资者投入的无形资产的成本，应当按照投资合同或协议约定的价值确定无形资产的取得成本。如果投资合同或协议约定价值不公允的，应按无形资产的公允价值作为无形资产初始成本入账。

4．接受政府补助的无形资产

通过政府补助取得的无形资产成本，应当按照公允价值计量；公允价值不能可靠取得的，按照名义金额计量。

5．通过非货币性资产交换和债务重组取得的无形资产

企业通过非货币性资产交换和债务重组等方式取得无形资产的，如通过非货币性资产交换、债务重组、政府补助和企业合并等方式取得的无形资产的成本，应分别参见《企业会计准则 7 号——非货币性资产交换》《企业会计准则 12 号——债务重组》《企业会计准则 16 号——政府补助》《企业会计准则 20 号——企业合并》进行会计处理。

6．土地使用权的处理

企业取得的土地使用权，通常应当按照取得时所支付的价款及相关税费确认为无形资产。土地使用权用于自行开发建造厂房等地上建筑物时，土地使用权的账面价值不与地上建筑物合并计算其成本，而仍作为无形资产进行核算，土地使用权与地上建筑物分别进行摊销和提取折旧。但下列情况除外：

（1）房地产开发企业取得的土地使用权用于建造对外出售的房屋建筑物，相关的土地使用权应当计入所建造的房屋建筑物成本。

（2）企业外购的房屋建筑物，实际支付的价款中包括土地及建筑物的价值，则应当对支付的价款按照合理的方法在土地和地上建筑物之间进行分配，如公允价值比例；如果确实无法在地上建筑物与土地使用权之间进行合理分配的，应当全部作为固定资产，按照固定资产确认和计量的规定进行处理。

（3）企业改变土地使用权的用途，将其用于出租或持有并准备增值后转让时，应将其转为投资性房地产，根据投资性房地产的成本或者公允价值后续计量模式进行核实。

二、无形资产的核算

（一）账户设置

为了核算无形资产的取得、摊销和处置等情况，企业应当设置“无形资产”“累计摊销”等账户。

1. “无形资产”账户

为了核算企业持有无形资产的成本，企业应设置“无形资产”账户。该账户属于资产类账户，其借方登记取得无形资产的成本，贷方登记出售无形资产转出的无形资产账面余额，期末借方余额表示企业无形资产的成本。该账户应当按照无形资产的项目设置明细账户进行明细分类核算。

2. “累计摊销”账户

为了核算企业对使用寿命有限的无形资产计提的累计摊销，企业应设置“累计摊销”账户。该账户属于资产类账户，是“无形资产”账户的调整账户，其贷方登记企业计提的无形资产摊销，借方登记处置无形资产转出的累计摊销，期末贷方余额表示企业无形资产的累计摊销额。

此外，无形资产发生减值的，还应当设置“无形资产减值准备”账户进行核算。

（二）无形资产取得的核算

无形资产应当按照成本进行初始计量。企业取得无形资产的主要方式有外购、自行研究开发等。取得的方式不同，其会计处理也有所差别。

1. 外购无形资产的核算

外购无形资产时，按照实际支付的价款，根据相关的原始票据，借记“无形资产”账户，贷记“银行存款”“应付账款”等账户。

【例 6-1-1】 甲公司购入一项非专利技术，买价 100 000 元，增值税税额 6 000 元，款项以银行存款支付。甲公司编制的会计分录为：

借：无形资产——非专利技术品　　100 000
　　应交税费——应交增值税（进项税额）　　6 000
　贷：银行存款　　106 000

2. 自行开发无形资产的核算

企业内部研究开发项目所发生的支出应区分研究阶段支出和开发阶段支出，企业自行开发无形资产发生的研发支出，不满足资本化条件的，借记“研发支出——费用化支出”账户；满足资本化条件的，借记“研发支出——资本化支出”账户，贷记“原材料”“银行存款”“应付职工薪酬”等账户。研究开发项目达到预定用途形成无形资产的，应按“研发支出——资本化支出”账户的余额，借记“无形资产”账户，贷记“研发支出——资本化支出”账户。期（月）末，应将“研发支出——费用化支出”账户归集的金额转入“管理费用”账户，借记“管理费用”账户，贷记“研发支出——费用化支出”账户。

如果无法可靠区分研究阶段的支出和开发阶段的支出，应将其所发生的研发支出全部费用化，计入当期损益，记入“管理费用”账户。

【例 6-1-2】 甲公司自行研究、开发一项技术，截至 2018 年 12 月 31 日，发生研发支出合计 3 000 000 元，经测试该项研发活动完成了研究阶段，从 2019 年 1 月 1 日开始进入开发阶段。2019 年发生开发支出 400 000 元，假定符合《企业会计准则第 6 号——无形资产》规定的开发支出资本化的条件。2019 年 6 月 30 日，该项研发活动结束，最终开发出一项非专利技术。

（1）2018 年，发生研发支出时，编制的会计分录为：

借：研发支出——费用化支出　　3 000 000
　贷：银行存款等　　3 000 000

（2）2018 年 12 月 31 日，发生的研发支出全部属于研究阶段的支出，编制的会计分录为：

借：管理费用　　3 000 000
　贷：研发支出——费用化支出　　3 000 000

（3）2019 年，发生开发支出并满足资本化确认条件时，编制的会计分录为：

借：研发支出——资本化支出　　400 000
　贷：银行存款等　　400 000

（4）2019 年 6 月 30 日，该技术研发完成并形成无形资产时，编制的会计分录为：

借：无形资产　　400 000
　贷：研发支出——资本化支出　　400 000

3. 投资者投入无形资产的核算

投资者投入的无形资产，按投资合同或协议约定的价值，借记“无形资产”账户，贷记“实收资本（或股本）”账户。如果超过受资方占投资方注册份额的，应该作为资本溢价（或股本溢价）计入资本公积。

【例 6-1-3】　2019 年 5 月 1 日，甲企业接受某公司以 B 商标权作为投入资本，该项商标权经评估后，双方确认的价值为 1 600 000 元。甲企业编制的会计分录为：

借：无形资产——商标权 B　　1 600 000
　贷：实收资本　　1 600 000

4. 接受政府补助无形资产的核算

企业接受政府补助而取得的无形资产，应按照所取得的无形资产的公允价值入账，如果公允价值不能可靠取得，也可以按照名义金额入账。收到无形资产时，按公允价值或名义金额，借记“无形资产”账户，贷记“递延收益”账户。

（三）无形资产的摊销

使用寿命有限的无形资产，应在其预计的使用寿命内采用系统合理的方法对应摊销金额进行摊销。其中，应摊销金额是指无形资产的成本扣除残值后的金额。已计提减值准备的无形资产还应扣除已计提的无形资产减值准备累计金额。

1. 无形资产使用寿命的确定

企业摊销某项无形资产时，首先应于取得该项无形资产时判断其使用寿命。无形资产的使用寿命有限的，应当估计该使用寿命的年限或者构成使用寿命的产量等类似计量单位数量；无法预见无形资产为企业带来经济利益期限的，应当视为使用寿命不确定的无形资产。企业确定无形资产的使用寿命时，应当考虑以下因素：

（1）该资产通常的产品寿命周期、可获得的类似资产使用寿命的信息。

（2）技术、工艺等方面的现实情况及对未来发展的估计。

（3）该资产生产的产品或服务的市场需求情况。

（4）现在或潜在的竞争者预期采取的行动。

（5）为维持该资产产生未来经济利益的能力预期的维护支出，以及企业预计支付有关支出的能力。

（6）对该资产的控制期限，使用的法律或类似限制，如特许使用期间、租赁期间等。

（7）与企业持有的其他资产使用寿命的关联性等。

新所得税法对无形资产摊销年限的规定

按照上述方法仍无法合理确定无形资产为企业带来经济利益期限的，该项无形资产应作为使用寿命不确定的无形资产。

2．残值的确定

使用寿命有限的无形资产，其残值应当视为零，但下列情况除外：

（1）有第三方承诺在无形资产使用寿命结束时购买该无形资产。

（2）可以根据活跃市场得到预计残值信息，并且该市场在无形资产使用寿命结束时很可能存在。

摊销期限应当自无形资产可供使用时起，至不再作为无形资产确认时止。使用寿命不确定的无形资产不应该进行摊销。

3．无形资产摊销的核算

无形资产摊销方法包括直线法和生产总量法等。企业选择的无形资产的摊销方法，应当反映与该项无形资产有关的经济利益的预期实现方式。无法可靠确定预期消耗方式的，应当采用直线法摊销。

企业应设置“累计摊销”账户核算使用寿命有限的无形资产的摊销情况。“累计摊销”账户属于“无形资产”账户的抵减调整账户，贷方核算企业计提的无形资产摊销，借方核算处置无形资产转出的累计摊销，期末贷方余额，反映企业无形资产的累计摊销额。

企业应当按月对无形资产进行摊销。无形资产的摊销额一般应当计入当期损益，企业自用的无形资产，其摊销金额计入管理费用；出租的无形资产，其摊销金额计入其他业务成本；某项无形资产包含的经济利益通过所生产的产品或其他资产实现的，其摊销金额应当计入相关资产成本。

【例 6-1-4】　甲公司购买了一项特许权，成本 120 000 元，合同规定受益年限为 5 年，甲公司每月应摊销 2 000 元（120 000÷5÷12）。每月摊销时，甲公司编制的会计分录为：

借：管理费用　　2 000

　贷：累计摊销　　2 000

【例 6-1-5】　2019 年 1 月 1 日，甲公司将其自行开发完成的非专利技术出租给丁公司，该非专利技术成本 7 200 000 元，双方约定的租赁期限为 10 年，甲公司每月应摊销 60 000 元（72 000 000÷10÷12）。每月摊销时，甲公司编制的会计分录为：

借：其他业务成本　　60 000

　贷：累计摊销　　60 000

（四）无形资产的出租

企业将所拥有的无形资产的使用权让渡给他人并收取租金，属于与企业日常活动相关的其他经营活动取得的收入，在满足收入确认条件的情况下，应确认相关的收入及成本，并通过其他业务收支账户进行核算。让渡无形资产使用权而取得的租金收入，借记“银行存款”等账户，贷记“其他业务收入”等账户；摊销出租无形资产的成本并发生与转让有关的各种费用支出时，借记“其他业务成本”账户，贷记“累计摊销”账户。

【例 6-1-6】 2019 年 1 月 1 日，甲企业将一项专利技术出租给乙企业使用，该专利技术账面余额为 600 万元，摊销期限为 10 年，出租合同规定，承租方每销售 10 万件用该专利生产的产品，必须付给出租方 20 万元专利技术使用费。假定承租方当年销售该产品 10 万件，应交的增值税税额为 12 万元。甲公司编制的会计分录为：

借：银行存款 2 120 000
　贷：其他业务收入 2 000 000
　　　应交税费——应交增值税（销项税额） 120 000
借：其他业务成本 600 000
　贷：累计摊销 600 000

（五）无形资产的减值

无形资产在资产负债表日存在可能发生减值的迹象时，其可收回金额低于账面价值的，企业应当将该无形资产的账面价值减记至可收回金额，减记的金额确认为减值损失，计入当期损益，同时计提相应的资产减值准备，按应减记的金额，借记“资产减值损失——计提的无形资产减值准备”账户，贷记“无形资产减值准备”账户。无形资产减值损失一经确认，在以后会计期间不得转回。

【例 6-1-7】 2019 年 12 月 31 日，市场上某项技术生产的产品销售势头较好，已对甲公司产品的销售产生重大不利影响。甲公司外购的类似专利技术的账面价值为 800 000 元，剩余摊销年限为 4 年，经减值测试，该专利技术的可收回金额为 750 000 元。由于可收回金额低于其账面价值，应按其差额 50 000 元计提减值准备。甲公司编制的会计分录为：

借：资产减值损失——计提的无形资产减值准备 50 000
　贷：无形资产减值准备 50 000

（六）无形资产的处置

1. 无形资产的出售

企业出售某项无形资产，表明企业放弃无形资产的所有权，应将所取得的价款与该无形资产账面价值及出售相关税费（不包括确认的增值税销项税额）后的差额计入资产处置损益。但应当注意的是，企业出售无形资产确认其利得的时点，应按照收入确认中的有关原则进行确定。

出售无形资产时，应按实际收到的金额，借记“银行存款”等账户，按已计提的累计摊销，借记“累计摊销”账户，原已计提减值准备的，借记“无形资产减值准备”账户，按应支付的相关税费，贷记“应交税费——应交增值税（销项税额）”等账户，按其账面余额，贷记“无形资产”账户，按其差额借记或贷记“资产处置损益”账户。

【例 6-1-8】　2019 年 1 月 1 日，甲公司拥有某项专利技术的成本为 1 000 万元，已摊销金额为 500 万元，已计提的减值准备为 20 万元。该公司于 2019 年将该项专利技术出售给乙公司，取得出售收入 700 万元，应缴纳的增值税税额 42 万元。甲公司编制的会计分录为：

借：银行存款　7 000 000
　　累计摊销　5 000 000
　　无形资产减值准备　200 000
　贷：无形资产　10 000 000
　　　应交税费——应交增值税（销项税额）　420 000
　　　资产处置损益　1 780 000

如果该公司转让该项专利技术取得出售收入 400 万元，应缴纳的增值税税额 24 万元。甲公司编制的会计分录为：

借：银行存款　4 000 000
　　累计摊销　5 000 000
　　无形资产减值准备　200 000
　　资产处置损益　1 040 000
　贷：无形资产　10 000 000
　　　应交税费——应交增值税（销项税额）　240 000

2．无形资产的报废

无形资产预期不能为企业带来未来经济利益应当视为无形资产报废，如无形资产已被其他新技术所替代或超过法律保护期，不能再为企业带来经济利益的，不再符合无形资产的概念，应将无形资产的账面价值予以转销，其账面价值转作当期损益，计入营业外支出。

【例 6-1-9】　甲企业拥有某项专利技术，根据市场调查，用其生产的产品已没有市场，决定应予转销。转销时，该项专利技术的账面余额为 800 万元，摊销期限为 10 年，采用直线法进行摊销，已累计摊销 300 万元，假定该项专利权的残值为零，已累计计提的减值准备为 200 万元，假定不考虑其他相关因素。甲企业编制的会计分录为：

借：累计摊销　3 000 000
　　无形资产减值准备　2 000 000
　　营业外支出——处置非流动资产损失　3 000 000
　贷：无形资产——专利权　8 000 000

第二节　其他资产

其他资产是指除货币资金、交易性金融资产、应收及预付款项、存货、长期股权投资、固定资产和无形资产等以外的资产，一般包括开办费、长期待摊费用、特准储备物资、银行冻结存款、冻结物资和诉讼中财产等。

一、开办费

开办费是指企业在企业批准筹建之日起，到开始生产、经营（包括试生产、试营业）之日止的期间（即筹建期间）发生的费用支出，包括筹建期人员工资、办公费、培训费、差旅费、印刷费、注册登记费及不计入固定资产和无形资产购建成本的汇兑损益和利息支出。发生时，一般计入“管理费用”账户，贷记“银行存款”或“库存现金”等账户。

二、长期待摊费用

长期待摊费用是指企业已经发生但应由本期和以后各期负担的分摊期限在一年以上的各项费用，如以经营租赁方式租入的固定资产发生的改良支出等。

【例 6-2-1】　2019 年 4 月 1 日，丙公司对其以经营租赁方式新租入的办公楼进行装修，发生以下有关支出：领用生产材料 500 000 元，购进该批原材料时支付的增值税进项税额 65 000 元；辅助生产车间为该装修工程提供的劳务支出 200 000 元；有关人员工资等职工薪酬 435 000 元。2019 年 12 月 1 日，该办公楼装修完工，达到预定可使用状态并交付使用，并按租赁期 10 年开始进行摊销。

（1）装修领用原材料时，编制的会计分录为：

借：长期待摊费用　　565 000

　贷：原材料　　500 000

　　应交税费——应交增值税（进项税额转出）　　65 000

（2）辅助生产车间为装修工程提供劳务时，编制的会计分录为：

借：长期待摊费用　　200 000

　贷：生产成本——辅助生产成本　　200 000

（3）确认工程人员职工薪酬时，编制的会计分录为：

借：长期待摊费用　　435 000

　贷：应付职工薪酬　　435 000

（4）2019 年摊销装修支出时，编制的会计分录为：

借：管理费用　　10 000

　贷：长期待摊费用　　10 000

【业务能力训练】

一、单项选择题

1. 无形资产是指企业拥有或控制的没有实物形态的可辨认非货币性资产，不包括的内容有（　　）。

A. 专利权　　B. 非专利技术　　C. 土地使用权　　D. 商誉

2. 企业进行研究与开发无形资产过程中发生的各项支出，应计入的会计账户是（　　）。

A. 研发支出　　B. 管理费用　　C. 无形资产　　D. 销售费用

3. 如果无法区分研究阶段和开发阶段的支出，应当在发生时（　　）。

A. 作为管理费用全部计入当期损益

B. 全部确认为无形资产

C. 按适当比例划分计入当期损益和无形资产的金额

D. 由企业自行决定计入当期损益或者无形资产

4. 某企业以 350 万元的价格转让一项无形资产。该无形资产原购入价 450 万元，合同规定的受益年限为 10 年，法律法定的有效使用年限为 12 年，转让时已使用 4 年，不考虑减值准备及其他相关税费，企业在处置该无形资产时确认的净收益为（　　）万元。

A. 32.5　　B. 50　　C. 62.5　　D. 80

5. 2019 年 8 月 1 日，某企业开始研究开发一项新技术，当月共发生研发支出 800 万元，其中，费用化的金额 650 万元，符合资本化条件的金额 150 万元。8 月末，研发活动尚未完成。该企业 2019 年 8 月应计入当期利润总额的研发支出为（　　）万元。

A. 0　　B. 150　　C. 650　　D. 800

二、多项选择题

1. 企业按期（月）计提无形资产的摊销，借方账户有可能为（　　）。

A. 管理费用　　B. 财务费用　　C. 制造费用　　D. 其他业务成本

2. 下列事项中，可能影响企业当期利润表中营业利润的有（　　）。

A. 计提无形资产减值准备

B. 接受其他单位捐赠的专利权

C. 出租无形资产取得的租金收入

D. 新技术项目研究过程中发生的人工费用

3. 下列关于无形资产会计处理的说法中，不正确的有（　　）。

A. 内部研发项目开发阶段支出应全部确认为无形资产

B. 无形资产均应确定预计使用年限并分期摊销

C. 计提减值后的无形资产价值恢复时应转回原无形资产减值损失

D. 出售无形资产时支付的税金应记入“税金及附加”账户

4．出售无形资产的转让成本包括（　　）。

A．出售无形资产的洽谈费用和差旅费　　B．出售无形资产取得的净收益

C．无形资产的摊余价值　　D．出售无形资产应缴纳的税金

5．下列不能确认为无形资产的有（　　）。

A．企业自创的商誉

B．企业自行研制开发的专利权

C．无偿划拨取得的土地使用权

D．企业持有并准备增值后转让的土地使用权

三、判断题

1．使用寿命有限的无形资产应当摊销，使用寿命不确定的无形资产不予摊销。（　　）

2．由于出售无形资产属于企业的日常活动，因此出售无形资产所取得的收入应通过“其他业务收入”账户核算。（　　）

3．对于企业无法可靠确定与无形资产有关的经济利益的预期实现方式的，应当采用直线法摊销。（　　）

4．使用寿命确定的无形资产的摊销应计入管理费用。（　　）

5．某项无形资产预计使用年限没有超过相关合同规定的受益年限或法律规定的有效年限的，该无形资产应当在其预计使用年限内分期摊销。（　　）

四、实务题

1．2019 年，A 公司为一项新产品专利技术进行研究开发活动，发生如下经济业务：

（1）1 月，为获取知识而进行的活动发生差旅费 15 万元，以现金支付。

（2）3 月，发生相关设计费用 16 万元，以银行存款支付。

（3）5 月，在开发过程中发生材料费 40 万元（不考虑相关税费）、人工工资 10 万元，以银行存款支付其他费用 30 万元，合计 80 万元，其中，符合资本化条件的支出为 50 万元。

（4）6 月，该专利技术已经达到预定用途。

要求：根据上述经济业务编制相关会计分录。

2．2019 年 6 月 1 日，某企业决定自行研制开发某项技术。该企业认为，研发该项技术具有可靠的技术和财务等资源的支持，研发成功后用于产品生产，可降低产品成本，为企业带来巨大的收益。相关资料如下：

（1）2019 年，在研究开发过程中，发生材料费 45 200 元（含增值税），人工费 100 000 元，用银行存款支付的其他费用 80 000 元，其中，符合资本化条件的支出为 180 000 元。

（2）2020 年 1 月 1 日，该专利技术研发成功，已经达到预定用途，以银行存款支付律师费 11 400 元，注册费 600 元。

（3）该项专利权的法定保护期限为 10 年，企业预计该项专利权的使用寿命为 5 年，采用直线法于每年年末摊销。

要求：根据上述经济业务编制该企业相关的会计分录。

7

第七章 投资性资产

学习目标

知识目标

通过本章的学习，了解各投资项目的相关概念及特征，熟悉投资项目的内容和分类，掌握交易性金融资产、债权投资、其他债权投资、长期股权投资和投资性房地产的核算，掌握投资项目减值的确认和计量。

能力目标

1. 能简述投资项目与有形资产和无形资产的区别。
2. 能进行交易性金融资产的账务处理。
3. 能进行债权投资的账务处理。
4. 能进行其他债权投资的账务处理。
5. 能进行长期股权投资的账务处理，区分成本法和权益法的核算。
6. 能进行投资性房地产的账务处理。
7. 能进行投资项目减值的确认与计量并作出相应的账务处理。

导入案例

从前，有一个村庄，村民们过着平静而简单的生活，他们的生活水平日渐提高，吃肉的人越来越多，于是猪肉的价格攀升。有个村民叫李明，他想养猪肯定能赚钱，决定办个养猪场。但是办养猪场需要10 000元，而李明却只有5 000元，于是他向村里有钱的王五借钱。第二年猪卖了，李明还了王五的借款，还净赚5 000元。这就是最简单、最原始的金融形态：一方需要资金，另一方有富余的闲置资金。李明办养猪场赚了钱的消息传遍全村。于是想创业又没有足够资金的村民们纷纷向王五借钱，可是钱不是谁都能借的，要看对方有无还钱的保障，如借钱者信用好，或有房产做抵押，或有村主任做担保。这样王五就成了专门用自己的钱借给别人获取利息收益的人，这就是小额贷款公司。而李明赚到了钱后，第二年决定扩大养猪场，需要10 000元，而他手上只有4 000元，他又向王五借钱。但是王五通过比较觉得借钱给他利息收益率比不上李明获得的收益率。王五对李明说："今年我出6 000元，但是不算我借你的，算是我参股你的养猪场。"李明觉得王五虽然可能分红多，但是自己也没有了还本付息的压力，于是就答应了。这样，这个新的养猪场就是李明和王五合资投资建设的。两年过去了，养猪场生意越来越好，他们计划开 5 家分场，这需要一笔巨大的资金，大约50 000元，但是他们又拿不出这笔钱，又不想错失这个巨大的市场机会，于是就想到发动村民们参股。以上就是金融市场最初级的形态。

目前随着金融市场不断发展，投资渠道越来越多，有基金投资、债权投资、房产投资和衍生金融资产等。

分析：同学们，如果你们有闲置的资金，你会如何进行投资呢？

第一节　投资概述

一、投资的概念与特征

（一）投资的概念

企业除了正常的生产经营外，可能为了有效地利用暂时闲置的资金，以获取一定的经济利益或其他目的，将现金、实物资产等让渡给其他单位而获得股票、债券等，从而形成企业的各种投资。投资指的是特定经济主体为了在未来可预见的时期内获得收益或是资金增值，在一定的时期内向一定领域投放足够数额的资金或实物的货币等价物的经济行为。

（二）投资的特征

不同的投资有不同的特征，但总体来说，投资一般具有以下特征：

（1）投资是让渡其他资产而换取的另一项资产。

（2）投资是企业在生产经营过程之外持有的资产。

（3）投资是一种以权利为表现形式的资产。

（4）投资是一种具有财务风险的资产。

二、投资的分类

（1）投资按权益性质分类，可分为权益性投资、债权性投资和混合性投资。

（2）投资按投性资产的分类，可分为以公允价值计量且其变动计入当期损益的金融资产、以摊余成本计量的金融资产、以公允价值计量且其变动计入其他综合收益的金融资产、长期股权投资和投资性房地产。

第二节 以公允价值计量且其变动计入当期损益的金融资产

一、以公允价值计量且其变动计入当期损益的金融资产概述

（一）交易性金融资产的概念

以公允价值计量且其变动计入当期损益的金融资产主要是指交易性金融资产。交易性金融资产主要是指企业为了近期内出售而持有的金融资产，如企业以赚取差价为目的的从二级市场购入的股票、债券和基金等。

（二）交易性金融资产的特征

交易性金融资产与其他资产相比，有以下两个方面的特征：

（1）交易性金融资产具有较强的变现能力，流动性强。其流动性仅次于现金，有活跃的市场，能随时变现。

（2）企业获取交易性金融资产的目的是为了赚取差价，是为了利用暂时闲置的资金获得一定的收益，而不是为了控制被投资企业。

二、以公允价值计量且其变动计入当期损益的金融资产的核算

（一）账户设置

1．“交易性金融资产”账户

为了核算企业为交易目的所持有的债券投资、股票投资和基金投资等交易性金融资产的公允价值，企业应设置“交易性金融资产”账户。该账户属于资产类账户，其借方登记交易性金融资产的取得成本、资产负债表日其公允价值高于账面余额的差额等，贷方登记资产负债表日其公允价值低于账面余额的差额，以及企业出售交易性金融资产时结转的成本和公允价值变动。企业应当按照交易性金融资产的类别和品种，分别设置“成本”“公允价值变动”等明细账户进行核算。

2. “公允价值变动损益”账户

为了核算企业交易性金融资产公允价值变动而形成的计入当期损益的利得和损失，企业应设置“公允价值变动损益”账户。该账户属于损益类账户，其贷方登记资产负债表日交易性金融资产公允价值高于账面余额的差额，借方登记资产负债表日交易性金融资产公允价值低于账面余额的差额。期末余额转入“本年利润”，结转后无余额。

3. “投资收益”账户

为了核算企业对外投资所取得的利润、股利和债券利息等收入减去投资损失后的净收益，企业应设置“投资收益”账户。该账户属于损益类账户，其借方登记企业对外投资发生的投资损失，贷方登记企业对外投资实现的投资收益。取得交易性金融资产所发生的相关交易费用应当在发生时计入“投资收益”账户。

（二）初始计量

企业取得交易性金融资产时，应当按照该金融资产取得时的公允价值作为其初始入账金额。企业取得交易性金融资产所支付价款中包含了已宣告但尚未发放的现金股利或已到付息期但尚未领取的债券利息的，应当单独确认为应收项目，不构成交易性金融资产的初始入账金额。企业取得交易性金融资产所发生的相关交易费用应当在发生时作为投资收益进行会计处理。交易费用是指可直接归属于购买、发行或处置金融工具新增的外部费用，包括支付给代理机构、咨询公司或券商等的手续费和佣金及其他必要支出。

企业取得交易性金融资产，应当按照该金融资产取得时的公允价值，借记“交易性金融资产——成本”账户，按照发生的交易费用，借记“投资收益”账户，发生交易费用取得增值税专用发票的，按其注明的增值税进项税额，借记“应交税费——应交增值税（进项税额）”账户，按照已到付息期但尚未领取的利息或已宣告但尚未发放的现金股利，借记“应收利息”或“应收股利”账户，按照实际支付的金额，贷记“银行存款”“其他货币资金”等账户。

【例 7-2-1】 2019 年 9 月 15 日，乙公司购买已上市的 A 公司股票 1 000 股，购买价格 95.8 元/股。如果股价中含已宣告未发放股利 5.8 元/股，另支付交易费用 400 元（假设不考虑增值税），2019 年 9 月 20 日，收到上述股利。

（1）2019 年 9 月 15 日，购买股票时，编制的会计分录为：

	借方	贷方
借：交易性金融资产——成本（95 800−5 800）	90 000	
应收股利	5 800	
投资收益	400	
贷：银行存款		96 200

（2）2019 年 9 月 20 日，收到股利时，编制的会计分录为：

	借方	贷方
借：银行存款	5 800	
贷：应收股利		5 800

（三）持有期间的现金股利或利息

企业持有交易性金融资产期间，对于被投资单位宣告发放的现金股利或企业在资产负债表日按分期付息、一次还本债券投资的票面利率计算的利息收入，计入投资收益，同时确认应收项目，宣告发放股利或利息时，借记“应收股利”或“应收利息”账户，贷记“投资收益”账户，发放现金股利或利息时，借记“银行存款”账户，贷记“应收股利”或“应收利息”账户。股份公司发宣告放股票股利，不进行账务处理，待其办理增资手续后再增加股本。

【例 7-2-2】　承【例 7-2-1】，2019 年 11 月 1 日，A 公司宣告股利 6 元/股。2019 年 11 月 10 日，收到上述股利。

（1）2019 年 11 月 1 日，宣告股利时，编制的会计分录为：

借：应收股利　　6 000

　贷：投资收益　　6 000

（2）2019 年 11 月 10 日，收到股利时，编制的会计分录为：

借：银行存款　　6 000

　贷：应收股利　　6 000

（四）期末计量

资产负债表日，交易性金融资产应当按照公允价值计量，公允价值与账面余额之间的差额计入当期损益。

企业应当在资产负债表日按照交易性金融资产公允价值高于或低于其账面余额的差额，计入相关账户，借记或贷记“交易性金融资产——公允价值变动”账户，同时确认公允价值变动损益，贷记或借记“公允价值变动损益”账户。

【例 7-2-3】　承【例 7-2-1】，假设 2019 年 11 月 31 日，股价为 120 元。乙公司编制的会计分录为：

借：交易性金融资产——公允价值变动　　30 000

　贷：公允价值变动损益　　30 000

【例 7-2-4】　承【例 7-2-3】，假设 2020 年 2 月 30 日，股价为 110 元每股。乙公司编制的会计分录为：

借：公允价值变动损益　　10 000

　贷：交易性金融资产——公允价值变动　　10 000

（五）出售计量

企业出售交易性金融资产时，应当将该金融资产出售时的公允价值与其账面余额之间的差额确认为“投资收益”，同时，将原计入公允价值变动损益的该金融资产的公允值变动转出，由“公允价值变动损益”转入“投资收益”。

企业出售交易性金融资产时，应当按照实际收到的金额，借记“银行存款”等账户，按照该交易金融资产的账面余额，贷记“交易性金融资产——成本”账户，贷记或借记“交易性金融资产——公允价值变动”账户，按照其差额，贷记或借记“投资收益”账户。同时，将原计入该金融资产的公允价值变动转出，借记或贷记“公允价值变动损益”账户，贷记或借记“投资收益”账户。

【例 7-2-5】 承【例 7-2-3】，2020 年 4 月 1 日，以 120 元/股抛售上述股票，假设不考虑增值税，编制的会计分录为：

借：银行存款　　120 000
　贷：交易性金融资产——成本　　90 000
　　　　　　　　　——公允价值变动　　20 000
　　投资收益　　10 000
借：公允价值变动损益　　20 000
　贷：投资收益　　20 000

【例 7-2-6】 2019 年 1 月 1 日，A 公司购入乙公司发行的公司债券，该笔债券于 2018 年 7 月 1 日发行，面值 20 000 000 元，票面利率 5%，上年债券利息于下年初支付。A 公司将其划分为交易性金融资产，支付价款 21 000 000 元（其中包含已到付息期但尚未领取的债券利息 500 000 元），另支付交易费用 200 000 元。2019 年 1 月 10 日，A 公司收到该笔债券利息 500 000 元。2019 年底，A 公司收到债券利息 1 000 000 元。

（1）2019 年 1 月 1 日，购入乙公司的公司债券时，编制的会计分录为：

借：交易性金融资产——成本　　20 500 000
　　应收利息　　500 000
　　投资收益　　200 000
　贷：银行存款　　21 200 000

（2）2019 年 1 月 10 日，收到购买价款中包含的已到付息期但尚未领取的债券利息时，编制的会计分录为：

借：银行存款　　500 000
　贷：应收利息　　500 000

（3）2019 年 12 月 31 日，确认乙公司的公司债券利息收入 1 000 000 元时，编制的会计分录为：

借：应收利息（20 000 000×5%）　　1 000 000
　贷：投资收益　　1 000 000

（4）2019 年底，收到持有乙公司的公司债券利息时，编制的会计分录为：

借：银行存款　　1 000 000
　贷：应收利息　　1 000 000

【例 7-2-7】 承【例 7-2-6】，假定 2019 年 6 月 30 日，A 公司购买的乙公司债券的公允价值（市价）为 20 700 000 元；2019 年 12 月 31 日，A 公司购买的乙公司债券的公允价值（市价）为 20 600 000 元。

（1）2019 年 6 月 30 日，确认乙公司债券的公允价值变动损益时，编制的会计分录为：

借：交易性金融资产——公允价值变动 200 000
贷：公允价值变动损益 200 000

（2）2019 年 12 月 31 日，确认乙公司债券的公允价值变动损益时，编制的会计分录为：

借：公允价值变动损益 100 000
贷：交易性金融资产——公允价值变动 100 000

【例 7-2-8】 承【例 7-2-7】，假定 2020 年 1 月 15 日，A 公司出售所持有的乙公司债券，售价 20 650 000 元。假设增值税税率为 6%，A 公司会计处理如下：

借：银行存款 20 650 000
贷：交易性金融资产——成本 20 500 000
——公允价值变动 100 000
投资收益 50 000

应确认增值税销项税额=50 000/（1+6%）×6%=2 830.19 元

借：投资收益 2 830.19
贷：应交税费——转让金融商品应交的增值税 2 830.19

同时，结转公允价值变动：

借：公允价值变动损益 100 000
贷：投资收益 100 000

对于“金融商品转让按规定以盈亏相抵后的余额作为销售额的账务处理”的规定：金融商品实际转让月末，如产生转让收益，则按应纳税额，借记“投资收益”等账户，贷记“应交税费——转让金融商品应交增值税”账户；如产生转让损失，则按可结转下月抵扣税额，借记“应交税费——转让金融商品应交增值税”账户，贷记“投资收益”等账户。实际缴纳增值税时，借记“应交税费——转让金融商品应交增值税”账户，贷记“银行存款”账户。年末，本账户如有借方余额，则借记“投资收益”等账户，贷记“应交税费——转让金融商品应交增值税”账户。

【例 7-2-9】 某企业以金融商品进行短期投资，假定 2019 年 10 月金融商品转让收入为 8 480 000 元、金融商品成本为 7 420 000 元；11 月金融商品转让收入 3 710 000 元，金融商品成本为 4 240 000 元；12 月份金融商品转让收入为 7 208 000 万元，金融商品成本为 6 360 000 元。

（1）10 月份：金融商品成本 7 420 000 元，金融商品转让收入为 8 480 000 元，盈亏相抵后为投资收益。销售时编制的会计分录为：

借：银行存款 8 480 000
贷：交易性金融资产——××证券 7 420 000
投资收益 1 060 000

转让金融商品应交的增值税=（8 480 000−7 420 000）/（1+6%）×6%=60 000 元

借：投资收益 60 000
贷：应交税费——转让金融商品应交的增值税 60 000

则该企业10月份应缴纳增值税60 000元。

（2）11月份：金融商品成本4 240 000元，金融商品转让收入为3 710 000元，盈亏相抵后为投资损失。本月可不纳税，抵扣下月应交增值税。销售时编制的会计分录为：

借：银行存款　　3 710 000
　　投资收益　　530 000
　贷：交易性金融资产——××证券　　4 240 000

本月不缴纳增值税，11月份的投资损失可以抵扣12月份应交增值税30 000元［530 000/（1+6%）×6%］，编制的会计分录为：

借：应交税费——转让金融商品应交的增值税　　30 000
　贷：投资收益　　30 000

（3）12月份：金融商品成本6 360 000元，金融商品转让收入为7 208 000元。销售时编制的会计分录为：

借：银行存款　　7 208 000
　贷：交易性金融资产——××证券　　6 360 000
　　　投资收益　　848 000

12月份转让金融商品应交的增值税=848 000/（1+6%）×6%=48 000元

借：投资收益　　48 000
　贷：应交税费——转让金融商品应交的增值税　　48 000

上月（11月）的投资损失可以抵扣12月份应交的增值税30 000元，12月实际应交的增值税为18 000元（48 000−30 000）。

上交12月份应交的增值税时，编制的会计分录为：

借：应交税费——转让金融商品应交的增值税　　18 000
　贷：银行存款　　18 000

如果12月份金融商品成本6 360 000元，金融商品转让收入为6 625 000元。销售时编制的会计分录为：

借：银行存款　　6 625 000
　贷：交易性金融资产——××证券　　6 360 000
　　　投资收益　　265 000

当月应交的增值税=265 000/（1+6%）×6%=15 000元

上月（11月）的投资损失可以抵扣12月份应交的增值税30 000元，12月实际应交的增值税为−15 000元（15 000−30 000），12月份不用缴纳增值税，未能抵扣的15 000元也不能留到下一年度再抵扣。

到年终，将不能结转下年继续抵扣的增值税转销，编制的会计分录为：

借：投资收益　　15 000
　贷：应交税费——转让金融商品应交的增值税　　15 000

第三节 以摊余成本计量的金融资产——债权投资

一、以摊余成本计量的金融资产概述

金融资产同时符合下列条件的，应当分类为以摊余成本计量的金融资产：

（1）企业管理该金融资产的业务模式是以收取合同现金流量为目标。

（2）该金融资产的合同条款规定，在特定日期产生的现金流量，仅为对本金和以未偿付本金金额为基础的利息的支付。

以摊余成本计量的金融资产包括除预付账款以外的应收款项和债权投资两类。

（一）应收款项

划分为以摊余成本计量的金融资产的应收款项包括应收票据、应收账款及其他应收款等。预付账款不属于金融资产，因其产生的未来经济利益是企业提供的商品或服务，而不是收取现金或其他金融资产的权利。

（二）债权投资

债权投资是指业务管理模式为在特定日期收取合同现金流量的以摊余成本计量的金融资产，具体来说是指企业购入的到期日固定、回收金额固定或可确定，且企业有明确意图和能力持有至到期的国债、企业债券等各种债券的投资。

从企业管理金融资产的业务模式看，由于管理者的意图是将债权投资持有至到期，不准备随时出售，所以其业务模式是以收取合同现金流量为目标，且该合同现金流量仅为债权投资的本金和以未偿付本金金额为基础的利息。

二、以摊余成本计量的金融资产的核算

为了反映和监督持有以摊余成本计量的金融资产的取得、收取利息和出售等情况，企业应当设置“债权投资”“投资收益”等账户进行核算。

“债权投资”账户，主要核算企业以摊余成本计量的金融资产的摊余成本。该账户属于资产类账户，其借方登记以摊余成本计量的金融资产的取得成本、一次还本付息债券投资在资产负债表日按照票面利率计算确定的应收未收利息等，贷方登记企业出售以摊余成本计量的金融资产时结转的成本等，期末借方余额反映企业以摊余成本计量的金融资产的摊余成本。企业可以按照以摊余成本计量的金融资产的类别和品种，分别设置“成本”“利息调整”“应计利息”等明细进行核算。

（一）初始计量

以摊余成本计量的金融资产应当按其取得时的公允价值与相关交易费用之和作为初始入账金额。如果企业取得以摊余成本计量的金融资产支付的价款中包含已到付息期但尚

未领取的债券利息，应当单独确认为应收项目，不构成以摊余成本计量的金融资产的初始确认金额。

交易费用是指可直接归属于购买、发行或处置金融工具时新增的外部费用，主要包括支付给代理机构、咨询公司、券商等的手续费、佣金和其他必要支出，但不包括债券溢价、折价、融资费用、内部管理成本及其他与交易不直接相关的费用。同时，企业为发行金融工具所发生的差旅费等，不属于交易费用。

企业取得的以摊余成本计量的金融资产，应当按照该金融资产的面值，借记“债权投资——成本”账户，按照支付的价款中包含的已到付息期但尚未领取的利息，借记“应收利息”账户，按照实际支付的金额，贷记“银行存款”等账户，按照其差额，借记或贷记“债权投资——利息调整”账户。

【例 7-3-1】 2015 年 1 月 1 日，甲企业购入乙公司同日发行的 5 年期债券，票面年利率 4.72%，每年付息，到期还本，债券面值总额 5 000 000 元，实际支付价款 4 000 000 元（含交易费用）。甲公司将其划分为以摊余成本计量的金融资产，该债券投资的实际利率为 10%。购入时编制的会计分录为：

借：债权投资——成本	5 000 000	
贷：银行存款		4 000 000
债权投资——利息调整		1 000 000

（二）持有期间的债券利息

企业在持有以摊余成本计量的金融资产的会计期间，应当按照摊余成本对其进行计量。在资产负债表日，按照以摊余成本计量的金融资产摊余成本和实际利率计算确定的当期利息收入，应当作为投资收益进行会计处理。

摊余成本是指该金融资产的初始确认金额经下列调整后的结果：① 扣除已偿还的本金；② 加上或减去采用实际利率法将该初始确认金额与到期日金额之间的差额进行摊销形成的累计摊销额；③ 扣除已发生的减值损失。

实际利率是指将金融资产在预期存续期间或适用的更短期间内的未来现金流量，折现为该金融资产当前账面价值所使用的利率。实际利率在相关金融资产预期存续期间或适用的更短期间内保持不变。

对持有期间的债券利息进行核算时，通常采用实际利率法。实际利率法是指按照金融资产的实际利率计算其摊余成本及各期利息收入或利息费用分摊计入各会计期间的方法。在实际利率法下，实际利率、应收利息、利息调整摊销额之间的关系，可用公式表示为：

利息收入（投资收益）=以摊余成本计量的金融资产摊余成本×实际利率

应收利息=面值×票面利率

利息调整摊销额=应收利息−利息收入

需要说明的是，如果有客观证据表明该金融资产的实际利率计算的各期利息收入与名义利率计算的相差很小，也可以采用名义利率替代实际利率使用。

1．分期付息、一次还本的债券投资

资产负债表日，企业应当按照持以摊余成本计量的金融资产的面值和票面利率计算确定的应收未收利息，借记“应收利息”账户，按照以摊余成本计量的金融资产的摊余成本和实际利率计算确定的利息收入，贷记“投资收益”账户，按照其差额，借记或贷记“债权投资——利息调整”账户。到期兑现时，借记“银行存款”等账户，贷记“债权投资——成本”“债权投资——利息调整”账户。

2．一次还本付息的债券投资

资产负债表日，企业应当按照以摊余成本计量的金融资产的面值和票面利率计算确定的应收未收利息，借记“债权投资——应计利息”账户，按照以摊余成本计量的金融资产的摊余成本和实际利率计算确定的利息收入，贷记“投资收益”账户，按照其差额，借记或贷记“债权投资——利息调整”账户。到期兑现时，借记“银行存款”等账户，贷记“债权投资——成本”账户。

【例 7-3-2】　承【例 7-3-1】，甲企业该项债券投资的利息及摊余成本计算表如表 7-1 所示。

表 7-1　甲企业某债券投资利息及摊余成本计算表（分期付息）

单位：元

年份	期初的摊余成本（a）	实际利息（b）（按 10%算）	应收利息（c）	利息调整（d=b−c）	期末摊余成本（e=a+b−c）
2015	4 000 000	400 000	236 000	164 000	4 164 000
2016	4 164 000	416 400	236 000	180 400	4 344 400
2017	4 344 400	434 440	236 000	198 440	4 542 840
2018	4 542 840	454 284	236 000	218 284	4 761 124
2019	4 761 124	474 876	236 000	238 876	0

备注：最后一期实际利息和利息调整是倒挤出来的。

每年摊销时会计处理如下：

（1）2015 年 12 月 31 日，摊销时编制的会计分录为：

票面利息=5 000 000×4.72%=236 000 元

实际利息=4 000 000×10%=400 000 元

借：应收利息　　236 000

　　债权投资——利息调整　　164 000

　贷：投资收益　　400 000

2015 年 12 月 31 日的摊余成本=4 000 000+164 000=4 164 000 元

收到票面利息时，编制的会计分录为：

借：银行存款　　236 000

　贷：应收利息　　236 000

（2）2016 年 12 月 31 日，摊销时编制的会计分录为：

票面利息=5 000 000×4.72%=236 000 元

实际利息=4 164 000×10%=416 400 元

借：应收利息　　236 000

　　债权投资——利息调整　　180 400

　贷：投资收益　　416 400

2016 年 12 月 31 日的摊余成本=4 164 000+180 400=4 344 400 元

收到票面利息时，编制的会计分录为：

借：银行存款　　236 000

　贷：应收利息　　236 000

（3）2017 年 12 月 31 日，摊销时编制的会计分录为：

票面利息=5 000 000×4.72%=236 000 元

实际利息=4 344 400×10%=434 440 元

借：应收利息　　236 000

　　债权投资——利息调整　　198 440

　贷：投资收益　　434 440

2017 年 12 月 31 日的摊余成本=4 344 400+198 440=4 542 840 元

收到票面利息时，编制的会计分录为：

借：银行存款　　236 000

　贷：应收利息　　236 000

（4）2018 年 12 月 31 日摊销时，编制的会计分录为：

票面利息=5 000 000×4.72%=236 000 元

实际利息=4 542 840×10%=454 284 元

借：应收利息　　236 000

　　债权投资——利息调整　　218 284

　贷：投资收益　　454 284

2018 年 12 月 31 日的摊余成本=4 542 840+218 284=4 761 124 元

收到票面利息时，编制的会计分录为：

借：银行存款　　236 000

　贷：应收利息　　236 000

（5）2019 年 12 月 31 日摊销时，编制的会计分录为：

票面利息=5 000 000×4.72%=236 000 元

利息调整=1 000 000−164 000−180 400−198 440−218 284=238 876 元

借：应收利息　　236 000

　　债权投资——利息调整　　238 876

　贷：投资收益　　474 876

2019 年 12 月 31 日的摊余成本=0 元

收到票面利息时，编制的会计分录为：

借：银行存款　　236 000

　贷：应收利息　　236 000

收到本金时，编制的会计分录为：

借：银行存款　　5 000 000

　贷：债权投资——成本　　5 000 000

【例 7-3-3】　承上例，假设甲企业购买的债券不是分次付息，而是到期一次还本付息，且利息不是以复利计算，实际利率为 9.05%。则该项债券投资利息及摊余成本计算表如表 7-2 所示。

表 7-2　甲企业某债券投资利息及摊余成本计算表（一次还本付息）

单位：元

年份	期初的摊余成本（a）	实际利息（b）（按 9.05%算）	应计利息（c）	利息调整（d=b−c）	期末摊余成本（e=a+b）
2015	4 000 000	362 000	236 000	126 000	4 362 000
2016	4 362 000	394 761	236 000	158 761	4 756 761
2017	4 756 761	430 486.87	236 000	194 486.87	5 187 247.87
2018	5 187 247.87	469 445.93	236 000	233 445.93	5 656 693.8
2019	5 656 693.803	* 523 306.2	236 000	* 287 306.2	0

备注：最后一期实际利息和利息调整是倒挤出来的。

每年摊销时会计处理如下：

（1）2015 年 12 月 31 日，摊销时编制的会计分录为：

票面利息=5 000 000×4.72%=236 000 元

实际利息=4 000 000×9.05%=362 000 元

借：债权投资——应计利息　　236 000

　　　　　　——利息调整　　126 000

　贷：投资收益　　362 000

2015 年 12 月 31 日的摊余成本=4 000 000+362 000=4 362 000 元

（2）2016 年 12 月 31 日，摊销时编制的会计分录为：

票面利息=5 000 000×4.72%=236 000 元

实际利息=4 362 000×9.05%=394 761 元

借：债权投资——应计利息　　236 000

　　　　　　——利息调整　　158 761

　贷：投资收益　　394 761

2016 年 12 月 31 日的摊余成本=4 362 000+394 761=4 756 761 元

（3）2017 年 12 月 31 日，摊销时编制的会计分录为：

票面利息=5 000 000×4.72%=236 000 元

实际利息=4 756 761×9.05%=430 486.87 元

借：债权投资——应计利息　　　　236 000

　　　　　　——利息调整　　　　194 486.87

　贷：投资收益　　　　430 486.87

2017 年 12 月 31 日的摊余成本=4 756 761+430 486.87=5 187 247.87 元

（4）2018 年 12 月 31 日，摊销时编制的会计分录为：

票面利息=5 000 000×4.72%=236 000 元

实际利息=5 187 247.87×9.05%=469 445.93 元

借：债权投资——应计利息　　　　236 000

　　　　　　——利息调整　　　　233 445.93

　贷：投资收益　　　　469 445.93

2018 年 12 月 31 日的摊余成本=5 187 247.87+469 445.93=5 656 693.80 元

（5）2019 年 12 月 31 日，摊销时编制的会计分录为：

票面利息=5 000 000×4.72%=236 000 元

利息调整=1 000 000−126 000−158 761−194 486.87−233 445.93=287 306.2 元

借：债权投资——应计利息　　　　236 000

　　　　　　——利息调整　　　　287 306.2

　贷：投资收益　　　　523 306.2

2019 年 12 月 31 日的摊余成本=0 元

收到票面本金和利息时，编制的会计分录为：

借：银行存款　　　　6 180 000

　贷：债权投资——成本　　　　5 000 000

　　　　　　　——应计利息　　　　1 180 000

（三）期末计量

1. 减值准备的计提和转回

以摊余成本计量的金融资产的减值适用“预期信用损失法”。在预期信用损失法下，减值准备的计提不以减值的实际发生为前提，而是以未来可能的违约事件造成的损失的期望值来计量当前（资产负债表日）应当确认的减值准备。

预期信用损失是指以发生违约的风险为权重的债权投资信用损失的加权平均值。其中，信用损失是指企业按照原实际利率折现的、根据合同应收的所有合同现金流量与预期能收取的所有现金流量之间的差额的现值，即全部现金短缺的现值。由于现值要考虑付款的金额和时间分布，因此即使企业能够全额收回合同约定的金额，但如果收款时间晚于合同规定的时间，也会产生信用损失。

企业应当在资产负债表日对债权投资的账面价值进行检查，有客观证据表明该金融资产信用风险已经显著增加的，应当计提减值准备。按照准则相关规定，可以将债权投资发生信用减值的过程分为三个阶段，对于不同阶段的金融工具的减值有不同的会计处理方法：

（1）第一阶段——信用风险自初始确认后未显著增加。对于处于该阶段的债权投资，企业应当按照未来12个月的预期信用损失计量损失准备，并按其账面余额（即未扣除减值准备）和实际利率计算利息收入。

（2）第二阶段——信用风险自初始确认后已显著增加但尚未发生信用减值。对于处于该阶段的债权投资，企业应当按照该金融资产整个存续期的预期信用损失计量损失准备，并按其账面余额和实际利率计算利息收入。

（3）第三阶段——初始确认后发生信用减值。对于处于该阶段的债权投资，企业应当按照该金融资产整个存续期的预期信用损失计量损失准备，但对利息收入的计算不同于处于前两阶段的金融资产。对于已发生信用减值的金融资产，企业应当按其摊余成本（账面余额减已计提减值准备，即账面价值）和实际利率计算利息收入。

上述三个阶段的划分，适用于购买时未发生信用减值的债权投资。对于购买时已发生信用减值的债权投资，企业应当仅将初始确认（考虑了购买时已发生的信用减值）后整个存续期内预期信用损失的变动确认为损失准备，并按其摊余成本和经信用调整的实际利率计算利息收入。

2. 减值准备的会计处理

为了核算计提的债权投资减值准备，企业应当设置“债权投资减值准备”“信用减值损失”等账户。“债权投资减值准备”的贷方登记计提的债权投资减值准备金额，借记登记实际发生的债权投资减值损失金额和转回的债权投资减值准备金额，期末余额一般在贷方，反映企业已计提但尚未转销的债权投资减值准备。

资产负债表日，当债权投资的账面价值高于预计未来现金流量现值，企业应当按照债权投资账面价值高于预计未来现金流量现值的差额，借记“信用减值损失”账户，贷记“债权投资减值准备”账户。

已计提减值准备的债权投资价值以后又得以恢复的，应当在原已计提的减值准备金额范围内，按照已恢复的金额，借记“债权投资减值准备”等账户，贷记“信用减值损失”账户。

（四）出售计量

企业出售债权投资，应当按照实际收到的金额，借记“银行存款”等账户，按照该债权投资的账面余额，贷记“债权投资——成本、应计利息”账户，借记或贷记“债权投资——利息调整”，按照其差额，贷记或借记“投资收益”账户。已计提减值准备的，还应同时结转减值准备，借记“债权投资减值准备”账户。

【例7-3-4】 承【例7-3-2】，假设2019年1月5日，甲企业将所持有的乙公司债券（一次还本，分期付息）全部出售，取得价款4 800 000元。出售当日，该企业债券投资的账面余额为4 761 124元，其中：成本明细账户为借方余额5 000 000元，利息调整明细账户为贷方余额238 876元。假定该债券投资在持有期间未发生减值。甲企业编制的会计分录为：

借：银行存款　　4 800 000

　　债权投资——利息调整　　238 876

贷：债权投资——成本 5 000 000

投资收益 38 876

在本例中，该企业在全部出售持有的乙公司债券时，应当将“债权投资”各明细全部结平，即将“债权投资——成本”明细账的借方余额和“债权投资——利息调整”贷方余额结转，使其余额为0。

第四节 以公允价值计量且其变动计入其他综合收益的金融资产

一、以公允价值计量且其变动计入其他综合收益的金融资产概述

以公允价值计量且其变动计入其他综合收益的金融资产是指同时符合下列条件的金融资产：

（1）企业管理该金融资产的业务模式既以收取合同现金流量为目标又以出售该金融资产为目标。

（2）该金融资产的合同条款规定，在特定日期产生的现金流量，仅为对本金和以未偿付本金金额为基础的利息的支付。

在初始确认时，除符合上述条件的金融资产外，企业还可以将非交易性权益工具投资（如企业持有的限售股等）指定为以公允价值计量且其变动计入其他综合收益的金融资产，并确认股利收入。该指定一经做出，不得撤销。

以公允价值计量且其变动计入其他综合收益的金融资产主要包括其他债权投资和其他权益工具投资。其他债权投资是指既可能持有至到期收取合同现金流量，也可能在到期之前出售的债券投资；其他权益工具投资是指非交易性股票以及不具有控制、共同控制和重大影响的股权等。

二、以公允价值计量且其变动计入其他综合收益的金融资产的核算

（一）账户设置

企业应当设置“其他债权投资”“其他权益工具投资”“其他综合收益”“投资收益”等账户对以公允价值计量且其变动计入其他综合收益的金融资产进行核算。

1．“其他债权投资”账户

“其他债权投资”账户属于资产类账户，其借方登记其他债权投资的取得成本、资产负债表日其公允价值高于账面余额的差额、其他债权投资转回的减值损失等，贷方登记资产负债表日其公允价值低于账面余额的差额、其他债权投资发生的减值损失、出售其他债权投资时结转的成本和公允价值变动。企业应当按照其他债权投资的性质，分别设置“成本”“利息调整”“应计利息”等明细账户进行核算。

2.“其他权益工具投资”账户

“其他权益工具投资”账户属于资产类账户，其借方登记其他权益工具投资的取得成本、资产负债表日其公允价值高于账面余额的差额、其他权益工具投资转回的减值损失等，贷方登记资产负债表日其公允价值低于账面余额的差额、其他权益工具投资发生的减值损失、出售其他权益工具投资时结转的成本和公允价值变动。企业应当按照其他权益工具投资的内容，分别设置“成本”“公允价变动”等明细账户进行核算。

3.“其他综合收益”账户

其他综合收益是指企业根据企业会计准则规定未在损益中确认的各项利得和损失扣除所得税影响后的净额。“其他综合收益”账户属于所有者权益类账户，其借方登记以公允价值计量且其变动计入其他综合收益的金融资产公允价值变动形成的损失；贷方登记以公允价值计量且其变动计入其他综合收益的金融资产公允价值变动和自用的房地产转换为公允价值计量的投资性房地产等而形成的利得。

（二）初始计量

1. 其他债权投资

企业取得其他债权投资时，应按该金融资产的面值，借记“其他债权投资——成本”账户；按支付的价款中包含的到期一次还本付息债券应计提的利息，借记“其他债权投资——应计利息”账户；按支付的价款中包含的分期付息、一次还本债券的已到付息期但尚未领取的利息，借记“应收利息”账户；按实际支付的金额，贷记“银行存款”等账户；按其差额，借记或贷记“债权投资——利息调整”账户。

【例 7-4-1】　2019 年 12 月 25 日，甲公司以 21 909.19 万元（包含交易费用 9.19 万元）的价格购买了乙公司于 2019 年 1 月 1 日发行的总面值为 20 000 万元、票面利率为 6%、5 年期、分期付息的债券，债券利息在每年 1 月 1 日支付。甲公司既可能将其持有至到期，也可能提前出售，将其确认为其他债权投资。

（1）甲公司购买乙公司债券时编制的会计分录为：

借：其他债权投资——成本　　20 000

　　　　　　　　——利息调整　　709.19

　　应收利息　　1 200

　贷：银行存款　　21 909.19

（2）2020 年 1 月 1 日，收到利息时编制的会计分录为：

借：银行存款　　1 200

　贷：应收利息　　1 200

2. 其他权益工具投资

企业取得其他权益工具投资时，应按该金融资产的初始投资成本，借记“其他权益工具投资——成本”账户；按支付价款中包含的已宣告但尚未发放的现金股利，借记“应收股利”账户；按实际支付的价款，贷记“银行存款”等账户。

【例 7-4-2】 2019 年 1 月 25 日，甲公司从二级市场购入乙公司股票 2 000 000 股，并将其确认为其他权益工具投资，该股票投资在购买日的公允价值为 20 000 000 元，股价中含已宣告未发放股利 0.25 元/股，另支付相关交易费用金额为 50 000 元，假设不考虑其他因素。

（1）购买乙公司股票时编制的会计分录为：

该金融资产的初始投资成本=（20 000 000−2 000 000×0.25）+50 000=19 550 000 元

应收股利=2 000 000×0.25=500 000 元

借：其他权益工具投资——成本　　19 550 000

　　应收股利　　500 000

　贷：银行存款　　20 050 000

（2）假如 2019 年 1 月 31 日，甲公司收到上述现金股利，编制的会计分录为：

借：银行存款　　500 000

　贷：应收股利　　500 000

（三）持有期间收益的确认

1. 其他债权投资

资产负债表日，投资企业应按其他债权投资的面值与票面利率计算所得的应收利息，借记“应收利息”账户或“其他债权投资——应计利息”账户；按实际利率与摊余成本的计算所得，贷记“投资收益”账户；差额贷记或借记“其他债权投资——利息调整”账户。收到上列债券利息时，借记“银行存款”账户，贷记“应收利息”账户或“其他债权投资——应计利息”账户；根据其他债权投资在资产负债表日公允价值与账面价值的差额，贷记或借记“其他债权投资——公允价值变动”账户，同时，借记或贷记“其他综合收益”账户。

【例 7-4-3】 承【例 7-4-1】，2020 年、2021 年年末，该债券的公允价值分别为 21 000 万元和 20 700 万元，假设该债券的实际利率为 5%。

（1）为了方便各期账务处理，编制其他债权投资利息调整摊销表，如表 7-3 所示。

表 7-3　其他债权投资利息调整摊销表（分期付息）

日期	应收利息	投资收益	利息调整摊销额	摊余成本
	（1）=面值×票面利率	（2）=期初（4）×实际利率	（3）=（1）−（2）	（4）=期初（4）−（3）
2019.12.31	1 200.00			20 709.19
2020.12.31	1 200.00	1 035.46	164.54	20 544.65
2021.12.31	1 200.00	1 027.23	172.77	20 371.88
2022.12.31	1 200.00	1 018.59	181.41	20 190.47
2023.12.31	1 200.00	1 009.52	190.48	19 999.99

2020 年 12 月 31 日，计提利息。

借：应收利息　　1 200

贷：投资收益 1 035.46

其他债权投资——利息调整 164.54

2021 年 1 月 1 日，收到债券利息。

借：银行存款 1 200

贷：应收利息 1 200

其他年份以此类推。

（2）为了方便各期账务处理，编制其他债权投资公允价值变动表，如表 7-4 所示。

表 7-4 其他债权投资公允价值变动表（分期付息）

日期	利息调整摊销额	账面价值	公允价值	公允价值变动
	（1）	（2）	（3）	（4）=（3）-（2）
2019.12.31		20 709.19		
2020.12.31	164.54	20 544.65	21 000	455.35
2021.12.31	172.77	20 827.23	20 700	127.23

2020 年 12 月 31 日，确认公允价值变动。

借：其他债权投资——公允价值变动 455.35

贷：其他综合收益 455.35

其他年份以此类推。

2．其他权益工具投资

持有其他权益工具投资期间，被投资单位宣告发放现金股利时，投资企业按应享有的份额，借记“应收股利”账户，贷记“投资收益”账户；收到现金股利时，借记“银行存款”账户，贷记“应收股利”账户；根据其他权益工具投资在资产负债表日公允价值与账面价值的差额，贷记或借记“其他权益工具投资——公允价值变动”账户，同时，借记或贷记“其他综合收益”账户。

【例 7-4-4】 承【例 7-4-2】，2019 年年末，该股票每股市价为 15 元。2020 年 6 月 6 日，乙公司宣告发放现金股利每股 0.3 元，6 月 30 日收到现金股利。2020 年末，该股票市价为每股 13 元。

（1）2019 年 12 月 31 日，确认股票公允价值变动，编制的会计分录为：

公允价值变动=2 000 000×15−19 550 000=10 450 000 元

借：其他权益工具投资——公允价值变动 10 450 000

贷：其他综合收益 10 450 000

（2）2020 年 6 月 6 日，计提股票利息，编制的会计分录为：

借：应收股利 600 000

贷：投资收益 600 000

（3）2020 年 6 月 30 日，收到股票利息，编制的会计分录为：

借：银行存款 600 000

贷：应收股利 600 000

（4）2020 年 12 月 31 日，确认股票公允价值变动，编制的会计分录为：

公允价值变动=2 000 000×（13−15）=4 000 000 元

借：其他综合收益　　4 000 000

　贷：其他权益工具投资——公允价值变动　　4 000 000

（四）减值损失

以公允价值计量且其变动计入其他综合收益的金融资产的减值仅指其他债权投资的减值，其他权益工具投资的价值减损已经作为公允价值变动计入了其他综合收益，因此不需要再单独计提减值准备。

其他债权投资的减值适用“预期信用损失法”。企业应当在资产负债表日对其他债权投资的账面价值进行检查，有客观证据表明该金融资产信用风险已经显著增加的，应当计提减值准备。

资产负债表日，确定其他债权投资发生信用减值的，按发生减值的金额，借记“信用减值损失”账户，贷记“其他综合收益——金融资产减值准备”账户，不调整该金融资产的账面价值；对于已确认减值损失的债权投资，如有客观证据表明该金融资产价值已恢复，且客观上与确认该损失后发生的事项有关的，应在原确认的减值损失范围内按已恢复的金额，借记“其他综合收益——金融资产减值准备”账户，贷记“信用减值损失”账户。

【例 7-4-5】　承【例 7-4-3】，2019 年 12 月 31 日，该债券公允价值 21 000 万元，甲公司预计到期时该债券的现金流量现值 18 000 万元，且逆转的可能性较小，确认资产减值。2019 年 12 月 31 日，确认减值损失，甲公司编制的会计分录为：

减值损失=21 000−18 000=3 000 万元

借：信用减值损失　　3 000

　贷：其他综合收益——金融资产减值准备　　3 000

（五）出售计量

1. 其他债权投资

企业出售其他债权投资时，应按实际收到的价款，借记“银行存款”等账户；按该金融资产的账面价值，贷记“其他债权投资——成本”账户，借记或贷记“其他债权投资——利息调整”“其他债权投资——公允价值变动”账户；按其差额，借记或贷记“投资收益”账户；同时，将该金融资产原因公允价值变动计入其他综合收益的累计金额，借记或贷记“其他综合收益”账户，贷记或借记“投资收益”账户。

【例 7-4-6】　承【例 7-4-3】，2022 年 1 月 3 日，甲公司出售该债券，取得价款 20 800 万元。

（1）2022 年 1 月 3 日，出售该债券时编制的会计分录为：

“其他债权投资——利息调整”账户借方余额=709.19−164.54−172.77=371.88 万元

“其他债权投资——公允价值变动”账户借方余额=455.35−127.23=328.12 万元

借：银行存款　　20 800

贷：其他债权投资——成本　　20 000
——利息调整　　371.88
——公允价值变动　　328.12
投资收益　　100

（2）将其他综合收益金额转入投资收益时编制的会计分录为：

“其他综合收益”账户贷方余额=455.35−127.23=328.12 万元

借：其他综合收益　　328.12
贷：投资收益　　328.12

2．其他权益工具投资

企业出售其他权益工具投资时，应按实际收到的价款，借记“银行存款”等账户；按该金融资产的账面价值，贷记“其他权益工具投资——成本”账户，借记或贷记“其他权益工具投资——公允价值变动”账户；按其差额，借记或贷记“其他综合收益”账户；同时，将该金融资产计入其他综合收益的累计金额，借记或贷记“其他综合收益”账户，贷记或借记“利润分配——未分配利润”账户。

【例 7-4-7】　承【例 7-4-4】，2021 年 2 月 6 日，甲公司出售乙公司全部股票，出售价格为每股 23 元。

（1）2020 年 2 月 6 日，出售乙公司全部股票，编制的会计分录为：

“其他权益工具投资——公允价值变动”账户借方余额=10 450 000−4 000 000=6 450 000 元

借：银行存款　　46 000 000
贷：其他债权投资——成本　　19 550 000
——公允价值变动　　6 450 000
其他综合收益　　20 000 000

（2）将其他综合收益累计金额转入留存收益。

“其他综合收益”账户贷方余额=10 450 000−4 000 000+20 000 000=26 450 000 元

借：其他综合收益　　26 450 000
贷：利润分配——未分配利润　　26 450 000

第五节　长期股权投资

一、长期股权投资概述

（一）长期股权投资的概念与特征

1．长期股权投资的概念

按照《企业会计准则第 2 号——长期股权投资》的规定，长期股权投资是指投资企业对被投资单位实施控制、重大影响的权益性投资，以及对其合营企业的权益性投资。除此之外，其他权益性投资不作为长期股权投资进行核算，而应当按照《企业会计准则第 22 号——金融工具确认和计量》的规定进行会计核算。

企业对无控制、无共同控制、无重大影响的企业的投资按金融工具准则计算，作为以公允价值计量且其变动计入其他综合收益的金融资产核算。

2. 长期股权投资的特征

（1）长期持有。

（2）获取经济利益，并承担相应的风险。

（3）除股票投资外，长期股权投资通常不能随时出售。

（4）长期股权投资投资风险较大。

企业会计准则
第 2 号——长期股权投资

（二）长期股权投资的核算方法

企业会计准则
第 22 号——金融工具确认和计量

长期股权投资的核算方法有两种：一是成本法；二是权益法。

（1）成本法是指长期股权投资的账面价值按初始投资成本计量，除追加或收回投资外，一般不对长期股权投资账面价值进行调整的一种会计处理方法。

（2）权益法是指投资以初始投资成本计量后，在投资持有期间根据投资企业享有被投资单位所有者权益的份额的变动对投资的账面价值进行调整的方法。

二、长期股权投资的核算

（一）账户设置

企业应设置“长期股权投资”“投资收益”“其他综合收益”等账户对长期股权投资进行核算。长期股权投资计提减值准备的，还应当设置“长期股权投资减值准备”账户。

长期股权投资账户属于资产类账户，其借方登记长期股权投资取得时的初始投资成本，以及采用权益法核算时按被投资单位实现的净损益、其他综合收益和其他权益变动等计算的应分享的份额；贷方登记处置长期股权投资的账面余额或采用权益法核算时被投资单位宣告分派现金股利或利润时企业按持股比例计算应享有的份额，以及按被投资单位发生的净亏损、其他综合收益和其他权益变动等计算的应分担的份额。期末借方余额反映企业持有的长期股权投资的价值。

“长期股权投资”账户应当按照被投资单位进行明细分类核算。采用权益法核算的，应当设置“投资成本”“损益调整”“其他综合收益”“其他权益变动”进行明细分类核算。

（二）长期股权投资成本法的核算

1. 成本法的适用范围

企业能够对被投资单位实施控制的长期股权投资，即企业对子公司的长期股权投资，应当采用成本法核算，投资企业为投资性主体且子公司不纳入其合并财务报表的除外。

所谓控制是指投资方拥有对被投资方的权力，通过参与被投资方的相关活动而享有可变回报，并且有能力运用对被投资方的权利影响其回报金额。

2．长期股权投资的取得

除企业合并形成的长期股权投资以外，支付现金取得的长期股权投资，应当按照实际支付的购买价款作为初始投资成本。投资企业所发生的与取得长期股权投资直接相关的费用、税金及其他必要支出应计入长期股权投资的初始投资成本。此外，投资企业取得长期股权投资，实际支付的价款或对价中包含的已宣告但尚未发放的现金股利或利润，作为应收项目处理，不构成长期股权投资的成本。

投资企业取得长期股权投资时，应当按照初始投资成本计价。追加投资时，投资企业应当调整长期股权投资的成本。

除企业合并形成的长期股权投资以外，支付现金、非现金资产等方式取得的长期股权投资，应当按照上述规定确定的长期股权投资初始投资成本，借记“长期股权投资”账户，贷记“银行存款”等账户。实际支付的价款中包含有已宣告但尚未分派的现金股利或利润的，借记“应收股利”账户，贷记“银行存款”账户。

3．长期股权投资持有期间被投资单位宣告分派现金股利或利润

长期股权投资持有期间被投资单位宣告分派现金股利或利润时，投资企业按应享有的份额确认为当期投资收益，借记“应收股利”账户，贷记“投资收益”账户。

【例 7-5-1】 2019 年 6 月 1 日，A 公司以银行存款购买 B 公司的股票 1 000 000 股作为长期投资，取得 B 公司 80%股权。每股买入价为 4 元，每股价格中包含有 0.15 元的已宣告但尚未发放的现金股利，另支付相关税费 4 000 元。甲公司取得该部分股权后，能够有权利主导 B 公司相关的活动并获得回报。2019 年 8 月 1 日，B 公司宣告发放股利 300 000 元。8 月 10 日，A 公司收到上述股利。

（1）2019 年 6 月 1 日，购买股票时，编制的会计分录为：

股票的购买成本=1 000 000×4−1 000 000×0.15+4 000=3 854 000 元

借：长期股权投资——投资成本　　3 854 000

　　应收股利　　150 000

　贷：银行存款　　4 004 000

（2）2019 年 8 月 1 日，B 公司宣告发放股利时，编制的会计分录为：

借：应收股利　　240 000

　贷：投资收益（300 000×80%）　　240 000

（3）2019 年 8 月 10 日，收到现金股利时，编制的会计分录为：

借：银行存款　　240 000

　贷：应收股利　　240 000

（三）长期股权投资权益法的核算

1．权益法的适用范围

企业对被投资单位具有共同控制或重大影响时，即对合营企业或联营企业的长期股权投资，应当采用权益法核算。

共同控制是指按照相关约定对某项安排所共有的控制，并且该安排的相关活动必须经过分享控制权的参与方一致同意后才能决策。例如，由两个以上企业共同投资设立一个实体，投资各方持股比例相同，任何一方均不能单独控制该实体的重要财务和经营决策，必须由投资各方共同决定。

重大影响是指对一个企业的财务和经营政策有参与决策的权力，但并不能够控制或者与其他方一起共同控制这些政策的制定。通常情况下，当投资企业直接或通过子公司间接拥有被投资单位20%以上但低于50%的表决权股份时，但未形成控制或共同控制的，可以认为对被投资单位具有重大影响，除非有确凿的证据表明投资企业不能参与被投资单位的生产经营决策，不形成重大影响。

投资企业通常可以通过以下一种或几种情形来判断是否对被投资单位具有重大影响：

（1）在被投资单位的董事会或类似权力机构中派有代表。派有的代表享有实质性的参与决策权，投资方可以通过该代表参与被投资单位财务和经营政策的制定，达到对被投资单位施加重大影响。

（2）参与被投资单位财务和经营政策制定过程。在这种情况下，在制定政策过程中可以为其自身利益提出建议和意见，从而可以对被投资单位施加重大影响。

（3）与被投资单位之间发生重要交易。有关的交易对被投资单位的日常经营具有重要性，进而一定程度上可以影响到被投资单位的生产经营决策。

（4）向被投资单位派出管理人员。在这种情况下，管理人员有权力主导被投资单位的相关活动，从而能够为被投资单位施加重大影响。

（5）向被投资单位提供关键技术资料。因被投资单位的生产经营需要依赖投资方的技术或技术资料，表明投资方对被投资单位具有重大影响。

但需要注意的是，存在上述一种或多种情形并不意味着投资方一定对被投资方具有重大影响，投资企业需要综合考虑所有事实和情况来做出恰当的判断。

2. 长期股权投资的取得

投资企业取得长期股权投资采用权益法核算时，对于取得投资时投资成本与应享有被投资单位可辨认净资产公允价值份额之间的差额，应区别情况分别处理。

（1）长期股权投资的初始投资成本大于投资时应享有被投资单位可辨认净资产公允价值份额的，该部分差额是投资企业在取得投资过程中通过作价体现出的与所取得股权份额相对应的商誉价值，这种情况下，不需要调整长期股权投资的初始投资成本，借记“长期股权投资——投资成本”账户，贷记“银行存款”等账户。

（2）长期股权投资的初始投资成本小于投资时应享有被投资单位可辨认净资产公允价值份额的，该部分差额体现为双方在交易作价过程中转让方的让步，该部分经济利益流入应计入取得长期股权投资当期的营业外收入，同时调整增加长期股权投资的成本，借记“长期股权投资——投资成本”账户，贷记“银行存款”等账户，按照其差额，贷记“营业外收入”账户。

【例7-5-2】 2019年6月1日，甲公司取得乙公司30%的股权，支付价款45 000 000元（含相关税费），款项已由银行存款支付。2019年5月31日，乙公司所有者权益的账面价值（与其公允价值不存在差异）112 500 000 元。甲公司在取得乙公司股权后，派人参与了乙公司的生产经营决策。因能够对乙公司施加重大影响，甲公司对该投资采用权益法核算。甲公司编制的会计分录为：

借：长期股权投资——投资成本　　45 000 000

　贷：银行存款　　45 000 000

在本例中，长期股权投资的初始投资成本 45 000 000 元大于投资时应享有被投资单位可辨认净资产公允价值份额 33 750 000（112 500 000×30%）元，其差额 11 250 000 元不调整长期股权投资的初始投资成本。

如果本例中取得投资时被投资单位可辨认净资产的公允价值为 180 000 000 元，甲公司按持股比例 30%计算确定应享有 54 000 000 元，则初始成本（45 000 000 元）与投资时应享有被投资单位可辨认净资产公允价值份额（54 000 000 元）之间的差额 9 000 000 元应计入取得投资当期的营业外收入，此时，甲公司编制的会计分录为：

借：长期股权投资——投资成本　　54 000 000

　贷：银行存款　　45 000 000

　　营业外收入　　9 000 000

3．持有期间被投资单位实现净利润或发生净亏损

（1）被投资单位实现净利润。投资企业在持有长期股权投资期间，被投资企业取得净利润，投资企业应相应增加长期股权投资的账面价值。按照被投资单位实现的净利润（以取得投资时被投资单位可辨认净资产的公允价值为基础计算）中应享有的份额，借记“长期股权投资——损益调整”账户，贷记“投资收益”账户。

（2）被投资单位宣告发放现金股利或利润。被投资单位以后宣告分派现金股利或利润时，投资企业应冲减长期股权投资的账面价值，按应分得的股利或利润，借记“应收股利”账户，贷记“长期股权投资——损益调整”账户。

【例 7-5-3】　承【例 7-5-2】，2019 年下半年，乙公司实现净利润 20 000 000 元。甲公司按照持股比例确认投资收益 6 000 000(20 000 000×30%)元。2020 年 5 月 12 日，乙公司宣告分派现金股利，甲公司可分派到 3 000 000 元。2020 年 6 月 20 日，甲公司收到乙公司分派的现金股利。假定不考虑其他因素。

（1）2019 年下半年，乙公司实现净利润，甲公司应按持股比例确认投资收益，编制的会计分录为：

借：长期股权投资——损益调整　　6 000 000

　贷：投资收益　　6 000 000

（2）乙公司宣告分派现金股利时，甲企业应冲减长期股权投资，编制的会计分录为：

借：应收股利——乙公司　　3 000 000

　贷：长期股权投资——损益调整　　3 000 000

（3）甲公司收到乙公司发放的现金股利时，编制的会计分录为：

借：银行存款　　3 000 000

　贷：应收股利——乙公司　　3 000 000

（3）被投资单位发生净亏损时，借记“投资收益”账户，贷记“长期股权投资——损益调整”账户，“长期股权投资”账户的账面价值以减记至零为限。企业还需承担的投资损失，应将其他实质上构成对被投资单位净投资的“长期应收款”等的账面价值减记至零为限；除按照以上步骤已确认的损失外，按照投资合同或协议约定将承担的损失，确认为预计负债。除上述情况仍未确认的应分担被投资单位的损失，应在备查簿中登记。发生亏损的被投资单位以后实现净利润，应按与上述相反的顺序进行处理。即先弥补未确认的投资损失（冲备查簿记录），再按顺序分别借记“预计负债”“长期应收款”账户和“长期股权投资——损益调整”账户，贷记“投资收益”账户。

【例 7-5-4】 甲企业持有乙企业 40%的股权，能够对乙企业施加重大影响。2019 年 12 月 31 日，该项长期股权投资的账面价值为 6 000 万元。2020 年，乙企业由于一项主要经营业务市场条件发生变化，当年度亏损 10 000 万元。假定甲企业在取得该投资时，乙企业各项可辨认资产、负债的公允价值与其账面价值相等，双方所采用的会计政策及会计期间也相同。则甲企业当年度应确认的投资损失为 4 000 万元。确认上述投资损失后，长期股权投资的账面价值变为 2 000 万元。

如果乙企业当年度的亏损额为 20 000 万元，则甲企业按其持股比例确认应分担的损失为 8 000 万元，但长期股权投资的账面价值仅为 6 000 万元，如果没有其他实质上构成对被投资单位净投资的长期权益项目，则甲企业应确认的投资损失仅为 6 000 万元，超额损失在账外进行备查登记；在确认了 6 000 万元的投资损失，长期股权投资的账面价值减记至零以后，如果甲企业账上仍有应收乙企业的长期应收款 3 000 万元，该款项从目前情况看，没有明确的清偿计划（并非产生于商品购销等日常活动），则在长期应收款的账面价值大于 2 000 万元的情况下，应以长期应收款的账面价值为限进一步确认投资损失 2 000 万元。甲企业编制的会计分录为：

借：投资收益　　60 000 000
　贷：长期股权投资——损益调整　　60 000 000
借：投资收益　　20 000 000
　贷：长期应收款　　20 000 000

4. 其他综合收益的处理

投资企业在持有长期股权投资期间，应当按照应享有或应分担被投资单位实现其他综合收益的份额，借记“长期股权投资——其他综合收益”账户，贷记“其他综合收益”账户。这里的“其他综合收益”是指企业根据其他会计准则规定未在当期损益中确认的各项利得和损失。

【例 7-5-5】 2019 年，乙公司的以公允价值计量且其变动计入其他综合收益的金融资产公允价值增加了 2 000 000 元。甲公司按照持股比例确认相应的其他综合收益 600 000 元。甲公司编制的会计分录为：

借：长期股权投资——其他综合收益　　600 000
　贷：其他综合收益　　600 000

5. 持有长期股权投资期间被投资方发生其他所有者权益变动

采用权益法核算时，投资企业对于被投资单位除净损益、其他综合收益及利润分配以外所有者权益的其他变动，应按照持股比例与被投资单位所有者权益的其他变动计算归属于本企业的部分，相应调整长期股权投资的账面价值，同时增加或减少资本公积（其他资本公积）。其内容主要包括被投资单位接受其他股东的资本性投入、被投资单位发行可分离交易的可转换公司债券中包含的权益成分、以权益结算的股份支付等。

（四）长期股权投资的处置

企业处置长期股权投资时，应相应结转与所售股权相对应的长期股权投资的账面价值，出售所得价款与处置长期股权投资账面价值之间的差额，应确认为处置损益。采用权益法核算的长期股权投资，原计入“其他综合收益”“资本公积——其他资本公积”账户中的金额，在处置时也应进行结转，将与所出售股权相对应的部分在处置时自“其他综合收益”“资本公积——其他资本公积”等账户转入当期损益。如果对长期股权投资计提了减值准备，还应当同时结转已计提的长期股权投资减值准备。

营改增后金融商品增值税的会计处理

投资企业处置长期股权投资时，应按照实际收到的金额，借记“银行存款”等账户，按照原已计提的减值准备，借记“长期股权投资减值准备”账户，按照该长期股权投资的账面余额，贷记“长期股权投资”账户，按照尚未领取的现金股利或利润，贷记“应收股利”账户，按照其差额，贷记或借记“投资收益”账户。

同时，应当采用与被投资单位直接处置相关资产或负债相同的基础，对相关的其他综合收益进行会计处理。按照上述原则可以转入当期损益的其他综合收益，应按结转的长期股权投资的投资成本比例结转原记入“其他综合收益”账户的金额，借记或贷记“其他综合收益”账户，贷记或借记“投资收益”账户。同时，还应按照结转的长期股权投资的投资成本比例结转原记入“资本公积——其他资本公积”账户的金额，借记或贷记“资本公积——其他资本公积”账户，贷记或借记“投资收益”账户。

【例 7-5-6】 甲公司持有乙公司 30%的有表决权股份，能够对乙公司施加重大影响，对该股权投资采用权益法核算。2019 年 11 月，甲公司将该项投资出售给非关联方，取得价款 22 000 000 元。相关手续于当日完成。

出售时，该项长期股权投资的账面价值为 20 800 000 元，其中，投资成本 15 000 000 元，损益调整为 3 000 000 元，其他综合收益为 1 800 000 元（为被投资单位的以公允价值计量且其变动计入其他综合收益的金融资产的累计公允价值变动），除净损益、其他综合收益和利润分配外的其他所有者权益变动为 1 000 000 元。不考虑相关税费等其他因素影响。甲公司会计处理如下：

（1）确认有关股权投资的处置损益时，编制的会计分录为：

借：银行存款　　22 000 000

　贷：长期股权投资——投资成本　　15 000 000

——损益调整 3 000 000
——其他综合收益 1 800 000
——其他权益变动 1 000 000
投资收益 1 200 000

（2）将原确认的相关其他综合收益全部转入当期损益时，编制的会计分录为：

借：其他综合收益 1 800 000
贷：投资收益 1 800 000

（3）将原计入资本公积的其他所有者权益变动全部转入当期损益，编制的会计分录为：

借：资本公积——其他资本公积 1 000 000
贷：投资收益 1 000 000

（五）长期股权投资的减值

（1）长期股权投资减值金额的确定。长期股权投资在资产负债表日存在可能发生减值的迹象时，投资企业应当对长期股权投资进行减值测试，其可收回金额低于账面价值的，应当将该长期股权投资的账面价值减记至可收回金额，减记的金额确认为减值损失，计入当期损益，同时计提相应的资产减值准备。

（2）长期股权投资减值的账务处理。投资企业计提长期股权投资减值准备，应当通过设置“长期股权投资减值准备”账户进行核算。投资企业按照应减记的金额，借记“资产减值损失——长期股权投资减值准备”账户，贷记“长期股权投资减值准备”账户。长期股权投资减值损失一经确认，在以后会计期间不得转回。

第六节 投资性房地产

一、投资性房地产概述

（一）投资性房地产的概念

投资性房地产是指为赚取租金或资本增值，或者两者兼有而持有的房地产，主要包括已出租的土地使用权、持有并准备增值后转让的土地使用权和已出租的建筑物，但持有并准备增值后转让的建筑物不包括在内。

（二）投资性房地产的特征

（1）投资性房地产是一种经营性活动。投资性房地产的主要形式是出租建筑物、出租土地使用权，这实质上属于一种让渡资产使用权行为。

（2）投资性房地产在用途、状态、目的等方面区别于作为生产经营场所的房地产和用于销售的房地产。企业持有的房地产除了用作自身管理、生产经营活动场所和对外销售之外，还用于赚取租金或增值收益的活动，甚至作为个别企业的主营业务。

（三）投资性房地产的范围

1．属于投资性房地产的范围

（1）已出租的土地使用权。例如，甲公司有一块土地，经营出租给 A 公司。A 公司租入后转租给 B 公司，此时只有甲公司可以作为投资性房地产核算。

（2）持有并准备增值后转让的土地使用权。按照国家有关规定认定的闲置土地，不属于持有并准备增值后转让的土地使用权。

（3）已出租的建筑物。用于出租的建筑物是企业拥有产权的建筑物，已出租的建筑物是企业已经与其他方签订了租赁协议，约定以经营租赁方式出租的建筑物。

一般应自租赁协议规定的租赁期开始日起，经营租出的建筑物才属于已出租的建筑物。通常情况下，对企业持有以备经营出租的空置建筑物，如董事会或类似机构做出书面决议，明确表明将其用于经营出租且持有意图短期内不再发生变化的，即使尚未签订租赁协议，也应视为投资性房地产。这里的空置建筑物是指企业新购入、自行建造或开发完成但尚未使用的建筑物，以及不再用于日常生产经营活动且经整理后达到可经营出租状态的建筑物。

2．不属于投资性房地产的资产

（1）自用房地产，即为生产商品、提供劳务或者经营管理而持有的房地产。

（2）作为存货的房地产。

（四）投资性房地产的初始计量

企业取得投资性房地产时，应当按照取得时的实际成本进行初始计量。

（1）外购的投资性房地产，按买价和可直接归属于该资产的相关税费作为其入账价值。

（2）自行建造的投资性房地产，按建造该资产达到预定可使用状态前所发生的必要支出，作为入账价值。在建造过程中发生的非正常性损失，直接计入当期损益，不计入投资性房地产成本。

（3）内部转换形成的投资性房地产，应当按照该项存货在转换日的账面余额或公允价值，借记“投资性房地产”账户（后续计量采用成本模式下）或“投资性房地产——成本”账户（后续计量采用公允价值模式），按照其账面余额，贷记“开发产品”账户，按其差额，贷记“其他综合收益”账户（贷方差额情况下）或借记“公允价值变动损益”账户（借方余额情况下）。已计提存货跌价准备的，还应当同时结转存货跌价准备。

企业将自用的建筑物等转换为投资性房地产的，应当按照其在转换日的原价、累计折旧等，分别转入“投资性房地产”“投资性房地产累计折旧”“投资性房地产减值准备”等账户；或者按其在转换日的公允价值，借记“投资性房地产——成本”账户，按照已计提的累计折旧等，借记“累计折旧”等账户，按其账面余额，贷记“固定资产”等账户，按其差额，贷记“其他综合收益”账户（贷方余额情况下）或借记“公允价值变动损益”账户（借方余额情况下）。已计提固定资产减值准备的，还应同时结转固定资产减值准备。

（五）投资性房地产的后续计量模式

企业通常应当采用成本模式对投资性房地产进行后续计量，也可以采用公允价值模式对投资性房地产进行后续计量。但是，同一企业只能采用一种模式对所有投资性房地产进行后续计量，不得同时采用两种计量模式。

1. 成本计量模式

在成本模式下，应当按照固定资产或无形资产的有关规定，对投资性房地产进行后续计量，计提折旧或摊销；存在减值迹象的，还应当按照资产减值的有关规定进行处理。

2. 公允价值计量模式

企业只有存在确凿证据表明投资性房地产的公允价值能够持续可靠取得，才可以采用公允价值模式对投资性房地产进行后续计量。企业一旦选择采用公允价值计量模式，就应当对其所有的投资性房地产采用公允价值模式进行后续计量。

二、采用成本模式计量的投资性房地产的核算

为了反映和监督采用成本模式计量的投资性房地产的取得、后续计量、处置等情况，企业应设置“投资性房地产”“投资性房地产累计折旧”或“投资性房地产累计摊销”“其他业务收入”“其他业务成本”等账户进行核算。

“投资性房地产”账户属于资产类账户，核算企业采用成本模式计量的投资性房地产的成本，其借方登记投资性房地产的取得成本，贷方登记处置投资性房地产时结转的成本，期末借方余额反映投资性房地产的成本。该账户可按投资性房地产类别和项目进行明细分类核算。

投资性房地产作为企业主营业务的，应当设置“主营业务收入”和“主营业务成本”账户核算。

采用成本模式计量的投资性房地产的累计折旧或累计摊销，可以单独设置“投资性房地产累计折旧”或“投资性房地产累计摊销”账户，比照“累计折旧”“累计摊销”等账户进行账务处理。采用成本模式计量的投资性房地产发生减值的，可以单独设置“投资性房地产减值准备”账户，比照“固定资产减值准备”“无形资产减值准备”账户进行账务处理。

“其他业务收入”和“其他业务成本”账户分别核算企业投资性房地产取得租金收入、处置投资性房地产实现的收入和投资性房地产计提的折旧或进行摊销、处置投资性房地产结转的成本。

（一）投资性房地产的取得

1. 外购的投资性房地产

外购投资性房地产的成本，包括购买价款、相关税费和可直接归属于该资产的其他支出。外购取得投资性房地产时，按照取得时的实际成本进行初始计量，借记“投资性房地产”账户，贷记“银行存款”等账户。

【例 7-6-1】 2019 年 10 月，甲公司购入一栋写字楼用于对外出租。11 月 15 日，甲公司与乙公司签订了经营租赁合同，约定租期为 5 年。已知甲公司购入写字楼实际支付价款为 2 000 万元。假定不考虑其他因素，甲公司根据有关原始凭证，编制的会计分录为：

借：投资性房地产——写字楼　　20 000 000

　贷：银行存款　　20 000 000

2. 自行建造的投资性房地产

企业自行建造投资性房地产的成本，由建造该项房地产达到预定可使用状态前发生的必要支出构成，包括土地开发费、建筑成本、安装成本、应予以资本化的借款费用、支付的其他费用和分摊的间接费用等。建造过程中发生的非正常性损失，直接计入当期损益，不计入建造成本。建造完工达到可预定可使用状态时，应当按照确定的成本，借记“投资性房地产”账户，贷记“在建工程”等账户。

【例 7-6-2】 2019 年 1 月，甲公司开始自行建造两栋厂房。2019 年 10 月，甲公司与乙公司签订了经营租赁合同，将完工的一栋厂房租赁给乙公司使用。租赁合同约定，该厂房于完工（达到预定使用状态）时开始起租。2019 年 11 月 1 日，两栋厂房同时完工（达到预定使用状态）。两栋厂房的实际造价均为 800 万元，能够单独出售。甲公司根据有关原始凭证，编制的会计分录为：

借：投资性房地产——厂房　　8 000 000

　贷：在建工程　　8 000 000

（二）投资性房地产的折旧和摊销

对投资性房地产进行后续计量，计提折旧或摊销时，应借记“其他业务成本”账户，贷记“投资性房地产累计折旧（摊销）”账户。

（三）投资性房地产的后续支出

1. 资本化的后续支出

采用成本模式计量时，投资性房地产进入改良和装修阶段后，发生的资本化支出，先通过“投资性房地产——在建”账户归集，改良和装修完成后，再从“投资性房地产——在建”账户转入“投资性房地产”账户。

【例 7-6-3】 2019 年 3 月，甲企业向乙企业出租厂房，该厂房按照成本模式计量，原价为 2 000 万元，已计提折旧 600 万元。为了提高厂房的租金收入，甲企业决定对厂房进行改扩建，并与乙企业续签了经营租赁合同，约定自改扩建完工时将厂房出租给乙企业。3 月 15 日，进行改扩建工程。12 月 15 日，厂房改扩建工程完工，共发生支出 150 万元，即日按照租赁合同出租给乙企业。

（1）3 月 15 日，投资性房地产转入改扩建时，编制的会计分录为：

借：投资性房地产——在建　　14 000 000

　　投资性房地产累计折旧　　6 000 000

贷：投资性房地产——厂房　　20 000 000

（2）3月15日至12月15日，发生工程支出时，编制的会计分录为：

借：投资性房地产——在建　　1 500 000

　贷：银行存款　　1 500 000

（3）12月15日，改扩建工程完工，出租时编制的会计分录为：

借：投资性房地产——厂房　　15 500 000

　贷：投资性房地产——在建　　15 500 000

2. 费用化的后续支出

与投资性房地产有关的后续支出，不满足投资性房地产确认条件的，应当在发生时计入当期损益，借记“其他业务成本”等账户，贷记“银行存款”等账户。

【例7-6-4】 甲公司对某项投资性房地产进行日常维修，发生维修支出50 000元。日常维修支出属于费用化的后续支出，应当计入当期损益。甲公司编制的会计分录为：

借：其他业务成本　　50 000

　贷：银行存款　　50 000

（四）投资性房地产的减值

投资性房地产存在减值迹象的，经减值测试后确定发生减值的，应当计提减值准备，借记“资产减值损失”账户，贷记“投资性房地产减值准备”账户。已经计提减值准备的投资性房地产，其减值损失在以后的会计期间不得转回。

【例7-6-5】 甲公司将一栋办公楼出租给乙公司使用，已确认为投资性房地产，采用成本模式进行后续计量。假设这栋办公楼的成本为24 000 000元，按照年限平均法计提折旧，使用寿命为20年，预计净残值为零。按照经营租赁合同，乙公司每月支付甲公司租金50 000元。当年12月，这栋办公楼出现减值迹象，经减值测试，其可收回金额为9 000 000元，此时办公楼的账面价值为10 000 000元，以前未计提减值准备。假定增值税税率为9%，不考虑其他相关税费。

（1）计提折旧，编制的会计分录为：

每月计提的折旧=24 000 000÷20÷12=100 000元

借：其他业务成本　　100 000

　贷：投资性房地产累计折旧　　100 000

（2）确认租金收入时，编制的会计分录为：

借：银行存款（或其他应收款）　　54 500

　贷：其他业务收入　　50 000

　　　应交税费——应交增值税（销项税额）　　4 500

（3）计提减值准备时，编制的会计分录为：

借：资产减值损失——计提的投资性房地产减值准备　　1 000 000

　贷：投资性房地产减值准备　　1 000 000

三、采用公允价值模式计量的投资性房地产核算

（一）采用公允价值计量模式的条件

企业有确凿证据表明其所有投资性房地产的公允价值能够持续可靠取得的，才可以采用公允价值模式进行后续计量。采用公允价值模式进行后续计量的投资性房地产，应当同时满足下列条件：

（1）投资性房地产所在地有活跃的房地产交易市场。

（2）企业能够从活跃的房地产交易市场上取得同类或类似房地产的市场价格及其他相关信息，从而对投资性房地产的公允价值做出合理的估计。

企业采用公允价值模式进行后续计量的，不对投资性房地产计提折旧或进行摊销，不提减值，应当以资产负债表日投资性房地产的公允价值为基础调整其账面价值，公允价值与原账面价值之间的差额计入当期损益（公允价值变动损益）。投资性房地产取得的租金收入，确认为其他业务收入。

（二）账户设置

采用公允价值模式计量下，“投资性房地产”账户用来核算企业采用公允价值模式计量投资性房地产的公允价值。其借方登记企业投资性房地产的取得成本、资产负债表日其公允价值高于账面余额的差额等，贷方登记资产负债表日其公允价值低于账面余额的差额、处置投资性房地产时结转的成本和公允价值变动等。该账户可按投资性房地产类别和项目，分别设置“成本”“公允价值变动”明细账户进行核算。

（三）投资性房地产的后续计量

投资性房地产采用公允价值模式进行后续计量的，不计提折旧或进行摊销，企业应当以资产负债表日的公允价值为基础，调整其账面余额。资产负债表日，投资性房地产的公允价值高于其账面余额的差额，借记“投资性房地产——公允价值变动”账户，贷记“公允价值变动损益”账户；公允价值低于其账面余额的差额做相反的会计分录。取得的租金收入，借记“银行存款”等账户，贷记“其他业务收入”“应交税费——应交增值税（销项税额）”等账户。

【例 7-6-6】　甲公司为从事房地产经营开发的企业。2019 年 9 月，甲公司与乙公司签订租赁协议，约定将甲公司开发的一栋精装修的写字楼于开发完成的同时开始租赁给乙公司使用，租赁期为 10 年。当年 10 月 1 日，该写字楼开发完成并开始起租，写字楼的造价和公允价值均为 20 000 000 元。2019 年 12 月 31 日，该写字楼的公允价值为 22 000 000 元。假定甲公司对投资性房地产采用公允价值计量模式。

（1）10 月 1 日，甲公司开发完成写字楼并出租时，编制的会计分录为：

借：投资性房地产——成本　　　　20 000 000

　贷：开发产品　　　　　　　　　　20 000 000

（2）12 月 31 日，按照公允价值调整账面余额，公允价值与账面余额之间的差额计入当期损益，编制的会计分录为：

借：投资性房地产——公允价值变动　　2 000 000

　贷：公允价值变动损益　　2 000 000

（四）投资性房地产的处置

不动产的税务处理

采用公允价值模式计量的投资性房地产进行处置时，应当按照实际收到的金额，借记“银行存款”等账户，贷记“其他业务收入”“应交税费——应交增值税（销项税额）”账户；按照该项投资性房地产的账面余额，借记“其他业务成本”账户，按照其成本，贷记“投资性房地产——成本”账户，按照其累计公允价值变动，贷记或借记“投资性房地产——公允价值变动”账户；同时，按照原计入该项投资性房地产的公允价值变动，借记或贷记“公允价值变动损益”账户，贷记或借记“其他业务成本”账户。

如果存在原转换日计入其他综合收益的金额，也一并结转，按照该项投资性房地产在转换日计入其他综合收益的金额，借记“其他综合收益”账户，贷记“其他业务成本”账户。

【例 7-6-7】　甲公司将其出租的一栋写字楼确认为投资性房地产，采用公允价值模式计量。租赁期届满后，甲公司将该栋写字楼出售给乙公司，合同价款 490 500 000 元（含税），乙公司已用银行存款付清。出售时，该栋写字楼的成本为 360 000 000 元，公允价值变动为借方余额 30 000 000 元。假定增值税税率 9%，不考虑其他相关税费。

（1）取得处置收入时，编制的会计分录为：

借：银行存款　　490 500 000

　贷：其他业务收入　　450 000 000

　　应交税费——应交增值税（销项税额）　　40 500 000

（2）结转处置成本时，编制的会计分录为：

借：其他业务成本　　390 000 000

　贷：投资性房地产——成本　　360 000 000

　　　　　　　　——公允价值变动　　30 000 000

（3）结转投资性房地产累计公允价值变动时，编制的会计分录为：

借：公允价值变动损益　　30 000 000

　贷：其他业务成本　　30 000 000

为了保证会计信息的可比性，企业对投资性房地产的计量模式一经确定，不得随意变更。存在确凿证据表明投资性房地产的公允价值能够持续可靠取得，且能够满足采用公允价值模式条件的情况下，才允许企业对投资性房地产从成本模式计量变更为公允价值模式计量。成本模式转为公允价值模式的，应当作为会计政策变更处理，将计量模式变更时公允价值与账面价值之间的差额，调整期初留存收益（盈余公积、未分配利润）。已采用公允价值模式计量的投资性房地产，不得从公允价值模式转为成本模式。

【业务能力训练】

一、单项选择题

1. 2019 年 11 月 5 日，A 公司从证券市场上购入 B 公司发行在外的股票 200 万股作为交易性金融资产，每股支付价款 5 元，另支付相关费用 20 万元。2019 年 12 月 31 日，这部分股票的公允价值为 1 050 万元，则 A 公司 2019 年 12 月 31 日应确认的公允价值变动损益为（　　）万元。

A．损失 50　　B．收益 50　　C．收益 30　　D．损失 30

2. 根据《企业会计准则第 2 号——长期股权投资》的规定，长期股权投资采用权益法核算时，下列各项不会引起长期股权投资账面价值减少的是（　　）。

A．被投资单位对外捐赠　　B．被投资单位发生净亏损

C．被投资单位计提盈余公积　　D．被投资单位宣告发放现金股利

3. 2019 年 4 月 1 日，某公司购入面值为 100 万元的 3 年期债券，划分为债权投资，实际支付价款为 112 万元，其中包含已到付息期但尚未领取的债券利息 8 万元，相关税费 1 万元。则该项债权投资时的初始入账金额为（　　）万元。

A．105　　B．112　　C．104　　D．103

4. 下列关于投资性房地产后续计量模式转换的说法中，正确的是（　　）。

A．成本模式转为公允价值模式的，应当作为会计估计变更

B．已采用公允价值模式计量的投资性房地产，不得从公允价值模式转换为成本模式

C．已采用成本模式计量的投资性房地产，不得从成本模式转换为公允价值模式

D．企业对投资性房地产的计量模式可随意变更

5. 2019 年 4 月 5 日，A 公司从证券市场上购入 B 公司发行在外的股票 100 万股作为其他权益工具投资，每股支付价款 6 元（含已宣告但尚未发放的现金股利 0.5 元），另支付相关费用 12 万元，不考虑其他因素，则该项其他权益工具投资取得时的入账价值为（　　）万元。

A．600　　B．612　　C．550　　D．562

二、多项选择题

1. 下列选项中，会引起交易性金融资产账面价值发生变化的有（　　）。

A．交易性金融资产账面价值与公允价值的差额

B．出售部分交易性金融资产

C．确认分期付息债券利息

D．被投资单位宣告现金股利

2. 长期股权投资采用权益法核算的，下列选项中，属于被投资企业确认投资收益应考虑的因素有（　　）。

A．被投资单位实现净利润　　B．被投资单位发生净亏损

C．被投资单位分派现金股利　　　　D．被投资单位分派股票股利

3．下列选项中，关于以公允价值计量且其变动计入其他综合收益的金融资产会计处理表述正确是有（　　）。

A. 以公允价值计量且其变动计入其他综合收益的金融资产处置的净收益应计入当期损益

B. 以公允价值计量且其变动计入其他综合收益的金融资产持有期间取得的现金股利应冲减投资成本

C. 以公允价值计量且其变动计入其他综合收益的金融资产取得时发生的交易费用应计入初始投资成本

D. 以公允价值计量且其变动计入其他综合收益的金融资产持有期间的公允价值变动数应计入所有者权益

4．下列选项中，影响债权投资摊余成本的因素有（　　）。

A．确认的减值准备

B．分期收回的本金

C．利息调整的累计摊销额

D．对到期一次还本付息债券确认的票面利息

5．企业对投资性房地产，可以采用公允价值模式进行后续计量的条件是（　　）。

A．与该投资性房地产有关的经济利益很可能流入企业

B．投资性房地产所在地有活跃的房地产交易市场

C．企业能够从房地产交易市场上取得同类或类似房地产的市场价格及其他相关信息，从而对投资性房地产的公允价值做出合理的估计

D．该投资性房地产的成本能够可靠地计量

三、判断题

1．以公允价值计量且其变动计入当期损益的金融资产和以公允价值计量且其变动计入其他综合收益的金融资产的相同之处是都按公允价值进行后续计量，且公允价值变动计入当期损益。（　　）

2．在采用权益法核算的情况下，投资企业应于被投资单位宣告分派现金股利时，按持有表决权比例计算应分得的现金股利，确认投资收益，并调整长期投资的账面价值。（　　）

3．投资性房地产可以由成本计量模式转为公允价值模式，也可以由公允价值计量模式转为成本模式。（　　）

4．债权投资在持有期间应当按照摊余成本和实际利率计算确认利息收入。（　　）

5．以公允价值计量且其变动计入其他综合收益的金融资产的减值仅指其他债权投资的减值，其他权益工具投资的价值减损已经作为公允价值变动计入了其他综合收益，因此不需要再单独计提减值准备。（　　）

四、实务题

1. 2019 年 1 月 1 日，甲企业从二级市场支付价款 1 020 000 元购入某公司发行的债券（含已到付息期但尚未领取的债券利息 20 000 元），另发生交易费用 30 000 元。该债券面值 1 000 000 元，剩余期限为 3 年，票面利率为 4%，每半年付息一次，甲企业将其划分为交易性金融资产。其他资料如下：

（1）2019 年 1 月 6 日，收到该债券 2018 年下半年利息 20 000 元。

（2）2019 年 6 月 30 日，该债券的公允价值为 900 000 元（不含利息）。

（3）2019 年 7 月 6 日，收到该债券 2019 年上半年利息。

（4）2019 年 12 月 31 日，该债券的公允价值为 1 050 000 元（不含利息）。

（5）2020 年 1 月 6 日，收到该债券 2019 年下半年利息。

（6）2020 年 3 月 31 日，甲企业将该债券出售，取得价款 1 200 000 元（含 1 季度利息 10 000 元）。

要求：根据上述经济业务编制相关会计分录（假定不考虑其他因素）。

2. 2019 年 5 月，A 公司将一幢自用的厂房作为投资性房地产对外出租，采用公允价值模式对其进行后续计量。该厂房的账面原值为 1 500 万元，已计提折旧 400 万元，已计提减值准备 100 万元。

（1）假设转换当日该厂房的公允价值为 680 万元。

（2）假设转换当日该厂房的公允价值为 1 200 万元。

要求：根据上述经济业务编制相关会计分录。

3. 2019 年 1 月 1 日，甲公司支付价款 1 100 万元（含交易费用），从活跃市场购入乙公司当日发行的面值为 1 000 万元，5 年期，票面利率为 10%的债券，并将其划分为债权投资。利息按年支付，实际利率为 7.54%。假如 2020 年 1 月 1 日，为筹集生产线扩建所需资金，甲公司将乙公司债券全部售出，售得金额为 1 060 万元存入银行。假设在甲公司持有乙公司债券期间，乙公司债券未发生减值。

要求：

（1）编制甲公司购入乙公司债券时的会计分录。

（2）计算甲公司债权投资期间各年的实际利息收入、应计利息和利息调整摊销额，并编制相应的会计分录。

（3）编制甲公司出售该债券的会计分录。

4. 甲公司发生下列长期股权投资业务：

（1）2019 年 1 月 5 日，购入乙公司股票 600 万股，占乙公司有表决权股份的 30%，对乙公司的财务和经营决策具有重大影响，甲公司将其作为长期股权投资核算。每股买入价 8 元，每股价格中包含已宣告但尚未发放的现金股利 0.3 元，另外支付相关税费 8 万元。款项均以银行存款支付。当日，乙公司所有者权益的账面价值（与其公允价值不存在差异）为 18 000 万元。

（2）2019 年 3 月 10 日，收到乙公司宣告分派的现金股利。

（3）2019 年度，乙公司实现净利润 2 500 万元。

（4）2019 年度，乙公司以公允价值计量且其变动计入其他综合收益的金融资产的公允价值增加了 200 万元。

（5）2020 年 2 月 10 日，乙公司宣告分派 2018 年度股利，每股分派现金股利 0.12 元。

（6）2020 年 3 月 12 日，甲公司收到乙公司分派的 2018 年度的现金股利。

（7）2020 年 8 月 4 日，甲公司出售所持有的全部乙公司的股票，共取得价款 6 100 万元（不考虑长期股权投资减值及相关税费）。

要求：根据上述资料，编制甲公司长期股权投资的会计分录（“长期股权投资”账户要求写出明细账户，答案中的金额单位用万元表示）。

8

第八章
流动负债

学习目标

知识目标

通过本章的学习，了解流动负债的概念、分类及构成内容；理解职工薪酬和应交税费的内容、确认与计量原则；掌握各种流动负债的核算方法。

能力目标

1. 能熟练辨析流动负债的分类和构成内容。
2. 能够运用所学知识对流动负债进行核算和管理。

导入案例

财务报表的使用者通常检查流动负债以评估企业的流动性和偿债的财务弹性。企业必须偿还大量的流动负债，如应付账款、应付职工薪酬、应交税费，并且越早越好。这类债务实质上的增加，应该会使企业的财务状况亮起红灯。

然而，并不是所有的流动负债都是如此。会计上最有幸福感、最讨人喜欢、最美丽的债务是“预收收入”。例如，微软公司有一项名为“预收收入”的流动负债，它实际上在年复一年地增长。预收收入是一项从微软公司的产品，诸如视窗软件（Windows）和办公软件（Office）的销售中产生的负债。在销售的时候，顾客不仅仅为现在的软件版本进行支付，还要支付未来的升级费用。微软公司将从现在版本软件的销售中取得的收入确认为销售收入，并且将其“欠”顾客的未来软件升级的价值（预收收入）记录为负债。

当微软公司的销售收入增长时，它的“预收收入”账户金额也会增加。预收收入的增长是微软公司销售与利润良好的信号。正如一位分析师所指出的那样，微软公司预收收入的增长在减慢或者出现了反转，对于投资者来说是一个坏消息。因此，流动负债的增加有时候也是好的信号，而不是坏的信号。

分析：对于“预收收入”，企业应如何进行账务处理。

第一节 负债概述

一、负债的概念与特征

（一）负债的概念

负债是企业资金来源的重要组成部分，它是与资产对应的一种会计要素，本质上是一种负资产。《企业会计准则——基本准则》指出：“负债是指企业过去的交易或者事项形成的、预期会导致经济利益流出企业现时义务。”

（二）负债的特征

从负债的概念可以看出，负债具有以下几个重要特征：

（1）负债是过去的交易或者事项形成的一种现时义务。

（2）负债的履行通常会导致经济利益的流出。

（3）负债所代表的债务责任必须能够可靠计量或者合理估计。

二、负债的分类

负债按照流动性划分，可以分为流动负债和非流动负债。

（1）流动负债是指预计在一个正常营业周期中清偿，或者自资产负债表日起 1 年内（含 1 年）到期应予以清偿，或者企业无权自主地将清偿推迟至资产负债表日后 1 年以上的负债。流动负债主要包括短期借款、应付票据、应付账款、应付职工薪酬、应交税费、应付利息、应付股利和其他应付款等。

（2）偿还期超过 1 年或者长于 1 年的一个营业周期的为非流动负债，如应付债券、长期借款和长期应付款等。

三、负债的计价

从理论上说，流动负债应按未来应付金额的现值入账，但流动负债的偿付时间一般不超过 1 年，未来应付金额与现值相差不大，因而流动负债入账价值一般按照业务发生时的金额计量。非流动负债按照未来应付金额的现值入账。

第二节 短期借款

一、短期借款的概念

短期借款是指企业向银行或其他金融机构等借入的期限在 1 年以内（含 1 年）的各种借款，如生产周转借款、流动资金借款、结算借款、卖方信贷和临时借款等，短期借款一般是企业为了满足正常生产经营所需的资金或者是为了抵偿某项债务而借入的款项。

二、短期借款的核算

为了核算发生的短期借款，企业应设置“短期借款”账户。该账户属于负债类账户，其贷方核算借入的本金，借方核算归还的本金，期末贷方余额表示尚未偿还的借款。每个资产负债表日，企业应计算确定短期借款的应计利息，按照应计的金额，借记“财务费用”“利息支出（金融企业）”等账户，贷记“应付利息”等账户。该账户应按借款种类、贷款人和币种进行明细分类核算。

（一）短期借款的取得

企业从银行或其他金融机构借入款项时，应签订借款合同，注明借款金额、借款利率和还款时间等。取得短期借款时，借记“银行存款”账户，贷记“短期借款”账户。

（二）短期借款利息费用

企业取得短期借款而发生的利息费用，应按借款用途计入财务费用或在建工程。银行或其他金融机构一般按季末月份结算利息，每季度的前两个月不支付利息。

按照权责发生制原则，企业的短期借款利息一般采用月末预提的方式进行核算。企业应当在资产负债表日按照计算确定的短期借款利息费用，借记“财务费用”账户，贷记“应付利息”账户；实际支付利息时，根据已预提的利息，借记“应付利息”账户，按实际支付的利息金额与已经预提的利息金额的差额（即尚未计提的部分），借记“财务费用”账户，根据应付利息总额，贷记“银行存款”账户。

（三）短期借款的偿还

企业短期借款到期偿还本金时，借记“短期借款”账户，贷记“银行存款”账户。

【例 8-2-1】 光明股份有限公司因生产经营的临时性需要，向银行申请并于 2019 年 7 月 1 日取得借款 600 000 元，期限 3 个月，年利率 9%，按月预提利息费用，到期一次还本付息。

（1）7 月 1 日，借入资金时，编制的会计分录为：

借：银行存款　　600 000

　贷：短期借款　　600 000

（2）7 月 31 日，确认当月利息费用 4 500 元（600 000×9%÷12）时，编制的会计分录为：

借：财务费用　　4 500

　贷：应付利息　　4 500

8 月 31 日，编制同样的会计分录。

（3）9 月底，支付三季度利息时，编制的会计分录为：

借：应付利息　　9 000

　　财务费用　　4 500

　贷：银行存款　　13 500

（4）10 月 1 日，支付本金 600 000 元时，编制的会计分录为：

借：短期借款　　600 000

　贷：银行存款　　600 000

第三节　应付款项

一、应付账款

应付账款是指因企业因购买材料、商品或接受劳务供应等经营活动而应付给供应单位的款项。应付账款是买卖双方由于取得物资或服务与支付货款在时间上不一致而产生的负债。

（一）应付账款的入账时间和入账价格

应付账款入账时间的确定，一般应以与所购买物资所有权有关的风险和报酬已经转移或劳务已经接受为标志。但在实际工作中，一般是区别下列情况处理。

1. 在物资和发票账单同时到达的情况下

应付账款一般待物资验收入库后，才按发票账单登记入账，这主要是为了确认所购入的物资是否在质量、数量和品种上都与合同上订明的条件相符，以免因先入账而在验收入库时发现购入物资错、漏、破损等问题再行调账，在会计期末仍未完成验收的，则应先按合理估计金额将物资和应付债务入账，事后发现问题再行更正。

2. 在物资和发票账单未同时到达的情况下

应付账款需根据发票账单登记入账，但有时货物已到，发票账单却要间隔较长时间才能到达，如果这笔负债已经成立，应作为一项负债反映。为在资产负债表上客观反映企业所拥有的资产和承担的债务，在实际工作中采用在月份终了将所购物资和应付债务估计入账，待下月初再用红字予以冲回的办法。

应付账款一般按应付金额入账，而不按到期应付金额的现值入账。

（二）应付账款的核算

为了核算应付账款的发生和支付情况，企业应设置“应付账款”账户。该账户属于负债类账户，其贷方核算应付账款的增加额，借方核算应付账款的减少，期末贷方余额表示尚未偿还的应付款项。

1. 不考虑现金折扣

企业购入材料、商品等验收入库，但货款尚未支付，应根据有关凭证（发票账单、随货同行发票上记载的实际价款或暂估价值），借记“原材料”“库存商品”“应交税费——应交增值税（进项税额）”等账户，贷记“应付账款”账户；企业接受供应单位提供劳务而发生的应付而未付的款项，根据供应单位提供的发票账单，借记“生产成本”“管理费用”等账户，贷记“应付账款”账户，支付时，借记“应付账款”账户，贷记“银行存款”等账户。

【例 8-3-1】 光明股份有限公司为增值税一般纳税人。2019 年 4 月 5 日，从 Y 公司购入乙材料一批，价款 50 000 元，增值税税额 6 500 元，材料已验收入库，款项未付。编制的会计分录为：

借：原材料——乙材料　　50 000
　　应交税费——应交增值税（进项税额）　　6 500
　贷：应付账款——Y 公司　　56 500

2. 考虑现金折扣

现金折扣实质上是销售单位的一种理财行为，购买单位应付账款入账金额的确定按发票上记载的应付总金额（即不扣除折扣）记账。如果购入的资产在形成一笔应付账款时是带有现金折扣的，应按发票上记载的全部应付金额，借记有关账户，贷记“应付账款”账户；获得的现金折扣冲减财务费用。

【例 8-3-2】 光明股份有限公司购入商品一批，商品尚未到达，转来的增值税专用发票上显示买价 10 000 元，增值税税额 1 300 元，货款尚未支付，如在规定期限内偿还可享受买价 2%的折扣。

（1）购入时，编制的会计分录为：

会计分录	借方	贷方
借：材料采购	10 000	
应交税费——应交增值税（进项税额）	1 300	
贷：应付账款		11 300

（2）在规定期限内偿还，取得现金折扣 200 元（10 000×2%），编制的会计分录为：

会计分录	借方	贷方
借：应付账款	11 300	
贷：银行存款		11 100
财务费用		200

有些应付账款由于债权单位撤销或其他原因，使企业无法支付这笔应付款项，这笔无法支付的款项，直接转入当期损益，借记“应付账款”账户，贷记“营业外收入”账户。

二、应付票据

应付票据是指企业购买材料、商品或接受劳务等开出、承兑或申请承兑的商业汇票。应付票据按承兑人不同，可分为商业承兑汇票和银行承兑汇票；按是否带息，可分为不带息票据和带息票据。

应付账款和应付票据都是企业因购买材料、商品或接受劳务而发生的债务，但应付账款和应付票据不同，应付账款是买卖双方在购销活动中取得物资与支付货款时间不一致而产生的负债，是一种尚未结清的债务；而应付票据是一种期票，是延期付款的证明，有承诺付款的票据作为凭据。

（一）应付票据的入账时间和入账价格

应付票据入账时间的确定与应付账款相同，一般应以与所购买物资所有权有关的风险和报酬已经转移或劳务已经接受为标志。

（二）应付票据的核算

为了核算应付票据的发生、偿还等情况，企业应当设置“应付票据”账户。该账户属于负债类账户，其贷方核算开出、承兑商业汇票的面值和带息票据已计提的应付利息，借方核算企业到期支付（或结转）的票款的数额，期末贷方余额表示尚未到期的应付票据票面金额。

企业应当同时设置“应付票据备查簿”，详细登记商业汇票的种类、号数、签发日期、到期日、票面金额、合同交易日、收款人姓名或单位名称，以及付款日期和金额等详细资料。应付票据到期付清时，应在备查簿逐笔注销。

1. 商业票据的签发

企业开出、承兑商业汇票或以承兑商业汇票抵付应付账款时，应当按其票面金额作为应付票据的入账金额，借记“材料采购”“库存商品”“应交税费——应交增值税（进项税额）”“应付账款”等账户，贷记“应付票据”账户。支付银行承兑汇票的手续费时，借记

"财务费用"账户，贷记"银行存款"账户。

2. 会计期末计提带息票据利息

企业开出的商业汇票如为带息票据，应按票据的存续期间和票面利率计算应付利息，并相应增加应付票据的账面价值。期末计提利息时，借记"财务费用"账户，贷记"应付票据"账户。

3. 票据到期

企业签发的商业汇票到期时，应无条件支付票款。由于企业筹集付款资金的能力和经营状况有所不同，票据到期时可能会出现有能力支付票款和无力支付票款两种情况。

（1）到期支付票款。支付票款时，如为不带息应付票据，应按票据面值借记"应付票据"账户，贷记"银行存款"账户；如为带息应付票据，票据到期支付本息时，按票据账面余额，借记"应付票据"账户，按未计的利息，借记"财务费用"账户，按实际支付的金额，贷记"银行存款"账户。

（2）到期无力支付票款。应付票据到期时，如果企业无力支付票据款，则应根据不同承兑人承兑的商业汇票作不同的处理。

企业开出并承兑的商业承兑汇票到期时，如无力支付票款，应将"应付票据"账面余额，包括带息票据已计入"应付票据"账户的利息部分，转入"应付账款"账户。到期不能支付的带息应付票据，转入"应付账款"账户核算后，期末不再计提利息。如果以签发新的票据方式清偿原欠款的，再从"应付账款"账户转回"应付票据"账户核算。

企业开出并承兑的银行承兑汇票到期时，如无力支付票款，则应将"应付票据"账面余额，包括带息票据已计入"应付票据"账户的利息部分，转入"短期借款"账户。

【例 8-3-3】 2019 年 9 月 1 日，光明股份有限公司购入价值 30 000 元的商品，同时开具一张期限 3 个月的带息商业承兑汇票，年利率 10%，假定不考虑相关税费。

（1）2019 年 9 月 1 日，购入商品时，编制的会计分录为：

借：库存商品	30 000	
贷：应付票据		30 000

（2）2019 年 9 月 30 日，计提 9 月利息时，编制的会计分录为：

借：财务费用	250	
贷：应付票据（30 000×10%÷12）		250

10 月 31 日计提 10 月的利息分录同上。

（3）2019 年 12 月 1 日，到期支付票据本息时，编制的会计分录为：

借：应付票据	30 500	
财务费用	250	
贷：银行存款		30 750

（4）若 2019 年 12 月 1 日到期无力支付票据本息时，编制的会计分录为：

借：应付票据	30 500	
财务费用	250	
贷：应付账款		30 750

第四节　应付职工薪酬

一、职工薪酬概述

企业会计准则第 9 号——职工薪酬

职工薪酬是指企业为获得职工提供的服务或解除劳动关系而给予各种形式的报酬或补偿。根据《企业会计准则第 9 号——职工薪酬》（2014）的规定，职工薪酬包括短期薪酬、离职后福利、辞退福利和其他长期职工福利。企业提供给职工配偶、子女、受赡养人、已故员工遗属及其他受益人等的福利，也属于职工薪酬。

这里所称的“职工”比较宽泛，包括三类人员：一是与企业订立劳动合同的所有人员，含全职、兼职和临时职工；二是未与企业订立劳动合同，但由企业正式任命的企业治理层和管理层人员，如董事会成员、监事会成员等，尽管有些董事会、监事会成员不是本企业员工，未与企业订立劳动合同，但对其发放的津贴、补贴等仍属于职工薪酬；三是在企业的计划和控制下，虽未与企业订立劳动合同或未由其正式任命，但向企业所提供与职工类似服务的人员，包括通过企业与劳务中介机构签订用工合同而向企业提供服务的人员。

（一）短期薪酬

短期薪酬是指企业在职工提供相关服务的年度报告期间结束后 12 个月内需要全部予以支付的职工薪酬，因解除与职工的劳动关系给予的补偿除外。

1．职工工资、奖金、津贴和补贴

职工工资、奖金、津贴和补贴是指构成工资总额的计时工资、计件工资、支付给职工的超额劳动报酬和增收节支的劳动报酬、为了补偿职工特殊或额外的劳动消耗和因其他特殊原因支付给职工的津贴，以及为了保证职工工资水平不受物价影响支付给职工的物价补贴等。

2．职工福利费

职工福利费是指向职工提供的生活困难补助、丧葬补助费、抚恤费、职工异地安家费和防暑降温费等职工福利支出。

3．社会保险费

社会保险费是指企业按照国务院、各地方政府规定的基准和比例计算，向社会保险经办机构缴纳的医疗保险费、养老保险费、失业保险费、工伤保险费和生育保险费。企业按照年金计划规定的基准和比例计算，向企业年金管理人缴纳的补充养老保险，以及企业以购买商业保险形式提供给职工的各种保险待遇属于企业提供的职工薪酬，应当按照职工薪酬的原则进行确认、计量和披露。

我国的养老保险制度

4. 住房公积金

住房公积金是指企业按照国家规定的基准和比例计算，向住房公积金管理机构缴存的住房公积金。

5. 工会经费和职工教育经费

工会经费和职工教育经费是指企业为了改善职工文化生活、为职工学习先进技术和提高文化水平和业务素质，用于开展工会活动和职工教育及职业技能培训等相关支出。

6. 短期带薪缺勤

带薪缺勤是指企业支付工资或提供补偿的职工缺勤，包括年休假、病假、短期伤残、婚假、产假、丧假和探亲假等。短期薪酬中的带薪缺勤即为短期带薪缺勤。

7. 短期利润分享计划

利润分享计划是指因职工提供服务而与职工达成的基于利润或其他经营成果提供薪酬的协议。短期薪酬中的利润分享计划即为短期利润分享计划。

8. 非货币性福利

非货币性福利是指企业以自己的产品或外购商品发放给职工作为福利，企业提供给职工无偿使用自己拥有的资产或租赁资产供职工无偿使用，如提供给企业高级管理人员使用的住房等，免费为职工提供诸如医疗保健的服务或向职工提供企业支付了一定补贴的商品或服务等，以低于成本的价格向职工出售住房等。

9. 其他短期薪酬

其他短期薪酬是指除以上内容以外的短期薪酬。

（二）离职后福利

离职后福利是指企业为获得职工提供的服务而在职工退休或与企业解除劳动关系后，提供的各种形式的报酬和福利，短期薪酬和辞退福利除外。离职后福利计划是指企业与职工就离职后福利达成的协议，或者企业为向职工提供离职后福利制定的规章或办法等，包括设定提存计划和设定受益计划。其中，设定提存计划是指向独立的基金缴存固定费用后，企业不再承担进一步支付义务的离职后福利计划；设定受益计划是指除设定提存计划以外的离职后福利计划。

（三）辞退福利

辞退福利是指企业在职工劳动合同到期之前解除与职工的劳动关系，或者为鼓励职工自愿接受裁减而给予职工的补偿。辞退福利包括：

（1）职工劳动合同到期前，不论职工本人是否愿意，企业决定解除与职工的劳动关系而给予的补偿。

（2）职工劳动合同到期前，为鼓励职工自愿接受裁减而给予的补偿，职工有权选择继续在职或接受补偿离职。

（四）其他长期职工福利

其他长期职工福利是指除短期薪酬、离职后福利和辞退福利之外所有的职工薪酬，包括长期带薪缺勤、其他长期服务福利、长期残疾福利、长期利润分享计划和长期奖金计划等。

总之，从薪酬的涵盖时间和支付形式来看，职工薪酬包括企业职工在职期间和离职后给予的所有货币性薪酬和非货币性福利；从薪酬的支付对象来看，职工薪酬包括提供给职工本人及其配偶、子女或其他被赡养人的福利，如支付给因公伤亡职工的配偶、子女或其他被赡养人的抚恤金。

二、职工薪酬的确认与计量

（一）职工薪酬的分配

企业发生的职工工资、津贴和补贴等短期薪酬，应当根据职工提供服务情况和工资标准等计算计入职工薪酬的工资总额，将应付的职工薪酬确认为负债，并根据职工提供服务的受益对象，分别下列情况处理：

（1）应由生产产品、提供劳务负担的职工薪酬，计入产品成本或劳务成本。生产产品、提供劳务中的直接生产人员和直接提供劳务人员发生的职工薪酬，计入存货成本，但非正常消耗的直接生产人员和直接提供劳务人员的职工薪酬，应当在发生时确认为当期损益。

（2）应由在建工程、无形资产负担的职工薪酬，计入建造固定资产或无形资产成本。自行建造固定资产和自行研究开发无形资产过程中发生的职工薪酬，能否计入固定资产或无形资产成本，取决于相关资产的成本确定原则。例如，企业在研究阶段发生的职工薪酬不能计入自行开发无形资产的成本，在开发阶段发生的职工薪酬，符合无形资产资本化条件的，应当计入自行开发无形资产的成本。

（3）上述两项之外的其他职工薪酬，计入当期损益。除直接生产人员、直接提供劳务人员、符合准则规定条件的建造固定资产人员和开发无形资产人员以外的职工，包括公司总部管理人员、董事会成员和监事会成员等人员相关的职工薪酬，因难以确定直接对应的受益对象，均应当在发生时计入当期损益。

（二）职工薪酬的发放

1. 货币性薪酬

计量应付职工薪酬时，国家规定了计提基础和计提比例的，应当按照国家规定的标准计提。例如，应向社会保险经办机构等缴纳的医疗保险费、养老保险费、失业保险费、工伤保险费和生育保险费，应向住房公积金管理机构缴存的住房公积金，以及工会经费和职工教育经费等，应在职工为其提供服务的会计期间，根据工资总额的一定比例计算确定。

国家没有规定计提基础和计提比例的，企业应当根据历史经验数据和实际情况，合理预计当期应付职工薪酬。当期实际发生金额大于预计金额的，应当补提应付职工薪酬；当期实际发生金额小于预计金额的，应当冲回多提的应付职工薪酬。

2. 非货币性薪酬

企业以其自产产品或以其他非货币性形式，作为非货币性福利发放给职工的，应当根据受益对象，按照该产品的公允价值，计入相关资产成本或当期损益，同时确认应付职工薪酬。

三、应付职工薪酬的核算

为了核算应付职工薪酬的增加、减少及余额变动情况，企业应设置“应付职工薪酬”账户。该账户属于负债类账户，其贷方登记应该支付给职工的薪酬，借方登记已经支付的职工薪酬，期末贷方余额表示尚未结清的职工薪酬。该账户应设置工资、奖金、津贴和补贴、职工福利费、工会经费和教育经费、基本医疗保险、带薪缺勤等明细账户进行核算。

（一）工资、奖金、津贴和补贴的核算

（1）计提货币性职工薪酬时，按照职工提供服务的受益对象，借记“管理费用”“生产成本”“制造费用”等账户，贷记“应付职工薪酬——工资、奖金、津贴和补贴”账户。

【例 8-4-1】　光明股份有限公司本月应付职工工资总额 498 000 元，工资费用分配汇总表中列示的车间生产工人工资 300 000 元，车间管理人员工资 80 000 元，企业行政管理人员工资 66 400 元，销售人员工资 51 600 元。工资汇总表（工资分配仅考虑公司承担的医疗和养老保险费，个人承担部分不予考虑）如表 8-1 所示。

表 8-1　工资汇总表

单位：元

部门	工资、奖金、津贴和补贴	基本医疗保险费	基本养老保险费	个人所得税	实发数
车间生产工人	300 000	5 760	44 000	2 000	298 000
车间管理人员	80 000	1 260	9 000	700	79 300
公司管理人员	66 400	1 080	11 000	600	65 800
公司销售人员	51 600	900	10 000	500	51 100
合计	498 000	9 000	74 000	3 800	494 200

根据表 8-1，编制的会计分录为：

借：生产成本——基本生产成本　　300 000
　　制造费用　　80 000
　　管理费用　　66 400
　　销售费用　　51 600
　贷：应付职工薪酬——工资、奖金、津贴和补贴　　498 000

（2）发放工资时，借记“应付职工薪酬——工资、奖金、津贴和补贴”账户，贷记“银行存款”“应交税费——应交个人所得税”等账户。

【例 8-4-2】　承【例 8-4-1】，光明股份有限公司通过银行发放工资 494 200 元。编制的会计分录为：

借：应付职工薪酬——工资、奖金、津贴和补贴　　498 000
　贷：银行存款　　494 200
　　　应交税费——应交个人所得税　　3 800

（二）职工福利费的核算

对于职工福利费，企业应当在实际发生时根据实际发生额计入当期损益或相关资产成本，借记“生产成本”“制造费用”“管理费用”“销售费用”等账户，贷记“应付职工薪酬——职工福利费”账户。

【例 8-4-3】 光明股份有限公司下设一所职工食堂，每月根据在岗职工数量及岗位分布情况、相关历史经验数据等计算需要补贴食堂的金额，从而确定企业每期因职工食堂而需要承担的福利费金额。2019 年 11 月，企业在岗职工共计 100 人，其中管理部门 20 人，生产车间 80 人，企业历史经验数据表明，对于每个职工企业每月需补贴食堂 100 元。编制的会计分录为：

借：生产成本——基本生产成本　　8 000
　　管理费用　　2 000
　贷：应付职工薪酬——职工福利　　10 000

【例 8-4-4】 2019 年 12 月，公司支付 10 000 元补贴给食堂。编制的会计分录为：

借：应付职工薪酬——职工福利费　　10 000
　贷：银行存款　　10 000

（三）社会保险费和住房公积金的核算

对于国家规定了计提基础和计提比例的社会保险费和住房公积金，应当借记“生产成本”“制造费用”“管理费用”“销售费用”等账户，贷记“应付职工薪酬——社会保险费”账户。

单位缴纳的社会保险费是要根据职工提供服务的受益对象，将确认的应付职工薪酬计入相关资产的成本和当期损益的，借记“生产成本”“制造费用”“管理费用”等账户。

（1）发放员工工资时，编制的会计分录为：

借：应付职工薪酬——工资
　贷：银行存款
　　　应交税金——个人所得税
　　　其他应付款——社会保险（个人负担部分）
　　　其他应付款——住房公积金（个人负担部分）

（2）缴纳社会保险和住房公积金时，编制的会计分录为：

借：生产成本
　　制造费用
　　管理费用等——社会保险（企业负担部分）
　　其他应付款——社会保险（个人负担部分）
　贷：银行存款

企业负担部分也可先计提再缴纳，计提企业应负担的社会保险和住房公积金部分时，编制的会计分录为：

借：生产成本
　　制造费用

管理费用等

贷：应付职工薪酬——社会保险（企业负担部分）

——住房公积金（企业负担部分）

缴纳时，编制的会计分录为：

借：应付职工薪酬——社会保险（企业负担部分）

其他应付款——社会保险（个人负担部分）

贷：银行存款

【例 8-4-5】　阳光股份有限公司本月应向社会保险经办机构和住房公积金中心缴纳的社会保险和住房公积金如表 8-2 所示。

表 8-2　社会保险和住房公积金计算表

单位：元

部门	工资、奖金、津贴和补贴	基本医疗保险费		基本养老保险费		住房公积金		个人所得税
		单位承担	个人承担	单位承担	个人承担	单位承担	个人承担	个人承担
车间生产工人	300 000	5 760	1 000	44 000	440	5 000	5 000	2 000
车间管理人员	80 000	1 260	300	9 000	90	1 000	1 000	700
公司管理人员	66 400	1 080	150	11 000	110	600	600	600
公司销售人员	51 600	900	90	6 000	50	80	80	500
合计	498 000	9 000	1 540	70 000	690	6 680	6 680	3 800

（1）计提单位应承担的医疗保险、养老保险和住房公积金时，编制的会计分录为：

借：生产成本——基本生产成本　　54 760

制造费用　　11 260

管理费用　　12 680

销售费用　　6 980

贷：应付职工薪酬——社会保险费——基本医疗保险　　9 000

——基本养老保险　　70 000

——住房公积金　　6 680

（2）上缴医疗保险、养老保险和住房公积金时，编制的会计分录为：

借：应付职工薪酬——社会保险费——基本医疗保险　　9 000

——基养老保险　　70 000

——住房公积金　　6 680

其他应付款——社会保险费——基本医疗保险　　1 540

——基养老保险　　690

——住房公积金　　6 680

贷：银行存款　　94 590

（四）工会经费和职工教育经费的核算

对于国家规定了计提基础和计提比例的工会经费和职工教育经费，应当借记“生产成本”“制造费用”“管理费用”“销售费用”等账户，贷记“应付职工薪酬——工会经费和职工教育经费”账户。

【例 8-4-6】 承【例 8-4-1】，公司分别按照职工工资总额的 2%和 1.5%计提工会经费和职工教育经费。编制的会计分录为：

借：生产成本——基本生产成本（300 000×3.5%） 10 500
　　制造费用（80 000×3.5%） 2 800
　　管理费用（66 400×3.5%） 2 324
　　销售费用（51 600×3.5%） 1 806
　贷：应付职工薪酬——工会经费（498 000×2%） 9 960
　　　应付职工薪酬——职工教育经费（498 000×1.5%） 7 470

（五）短期带薪缺勤的核算

短期薪酬中的带薪缺勤应当根据其性质及其职工享有的权利，分为累积带薪缺勤和非累积带薪缺勤两类。带薪缺勤属于长期带薪缺勤的，企业应当作为其他长期职工福利处理。

1. 累积带薪缺勤

累积带薪缺勤是指带薪权利可以结转下期的带薪缺勤，本期尚未用完的带薪缺勤权利可以在未来期间使用。企业应当在职工提供服务，从而增加了其未来享有的带薪缺勤权利时，借记“管理费用”账户，贷记“应付职工薪酬——带薪缺勤——短期带薪缺勤——累积带薪缺勤”账户。

【例 8-4-7】 光明股份有限公司共有 2 000 名职工，从 2019 年 1 月 1 日起，该企业实行累积带薪缺勤制度。该制度规定，每个职工每年可享受 5 个工作日带薪年休假，未使用的年休假只能向后结转一个公历年度，超过 1 年未使用的权利作废，在职工离开企业时也无权获得现金支付；职工休年休假时，首先使用当年可享受的权利，再从上年结转的带薪年休假中扣除。

2019 年 12 月 31 日，光明股份有限公司预计 2019 年有 1 900 名职工将享受不超过 5 天的带薪年休假，剩余 100 名职工每人将平均享受 6 天半的年休假，假定这 100 名职工全部为总部各部门经理，该企业平均每名职工每个工作日工资为 300 元。不考虑其他相关因素。

甲企业在 2019 年 12 月 31 应当预计由于职工累积未使用的带薪年休假权利而导致的预期支付的金额，即相当于 150 天(100×1.5)的年休假工资金额 45 000 元(150×300)。2019 年 12 月 31 日，光明股份有限公司编制的会计分录为：

借：管理费用 45 000
　贷：应付职工薪酬——带薪缺勤——短期带薪缺勤——累积带薪缺勤
　　　45 000

2. 非累积带薪缺勤

非累积带薪缺勤是指带薪权利不能结转下期的带薪缺勤，本期尚未用完的带薪缺勤权利将予以取消，并且职工离开企业时也无权获得现金支付。我国企业职工休婚假、产假、丧假、探亲假和病假期间的工资通常属于非累积带薪缺勤。

企业确认职工享有的与非累积带薪缺勤权利相关的薪酬，视同职工出勤确认的当期损益或相关资产成本，不必额外做相应的账务处理。

（六）短期利润分享计划的核算

利润分享计划同时满足下列条件的，企业应当确认相关的应付职工薪酬：

（1）企业因过去事项导致现在具有支付职工薪酬的法定义务或推定义务。

（2）因利润分享计划所产生的应付职工薪酬义务金额能够可靠估计。属于下列三种情形之一的，视为义务金额能够可靠估计：① 在财务报告批准报出之前企业已确定应支付的薪酬金额；② 该短期利润分享计划的正式条款中包括确定薪酬金额的方式；③ 过去的惯例为企业确定推定义务金额提供了明显证据。

职工只有在企业工作一段特定期间才能分享利润的，企业在计量利润分享计划产生的应付职工薪酬时，应当反映职工因离职而无法享受利润分享计划福利的可能性。

如果企业在职工为其提供相关服务的年度报告期间结束后 12 个月内，不需要全部支付利润分享计划产生的应付职工薪酬，该利润分享计划应当适用其他长期职工福利的有关规定。

【例 8-4-8】 2019 年初，光明股份有限公司制订和实施了一项短期利润分享计划，以对公司管理层进行激励。该计划规定，公司全年的净利润指标为 1 000 万元，如果在公司管理层的努力下完成的净利润超过 1 000 万元，公司管理层将可以分享超过 1 000 万元净利润部分的 10%作为额外报酬。假定至 2019 年 12 月 31 日，公司全年实际完成净利润 1 500 万元。假定不考虑离职等其他因素，则公司管理层按照利润分享计划可以分享利润 50 万元［(1 500−1 000) ×10%］作为其额外的薪酬。2019 年 12 月 31 日，光明公司编制的会计分录为：

借：管理费用　　500 000

　贷：应付职工薪酬——利润分享计划　　500 000

（七）非货币性薪酬的核算

1. 企业以其自产产品作为非货币性福利发放给职工

企业以其自产产品作为非货币性福利发放给职工的，应当根据受益对象，将该产品的公允价值计入相关资产成本或当期损益，同时确认应付职工薪酬。借记“管理费用”“生产成本”“制造费用”等账户，贷记“应付职工薪酬——非货币性福利”账户。

将企业拥有的房屋等资产无偿提供给职工使用的，应当根据受益对象，将该住房每期应计提的折旧计入相关资产成本或当期损益，同时确认应付职工薪酬，借记“管理费用”“生产成本”“制造费用”等账户，贷记“应付职工薪酬——非货币性福利”账户；同时借记“应付职工薪酬——非货币性福利”账户，贷记“累计折旧”账户。

企业租赁住房等资产供职工无偿使用的，应当根据受益对象，将每期应付的租金计入相关资产成本或当期损益，确认应付职工薪酬，借记“管理费用”“生产成本”“制造费用”等账户，贷记“应付职工薪酬——非货币性福利”账户。

难以认定受益对象的非货币性福利，直接计入当期损益和应付职工薪酬。

【例 8-4-9】 光明股份有限公司下属的 A 公司为电脑生产企业，共有职工 100 名，其中 80 名为直接参加生产的职工，20 名为总部管理人员。2019 年 5 月，公司以其生产的每台成本为 4 000 元的台式电脑作为福利发放给每位职工，该型号的电脑市场售价为每台 5 500 元，公司适用的增值税税率 13%。

（1）决定发放非货币性福利时，编制的会计分录为：

借：生产成本［(80×5 500×（1+13%）］　　497 200
　　管理费用［(20×5 500×（1+13%）］　　124 300
　贷：应付职工薪酬——非货币性福利　　621 500

（2）实际发放非货币性福利时，编制的会计分录为：

借：应付职工薪酬　　621 500
　贷：主营业务收入（100×5 500）　　550 000
　　　应交税费——应交增值税（销项税额）　　71 500
借：主营业务成本　　400 000
　贷：库存商品（100×4 000）　　400 000

2．企业将拥有或租赁的汽车、房屋等资产无偿提供给职工使用

企业将拥有的房屋等资产无偿提供给职工使用的，应当根据受益对象，将该住房每期应计提的折旧计入相关资产成本或当期损益，同时确认应付职工薪酬。租赁住房等资产供职工无偿使用的，应当根据受益对象，将每期应付的租金计入相关资产成本或当期损益，并确认应付职工薪酬。

【例 8-4-10】 光明股份有限公司决定为每位部门经理提供轿车免费使用，同时为每位副总裁租赁一套住房免费使用。该公司部门经理共有 10 名，副总裁共有 3 名。假定每辆轿车月折旧额为 1 000 元，每套住房月租金为 8 000 元。

（1）计提轿车折旧时，编制的会计分录为：

借：管理费用（10×1 000）　　10 000
　贷：应付职工薪酬——非货币性福利　　10 000
借：应付职工薪酬——非货币性福利　　10 000
　贷：累计折旧　　10 000

（2）确认住房租金费用时，编制的会计分录为：

借：管理费用（3×8 000）　　24 000
　贷：应付职工薪酬——非货币性福利　　24 000
借：应付职工薪酬——非货币性福利　　24 000
　贷：银行存款　　24 000

（八）离职后福利的核算

离职后福利包括设定提存计划和设定受益计划。对于设定提存计划，企业应当根据在资产负债表日为换取职工在会计期间提供的服务而应向单独主体缴存的提存金，确认为负债，并计入当期损益或相关资产成本，借记“生产成本”“制造费用”“管理费用”“销售费用”等账户，贷记“应付职工薪酬——设定提存计划”账户。

【例 8-4-11】 承【例 8-4-1】，光明股份有限公司根据所在地政府规定，按照工资总额的一定比例计提基本养老保险费，缴存当地社会保险经办机构。2019 年 12 月，该公司缴存的基本养老保险费，应计入生产成本的金额为 44 000 元，应计入制造费用的金额为 9 000 元，应计入管理费用的金额为 11 000 元，应计入销售费用的金额为 10 000 元。该公司编制的会计分录为：

借：生产成本——基本生产成本　　44 000
　　制造费用　　9 000
　　管理费用　　11 000
　　销售费用　　10 000
　贷：应付职工薪酬——设定提存计划——基本养老保险费　　74 000

（九）辞退福利的核算

辞退福利通常采取在解除劳动关系时一次性支付补偿的方式，也有通过提高退休后养老金或其他离职后福利的标准，或者将职工工资支付至辞退后未来某一期间的方式。

确认为应付职工薪酬，同时计入当期管理费的辞退福利必须同时满足下列两个条件：

（1）企业已经制订正式的解除劳动关系计划或提出自愿裁减建议，即将实施。该计划或建议应当包括解除劳动关系或裁减的职工所在部门、职位及数量；根据有关规定按工作类别或职位确定的解除劳动关系或裁减补偿金额；拟解除劳动关系或裁减的时间。

（2）企业不能单方面撤回解除劳动关系计划或裁减建议。正式的辞退计划或建议应当经过批准。辞退工作一般在一年内实施完毕，但因付款程序等原因使部分款项推迟至一年后支付的，视为符合应付职工薪酬的确认条件。

【例 8-4-12】 光明股份有限公司下属的 C 公司主要从事家用电器的生产和销售。2018 年 11 月，C 公司为在 2019 年顺利实施转产，公司管理层制订了一项辞退计划，规定自 2019 年 1 月 1 日起，以职工自愿方式，辞退平面直角彩色电视机生产车间职工。辞退计划的详细内容，包括拟辞退职工所在部门、数量、各级别职工能够获得的补偿标准及计划实施时间等均已与职工协商一致。该辞退计划已于 2018 年 12 月 15 日经董事会正式批准，并将在 2018 年实施完毕。辞退计划的有关内容如表 8-3 所示。

表 8-3　C 公司平面直角彩色电视机生产车间职工辞退计划一览表

职位	拟辞退数量	工龄（年）	补偿标准（元）
高级技工	30	1～10	80 000
		11～20	150 000
		21～30	250 000
一般技工	60	1～10	50 000
		11～20	100 000
		21～30	200 000
合计	90		

2018 年 12 月 31 日，C 公司根据表 8-3 的资料，预计平面直角彩色电视机生产车间接受辞退职工数量的最佳估计数及应支付的补偿如表 8-4 所示。

表 8-4　C 公司平面直角彩色电视机生产车间职工接受辞退及补偿金额一览表

职位	拟辞退数量	工龄（年）	接受辞退计划职工人数	每人补偿标准（元）	补偿金额（元）
高级技工	30	1～10	10	80 000	800 000
		11～20	5	150 000	750 000
		21～30	3	250 000	750 000
一般技工	60	1～10	30	50 000	1 500 000
		11～20	15	100 000	1 500 000
		21～30	5	200 000	1 000 000
合计	90		68		6 300 000

根据表 8-4 的资料，C 公司编制的会计分录为：

借：管理费用　　6 300 000

　贷：应付职工薪酬——辞退福利　　6 300 000

第五节　应交税费

一、应交税费的内容

营业税改增值税

应交税费是指企业根据在一定时期内取得的营业收入、实现的利润等，按照现行税法规定，采用一定的计税方法计提的应缴纳的各种税费。

根据我国税法规定，企业应缴纳的各种税费包括增值税、消费税、资源税、企业所得税、土地增值税、城市维护建设税、房产税、土地使用税、车船税、教育费附加、矿产资源补偿费、印花税和耕地占用税等。

二、应交税费的核算

为了总括反映各种税费的计提和缴纳情况，企业应设置“应交税费”账户。该账户属于负债类账户，其贷方登记应该缴纳的各种税费，借方登记实际缴纳的税费，期末贷方余额表示企业尚未缴纳的税费，期末借方余额表示企业多交或者尚未抵扣的税费。该账户按照应交税费项目进行明细分类核算。

企业代扣代交的个人所得税等，也通过“应交税费”账户核算，而企业缴纳的印花税、耕地占用税及其他不需要预计应交数的税费，可以不通过“应交税费”账户核算。

（一）应交增值税

增值税是指以商品（含应税劳务、应税行为）在流转过程中产生的增值额作为计税依据而征收的一种流转税。根据经营规模的大小和会计核算水平的健全程度，增值税纳税人分为一般纳税人和小规模纳税人两种。计算增值税的方法也分为一般计税方法和简易计税方法。

1. 一般纳税人增值税的核算

（1）一般纳税人增值税的计算。

一般纳税人采用购进扣税法计算当期增值税应纳税额，即先按照当期销售额和适用税率计算出销项税额，然后对当期购进项目向对方支付的税款进行抵扣，从而间接计算出当期的应纳税额。其计算公式为：

当期应纳税额=当期销项税额−当期进项税额

公式中的“当期销项税额”是指纳税人当期销售货物、提供应税劳务和应税服务，按照销售额和增值税税率计算的增值税。“当期进项税额”是指纳税人当期购进货物、接受应税劳务和应税服务支付或负担的增值税。当期销项税额小于当期进项税额不足抵扣时，其不足部分可以结转下期继续抵扣。

（2）一般纳税人增值税明细账的设置。

为了核算企业应交增值税的发生、抵扣、缴纳、退税及转出等情况，增值税一般纳税人应当在“应交税费”账户下设置“应交增值税”“未交增值税”“预交增值税”“待抵扣进项税额”“待认证进项税额”“待转销项税额”“转让金融商品应交的增值税”等明细账户。

- “应交增值税”明细账内应设置“进项税额”“销项税额抵减”“已交税金”“转出未交增值税”“减免税款”“销项税额”“出口退税”“进项税额转出”“转出多交增值税”“出口抵减内销产品应纳税额”等专栏。
- “未交增值税”明细账户，核算一般纳税人月度终了从“应交增值税”或“预交增值税”明细账户转入当月应交未交、多交或预交的增值税，以及当月缴纳以前期间未交的增值税。
- “预交增值税”明细账户，核算一般纳税人转让不动产、提供不动产经营租赁服务、提供建筑服务和采用预收款方式销售自行开发的房地产项目等，按现行增值税制度规定应预交的增值税。
- “待抵扣进项税额”明细账户，核算一般纳税人已经取得增值税扣税凭证并经税务机关认证，按照现行增值税制度规定准予以后期间从销项税额中抵扣的进项税额。

➢ “待认证进项税额”明细账户，核算一般纳税人由于未取得增值税扣税凭证或未经税务机关认证而不得从当期销项税额中抵扣的进项税额。

➢ “待转销项税额”明细账户，核算一般纳税人销售货物、加工修理修配劳务、服务和无形资产或不动产，已确认相关收入（或利得）但尚未发生增值税纳税义务而需要在以后期间确认为销项税额的增值税。

➢ “转让金融商品应交的增值税”明细账户，核算纳税人转让金融商品应缴纳的增值税。金融商品转让的增值税税率为6%，小规模纳税人适用的征收率为3%。金融商品转让按照卖出价扣除买入价后的余额为销售额。转让金融商品出现的正负差，按盈亏相抵后的余额为销售额。若相抵后出现负差，可结转下一纳税期与下期转让金融商品销售额相抵，但年末时仍出现负差的，不得转入下一个会计年度。

（3）进项税额的账务处理。

一般纳税人购进货物、接受加工修理修配劳务或服务、取得无形资产或不动产，按应计入相关成本费用的金额，借记“固定资产”“无形资产”“材料采购”“在途物资”“库存商品”“生产成本”“制造费用”“委托加工物资”“管理费用”等账户，按可抵扣的增值税税额，借记“应交税费——应交增值税（进项税额）”账户，按照应付或实际支付的总额，贷记“应付账款”“应付票据”“银行存款”等账户。购进货物等发生的退货，应根据税务机关开具的红字增值税专用发票编制相反的会计分录。

企业购进农产品，除取得增值税专用发票或海关进口增值税专用缴款书外，可以按照农产品收购发票或销售发票上注明的农产品买价和规定的扣除率计算进项税额，借记“应交税费——应交增值税（进项税额）”账户，按买价扣除计算的进项税额后的差额，借记“材料采购”“原材料”“商品采购”“库存商品”等账户，按照应付或实际支付的价款，贷记“应付账款”“银行存款”等账户。

【例8-5-1】 光明股份有限公司为增值税一般纳税人，适用的增值税税率为13%，原材料按计划成本核算，销售商品价格为不含增值税的公允价格。2019年11月，发生如下经济交易或事项：

（1）3日，支付银行存款购入一批原材料，增值税专用发票上注明货款100 000元，增值税税额13 000元，材料尚未到达。另用银行存款支付运输费用5 000元，增值税税额450元。编制的会计分录为：

借：材料采购　　105 000
　　应交税费——应交增值税（进项税额）　　13 450
　贷：银行存款　　118 450

（2）5日，购入不需要安装的生产设备一台，增值税专用发票上注明价款200 000元，增值税税额26 000元，款项尚未支付。编制的会计分录为：

借：固定资产　　200 000
　　应交税费——应交增值税（进项税额）　　26 000
　贷：应付账款　　226 000

（3）7日，购入免税农产品一批，价款200 000元，规定的扣除率为10%，货物尚未到达，款项以银行存款支付。编制的会计分录为：

进项税额=购买价款×扣除率=200 000×10%=20 000元

借：材料采购 180 000

应交税费——应交增值税（进项税额） 20 000

贷：银行存款 200 000

（4）9日，生产车间委托外单位修理机器设备，增值税专用发票上注明的修理费用为20 000元，增值税税额2 600元，款项以银行存款支付。编制的会计分录为：

借：管理费用 20 000

应交税费——应交增值税（进项税额） 2 600

贷：银行存款 22 600

需要注意的是，企业购买货物或劳务不能取得增值税专用发票的，发生的增值税应当计入相关资产采购成本或当期损益，借记“材料采购”“在途物资”“管理费用”等账户，贷记“银行存款”“应付账款”等账户。

（4）销项税额的账务处理。

➢ 企业销售货物或者提供应税服务和应税劳务，应当按照营业收入和收取的增值税税额，借记“应收账款”“应收票据”“银行存款”等账户；按照实现的营业收入，贷记“主营业务收入”“其他业务收入”“固定资产清理”等账户；按照现行增值税制度规定计算的销项税额（或采用简易计税方法计算的应纳增值税），贷记“应交税费——应交增值税（销项税额）”或“应交税费——简易计税”账户。发生的销售退回，编制相反的会计分录。

【例8-5-2】 承【例8-5-1】，15日，光明股份有限公司销售产品一批，价款540 000元，应收取的增值税税额70 200元，提货单和增值税专用发票已交给购买方，款项尚未收到。光明公司编制的会计分录为：

借：应收账款 610 200

贷：主营业务收入 540 000

应交税费——应交增值税（销项税额） 70 200

➢ 企业的有些交易或事项从会计角度看不属于销售行为，不能确认收入，但是按照税法的规定，应该视同对外销售处理，计算应交增值税。例如，企业将自产或委托加工的货物用于非应税项目、集体福利或个人消费，将自产、委托加工或购买的货物作为投资、分配给股东或投资者、无偿赠送他人等。发生视同销售行为时，企业应当借记“长期股权投资”“营业外支出”等账户，贷记“应交税费——应交增值税（销项税额）”等账户。

【例8-5-3】 承【例8-5-1】，17日，光明股份有限公司将自己生产的产品对外捐赠，该批产品的成本150 000元，计税价格260 000元。光明公司编制的会计分录为：

借：营业外支出 183 800

贷：库存商品 150 000
　　应交税费——应交增值税（销项税额） 33 800

（5）进项税额转出的账务处理。

企业购进的货物发生非正常损失，以及将购进的货物改变用途（如用于简易计税方法计税项目、免征增值税项目和非增值税应税项目等），其进项税额应通过“应交税费——应交增值税（进项税额转出）”账户转入相关会计账户，借记“待处理财产损溢”“应付职工薪酬”等账户，贷记“应交税费——应交增值税（进项税额转出）”等账户。

这里的“非正常损失”是指因管理不善造成被盗、丢失和霉烂变质的损失，以及被执法部门依法没收或者强令自行销毁的货物。

【例 8-5-4】　承【例 8-5-1】，21 日，光明股份有限公司因管理不善发生意外火灾毁损一批原材料，有关增值税专用发票注明成本 26 000 元，增值税税额 3 380 元。光明公司编制的会计分录为：

借：待处理财产损溢——待处理流动资产损溢 29 380
　贷：原材料 26 000
　　应交税费——应交增值税（进项税额转出） 3 380

（6）增值税的缴纳和期末增值税明细账的结转。

- 企业缴纳的增值税，借记“应交税费——应交增值税（已交税金）”账户，贷记“银行存款”账户。

【例 8-5-5】　承【例 8-5-1】，2019 年 11 月，光明股份有限公司发生销项税额合计金额为 104 000 元，进项税额转出 3 380 元，进项税额合计金额为 62 050 元。

公司当月应交增值税=104 000+3 380−62 050=45 330 元

当月用银行存款缴纳增值税，编制的会计分录为：

借：应交税费——应交增值税（已交税金） 45 330
　贷：银行存款 45 330

- 为了分别反映增值税一般纳税人欠交增值税和待抵扣增值税的情况，确保企业及时足额上交增值税，避免出现企业用以前月份欠交增值税抵扣以后月份未抵扣的增值税的情况，企业应在“应交税费”账户下设置“未交增值税”明细账户，核算企业月份终了从“应交税费——应交增值税”账户转入的当月未交或多交的增值税；同时，在“应交税费——应交增值税”账户下设置“转出未交增值税”和“转出多交增值税”专栏。
- 月份终了，企业计算出当月应交未交的增值税，借记“应交税费——应交增值税（转出未交增值税）”账户，贷记“应交税费——未交增值税”账户；当月多交的增值税，借记“应交税费——未交增值税”账户，贷记“应交税费——应交增值税（转出多交增值税）”账户。经过结转后，月份终了，“应交税费——应交增值税”账户的余额，反映企业尚未抵扣的增值税。

应当注意的是，企业当月缴纳当月的增值税，仍然通过“应交税费——应交增值税（已交税金）”账户核算；当月缴纳以前各期未交的增值税，通过“应交税费——未交增值税”账户核算，不通过“应交税费——应交增值税（已交税金）”账户核算。

2. 小规模纳税人增值税的核算

（1）小规模纳税人增值税的计算。

小规模纳税企业销售货物或者提供应税劳务和应税服务时一般开具普通发票，不能开具增值税专用发票。小规模纳税企业购进货物或接受应税劳务和应税服务时支付的增值税计入有关货物或劳务的成本，不享有进项税额的抵扣权。

小规模纳税企业应当按照不含税销售额和规定的增值税征收率计算缴纳增值税。

（2）小规模纳税人增值税明细账的设置。

小规模纳税人只需在“应交税费”账户下设置“应交增值税”明细账户，不需要设置专栏及除“转让金融商品应交增值税”“代扣代交增值税”外的明细账户。“应交税费——应交增值税”账户贷方登记应该缴纳的增值税，借方登记已经缴纳的增值税；期末贷方余额反映尚未缴纳的增值税，借方余额反映多缴纳的增值税。

（3）小规模纳税人的核算。

小规模纳税企业购进货物或者接受应税劳务和应税服务时支付的增值税，计入有关货物和劳务的成本，借记“材料采购”“在途物资”“原材料”等账户，贷记“应付账款”“应付票据”“银行存款”等账户；销售货物或者提供应税劳务和应税服务时，按照全部价款，借记“银行存款”“应收账款”等账户，按不含税的销售额，贷记“主营业务收入”等账户，按照应该缴纳的增值税税额，贷记“应交税费——应交增值税”账户。

【例 8-5-6】　甲公司为增值税小规模纳税人，适用的增值税税率为 3%，原材料按实际成本核算。该公司发生如下经济业务：

（1）购入原材料一批，取得的专用发票中注明货款 40 000 元，增值税税额 5 200 元，款项以银行存款支付，材料验收入库。编制的会计分录为：

借：原材料　　45 200
　贷：银行存款　　45 200

（2）销售产品一批，开具的普通发票注明货款（含税）金额 51 500 元，款项收到存入银行。用银行存款缴纳增值税 1 500 元。编制的会计分录为：

不含税销售额=含税销售额÷（1+征收率）=51 500÷（1+3%）=50 000 元

应纳增值税=不含税销售额×征收率=50 000×3%=1 500 元

借：银行存款　　51 500
　贷：主营业务收入　　50 000
　　应交税费——应交增值税　　1 500

（3）缴纳增值税时，编制的会计分录为：

借：应交税费——应交增值税　　1 500
　贷：银行存款　　1 500

（二）应交消费税

消费税是指在我国境内生产、委托加工和进口应税消费品的单位和个人，按其流转额缴纳的一种税。

1．消费税的计算

消费税有从价定率和从量定额两种征收方法。

（1）从价定率征收消费税，是以不含增值税的销售额为税基，按照税法规定的税率计算消费税。如果企业应税消费品的销售额中未扣除增值税税款，或者因不能开具增值税专用发票而发生价款和增值税税款合并收取的，在计算消费税时，按下列公式换算为不含增值税税款的销售额：

应税消费品的销售额=含增值税的销售额÷（1+增值税税率或征收率）

（2）从量定额征收消费税，是按税法确定的企业应税消费品的数量和单位应税消费品应缴纳的消费税计算确定。属于销售应税消费品的，为应税消费品的销售数量；属于自产自用应税消费品的，为应税消费品的移送使用数量；属于委托加工应税消费品的，为纳税人收回的应税消费品数量；进口的应税消费品，为海关核定的应税消费品进口征税数量。

2．消费税明细账的设置

为了核算消费税的发生和缴纳情况，企业应在“应交税费”账户下设置“应交消费税”明细账户。其贷方登记应该缴纳的消费税，借方登记实际缴纳的消费税和待扣的消费税，期末贷方余额表示企业尚未缴纳的消费税，借方余额表示企业多交或待扣的消费税。

3．应交消费税的核算

（1）销售产品应交的消费税。

企业销售应税消费品应交的消费税，应当借记“税金及附加”账户，贷记“应交税费——应交消费税”账户。

【例 8-5-7】 光明股份有限公司销售所生产的高档化妆品，价款 100 000 元（不含增值税），适用的消费税税率为 15%，不考虑其他相关税费。光明公司编制的会计分录为：

借：税金及附加　　15 000
　贷：应交税费——应交消费税　　15 000

（2）视同销售产品应交的消费税。

企业将应税消费品用于在建工程、非生产机构等其他方面，按规定应缴纳的消费税，应计入有关的成本，借记“在建工程”等账户，贷记“应交税费——应交消费税”账户。

【例 8-5-8】 乙公司在建工程领用自产柴油成本为 5 000 元，应纳消费税 600 元。不考虑其他税费。乙公司编制的会计分录为：

借：在建工程　　5 600
　贷：库存商品　　5 000
　　应交税费——应交消费税　　600

（3）委托加工业务应交的消费税。

企业委托加工的应税消费品，由受托方在向委托方交货时代扣代缴税款，除受托加工或翻新改制金银首饰按规定由受托方缴纳消费税外。

委托加工的应税消费品，委托方用于连续生产应税消费品的，所纳税款准予按规定抵扣。这里的委托加工应税消费品是指由委托方提供原料和主要材料，受托方只收取加工费和代垫部分辅助材料加工的应税消费品，对于由受托方提供原材料生产的应税消费品，或者受托方先将原材料卖给委托方，然后再接受加工的应税消费品，以及由受托方以委托方名义购进原材料生产的应税消费品，都不作为委托加工应税消费品，而应当按照销售自制应税消费品缴纳消费税。委托加工的应税消费品直接出售的，不再征收消费税。

需要缴纳消费税的委托加工应税消费品，在委托方提货时，由受托方代收代缴税款。受托方按应扣税款金额，借记“应收账款”“银行存款”等账户，贷记“应交税费——应交消费税”账户。

委托加工应税消费品收回后直接用于销售的，委托方应将代收代缴的消费税计入委托加工的应税消费品成本，借记“委托加工物资”“生产成本”等账户，贷记“应付账款”“银行存款”等账户。待委托加工应税消费品销售时，不需要再缴纳消费税。

委托加工的应税消费品收回后用于连续生产应税消费品，按规定准予抵扣的，委托方应按代收代缴的消费税款，借记“应交税费——应交消费税”账户，贷记“应付账款”“银行存款”等账户。待用委托加工的应税消费品生产出应纳消费税的产品销售时，再缴纳消费税。

【例 8-5-9】 某企业委托外单位加工材料（非金银首饰），原材料价款 200 000 元，加工费用 50 000 元，由受托方代收代缴的消费税 5 000 元（不考虑增值税），材料已经加工完毕验收入库，加工费用尚未支付。假定该企业材料采用实际成本核算。

（1）如果委托方收回加工后的材料用于继续生产应税消费品，委托方编制的会计分录为：

借：委托加工物资　　200 000
　贷：原材料　　200 000
借：委托加工物资　　50 000
　　应交税费——应交消费税　　5 000
　贷：应付账款　　55 000
借：原材料　　250 000
　贷：委托加工物资　　250 000

（2）如果委托方收回加工后的材料直接用于销售，委托方编制的会计分录为：

借：委托加工物资　　200 000
　贷：原材料　　200 000
借：委托加工物资　　55 000
　贷：应付账款　　55 000
借：原材料　　255 000
　贷：委托加工物资　　255 000

（4）缴纳消费税。

缴纳消费税时，按照应纳税额，借记“应交税费——应交消费税”账户，贷记“银行存款”账户。

（三）应交城市维护建设税和教育费附加

1. 应交城市维护建设税和教育费附加的计算

城市维护建设税和教育费附加是以增值税、消费税为依据征收的税种，其纳税人是缴纳增值税和消费税的单位和个人。其应纳税额以纳税人实际缴纳的增值税和消费税税额为计税依据计算缴纳。计算公式为：

应纳税额=（应交增值税+应交消费税）×适用税率

2. 应交城市维护建设税和教育费附加的核算

企业应按规定计算出的城市维护建设税和教育费附加，借记“税金及附加”等账户，贷记“应交税费——应交城市维护建设税”“应交税费——应交教育费附加”账户；实际上交时，借记“应交税费——应缴城市维护建设税”“应交税费——应交教育费附加”账户，贷记“银行存款”账户。

【例 8-5-10】 某企业本期实际应交增值税 100 000 元，适用的城市维护建设税税率 7%，教育费附加 3%。

（1）计算应交城市维护建设税和教育费附加，编制的会计分录为：

应交城市维护建设税=100 000×7%=7 000 元

应交教育费附加=100 000×3%=3 000 元

借：税金及附加　　10 000

　贷：应交税费——应交城市维护建设税　　7 000

　　　　　　　——应交教育费附加　　3 000

（2）用银行存款上交城市维护建设税和教育费附加时，编制的会计分录为：

借：应交税费——应交城市维护建设税　　7 000

　　　　　　——应交教育费附加　　3 000

　贷：银行存款　　10 000

（四）其他应交税费

1. 资源税

资源税是国家对在我国境内开采矿产品或者生产盐的单位和个人征收的一种税。资源税按照应税产品的课税数量乘以规定的单位税额计算。其中，开采或者生产应税产品销售的，以销售数量为课税数量；开采或者生产应税产品自用的，以自用数量为课税数量。

企业按规定应交的资源税，在“应交税费”账户下设置“应交资源税”明细账户核算。“应交资源税”明细账户的借方发生额表示企业已交的或按规定允许抵扣的资源税；贷方发生额表示应交的资源税；期末借方余额表示多交或尚未抵扣的资源税；期末贷方余额表示尚未缴纳的资源税。

（1）销售产品或自产自用产品相关的资源税的核算。

在会计核算时，企业按规定计算出销售应税产品应缴纳的资源税，借记“税金及附加”账户，贷记“应交税费——应交资源税”账户；企业计算出自产自用的应税产品应缴纳的资源税，借记“生产成本”“制造费用”等账户，贷记“应交税费——应交资源税”账户。

【例 8-5-11】 某企业将自产的煤炭 100 吨用于产品生产，每吨应交资源税 5 元。该企业编制的会计分录为：

借：生产成本　　500

　贷：应交税费——应交资源税　　500

（2）收购未税矿产品相关资源税的核算。

按照资源税暂行条例的规定，收购未税矿产品的单位为资源税的扣缴义务人。企业应按收购未税矿产品实际支付的收购款及代扣代缴的资源税，作为收购矿产品的成本，将代扣代缴的资源税，记入“应交税费——应交资源税”账户。

（3）外购液体盐加工固体盐相关资源税的核算。

按规定企业外购液体盐加工固体盐的，所购入液体盐缴纳的资源税可以抵扣。在会计核算时，购入液体盐时，按所允许抵扣的资源税，借记“应交税费——应交资源税”账户，按外购价款扣除允许抵扣资源税后的数额，借记“材料采购”等账户，按应支付的全部价款，贷记“银行存款”“应付账款”等账户；企业加工成固体盐后，在销售时，按计算出的销售固体盐应交的资源税，借记“税金及附加”账户，贷记“应交税费——应交资源税”账户；将销售固体盐应纳资源税抵扣液体盐已纳资源税后的差额上交时，借记“应交税费——应交资源税”账户，贷记“银行存款”账户。

2. 土地增值税

土地增值税是对转让国有土地使用权、地上建筑物及其附着物并取得增值性收入的单位和个人所征收的一种税。企业缴纳的土地增值税应通过“应交税费——应交土地增值税”账户核算。

（1）企业转让的土地使用权连同地上建筑物及其附着物一并在“固定资产”账户核算的，转让时应交的土地增值税，借记“固定资产清理”账户，贷记“应交税费——应交土地增值税”账户。

（2）土地使用权在“无形资产”账户核算的，按实际收到的金额，借记“银行存款”“累计摊销”“无形资产减值准备”等账户，按应交的土地增值税，贷记“应交税费——应交土地增值税”“无形资产”等账户，按其差额，借记或贷记“资产处置损益”账户。

（3）房地产开发经营企业销售房地产应缴纳的土地增值税，借记“税金及附加”账户，贷记“应交税费——应交土地增值税”账户。

（4）缴纳土地增值税，借记“应交税费——应交土地增值税”账户，贷记“银行存款”账户。

【例 8-5-12】 某企业对外转让厂房一栋，根据税法规定计算的应交土地增值税为 50 000 元。

（1）计算应交土地增值税时，编制的会计分录为：

借：固定资产清理 50 000

　贷：应交税费——应交土地增值税 50 000

（2）用银行存款缴纳土地增值税时，编制的会计分录为：

借：应交税费——应交土地增值税 50 000

　贷：银行存款 50 000

3．应交房产税、土地使用税、车船税和印花税

房产税是国家对在城市、县城、建制镇和工矿区征收的由产权所有人缴纳的一种税。房产税依照房产原值一次减除 10%至 30%后的余额计算缴纳。没有房产原值作为依据的，由房产所在地税务机关参考同类房产核定；房产出租的，以房产租金收入为房产税的计税依据。

土地使用税是国家为了合理利用城镇土地，调节土地级差收入，提高土地使用效益，加强土地管理而开征的一种税，以纳税人实际占用的土地面积为计税依据，依照规定税额计算征收。

车船税由拥有并且使用车船的单位和个人缴纳，车船税按照适用税额计算缴纳。

企业按规定计算应交的房产税、土地使用税和车船税时，借记“税金及附加”账户，贷记“应交税费——应交房产税（或土地使用税、车船税）”账户；上交时，借记“应交税费——应交房产税（或土地使用税、车船税）”账户，贷记“银行存款”账户。

印花税是对书立、领受购销合同等凭证行为征收的税款，实行由纳税人根据规定自行计算应纳税额，购买并一次贴足印花税票的缴纳方法。企业缴纳的印花税不需要通过“应交税费”账户核算，应于购买印花税票时，直接借记“税金及附加”账户，贷记“银行存款”账户。

4．应交个人所得税

企业职工应该缴纳的个人所得税通常由单位代扣代缴。企业按照规定计算出代扣代缴的职工个人所得税时，借记“应付职工薪酬”账户，贷记“应交税费——应交个人所得税”账户；企业缴纳个人所得税时，借记“应交税费——应交个人所得税”账户，贷记银行存款“等账户。

【例 8-5-13】 某企业结算本月应付职工工资总额 500 000 元，按税法规定代扣代缴职工个人所得税 50 000 元，实发工资 450 000 元。

（1）代扣个人所得税时，编制的会计分录为：

借：应付职工薪酬——工资、奖金、津贴和补贴 50 000

　贷：应交税费——应交个人所得税 50 000

（2）缴纳个人所得税时，编制的会计分录为：

借：应交税费——应交个人所得税 50 000

　贷：银行存款 50 000

第六节　应付股利、应付利息及其他应付款

一、应付股利

应付股利是指企业根据股东大会或类似机构审议批准的利润分配方案确定分配给投资者的现金股利或利润。企业应通过“应付股利”账户，核算企业确定或宣告支付但尚未实际支付的现金股利或利润，并按投资者进行明细分类核算。

企业根据股东大会或类似机构审议批准的利润分配方案，确认应支付的现金股利或利润时，借记“利润分配——应付现金股利（或利润）”账户，贷记“应付股利”账户；向投资者实际支付现金股利或利润时，借记“应付股利”账户，贷记“银行存款”等账户。

【例 8-6-1】　光明股份有限公司经董事会决议通过的 2019 年度利润分配方案为每 10 股派发 1.20 元现金股利，共计 24 万元。

（1）宣告发放现金股利时，编制的会计分录为：

借：利润分配——应付现金股利　　240 000

　贷：应付股利　　240 000

（2）支付现金股利时，编制的会计分录为：

借：应付股利　　240 000

　贷：银行存款　　240 000

此外，需要说明的是，企业董事会或类似机构通过的利润分配方案中拟分配的现金股利或利润，不作账务处理，但应在报表附注中予以披露。企业分配的股票股利不通过“应付股利”账户核算。

二、应付利息

应付利息是指企业按照合同约定应支付的利息，包括短期借款利息、分期付息到期还本的长期借款和企业债券等应支付的利息。应付利息按照债权人或存款人进行明细分类核算。

企业采用合同约定的名义利率计算确定利息费用时，应按合同约定的名义利率计算确定的应付利息的金额，借记“财务费用”等账户，贷记“应付利息”账户；实际支付利息时，借记“应付利息”账户，贷记“银行存款”等账户。

三、其他应付款

其他应付款是指企业除应付票据、应付账款、应付职工薪酬、应交税费、应付股利和应付利息等经营活动以外的其他各项应付、暂收的款项，如应付租入包装物租金、应付经营租赁固定资产租金和存入保证金等。

为了核算其他应付款的增减变动及其结存情况，企业应设置“其他应付款”账户。该账户属于负债类账户，其贷方登记发生的各种应付、暂收款项，借方登记偿还或者转销的

各种应付、暂收款项，期末贷方余额表示企业应付未付的其他应付款项。该账户按其项目和对方单位（或个人）进行明细分类核算。

企业发生其他各种应付、暂收款项时，借记“管理费用”等账户，贷记“其他应付款”账户；支付或退回其他各种应付、暂收款项时，借记“其他应付款”账户，贷记“银行存款”等账户。

【例 8-6-2】 从 2019 年 5 月 1 日起，光明股份有限公司以经营租赁方式租入管理用办公设备一批，每月租金 5 000 元，按季支付，7 月 31 日，光明股份有限公司以银行存款支付应付租金。

（1）5 月 31 日，计提应付经营租入固定资产租金时，编制的会计分录为：

借：管理费用　　5 000
　贷：其他应付款　　5 000

6 月底计提经营租入固定资产租金的会计处理同上。

（2）7 月 31 日，支付租金时，编制的会计分录为：

借：其他应付款　　10 000
　　管理费用　　5 000
　贷：银行存款　　15 000

【业务能力训练】

一、单项选择题

1. 某饮料生产企业为增值税一般纳税人。年末将本企业生产的一批饮料发放给职工作为福利，该饮料的市场售价 12 万元（不含增值税），适用增值税税率 13%，实际成本 10 万元。假定不考虑其他因素，该企业应确认的应付职工薪酬为（　　）万元。

A. 10　　B. 11.3　　C. 12　　D. 13.56

2. 小规模纳税企业购入原材料取得的增值税专用发票上注明货款 20 000 元，增值税税额 2 600 元，在购入材料的过程中另支付运杂费 600 元。则该企业原材料的入账价值为（　　）元。

A. 23 200　　B. 20 600　　C. 20 000　　D. 22 600

3. 某增值税一般纳税人购进免税农产品一批，支付购买价款 100 万元，增值税扣除率 9%，另发生保险费 1 万元，运杂费 2 万元，该批农产品的采购成本为（　　）万元。

A. 100　　B. 87　　C. 90　　D. 94

4. 某增值税一般纳税企业因仓库长时间潮湿，一批材料霉烂变质，该批材料实际成本 20 000 元，收回残料价值 1 000 元，保险公司赔偿 10 000 元，该企业购入材料的增值税进项税额 2 600 元，该批材料造成的非常损失净额是（　　）元。

A. 9 000　　B. 11 600　　C. 20 000　　D. 22 600

5．某企业本期实际应上交增值税 400 000 元，消费税 200 000 元，土地增值税 200 000 元。该企业适用的城市维护建设税税率为 7%，则该企业应交的城市维护建设税为（　　）元。

A．71 000　　B．42 000　　C．84 000　　D．80 000

二、多项选择题

1．下列选项中，属于其他应付款核算范围的有（　　）。

A．职工未按期领取的工资　　B．应付经营租赁固定资产的租金

C．存入保证金　　D．应付、暂收对方单位、个人的款项

2．企业发生赊购商品业务，下列各项中影响应付账款入账金额的有（　　）。

A．商品价款　　B．增值税进项税额

C．现金折扣　　D．销货方代垫运杂费

3．企业缴纳的下列税费中，通过“应交税费”账户核算的有（　　）。

A．教育费附加　　B．印花税　　C．城建税　　D．消费税

4．下列选项中，属于“应付职工薪酬”账户核算内容的有（　　）。

A．基本养老保险金　　B．为职工支付的住房公积金

C．为职工无偿提供的医疗保健服务　　D．因解除与职工的劳动关系给予的补偿

5．下列各项税金中，应计入相关资产成本的有（　　）。

A．以库存商品对外投资应交的增值税

B．小规模纳税企业购入原材料的增值税

C．小规模纳税企业购入库存商品的增值税

D．购入一台生产用设备的增值税

三、判断题

1．应付职工薪酬包括职工在职期间和离职后提供给职工的全部货币性薪酬和非货币性福利，也包括解除劳动关系给予的补偿。（　　）

2．企业购入货物只要取得增值税专用发票，就应该将支付的增值税税额作为“应交税费——应交增值税（进项税额）核算。（　　）

3．企业缴纳的印花税、耕地占用税、资源税等不需要预计应交税金，不通过“应交税费”账户核算。（　　）

4．某企业为小规模纳税人，销售产品一批，含税价格 82 400 元，增值税征收率 3%，该批产品应交增值税为 2 400 元。（　　）

5．职工薪酬是指企业为获得职工提供的服务或解除劳动关系而给予的各种形式的报酬或补偿。企业提供给职工配偶、子女、受赡养人、已故员工遗属及其他受益人等的福利，不属于职工薪酬。（　　）

四、实务题

1．2019 年 4 月 1 日，某企业向银行借入 1 000 000 元，期限 9 个月，年利率 6%。该借款到期后按期如数归还，利息分月预提，按季支付。

要求：编制借入款项、按月预提利息、按季支付利息和到期时归还本金的会计分录。

2．A 企业委托 B 企业将甲材料加工为应税消费品乙材料，用于连续生产应税消费品，A、B 两企业均为增值税一般纳税人，适用的增值税税率为 13%，A 企业对材料采用计划成本核算。有关资料如下：

（1）A 企业发出甲材料一批，计划成本为 7 000 元，材料成本差异率为 2%。

（2）按合同规定，A 企业用银行存款支付 B 企业加工费用 4 000 元（不含增值税），消费税 4 000 元，以及相应的增值税。

（3）A 企业用银行存款支付往返运杂费 700 元（不考虑增值税）。

（4）A 企业委托 B 企业加工完成后的乙材料加工完毕验收入库，计划成本 13 200 元。

要求：

（1）计算 A 企业应支付的增值税。

（2）编制 A 企业委托加工材料发出、支付有关税费及入库的相关会计分录（对于“应交税费”账户，须列出明细账户，涉及增值税的，还应列出专栏）。

3．甲公司为增值税一般纳税人，适用的增值税税率为 13%。2019 年 5 月，发生与职工薪酬有关的交易或事项如下：

（1）公司总部为部门经理每人配备一辆汽车免费使用，共 10 人。假定每辆汽车每月计提折旧 5 000 元。

（2）将 150 台自产的 A 产品作为福利分配给本公司职工。每件产品的生产成本为 2 000 元，市场售价为 3 000 元（不含增值税），甲公司有生产工人 100 人，车间管理人员 20 人，企业管理人员 20 人，销售人员 10 人。

（3）月末，分配职工工资 740 000 元，其中直接生产产品人员工资 400 000 元，车间管理人员工资 120 000 元，企业行政管理人员工资 160 000 元，专设销售机构人员工资 60 000 元。

（4）按规定计算代扣代缴职工个人所得税 5 000 元。

（5）从应付张经理的工资中，扣回上月代垫的应由其本人负担的医疗费 8 000 元。

要求：根据上述经济业务编制相关会计分录。

4．甲企业为增值税一般纳税人，适用的增值税税率为 13%，存货采用计划成本法核算。2019 年 6 月初，“应交税费”账户余额为零，当月发生下列相关业务：

（1）购入材料一批，价款 250 000 元，增值税税额 32 500 元，以银行存款支付，该材料计划成本 256 000 元，已验收入库。

（2）将一栋闲置办公楼对外出售，该办公楼原价 700 000 元，已计提累计折旧 160 000 元，收到价款 660 000 元存入银行，假定该办公楼没有计提减值准备（不考虑税费）。

（3）销售应税消费品一批，价款 300 000 元，增值税税额 39 000 元，收到货款及税款存入银行，适用消费税税率为 10%，该批商品的成本是 250 000 元。

（4）向 B 企业销售产品一批，开出的增值税专用发票上注明价款 200 000 元，增值税税额 26 000 元，该批货物成本 160 000 元，已于上个月收取 B 企业预付的购料款 100 000 元。

（5）月末计提本月应交城市维护建设税和教育费附加，适用的税率和费率分别为 7% 和 3%。

要求：根据上述经济业务，编制相关会计分录并写出相应计算过程。

9

第九章
非流动负债

学习目标

知识目标

通过本章的学习，理解非流动负债的概念、特征和内容，熟悉长期借款、应付债券和长期应付款的核算，掌握非流动负债利息费用资本化的方法及各项目的账务处理。

能力目标

1. 能进行非流动负债各项目的账务处理。
2. 能确认和计量非流动负债资本化和费用化的利息费用。

导入案例

万科企业股份有限公司（股票代码：000002），成立于1984年5月，是目前中国最大的专业住宅开发企业，也是股市里的代表性地产蓝筹股。2010年万科率先成为全国第一个年销售额超千亿的房地产公司。2016年销售额达到3 600多亿元，这个数字，是一个让同行眼红，让外行震惊的数字，相当于美国四大住宅公司高峰时的总和。在企业领导人王石的带领下，万科通过专注于住宅开发行业，建立起内部完善的制度体系、组建专业化团队、树立专业品牌，以所谓"万科化"的企业文化享誉业内。

在成功背后，万科大胆的融资作风也让人思考。中国建设银行先后两次给万科700亿元授信额度，万科近100亿元的募集资金存在建行专项账户，建行为30亿元"08万科G1"债券连带保证责任担保……而当银行渠道融资受限时，2011年万科开始"拼爹"，依靠大股东华润的裙带关系，拿到442亿元的融资额度；华润信托40亿元借款额度用完后，2012年5月，万科再次拿到华润105.9亿元的融资额度。尽管万科一直宣称财务非常安全，众多分析师也唯唯诺诺地附和，但你必须要看到，万科对控股子公司和联营公司的担保余额，从2010年末的32.18亿元上升到2012年中期的144.27亿元，占净资产的比重从7.26%提升至27.24%。你还必须看到，2012年至2013年万科的到期长期借款为198.5亿元，占长期借款的80%；59亿元的公司债券也将于2013年到期，偿债压力将会束缚万科的进一步融资。

分析：长期借款在企业筹资中的作用。

第一节　非流动负债概述

一、非流动负债的概念与内容

非流动负债是指偿还期在1年或超过1年的一个营业周期以上的债务。它是企业向债权人筹集的、可供长期使用的资金。非流动负债主要包括长期借款、应付债券和长期应付款等。

一般来说，企业为了满足生产经营的需要，特别是为了拓展企业的经营规模，有必要购建大型机械设备、地产，增建或扩建厂房等，这些都需要企业投入大量的、需长期占用的资金，而企业所拥有的生产经营资金是无法满足这些需要，因此需要筹集长期资金。筹集长期资金的方式有两种：

（1）由投资者投入新的资本（或由股东追加投资，增发新股）。

（2）举借非流动负债，即通常所说的"举债经营"，主要有签发长期应付票据、发行企业债券及向银行或其他金融机构举借长期借款。当企业预期的投资利润率高于非流动负债的利率时，企业常常选择这一筹资方式。

二、非流动流动负债的特征

非流动负债与流动负债相比，具有数额大、偿还期限长、具有附加条件和利息负担重等特征。举借长期负债主要用于购建长期资产，由于投资回收期长，因而具有数额大、期限长的特征。举借长期负债往往附有一定的约束条件，如需要企业提供担保品，或要求企业指定担保人，或设置偿债基金等。长期借款利息是企业根据合同必须承担的固定支出，如果企业经营不善，这笔固定的利息支出则会成为企业财务上的沉重负担，甚至影响企业的持续经营。

从投资者的角度看，与增加投入资本相比，举借非流动负债有以下优点：

（1）举借非流动负债不影响企业原来的资本结构，有利于保持投资者控制企业的权力。

（2）举借非流动负债可以增加投资者所得的盈余。因此，如果企业经营所获得的投资利润率高于非流动负债的固定利率，剩余利益将全部归投资者所有。

（3）在缴纳所得税时，非流动负债的利息支出除资本化以外的，可以作为正常的经营费用从利润总额中扣减。但股利则只能从税后利润中支付，不能作为纳税扣减项目。

当然，举借非流动负债也有其不足之处，主要表现在：

（1）举借非流动负债可能会带来减少投资者利益的风险。当举债经营的投资利润率低于非流动负债的利率时，就会减少投资者的利益。

（2）举借非流动负债的利息费用可能会成为企业财务上的沉重负担。

（3）举借非流动负债会给企业带来较大的财务风险。非流动负债一般都有明确的到期日，如果企业无法及时支付利息或按期偿还本金，债权人可能会要求企业变卖资产，甚至会迫使企业进行破产清算。

考虑到举债经营的优点与不足，企业应进行合理的财务决策，适度举债。一方面，要保证举债经营的投资利润率高于非流动负债的利率；另一方面，举债经营的程度应与企业的资本结构和偿债能力相适应。

三、非流动负债的分类

非流动负债按筹措方式，可分为长期借款、应付债券、长期应付款、专项应付款、预计负债和其他非流动负债等。非流动负债按偿还和付息方式，可分为定期偿还的非流动负债和分期偿还的非流动负债。

四、非流动负债的借款费用

借款费用是指企业因借入资金而发生的利息及其他相关成本，包括因借入资金而发生的利息、因发行债券而发生的折价或溢价的摊销、辅助费用和外币借款发生的汇兑差额。

符合资本化条件的资产一般包括固定资产、经过相当长时间才能达到可使用或可撤销状态存货和投资性房地产等。即除了固定资产外，公司为开发房地产而借入的资金所发生的利息等借款费用，在开发产品完工之前，也可计入开发成本或开发产品成本。另外，通常情况下，由于大型船舶、飞机等也是需要经过相当长时间才能达到可使用状态的资产，所以也应将这类资产包括在借款费用可予资本化的资产范围内。

第二节 长期借款

一、长期借款概述

（一）长期借款的内容

长期借款是指企业向银行或其他金融机构借入的期限在1年以上（不含1年）的各种借款，一般用于固定资产的购建、改扩建工程、大修理工程、对外投资及为了保持长期经营能力等方面。长期借款是企业长期负债的重要组成部分，必须加强管理与核算。

由于长期借款的使用关系到企业的生产经营规模和效益，企业除了要遵守有关的贷款规定、编制借款计划并要有不同形式的担保外，还应监督借款的使用、按期支付长期借款的利息及按规定的期限归还借款本金等。因此，长期借款会计处理的基本要求是反映和监督企业长期借款的借入、借款利息的结算和借款本息的归还情况，促使企业遵守信贷纪律、提高信用等级，同时也要确保长期借款发挥效益。

（二）"营改增"后借款业务概述

根据财税〔2016〕36号文，即《财政部国家税务总局关于全面推开营业税改征增值税试点的通知》规定，纳税人接受贷款服务是不得抵扣进项税额的，同时，纳税人接受贷款服务向贷款方支付的与该笔贷款直接相关的投融资顾问费、手续费和咨询费等费用，其进项税额不得从销项税额中抵扣。这意味着企业所支付的利息费用及直接相关的其他费用在"营改增"之后需要缴纳6%的增值税，且这部分的税额无法进行进项抵扣。

二、长期借款的核算

为了核算长期借款的借入、归还等情况，企业应设置"长期借款"账户。该账户属于负债类账户，其贷方登记长期借款本息的增加额，借方登记本息的减少额，期末贷方余额表示企业尚未偿还的长期借款。该账户可按照贷款单位和贷款种类设置明细账，分别"本金""利息调整""应计利息"进行明细分类核算。

（一）取得长期借款

企业借入长期借款时，应按实际收到的金额，借记"银行存款"账户，贷记"长期借款——本金"账户；如存在差额，还应借记"长期借款——利息调整"账户。

【例9-2-1】 甲企业为增值税一般纳税人。2019年9月30日，甲企业从银行借入资金5 000 000元，借款期限为3年，年利率为8.4%（到期一次还本付息，不计复利），所借款项已存入银行。甲企业用该借款于当日购买不需安装的设备一台，价款2 900 000元，增值税税额377 000元，另支付运杂费及装卸费等费用100 000元，设备已于当日投入使用。

（1）取得借款时，编制的会计分录为：

借：银行存款　　5 000 000

　贷：长期借款——本金　　5 000 000

（2）支付设备款和运杂费、装卸费时，编制的会计分录为：

借：固定资产　　3 000 000

　　应交税费——应交增值税（进项税额）　　377 000

　贷：银行存款　　3 377 000

（二）期末计提利息或支付利息

长期借款利息费用应当在资产负债表日按照实际利率法计算确定，实际利率与合同利率差异较小的，也可以采用合同利率计算确定利息费用。长期借款按合同利率计算确定的应付未付利息，如果属于分期付息的，记入“应付利息”账户，如果属于到期一次还本付息的，记入“长期借款——应计利息”账户。

长期借款计算确定的利息费用，应当按以下原则计入有关成本、费用：属于筹建期间的，计入管理费用。属于生产经营期间的，如果长期借款用于购建固定资产的，在固定资产达到预定可使用状态前，所发生的应当资本化的利息支出数，计入在建工程成本；固定资产达到预定可使用状态后发生的利息支出，以及按规定不予资本化的利息支出，计入财务费用。长期借款按合同利率计算确定的应付未付利息，借记“在建工程”“制造费用”“财务费用”“研发支出”等账户，贷记“长期借款——应计利息”或“应付利息”等账户。

【例 9-2-2】　承【例 9-2-1】，2019 年 10 月 31 日，甲企业计提长期借款利息为（假设不考虑增值税的影响）：

计提的长期借款利息=5 000 000×8.4%÷12=35 000 元

甲企业编制的会计分录为：

借：财务费用　　35 000

　贷：长期借款——应计利息　　35 000

2019 年 11 月至 2021 年 8 月每月末预提利息分录同上。

（三）到期归还本金或本息

企业归还长期借款的本金时，应按归还的金额，借记“长期借款——本金”账户，贷记“银行存款”账户；按归还的利息，借记“长期借款——应计利息”或“应付利息”账户，贷记“银行存款”账户。

【例 9-2-3】　承【例 9-2-2】，2021 年 9 月 30 日，甲企业偿还该笔银行借款本息，编制的会计分录为：

借：财务费用　　35 000

　　长期借款——本金　　5 000 000

　　　　　　——应计利息　　1 225 000

　贷：银行存款　　6 260 000

第三节 应付债券

一、应付债券概述

应付债券是指企业为筹集（长期）资金而发行的债券。债券是企业为筹集长期使用资金而发行的一种书面凭证。企业通过发行债券取得资金是以将来履行归还购买债券者的本金和利息的义务作为保证的。企业应当设置“企业债券备查簿”，详细登记每一企业债券的票面金额、债券票面利率、还本付息期限与方式、发行总额、发行日期和编号、委托代销单位和转换股份等资料。企业债券到期清算时，应当在备查簿内逐笔注销。

企业发行的一年期以上的债券，构成了企业的长期负债。公司债券的发行方式有三种，即面值发行、溢价发行和折价发行。假设不考虑其他条件，债券的票面利率高于市场利率时，可按超过债券票面价值的价格发行，称为溢价发行，溢价是企业以后各期多付利息而事先得到的补偿；如果债券的票面利率低于市场利率，可按低于债券票面价值的价格发行，称为折价发行，折价是企业以后各期少付利息而预先给投资者的补偿；如果债券的票面利率与市场利率相同，可按票面价值的价格发行，称为面值发行。溢价或折价实质上是发行债券企业在债券存续期内对利息费用的一种调整。

二、应付债券的核算

为了核算应付债券发行、计提利息和还本付息等情况，企业应设置“应付债券”账户。该账户属于负债类账户，其贷方登记应付债券的本金和利息，借方登记归还的债券本金和利息，期末贷方余额表示企业尚未偿还的长期债券。该账户下应设置“面值”“利息调整”“应计利息”等明细账户。

无论是按面值发行，还是溢价发行或折价发行，企业均应按债券面值记入“应付债券——面值”账户，实际收到的款项与面值的差额记入“应付债券——利息调整”账户。企业发行债券时，按实际收到的款项，借记“银行存款”等账户，按债券票面价值，贷记“应付债券——面值”账户，按实际收到的款项与票面价值之间的差额，贷记或借记“应付债券——利息调整”账户。

发行长期债券的企业，应按期计利息。对于按面值发行的债券，在每期采用票面利率计提利息时，应当按照与长期借款相一致的原则计入有关成本费用，借记“在建工程”“制造费用”“财务费用”“研发支出”等账户；其中，对于分期付息、到期一次还本的债券，其按票面利率计算确定的应付未付利息，记入“应付利息”账户；对于一次还本付息的债券，其按票面利率计算确定的应付未付利息，记入“应付债券——应计利息”账户。

长期债券到期，企业支付债券本息时，借记“应付债券——面值”和“应付债券——应计利息”“应付利息”等账户，贷记“银行存款”等账户。

（1）面值发行的核算。

【例 9-3-1】　甲企业发生如下经济业务，相关会计处理如下：

（1）2016 年 7 月 1 日，甲企业发行三年期、到期一次还本付息、年利率为 8%（不计复利）、发行面值总额为 40 000 000 元的债券。该债券按面值发行，甲企业编制的会计分录为：

借：银行存款　　40 000 000

　贷：应付债券——面值　　40 000 000

（2）假设甲企业发行债券所筹的资金用于建造固定资产，至 2016 年 12 月 31 日，工程尚未完工。至 2016 年 12 月 31 日，企业债券发行在外的时间为 6 个月，该年应计的债券利息为 1 600 000（40 000 000×8%÷12×6）元。由于该长期债券为到期时一次还本付息，该期债券产生的实际利息费用应全部资本化，作为在建工程成本。企业编制的会计分录为：

借：在建工程　　1 600 000

　贷：应付债券——应计利息　　1 600 000

（3）2019 年 7 月 1 日，甲企业偿还债券本金和利息。2016 年 7 月 1 日至 2019 年 7 月 1 日，甲企业长期债券的应计利息为 9 600 000（40 000 000×8%×3）元。甲企业编制的会计分录为：

借：应付债券——面值　　40 000 000

　　　　——应计利息　　9 600 000

　贷：银行存款　　49 600 000

（2）溢价发行的核算。

【例 9-3-2】　2015 年 1 月 1 日，乙企业发行期限 5 年、面值 100 000 元、年利率 10%的债券，每年末付息、到期一次还本，债券的发行价格 110 000 元，债券承销商按 2%收取发行费，乙企业取得债券发行价款净额 107 800 元，实际利率为 8.06%。债券利息调整如表 9-1 所示。

表 9-1　债券利息调整表

计息日期	票面利息 ①	实际利息 ②=上期⑤×8.06%	利息调整 ③=②−①	未调整余额 ④=上期④+③	账面价值 ⑤=上期⑤+③
2015.1.1				7 800	107 800
2015.12.31	10 000	8 688.68	−1 311.32	6 488.68	106 488.68
2016.12.31	10 000	8 582.99	−1 417.01	5 071.67	105 071.67
2017.12.31	10 000	8 468.78	−1 531.22	3 540.45	103 540.45
2018.12.31	10 000	8 345.36	−1 654.64	1 885.81	101 885.81
2019.12.31	10 000	8 114.19*	−1 885.81	0	100 000
合计	50 000	42 200	−7 800	—	—

注：8 114.19*=10 000−1 885.81

相关会计处理如下:

(1)2015年1月1日，发行债券时，编制的会计分录为:

借：银行存款　107 800

　贷：应付债券——面值　100 000

　　　　　　——利息调整　7 800

(2)2015年末，利息调整时，编制的会计分录为:

借：财务费用　8 688.68

　　应付债券——利息调整　1 311.32

　贷：应付利息　10 000

借：应付利息　10 000

　贷：银行存款　10 000

(3)2016年末，利息调整时，编制的会计分录为:

借：财务费用　8 582.99

　　应付债券——利息调整　1 417.01

　贷：应付利息　10 000

借：应付利息　10 000

　贷：银行存款　10 000

(4)2017年末，利息调整时，编制的会计分录为:

借：财务费用　8 468.78

　　应付债券——利息调整　1 531.22

　贷：应付利息　10 000

借：应付利息　10 000

　贷：银行存款　10 000

(5)2018年末，利息调整时，编制的会计分录为:

借：财务费用　8 345.36

　　应付债券——利息调整　1 654.64

　贷：应付利息　10 000

借：应付利息　10 000

　贷：银行存款　10 000

(6)2019年末，编制的会计分录为:

借：财务费用　8 114.19

　　应付债券——利息调整　1 885.81

　贷：应付利息　10 000

借：应付债券——面值　100 000

　贷：银行存款　100 000

（3）折价发行的核算。

【例 9-3-3】　承【例 9-3-2】，债券的发行价格 100 000 元，债券承销商按 2%收取发行费，乙企业取得债券发行价款净额 98 000 元，实际利率为 10.54%。债券利息调整如表 9-2 所示。

表 9-2　债券利息调整表

计息日期	票面利息 ①	实际利息 ②=上期⑤×10.54%	利息调整 ③=②−①	未调整余额 ④=上期④+③	账面价值 ⑤=上期⑤+③
2015.1.1				−2 000	98 000
2015.12.31	10 000	10 329.20	329.20	−1 670.8	98 329.20
2016.12.31	10 000	10 363.90	363.90	−1 306.9	98 693.10
2017.12.31	10 000	10 402.25	402.25	−904.65	99 095.35
2018.12.31	10 000	10 444.65	444.65	−460.00	99 540.00
2019.12.31	10 000	10 460.00*	460.00	0	100 000
合计	50 000	52 000	2 000	—	—

注：10 460.00*=10 000+460.00

相关会计处理如下：

（1）2015 年 1 月 1 日，发行债券时，编制的会计分录为：

借：银行存款　　98 000

　　应付债券——利息调整　　2 000

　贷：应付债券——面值　　100 000

（2）2015 年末，利息调整时，编制的会计分录为：

借：财务费用　　10 329.2

　贷：应付利息　　10 000

　　　应付债券——利息调整　　329.2

（3）2016 年至 2019 年每年末利息调整（略）。

（4）2019 年末，编制的会计分录为：

借：财务费用　　10 460

　贷：应付利息　　10 000

　　　应付债券——利息调整　　460

借：应付债券——面值　　100 000

　贷：银行存款　　100 000

以上，每年末支付 10 000 元债券利息的会计分录省略。

第四节 长期应付款

长期应付款是指企业除长期借款和应付债券以外的其他各种长期应付款项，包括应付融资租入固定资产的租赁费、以分期付款方式购入固定资产发生的应付款项等。长期应付款除具有长期负债的一般特点外，还具有款项主要形成固定资产并分期付款的特点。

为了核算企业融资租入固定资产和以分期付款方式购入固定资产应有的款项及偿还情况，企业应设置“长期应付款”账户。该账户属于负债类账户，其贷方登记应付的长期应付款项，借方登记偿还的长期应付款项；期末贷方余额表示企业应付未付的长期应付款项。该账户可按长期应付款的种类和债权人设置明细账户进行明细分类核算。

一、应付融资租赁费

通过融资租赁方式租入固定资产是企业取得固定资产的重要途径。因融资租入固定资产而发生的应付融资租赁费，形成企业的一笔长期负债。对于该项长期负债，企业应设置“长期应付款——融资租入固定资产应付款”明细账户进行核算，贷方反映融资租入固定资产应支付的融资租赁费，借方按租赁合同支付的融资租赁费。

融资租入固定资产，在租赁期开始日，应按租赁准则确定的应计入固定资产成本的金额（租赁开始日租赁资产公允价值与最低租赁付款额现值两者中较低者，加上初始直接费用），借记“在建工程”或“固定资产”账户，按最低租赁付款额，贷记“长期应付款——融资租入固定资产应付款”账户，按发生的初始直接费用，贷记“银行存款”等账户，按其差额，借记“未确认融资费用”账户。按期支付租金时，借记“长期应付款——融资租入固定资产应付款”，贷记“银行存款”等账户。

二、具有融资性质的延期付款

企业购买资产有可能延期支付有关价款。如果延期支付的购买价款超过正常信用条件，实质上具有融资性质的，所购资产的成本应当以延期支付购买价款的现值为基础确定。实际支付的价款与购买价款的现值之间的差额，应当在信用期间内采用实际利率法进行摊销，计入相关资产成本或当期损益。

会计实务中，企业购入资产超过正常信用条件延期付款实质上具有融资性质时，应按购买价款的现值，借记“固定资产”“在建工程”等账户，按应支付的价款总额，贷记“长期应付款”账户，按其差额，借记“未确认融资费用”账户。企业在信用期间内采用实际利率法摊销未确认融资费用的，应按摊销额，借记“在建工程”“财务费用”等账户，贷记“未确认融资费用”账户。

【业务能力训练】

一、单项选择题

1．当市场利率大于票面利率时，企业应（　　）债券。

A．平价发行　　B．折价发行　　C．溢价发行　　D．以上都不对

2．企业每期期末计提一次还本付息的长期借款利息，对其中应当予以资本化的部分，下列会计处理正确的是（　　）。

A．借记“财务费用”账户，贷记“长期借款”账户

B．借记“财务费用”账户，贷记“应付利息”账户

C．借记“在建工程”账户，贷记“长期借款”账户

D．借记“在建工程”账户，贷记“应付利息”账户

3．下列属于长期应付款核算内容的是（　　）。

A．以分期付款方式购入无形资产发生的应付款项（具有融资性质的）

B．应付经营租入固定资产的租赁款

C．应交的城市维护建设税

D．尚未支付的购入原材料价款

4．2018 年 7 月 1 日，某企业按面值发行 5 年期、到期一次还本付息的公司债券，该债券面值总额 8 000 万元，票面年利率为 4%，自发行日起计息。假定票面利率与实际利率一致，不考虑相关税费，2019 年 12 月 31 日，该应付债券的账面余额为（　　）万元。

A．8 000　　B．8 160　　C．8 320　　D．8 480

5．2018 年 7 月 1 日，甲企业按面值发行 5 年期、分期付息一次还本、票面年利率为 6%、面值总额为 5 000 万元的债券。假定票面利率与实际利率一致，不考虑相关税费，2019 年 12 月 31 日，该应付债券的账面余额为（　　）万元。

A．5 150　　B．5 600　　C．5 000　　D．5 450

二、多项选择题

1．下列对长期借款利息费用的会计处理，正确的有（　　）。

A．筹建期间的不符合资本化条件的借款利息计入管理费用

B．筹建期间的借款利息计入长期待摊费用

C．日常生产经营活动期间不符合资本化条件的借款利息计入财务费用

D．符合资本化条件的借款利息计入相关资产成本

2．企业在生产经营期间按面值发行债券，按期计提利息时，可能涉及的会计账户有（　　）。

A．财务费用　　B．在建工程　　C．应付债券　　D．长期待摊费用

3．下列关于应付债券核算的说法中，不正确的有（　　）。

A．应付债券的利息，均应计入“应付债券——应计利息”账户核算

B．均应按照票面利率和面值计算确定利息费用，计入有关成本、费用

C．应按照实际收到的金额，计入“应付债券——面值”账户

D．按期计提的利息，可能不影响当期损益

4．决定债券发行价格的因素有（　　）。

A．债券的面值　　　　B．债券的票面利率

C．债券的期限长短　　　　D．债券发行时的市场利率

5．下列关于债券溢价和折价的说法中，正确的有（　　）。

A．债券折价是对债券购买者在整个债券有效期少收利息的补偿或预付

B．债券溢价是发行公司先收回整个债券有效期内多付的利息

C．债券折价是企业发行债券的损失

D．债券溢价是企业发行债券的收益

三、判断题

1．“长期借款”账户的期末账面余额，反映企业尚未偿还的各种长期借款的本金。（　　）

2．企业在筹建期间借入的长期借款所发生的不符合资本化条件的利息，应记入“财务费用”账户。（　　）

3．债券票面利率高于发行时的市场利率，债券会溢价发行；反之，债券会折价发行。（　　）

4．将于一年内到期的长期负债，按照规定，应在资产负债表中作为流动负债反映。（　　）

5．到期一次还本付息债券的发行价格，不仅与票面价值、票面利率、实际利率和发行期数有关，也与票面利息是按单利还是复利计息有关。（　　）

四、实务题

2019 年，某企业向银行借入资金 1 500 000 元，借款合同年利率为 6%（假设实际利率与合同利率差异较小），单利计算，借款期限为 2 年。还本付息方式有两种：

（1）每年年末付息，到期还本。

（2）每年年末计息，到期一次还本付息。

要求：根据以上两种还本付息方式，分别编制取得借款、计息、付息及还本的相关会计分录。

第十章 所有者权益

10

学习目标

知识目标

通过本章的学习，了解所有者权益的基本内容，理解所有者权益和负债的区别，掌握实收资本、资本公积、盈余公积和未分配利润的内容及会计处理。

能力目标

1. 能分清所有者权益与负债的区别。
2. 能对公司制企业投入资本进行账务处理。
3. 能对企业资本溢价和股本溢价的业务进行账务处理。
4. 能对提取盈余公积和年末未分配利润的结转进行账务处理。

导入案例

2019年，吴某、李某和张某商议成立一家有限商贸公司，注册资本300万元，吴某、李某和张某各出资100万元，每人占公司的三分之一股份，公司成立后，经营状况良好，三人每年除分红外，资产不断增加，所有者权益也不断增加。2019年年底，盈余公积达到50万元，未分配利润达到60万元，为扩大经营规模，三人决定增资，将注册资金增加到400万元。经考察，三人同意田某加入进来，由其出资150万元，占公司四分之一的股份，田某已经将150万元资金足额缴存投入企业，并办好相关手续。

分析：田某享有与吴某、李某和张某三位股东相同的股份份额，为什么比他们多付出50万元，多付出的50万元在会计上应如何处理？

第一节　所有者权益概述

一、所有者权益的概念与特征

（一）所有者权益的概念

所有者权益是指企业资产扣除负债后，由所有者享有的剩余权益。公司的所有者权益又称股东权益。所有者权益是所有者对企业资产的剩余索取权，它是企业资产中扣除债权人权益后应由所有者享有的部分，既可反映投资人投入资本的保值增值部分，又体现保护债权人权益的理念。

（二）所有者权益的特征

（1）所有者权益可以永久使用。除发生减资、清算或分派现金股利外，所有者权益在企业经营期内可以供企业长期、持续的使用，企业不必向投资者返还资本金。

（2）所有者权益的清偿在负债之后。所有者对企业的经营活动承担着最终的风险，与此同时，也享有最终的权益。在企业破产清算时，只有在清偿所有的负债后，所有者权益才返还给所有者。

（3）所有者凭借所有者权益能参与企业利润的分配。

二、所有者权益与负债的区别

所有者权益和负债都是权益，共同构成企业的资金来源，都对企业的资产具有要求权，但所有者权益和负债是有区别的，具体表现为：

（1）所有者权益是投资者享有的对投入资本及其运用所产生的盈余或亏损的权利；而负债是企业在经营中或其他活动中所发生的债务，是债权人要求企业清偿的权利。

（2）所有者享有参与收益分配、经营管理等多项权利，但对企业资产的要求权在顺序上置于债权人之后，即只享有对剩余资产的要求权；而债权人享有到期收回本金和利息的权利，其对资产的要求权以债务的本金和利息为限，在企业破产清算时，有优先获取资产赔偿的要求权，但没有经营决策的参与权和收益分配权。

（3）在企业持续经营的情况下，所有者权益是一项可以长期使用的资金，只有在企业清算时才予以退还；而负债必须到期归还。

（4）债权人对企业资产的要求权优于投资者，投资者具有对剩余财产的要求权，故又称剩余收益。所有者能够获得多少收益，需视企业盈利水平及经营政策而定，如果企业在经营中获利，所有者权益将随之增长，反之，所有者权益随之缩减，风险较大；债权人获得的利息一般按一定利息率计算，而且是预先可以确定的数额，无论企业盈亏，企业都要按期归还本息，风险相对较小。

三、所有者权益的内容

我国《企业会计准则》规定，所有者权益包括所有者投入的资本、直接计入所有者权益的利得和损失、留存收益等，通常由实收资本（或股本）、资本公积、其他综合收益、盈余公积和未分配利润构成。

（1）实收资本是所有者投入企业的注册资本。注册资本是指企业在工商行政管理部门登记的，由投资者缴纳的出资额，对于股份有限公司，实收资本即股本。

（2）资本公积是投资者或他人（或单位）投入企业，所有权归属于投资者共同所有，但不构成实收资本（或股本）的资本或资产。在我国，资本公积主要包括资本溢价（或股本溢价）和其他资本公积等。

（3）其他综合收益是指企业根据会计准则的规定，未在当期损益中确认的各项利得和损失，在以后的会计期内满足规定条件将计入损益。

（4）盈余公积是企业按税后利润的一定比例提取的积累基金。

（5）未分配利润是企业未确定用途，留待以后年度分配的利润。

盈余公积和未分配利润都是历年实现的净利润留存于企业，因此也称留存收益。

第二节　实收资本

一、实收资本概述

（一）实收资本的概念

实收资本是指企业按照章程规定或合同、协议约定，接受投资者投入企业的资本。企业设立必须要有必要的财产，按照我国《公司法》的规定，企业申请开业，必须具备符合国家规定并与其生产经营和服务规模相适应的资金数额，对于有限责任公司，所有者投入形成实收资本，对于股份有限公司，股东购买公司股票形成股本。

实收资本或（股本）的构成比例或股东的股份比例，通常是确定所有者在企业所有者权益中份额的基础，也是企业进行利润或股利分配的主要依据。

（二）实收资本的确认与计量

我国《公司法》规定，股东可以用货币出资，也可以用实物、知识产权和土地使用权等非货币性财产出资，对作为出资的非货币财产应当评估作价，并依法办理财产权的转移手续。一般而言，不论以何种投资方式，被投资企业都应当在接受投资时，按实际收到的出资额作为实收资本入账，但要注意下列三种情况：

（1）在某些情况下，投资人投入的资金并不全部构成实收资本，按照我国公司法的规定，企业的实收资本应当等于注册资本，因此，投资者的出资额中，只有按投资者占被投资企业注册资本比例计算的部分，才作为实收资本。在投资者的出资额超过被投资企业的注册资本中所占份额那部分，作为资本溢价单独计算。

（2）如果接受的是实物、无形资产等非货币性投资，应按投资合同或协议约定的价值作为实收资本。

（3）如果是股票投资，应按股票面值计入股本，超过面值部分作为股本溢价单独核算。

二、实收资本的核算

为了核算企业实收资本的增减变动及结存情况，企业应设置“实收资本”账户。该账户属于所有者权益类账户，其贷方登记投入资本的增加，借方登记投入资本的减少，期末贷方余额表示投入资本的实际数。该账户可以按投资者设置明细账，进行明细分类核算。

（一）实收资本增加的核算

1. 接受货币资产的核算

企业收到投资人投入的货币资产时，按实际收到的金额，借记“库存现金”“银行存款”等账户，贷记“实收资本（股本）”账户。

【例 10-2-1】 2019 年 11 月 12 日，胜利公司收到甲股东投入的货币资金 300 000 元，款项已存入银行。根据银行缴款单等单据，编制的会计分录为：

借：银行存款　　300 000

　贷：实收资本　　300 000

2. 接受实物投资的核算

投资者可以采用固定资产、材料和库存商品等实物资产进行投资。作为出资的实物，必须进行评估，以评估价入账，并办理财产转让手续。

因此，在企业收到实物资产、办理实物移交手续后，如果属于不动产，应按合同或协议约定的资产评估价值，借记“固定资产”账户，按增值税专用发票上注明的增值税税额，借记“应交税费——应交增值税（进项税额）”账户，按其在注册资本中所占的份额，贷记“实收资本”账户，按其差额，贷记“资本公积”账户；如果属于原材料、库存商品或动产等实物资产，应按合同或协议约定的资产评估价值，借记“原材料”“库存商品”“固定资产”等账户，按增值税专用发票上注明的增值税税额，借记“应交税费——应交增值税（进项税额）”账户，按其在注册资本中所占的份额，贷记“实收资本”账户，按其差额，贷记“资本公积”账户。

【例 10-2-2】 2019 年 6 月 5 日，胜利公司接受乙公司房屋一栋作为出资额，该房屋原价 1 200 000 元，房屋经评估确认的价值为 2 000 000 元，双方同意按评估价作为出资额，占该企业注册资本的 20%。胜利公司注册资本为 10 000 000 元。根据增值税专用发票及相关单据，编制的会计分录为：

借：固定资产　　2 000 000
　　应交税费——应交增值税（进项税额）　　108 000
　　　　　　——待抵扣进项税额　　72 000
　贷：实收资本　　2 000 000
　　　资本公积　　200 000

【例 10-2-3】 2019 年 6 月 10 日，胜利公司接受丙公司投入的原材料一批，投资双方协商确认该批原材料 500 000 元，增值税专用发票上注明的税额 65 000 元，与注册资本所占的份额一致，已办妥所有投资手续，材料已验收入库。根据增值税专用发票、入库单等单据，编制的会计分录为：

借：原材料　　500 000
　　应交税费——应交增值税（进项税额）　　65 000
　贷：实收资本　　565 000

【例 10-2-4】 2019 年 6 月 10 日，胜利公司接受丁公司投入的设备作为投资，该设备的原价 100 000 元，已提折旧 15 000 元，双方协商确认的价值为 70 000 元，增值税税额 9 100 元，占该公司注册资本的 15%，胜利公司的注册资本为 400 000 元，已办理财产转移手续。根据增值税专用发票、固定资产验收单等单据，编制的会计分录为：

借：固定资产　　70 000
　　应交税费——应交增值税（进项税额）　　9 100
　贷：实收资本　　60 000
　　　资本公积　　19 100

3．接受无形资产投资的核算

企业可以接受专利权、土地使用权和非专有技术等无形资产投资。投资者投入无形资产的成本，应当按照合同或协议约定的价值确定，但合同或协议约定价值不公允的除外。投资者投入的无形资产，按投资各方确认的价值，借记“无形资产”账户，贷记“实收资本”账户，如果无形资产价值大于投资者在企业注册资本中占有点份额，差额计入“资本公积”账户。

【例 10-2-5】 2019 年 6 月 20 日，胜利公司接受戊公司投入的专利技术一项，投资各方确认的价值为 70 000 元，增值税税额 4 200 元，与注册资本中所占份额一致。根据增值税专用发票及相关的评估报告，编制的会计分录为：

借：无形资产　　70 000

应交税费——应交增值税（进项税额）　　4 200
贷：实收资本　　74 200

4．股份公司发行股票筹集资金

股份有限公司在设立时通过发行股票筹集资金时，企业应在核定的股本总额范围内发行股票，企业发行股票时取得股款收入与股本总额不一致，发行股票时取得的股款收入大于股本总额的，称为溢价发行；发行股票时取得的股款收入小于股本总额的，称为折价发行；发行股票时取得的股款收入等于股本总额发行的，称为面值发行。我国不允许折价发行股票。

企业按面值发行股票并收到股东的出资时，借记“银行存款”账户，以股票面值贷记“股本”账户，股票发行费用减去发行股票资金冻结期间所产生的利息收入后的差额，借记“资本公积”账户，直接从发行收入中扣除支付。在采用溢价发行股票的情况下，企业应将相当于股票面值的部分计入“股本”账户，其余部分在扣除发行手续费、佣金等发行费用后，计入“资本公积”账户。

【例 10-2-6】　2018 年，某股份有限公司委托某证券公司代理发行普通股股票 2 000 万股，每股面值 1 元，按面值发行，该公司与证券公司约定，按发行收入的 2%收取手续费，从发行收入中扣除，股票已发行完毕，款项已划入银行存款账户。根据以上资料，证券公司应收取的手续费为 40 万元（2 000×2%），编制的会计分录为：

借：银行存款　　19 600 000
　　资本公积　　400 000
　贷：股本　　20 000 000

【例 10-2-7】　2018 年，某股份有限公司委托某证券公司代理发行普通股股票 2 000 万股，每股面值 2 元，发行价格每股 5 元，公司与证券公司约定，按发行收入的 2%收取手续费，从发行收入中扣除，股票已发行完毕，款项已划入银行存款账户。根据以上资料，证券公司应收取的手续费为 200 万元（2 000×5×2%），编制的会计分录为：

借：银行存款　　98 000 000
　贷：股本　　40 000 000
　　　资本公积　　58 000 000

（二）实收资本减少的核算

我国《公司法》规定，公司成立后，股东不得抽逃出资，但符合公司法规定的，可以减少注册资本，如资本过剩或企业发生重大亏损，以弥补亏损等。公司减少注册资本时，需经股东大会通过，公司减资后的注册资本不得低于法定的最低限额，并须依法向公司登记机构办理变更登记手续。

1．企业资本过剩减资

有限责任公司由于资本过剩，在办理减资手续后，借记“实收资本”账户，贷记“银行存款”等账户。

股份有限公司发行的股票，在减资时需要回购股票的，需设置“库存股”账户核算企业收购或注销的本公司的股份数额。库存股票是指公司收回发行在外，但尚未注销的本公司股票。

股份公司采用收购本公司股票方式减资的，应按实际支付的金额，借记“库存股”账户，贷记“银行存款”。注销的库存股，应按股票面值和注销股数计税的股票面值总额，借记“股本”账户，按注销库存股的账面余额与所冲减股本的差额冲减“资本公积（股本溢价）”账户，资本公积不足以冲减的，应依次冲减“盈余公积”“利润分配——未分配利润”等账户。如果回购股票支付的价款低于面值总额的，所注销库存股的账面余额与所冲减股本的差额作为增加资本公积（股本溢价）处理。

【例 10-2-8】 2019 年 12 月 31 日，某股份公司股本为 100 000 000 股，每股面值 1 元，资本公积（股本溢价）为贷方余额 20 000 000 元，资本公积——其他资本公积为贷方余额 180 000 元，盈余公积为贷方余额 12 000 000 元，利润分配——未分配利润为贷方余额 5 000 000 元，经股东大会批准采用回购公司股票的方式减资，回购总股本的 20%，每股回购价 2.5 元。

（1）回购公司股份时，编制的会计分录为：

库存股成本=100 000 000×20%×2.5=50 000 000 元

借：库存股　　50 000 000

　贷：银行存款　　50 000 000

（2）注销公司股份时，应冲减的资本公积为 30 000 000 元（20 000 000×2.5−20 000 000），由于资本公积只有 20 000 000 元，所以只能冲减资本公积 20 000 000 元，剩余的冲减盈余公积 10 000 000 元。编制的会计分录为：

借：股本　　20 000 000

　　资本公积——股本溢价　　20 000 000

　　盈余公积　　10 000 000

　贷：库存股　　50 000 000

（3）假如股票回购价为每股 0.9 元，其他条件不变。回购公司股份时，编制的会计分录为：

库存股成本=100 000 000×20%×0.9=18 000 000 元

借：库存股　　18 000 000

　贷：银行存款　　18 000 000

注销公司股票时，编制的会计分录为：

借：股本　　20 000 000

　贷：库存股　　18 000 000

　　资本公积——股本溢价　　2 000 000

2. 企业发生重大亏损减资

企业发生重大亏损时可以通过减资弥补亏损。企业减资必须获得股东大会特别批准，减资的主要原因之一是一次性偿付累计债务，由于多年经营亏损累积，即使以后若干年企业的利润也无法弥补，在这种情况下就需要减资，用以弥补累积的亏损。企业因严重亏损而减资时，借记“实收资本（股本）”账户，贷记“利润分配——未分配利润”账户。

第三节　资本公积与其他综合收益

一、资本公积概述

（一）资本公积的概念

资本公积是指企业收到投资者出资额超出其在注册资本（或股本）中所占份额的部分，以及其他资本公积等。资本公积包括资本溢价、股本溢价和其他资本公积等。

（1）资本溢价是有限责任公司投资人实际出资额超过其注册资本所占份额的部分。

（2）股本溢价是股份有限公司在发行股票时，实际募集的资金超过其股本的差额部分。

（3）其他资本公积是除净损益、其他综合收益和利润分配以外所有者权益的其他变动。如企业的长期股权投资采用权益法，在被投资单位除净损益、其他综合收益外和利润分配以外所有者权益的变动，投资企业应按享有份额而增加或减少的资本公积。

（二）资本公积与实收资本（或股本）、盈余公积的区别

资本公积从本质上来讲，属于投入资本，但与实收资本（或股本）不同，实收资本一般是投资者为谋求价值增值或谋求回报而投入企业的原始投资，并依法进行了注册登记，属于法定资本，它体现了企业所有者对企业的基本产权关系，即根据投资人投资额的不同在企业享有的份额不同，并依此确定投资人在企业参与经营决策或利润分配的份额不同，同时确定企业在清算时对清算资产的要求权的份额。资本公积形成后为投资人共同所有，不体现所有者的占有比例，不能作为所有者参与经营决策和分配利润的依据，资本公积可以用来转增资本。

资本公积的来源不是企业实现的利润，而主要来自资本溢价（或股本溢价）等，留存收益是从企业历年实现的利润中提取或形成的，留存于企业内部积累，来源于企业生产经营活动实现的利润。

二、资本公积的核算

为了核算资本公积的增减变动情况，企业应设置“资本公积”账户。该账户属于所有者权益账户，其贷方登记资本公积的增加数，借方登记资本公积的减少数，期末贷方余额表示资本公积的结存数额。该账户应当分别设置“资本溢价”“股本溢价”“其他资本公积”等明细账户。

（一）资本溢价

除股份有限公司外其他类型的企业，在企业创立时，投资人认缴的出资额与注册资本

一致，一般不会产生资本溢价，但在企业重组或有新的投资者加入时，常常会出现资本溢价，因为在企业进行正常生产经营后，其资本利润率通常要高于企业初创阶段。另外，企业内部积累，新投资者加入企业后，对这些积累也要分享，所以新加入的投资者往往要付出大于原投资者的出资额，才能取得与原投资者相同的出资比例，投资者多缴的部分形成资本溢价。

企业收到投资者投入的资本时，借记“银行存款”“固定资产”“无形资产”等账户，按其在注册资本或股本中所占有的份额，贷记“实收资本”或“股本”账户，按其差额，贷记“资本公积——资本溢价”账户。

【例 10-3-1】 某有限责任公司由三位投资者投资 300 万元设立，每人投资 100 万元。两年后为扩大经营规模，公司决定注册资金增加到 400 万元，并引入新的投资者加入，按照投资协议，新投资者加入需缴纳现金 150 万元，同时享有公司四分之一的股份，公司已收到该现金投资，并已存入银行。在办妥相关手续后，该公司编制的会计分录为：

借：银行存款　　1 500 000

　贷：实收资本　　1 000 000

　　资本公积——资本溢价　　500 000

（二）股本溢价

股份有限公司是以发行股票方式筹集股本的，按照我国《公司法》规定，股票发行可面值发行和溢价发行，但不得折价发行。

在按面值发行股票的情况下，股份公司应按发行股票取得的全部收入，借记“银行存款”账户，贷记“股本”账户。在溢价发行股票的情况下，企业应将发行股票取得的全部收入借记“银行存款”账户，将等于股票面值部分的记入“股本”账户，发行收入与股票面值之间的差额记入“资本公积”账户。

发行股票相关的印刷费、手续费和佣金等交易费用，如果是溢价发行股票的，应从溢价中抵扣，冲减资本公积（股本溢价），无溢价发行股票或溢价金额不足以抵扣的，应将不足抵扣部分冲减盈余公积和未分配利润。

【例 10-3-2】 某股份有限公司首次公开发行普通股 50 000 000 股，每股面值 2 元，发行价格为每股 5 元，该批股票委托某证券公司代理发行，与证券公司约定，按发行收入的 3%收取佣金，从发行费中扣除。假定该批股票已经募足，款项已存入银行。根据有关单据，编制的会计分录为：

公司收到证券公司转来的发行收入=50 000 000×5×（1−3%）=242 500 000 元

应计入资本公积的金额=242 500 000−50 000 000×2=142 500 000 元

计入股本的金额=50 000 000×2=100 000 000 元

借：银行存款　　242 500 000

　贷：股本　　100 000 000

　　资本公积——资本溢价　　142 500 000

（三）其他资本公积

其他资本公积应按持股比例计算应享有被投资单位所有者权益的增加数额，如果是利得，借记“长期股权投资——其他权益变动”账户，贷记“资本公积——其他资本公积”账户；如果是损失，做相反的会计处理。在处置长期股权投资时，应转销与该笔投资相关的其他资本公积。

【例 10-3-3】 2019 年 1 月 1 日，某有限责任公司向 A 公司投资，占该公司 25% 的股份，并对该公司具有重要影响，因而对 A 公司的长期股权投资采用权益法核算。2019 年 12 月 31 日，A 公司除净损益、其他综合收益和利润分配外的所有者权益增加了 1 000 000 元。假定除此之外，A 公司的所有者权益没有变化，该有限责任公司的持股比例没有变化，A 公司资产的账目价值与公允价值一致。不考虑其他因素，该有限责任公司编制的会计分录为：

该有限责任公司对 A 公司投资增加的资本公积=1 000 000×25%=250 000 元

借：长期股权投资——A 公司　　250 000

　贷：资本公积——其他资本公积　　250 000

（四）资本公积转增资本

经股东大会批准，用资本公积可以转增资本时，应冲减资本公积，同时按照转增前的实收资本（或股本）的构成比例，将转增的金额计入“实收资本（或股本）”账户各明细账中，办妥转增资本手续时，借记“资本公积”账户，贷记“实收资本”账户。

【例 10-3-4】 某有限责任公司经股东大会批准，决定用 5 000 万元资本公积转增资本，已办妥变更登记手续，编制的会计分录为：

借：资本公积　　50 000 000

　贷：实收资本　　50 000 000

三、其他综合收益

其他综合收益是指企业根据会计准则的规定，未在当期损益中确认的各项利得和损失，在以后的会计期内满足规定条件将计入损益，如以公允价值计量且其变动计入其他综合收益的金融资产公允价值变动、自用的房地产转换为投资性房地产差额等。

（一）以公允价值计量且其变动计入其他综合收益的金融资产公允价值变动

在资产负债表日，以公允价值计量且其变动计入其他综合收益的金融资产公允价值变动形成的利得和损失，应当直接计入其他综合收益，在该金融资产终止确认时转出，计入当期损益。在资产负债表日，以公允价值计量且其变动计入其他综合收益的金融资产公允价值高于其账面余额的差额，借记“其他债权投资”或“其他权益工具投资”账户，贷记“其他综合收益”账户，公允价值低于其账面余额的差额，做相反的会计分录。

【例 10-3-5】 某公司购买的其他债权投资价值为 120 万元，其中买价 115 万，已到付息期尚未领取的利息 10 万元，交易费用 5 万元，期末该项资产的公允价值为 123 万元。会计期末，根据上述资料编制的会计分录为：

其他债权投资的账面余额=115+5−10=110（万元）

期末其他综合收益=123−110=13（万元）

借：其他债权投资 130 000

贷：其他综合收益 130 000

（二）自用的房地产转换为投资性房地产的差额

自用的房地产转换为采用公允价值计价的投资性房地产，转换日公允价值大于原账面价值的，其差额计入其他综合收益，在该项投资性房地产处置时，将其他综合收益转入当期损益。在转换日，借记“投资性房地产”“累计折旧”等账户，贷记“固定资产”“其他综合收益”等账户。

【例 10-3-6】 某企业有一栋办公楼位于繁华地段，2019 年 6 月 1 日决定将该办公楼用于对外出租，企业对该办公楼转为投资性房地产，采用公允价值模式计量，该办公楼原价 1 000 万元，累计已提折旧 100 万元，经评估，2019 年 6 月 1 日该办公楼的公允价值 1 700 万元。在转换日，该企业编制的会计分录为：

借：投资房地产 17 000 000

累计折旧 1 000 000

贷：固定资产 10 000 000

其他综合收益 8 000 000

第四节 留存收益

一、留存收益的内容

留存收益是指企业从实现的利润中提取或留存于企业的一种内部积累，它是所有者权益的一部分，包括盈余公积和未分配利润。

（一）盈余公积

1. 盈余公积的内容

盈余公积是企业按照有关规定从利润中提取的各种积累基金，包括法定盈余公积和任意盈余公积。

法定盈余公积是指企业按照国家规定的比例从净利润中提取的盈余公积。我国《公司法》规定，公司制企业的法定盈余公积按照税后利润的 10%提取，法定盈余公积累计额已达公司注册资本的 50%时可以不再提取。任意盈余公积是指企业按照股东会或股东大会决议提取的盈余公积。法定盈余公积和任意盈余公积的区别就在于其各自计提的依据不同，前者以国家的法律和行政规章制度为依据提取，后者则由公司自行决定。

2. 盈余公积的主要用途

企业提取的法定盈余公积和任意盈余公积主要用于以下几个方面：

（1）弥补亏损。当企业发生经营发生亏损时，应由企业自行弥补，弥补亏损的途径有三种：一是用以后年度的税前利润弥补，按照现行制度的规定，企业发生亏损后，可以用以后五年内实现的税前利润进行弥补；二是用以后年度的税后利润补亏，企业发生的超过五年未能弥补的亏损，可以用税后利润弥补；三是用盈余公积补亏，企业用盈余公积补亏，应召开股东大会批准。

（2）转增资本。企业将盈余公积转增资本时，必须经股东大会决议批准，在实际将盈余公积转增资本时，要按股东原有持股比例结转，盈余公积转增资本后留存的盈余公积不得少于注册资本的25%。

（3）发放现金股利或利润。企业本年度无利润，原则上不分配股利或利润，但股份有限公司为了维护股票的信誉，经股东大会特别决议，也可以用以前年度的盈余公积发放股利，但这部分盈余公积必须是补足亏损后的结余部分，并且分配股利后法定盈余公积的比例不得低于企业注册资本的25%。

（二）未分配利润

未分配利润是指净利润中未做分配的部分。从数量上看，未分配利润等于期初未分配的利润加上本期实现的税后净利润减去提取的各种盈余公积和分出去的利润后的余额。这部分利润留待以后年度进行分配，相对于其他所有者权益而言，因未分配利润未指定专门用途，所以，企业对未分配利润有较大的自主权。未分配利润有两层含义：一是留待以后年度处理的利润，二是未指定特定用途的利润。

二、留存收益的核算

（一）盈余公积的核算

为了核算盈余公积的增减变动情况，企业应设置“盈余公积”账户。该账户属于所有者权益类账户，其贷方表示从税后利润中提取的各类盈余公积，借方表示盈余公积的使用，期末余额在贷方表示盈余公积的结余额。该账户应当分别设置“提取法定盈余公积”“提取任意盈余公积”两个明细账户。

1. 盈余公积增加的核算

提取盈余公积时，借记“利润分配”账户，贷记“盈余公积”账户。

【例10-4-1】 某企业2019年年度税后利润为500 000元，该企业分别以10%、15%的比例提取法定盈余公积和任意盈余公积。

如果该企业没有历年未弥补的亏损，则编制的会计分录为：

借：利润分配——提取法定盈余公积　　50 000

　　　　　　——提取任意盈余公积　　75 000

贷：盈余公积　　125 000

如果该企业有历年未弥补的亏损 100 000 元（即利润分配——未分配利润有借方余额），则编制的会计分录为：

提取的法定盈余公积=（500 000−100 000）×10%=40 000 元

提取的任意盈余公积=（500 000−100 000）×15%=60 000 元

借：利润分配——提取法定盈余公积　　40 000
　　　　　　——提取任意盈余公积　　60 000
　贷：盈余公积　　100 000

2．盈余公积减少的核算

（1）盈余公积弥补亏损的核算。

企业发生亏损，不能以税前利润和税后利润弥补亏损的，经股东大会特别决议，可以用盈余公积补亏时，借记“盈余公积”账户，贷记“利润分配”账户。

【例 10-4-2】　经股东大会批准，某公司决定用以前年度提取的任意盈余公积弥补亏损 500 000 元。编制的会计分录为：

借：盈余公积——任意盈余公积　　500 000
　贷：利润分配——盈余公积补亏　　500 000

（2）盈余公积转增资本（或股本）的核算。

有限责任公司将盈余公积转增资本时，借记“盈余公积”账户，贷记“实收资本”账户。股份有限公司用盈余公积发放股利增资的，按发放新股计算的金额，借记“盈余公积”账户，按股票面值和发放新股数量计算的金额，贷记“股本”账户，差额记入“资本公积”账户。

【例 10-4-3】　因扩大经营规模需要，经股东大会批准，某有限责任公司决定将 400 000 元法定盈余公积转增资本金，在原投资中 A、B、C 三位投资者的投资比例分别为 20%、50%、30%，办妥增资手续后，编制的会计分录为：

借：盈余公积——法定盈余公积　　400 000
　贷：实收资本——A　　80 000
　　　　　　　——B　　200 000
　　　　　　　——C　　120 000

【例 10-4-4】　某股份有限公司决定以任意盈余公积向现有股东派发新股的形式增资，共发行股票 5 000 万股，每股面值 2 元，发行价 2.5 元，已办妥增资手续。根据以上资料，编制的会计分录为：

借：盈余公积——任意盈余公积　　125 000 000
　贷：股本　　100 000 000
　　　资本公积——股本溢价　　25 000 000

（3）用盈余公积发放现金股利或利润的核算。

企业宣告盈余公积向股东发放现金股利或利润时，借记“盈余公积”账户，贷记“应付利润（或应付股利）”账户。发放现金股利时，借记“应付利润（应付股利）”账户，贷记“银行存款”账户。

【例 10-4-5】 某有限责任公司经股东大会批准，决定以任意盈余公积向股东发放现金股利 100 000 元，股利分配方案于 2019 年 4 月 10 日宣告，2019 年 5 月 10 日以存款支付股利。则 2019 年 4 月 10 日编制的会计分录为：

借：盈余公积——任意盈余公积 100 000

　贷：应付利润——应付投资者利润 100 000

（二）未分配利润的核算

在会计核算上，未分配利润通过“利润分配”账户进行核算，具体来说是通过“利润分配——未分配利润”账户进行核算的。

企业在生产经营过程中取得的收入和发生的成本费用，最终通过“本年利润”账户进行归集，计算出当年盈余后，然后转入“利润分配——未分配利润”账户进行分配。年度终了，将“利润分配”账户下其他明细账户（提取法定盈余公积、提取任意盈余公积和应付股利等）的余额，转入“未分配利润”明细账户，结转后“未分配利润”明细账户如为贷方余额，就是未分配的利润，如为借方余额，就是未弥补的亏损。

【业务能力训练】

一、单项选择题

1．某企业年初未分配利润为贷方余额 100 万元，本年实现净利润总额 500 万元，按净利润的 10%提取法定盈余公积，提取任意盈余公积 100 万元，向所有者分配利润 50 万元。则该企业年末可供分配利润为（　　）万元。

A．600　　B．500

C．700　　D．800

2．下面各项经济业务，能够引起企业所有者权益增加的是（　　）。

A．增发新股　　B．以资本公积转增资本

C．提取盈余公积　　D．税前利润补亏

3．下列选项中，会引起留存收益总额发生增减变动的是（　　）。

A．盈余公积转增资本　　B．盈余公积补亏

C．资本公积转增资本　　D．用税后利润补亏

4．某企业年初未分配利润为 160 万元，本年度实现净利润 300 万元，以资本公积转增资本 50 万元，按 10%提取盈余公积，向投资者分配现金股利 20 万元，股票股利 10 万元。假设不考虑其他因素，该企业年末未分配利润为（　　）万元。

A．410　　B．400

C．440　　D．350

5．某企业于2013年成立（假定所得税税率为25%），当年发生亏损160万元，2014年至2019年每年实现利润总额均为20万元，则2019年底该企业“利润分配——未分配利润”账户的借方余额为（　　）万元（不考虑所得税纳税调整事项）。

A．85　　B．80　　C．45　　D．40

二、多项选择题

1．下列选项中，属于资本公积核算的内容有（　　）。

A．收到投资者出资额超出其在注册资本或股本中所占份额的部分

B．除净损益、其他综合收益和利润分配以外所有者权益的其他变动

C．债务重组利得或损失

D．企业收到的政府补助

2．下列选项中，应直接计入所有者权益的有（　　）。

A．接受投资者以存货进行的投资

B．以公允价值计量且其变动计入其他综合收益的金融资产期末公允价值高于其账面余额

C．持有的交易性金融资产期末公允价值发生变动产生的损益

D．出资者实际缴付的出资额超出在实收资本中占有份额的部分

3．企业吸收投资者出资时，下列会计账户余额可能发生变化的有（　　）。

A．盈余公积　　B．资本公积　　C．实收资本　　D．利润分配

4．下列选项中，能够影响可供分配利润增减变动的有（　　）。

A．年初未分配利润　　B．提取法定盈余公积

C．提取任意盈余公积　　D．当年实现的净利润

5．下列关于弥补亏损的说法中，正确的有（　　）。

A．公司当年对累计亏损的弥补，应按照任意盈余公积、法定盈余公积的顺序依次弥补

B．公司当年对累计亏损的弥补，应按照法定盈余公积、任意盈余公积的顺序依次弥补

C．企业本年度亏损，则可以用以后5个年度的税前利润弥补亏损

D．企业本年度亏损，则可以用以后5个年度的税后利润弥补亏损

三、判断题

1．股份有限公司“股本”账户的期末贷方余额就是股票的发行价与发行股数的乘积。（　　）

2．直接计入所有者权益的损失是指由企业非日常活动所发生的、会导致所有者权益减少的、与向所有者分配利润无关的经济利益的流出。（　　）

3．企业年末资产负债表中的未分配利润的金额一定等于“利润分配”账户的年末余额。（　　）

4．企业计提法定盈余公积是按当年实现的净利润作为基数计提的，该基数不应考虑企业年初未分配利润。（　　）

5. 用盈余公积转增资本不影响所有者权益总额的变化，也不影响留存收益总额的变化。（ ）

四、实务题

1. A 公司原由甲、乙共同出资成立，每人出资 100 万元，各占 50%的股份。经营两年后，甲和乙决定增加公司资本，丙要求加入 A 公司。经有关部门批准后，A 公司实施增资，将实收资本增加到 600 万元。经三方协商，一致同意，完成下述投入后，三方投资者各拥有 A 公司 200 万元实收资本，并各占 A 公司 1/3 的股份。协议约定投入资产按评估值入账。各投资者的出资情况如下：

（1）投资者甲以 5 台小轿车投入 A 公司作为增资，这 5 台小轿车原价 100 万元，已提折旧 30 万元，评估确认价值 120 万元。（不考虑增值税）

（2）投资者乙以一批原材料投入 A 公司作为增资，该批材料账面价值 90 万元，评估确认价值 100 万元，税务部门认定应交增值税税额 13 万元。投资者乙已开具了增值税专用发票。

（3）投资者丙以银行存款投入 A 公司 280 万元。

要求：根据上述资料，分别编制 A 公司接受投资者甲、乙增资时及丙初次出资时的会计分录。（“应交税费”账户要求写出二级和三级明细账户）

2. 2017 年，东方股份有限公司“未分配利润”年初贷方余额 400 万元，按 10%提取法定盈余公积金，所得税率 25%，2017 年至 2019 年的有关资料如下：

（1）2017 年实现净利润 400 万元；提取法定盈余公积后，宣告派发现金股利 200 万元。

（2）2018 年发生亏损 1 000 万元。

（3）2019 年实现利润总额 2 000 万元。

要求：

（1）编制 2017 年有关利润分配的会计分录。

（2）编制 2018 年结转亏损的会计分录。

（3）计算 2019 年应交的所得税。

（4）计算 2019 年可供分配利润。

11

第十一章 收　入

学习目标

知识目标

通过本章的学习，了解收入的概念、特征及分类；明确各种收入确认的基本条件，熟悉商品销售收入、提供劳务收入和让渡资产使用权收入的核算原则，熟练掌握商品销售收入、提供劳务收入和让渡资产使用权收入的确认、计量与核算。

能力目标

1. 能简述收入的特征和确认条件。
2. 能对一般销售业务的入账时间、入账金额进行确认并进行账务处理。
3. 能对商业折扣及现金折扣的核算、销售退回及折让、销货退回等业务进行确认和计量并进行账务处理。
4. 能了解劳务收入的内容和确认条件并进行账务处理。
5. 能了解让渡资产使用权收入的确认条件并进行账务处理。

导入案例

小张10月份收入情况如下：工资收入2 500元，兼职收入1 200元，结婚红包收入10 000元，则小张10月份共流入13 700元资金。在这几笔收入中，工资和兼职收入是经常发生的，而红包收入则不可能经常发生，企业也有相似的情况发生。

分析：对经常性发生的收入应如何进行会计处理？对偶发性收入又应如何进行会计处理？收入和收益是同一概念吗？

第一节　收入概述

一、收入的概念与特征

收入是指企业在日常活动中所形成的、会导致所有者权益增加的、与投资者投入资本无关的经济利益的总流入。这里的日常活动是指企业为完成其经营目标而从事的经常性活动及与之相关的其他活动，如工业企业销售产品、商品流通企业销售商品、咨询公司提供咨询服务和安装公司提供安装服务等活动。企业代第三方收取的款项，如增值税销项税额、代收利息等，应当作为负债处理，不应当确认为收入。收入具有如下特征：

（1）收入是企业日常活动形成的经济利益流入。

（2）收入必然导致所有者权益的增加。

（3）收入不包括所有者向企业投入资本导致的经济利益流入。

二、收入的分类

（一）收入按性质分类

收入按性质分类，可分为商品销售收入、提供劳务收入和让渡资产使用权收入。

1．商品销售收入

商品销售收入是指企业通过销售商品实现的收入。这里的商品包括企业为销售而生产的产品和为转售而购进的商品，如工业企业产品销售、商品流通企业商品销售等。对于企业销售的其他存货，如原材料、包装物等也视为同商品。

2．提供劳务收入

提供劳务收入是指企业通过提供劳务实现的收入，如企业通过提供旅游、运输、饮食、广告、咨询、代理、培训和产品安装等劳务所实现的收入。

3．让渡资产使用权收入

让渡资产使用权收入是指企业通过让渡资产使用权实现的收入，主要包括利息收入和使用费收入。利息收入主要是指金融企业对外贷款形成的利息收入，以及同业之间发生往来形成的利息收入等；使用费收入主要是指企业转让无形资产（如商标权、专利权、专营权和版权等资产）的使用权形成的使用费收入。

企业对外出租固定资产收取的租金、进行债权投资收取的利息、进行股利投资取得的现金股利等，也构成让渡资产使用权收入。

（二）收入按企业经营业务的主次分类

收入按企业经营业务的主次分类，可分为主营业务收入和其他业务收入。

1. 主营业务收入

主营业务收入是指企业为完成其经营目标所从事的经常性活动实现的收入。主营业务收入在企业总收入中所占的比重较大，对企业的经济效益影响较大，如工业企业销售商品、自制半成品、代制品、代修品及提供工业性劳务等取得的收入，商品流通企业销售商品所取得的收入等。

2. 其他业务收入

其他业务收入是指企业为完成其经营目标所从事的与经常性活动相关的活动实现的收入。其他业务收入属于企业日常活动中次要交易实现的收入，在企业收入中所占的比重较小，如工业企业对外销售材料，出租包装物、商品或固定资产；对外转让无形资产使用权；对外进行权益性投资（取得现金股利）或债权性投资（取得利息）；提供非工业性劳务等实现的收入等。

三、收入的确认与计量

（一）收入的确认

企业应当在履行了合同中的履约义务，即在客户取得相关商品控制权时确认收入。取得相关商品控制权是指能够主导该商品的使用并从中获得几乎全部的经济利益。当企业与客户之间的合同同时满足下列条件时，企业应当在客户取得相关商品控制权时确认收入：

（1）合同各方已批准该合同并承诺将履行各自义务。

（2）该合同明确了合同各方与所转让商品或提供劳务（以下简称“转让商品”）相关的权利和义务。

（3）该合同有明确的与所转让商品相关的支付条款。

（4）该合同具有商业实质，即履行该合同将改变企业未来现金流量的风险、时间分布或金额。

（5）企业因向客户转让商品而有权取得的对价很可能收回。

（二）收入的计量

企业应当按照分摊至各单项履约义务的交易价格计量收入。交易价格是指企业因向客户转让商品而预期有权收取的对价金额。企业代第三方收取的款项及企业预期将退还给客户的款项，应当作为负债进行会计处理，不计入交易价格。企业应当根据合同条款，并结合其以往的习惯做法确定交易价格。在确定交易价格时，企业应当考虑可变对价、合同中存在的重大融资成分、非现金对价、应付客户对价等因素的影响。

第二节　商品销售收入

一、商品销售收入的确认与计量

（一）商品销售收入的确认

对于商品销售收入而言，最核心的问题是收入的确认时点，即何时确认收入。因为收入提前或推迟确认、确认数量多或少，都会直接影响企业各期间的损益情况。对于在某一时点履行的履约义务，企业应当在客户取得相关商品控制权时点确认收入。在判断客户是否已取得商品控制权时，企业应当考虑下列迹象：

（1）企业就该商品享有现时收款权利，即客户就该商品负有现时付款义务。

（2）企业已将该商品的法定所有权转移给客户，即客户已拥有该商品的法定所有权。

（3）企业已将该商品实物转移给客户，即客户已实物占有该商品。

（4）企业已将该商品所有权上的主要风险和报酬转移给客户，即客户已取得该商品所有权上的主要风险和报酬。

（5）客户已接受该商品。

（6）其他表明客户已取得商品控制权的迹象。

（二）商品销售收入的计量

企业会计准则
第 14 号——收入

商品销售收入的计量，一般应遵循下列原则：

（1）销售商品签订有合同或协议的，企业应当按照从购货方已收或应收的合同或协议价款的公允价值确定商品销售收入。应收的合同或协议价款与公允价值之间的差额，应当在合同或协议期间采用实际利率进行摊销，计入当期损益。

（2）销售商品无合同或协议的，按购销双方都同意或都能接受的价格确定。

（3）销售商品涉及现金折扣的，应当按照扣除现金折扣前的金额确定销售收入金额，现金折扣在实际发生时计入当期损益。现金折扣是指债权人为了鼓励债务人在规定的期限内尽早付款而向债务人提供的债务扣除。

（4）销售商品涉及商业折扣的，应当按照扣除商业折扣后的金额确定销售商品收入。销售折扣是指企业为了促进商品销售而在商品标价上给予的价格扣除。

（5）企业已经确认销售商品发生销售折让的，应当在发生时冲减当期的销售商品收入。销售折让是指因售出商品的质量不合格等原因而售价上给予的减让。

（6）企业已经确认销售商品收入的售出商品发出且销售退回的，应当在发生时冲减当期的销售商品收入。销售退回是指企业售出的商品由于质量、品种不符合要求等原因而发生的退货。

销售折让与销货退回是属于资产负债表日后事项，按《企业会计准则第 29 号——资产负债表日后事项》的有关规定处理。

二、商品销售收入的核算

（一）账户设置

为了核算企业的主要经营活动收入与其他经营活动收入，需要设置“主营业务收入”和“其他业务收入”等账户；从收入与费用的配比角度，还需要设置“主营业务成本”和“其他业务成本”账户，每个会计期间，确认实现的销售收入，结转对应的销售成本。

1. “主营业务收入”账户

为了核算企业销售商品、提供劳务等主营业务的收入，企业应设置“主营业务收入”账户。该账户属于损益类账户，其贷方登记企业已实现的主营业务收入，借方登记发生销售折让或销售退回时冲减的主营业务收入及期末转入“本年利润”账户的主营业务收入，期末结转后无余额。该账户可按商品或劳务的分类设置明细账进行明细分类核算。

2. “其他业务收入”账户

为了核算企业除主营业务收入以外的其他经营活动实现的收入，包括销售材料、出租包装物和商品、出租固定资产和出租无形资产等实现的收入，企业应设置“其他业务收入”账户。该账户属于损益类账户，其贷方登记企业已实现的其他业务收入，借方登记发生销售折让或销售退回等冲减的其他业务收入及期末转入“本年利润”账户的其他业务收入，期末结转后无余额。该账户可按其他业务的分类设置明细账进行明细分类核算。

3. “主营业务成本”账户

为了核算企业因销售商品，提供劳务或让渡资产使用权等日常业务而发生的实际成本，企业应设置“主营业务成本”账户。该账户属于成本类账户，其借方登记企业销售商品、提供劳务等经常性活动所发生的成本，贷方登记由于销售退回时冲减的主营业务成本及期末转入“本年利润”账户的主营业务成本，期末结转后无余额。该账户可按商品或劳务的分类设置明细账进行明细分类核算。

4. “其他业务成本”账户

为了核算企业除主营业务以外的其他经营活动所产生的成本，包括销售材料的成本、出租固定资产的折旧额、出租无形资产的摊销额和出租包装物的成本或摊销额等，企业应设置“其他业务成本”账户。该账户属于成本类账户，其借方登记企业销售材料等发生的其他业务成本，贷方登记由于销售退回等冲减的其他业务成本及期末转入“本年利润”账户的其他业务成本，期末结转后无余额。该账户可按其他业务的分类设置明细账进行明细分类核算。

5. “发出商品”账户

为了核算已经发出但尚未确认销售收入的商品成本，企业应设置“发出商品”账户。该账户属于资产类账户，其借方核算采用一般销售方式已经发出但尚未确认销售收入的商品成本，贷方核算发出商品确认收入结转的成本或退回的商品成本，期末借方余额表示发出商品的成本。该账户可按商品种类设置明细账进行明细分类核算。

（二）一般销售业务的核算

确认收入时，应按实际收到或应收的金额，借记“应收账款”“应收票据”“银行存款”等账户，按确认的销售收入金额，贷记“主营业务收入”等账户，按增值税专用发票上注明的增值税税额，贷记“应交税费——应交增值税（销项税额）”账户；同时或月末，按销售商品的实际成本，借记“主营业务成本”等账户，贷记“库存商品”等账户。

【例 11-2-1】 A 企业销售一批产品给 B 企业，开出的增值税专用发票上注明售价 20 000 元，增值税税额 2 600 元。产品已经发出，货款收到并存入银行。该批产品的生产成本为 12 000 元。根据增值税专用发票和出库单等原始票据，编制的会计分录为：

借：银行存款　　22 600
　贷：主营业务收入　　20 000
　　　应交税费——应交增值税（销项税额）　　2 600
借：主营业务成本　　12 000
　贷：库存商品　　12 000

（三）材料销售的核算

企业在日常活动中还可能发生对外销售不需用的原材料、随同商品对外销售单独计价的包装物等业务。企业销售原材料、包装物等存货也视同商品销售，其收入确认和计量原则比照商品销售。企业销售原材料、包装物等存货实现的收入作为其他业务收入处理，结转的相关成本作为其他业务成本处理。

【例 11-2-2】 A 公司销售给 B 企业原材料一批，增值税专用发票上注明价款 50 000 元，增值税税额 6 500 元，款项收到并存入银行，该批材料的成本为 40 000 元。根据增值税专用发票和出库单等原始票据，编制的会计分录为：

借：银行存款　　56 500
　贷：其他业务收入　　50 000
　　　应交税费——应交增值税（销项税额）　　6 500
借：其他业务成本　　40 000
　贷：原材料　　40 000

（四）分期收款销售的核算

企业销售商品，有时会采取分期收款的方式，如分期收款发出商品，即商品已经交付，货款分期收回。如果延期收取的货款具有融资性质，其实质是企业向购货方提供免息的信贷，在符合收入确认条件时，企业应当按照应收的合同或协议价款的公允价值确定收入金额。应收的合同或协议价款与其公允价值之间的差额，应当在合同或协议期间内，按照应收款项的摊余成本和实际利率计算确定的金额进行摊销，作为财务费用的抵减处理。

【例 11-2-3】　2019 年 1 月 1 日，甲企业采用分期收款方式向乙企业销售 A 产品，价款共计 550 000 元，增值税税额 71 500 元。合同约定分两年收回，每年年末收取，第一年年末收回货款 300 000 元和增值税 71 500 元；第二年年末收回货款 250 000 元。该产品成本 300 000 元。假如甲企业为增值税一般纳税人，销售期间增值税税率恒为 13%，企业选定的折现率为 8%。甲企业 A 产品销售价款公允价值计算如表 11-1 所示。

表 11-1　甲企业 A 产品销售价款公允价值计算

年度	销售价款（元）	折现率（%）	现值系数	现值（公允价值）（元）
2019	300 000	8	0.925 9	277 770
2020	250 000	8	0.857 3	214 325
合计	550 000			492 095

甲企业会计处理如下：

（1）2019 年 1 月 1 日，销售商品时，编制的会计分录为：

借：长期应收款　621 500

　贷：主营业务收入　492 095

　　应交税费——应交增值税（销项税额）　71 500

　　未实现融资收益　57 905

（2）结转该批商品成本时，编制的会计分录为：

借：主营业务成本　300 000

　贷：库存商品　300 000

（3）2019 年年末，收取价款时，编制的会计分录为：

借：银行存款　388 000

　贷：长期应收款　388 000

借：未实现融资收益　22 230

　贷：财务费用　22 230

（4）2020 年年末，收取价款时，编制的会计分录为：

借：银行存款　250 000

　贷：长期应收款　250 000

借：未实现融资收益　35 675

　贷：财务费用　35 675

（五）已经发出但不符合商品销售收入确认条件商品的核算

如果企业在销售商品时，尚不能同时满足收入确认的 5 个条件，则不能确认商品销售收入，已经发出的商品，应当通过“发出商品”账户核算。

【例 11-2-4】　2019 年 5 月，A 企业以托收承付方式向 B 企业销售一批商品，成本 50 000 元，增值税专用发票上注明的价款 70 000 元，增值税税额 9 100 元。A 企业在销售时已知 B 企业资金周转发生困难，但 A 企业考虑到为了避免存货积压，同时，B 企业的资金周转款只是暂时性的，未来收回货款的可能性较大，因此，仍将商品销售给了B企业。由于此项目目前收回货款的可能性不大，A企业在销售该商品时不能确认收入，应将已发出商品成本转入“发出商品”账户。

（1）假设A企业销售该批商品的纳税义务已经产生，A企业编制的会计分录为：

借：发出商品 50 000

　贷：库存商品 50 000

结转应缴纳的增值税时，编制的会计分录为：

借：应收账款——B企业 9 100

　贷：应交税费——应交增值税（销项税额） 9 100

如果不需要在销售时缴纳增值税，则不做会计处理。

（2）如果2019年9月得知B企业经营状况出现好转，且B企业承诺近期付款，则可以满足收入确认的条件，编制的会计分录为：

借：应收账款——B企业 70 000

　贷：主营业务收入 70 000

借：主营业务成本 50 000

　贷：发出商品 50 000

（六）商业折扣、销售折让和现金折扣销售的核算

1. 商业折扣的核算

商业折扣的目的是鼓励购货方多购买商品，通常根据购货方不同的数量而给予不同的折扣比率，商品标价扣除商业折扣后的金额，为双方的实际交易价格，因此，销售商品收入的金额不包括商业折扣，应按扣除商业折扣之后的净额入账。

【例11-2-5】 甲企业所销售的A产品在商品价目单上标明每件500元，若一次性购买A产品100件以上，则可得到15%的折扣，乙企业一次性购买A产品100件，增值税税率13%。甲企业编制的会计分录为：

发票价格=100×500×（1−15%）=42 500元

销项税额=42 500×13%=5 525元

借：应收账款 48 025

　贷：主营业务收入 42 500

　　　应交税费——应交增值税（销项税额） 5 525

2. 销售折让的核算

对于销售折让，企业应分不同情况进行处理：在确认销售收入之前的售出商品发生销售折让，应在确认收入时直接按扣除销售折让后金额确认；已确认销售收入的售出商品发生销售折让，且不属于资产负债表日后事项的，应在发生时冲减当期销售商品收入，按规定允许扣减增值税税额的，还应冲减已确认的应交增值税销项税额。

【例 11-2-6】　甲公司向乙公司销售一批商品，开出的增值税专用发票上注明价款 500 000 元，增值税税额 65 000 元。乙公司在验收过程中发现部分商品质量不合格，要求在价格上给予 5%的折让。假定甲公司已确认销售收入，款项尚未收到，已取得税务机关开具的红字专用发票，则甲公司会计处理如下：

（1）销售实现时，编制的会计分录为：

借：应收账款　565 000
　贷：主营业务收入　500 000
　　　应交税费——应交增值税（销项税额）　65 000

（2）发生销售折让时，编制的会计分录为：

借：主营业务收入　25 000
　　应交税费——应交增值税（销项税额）　3 250
　贷：应收账款　28 250

（3）实际收到款项时，编制的会计分录为：

借：银行存款　536 750
　贷：应收账款　536 750

3．现金折扣的核算

现金折扣发生在销售商品之后，其是否发生及发生多少要视买方的付款期限而定，由于在确认销售商品收入时还不能确定相关的现金折扣，因此在确认收入的金额时不考虑现金折扣因素，应按全额确认销售收入。现金折扣是债权人的一项融资费用，在实际发生时计入当期财务费用。

【例 11-2-7】 A 公司销售给 B 公司商品一批，增值税专用发票上注明价款 100 000 元，增值税税额 13 000 元。企业为了及早收回货款，在合同中规定了符合现金折扣的条件为“2/10，1/20，*n*/20”。

（1）销售实现时，应按总销售确认收入，编制的会计分录为：

借：应收账款——B 公司　113 000
　贷：主营业务收入　100 000
　　　应交税费——应交增值税（销项税额）　13 000

（2）若 B 公司在 10 日内付清货款，则现金折扣为 2 000（100 000×2%）元，编制的会计分录为：

借：银行存款　111 000
　　财务费用　2 000
　贷：应收账款——B 公司　113 000

（3）若 B 公司在 20 日内付清货款，则现金折扣为 1 000 元，编制的会计分录为：

借：银行存款　112 000
　　财务费用　1 000
　贷：应收账款——B 公司　113 000

（4）若B公司在21～30日内付清货款，则不存在现金折扣，应按全额付款，编制的会计分录为：

借：银行存款　　113 000

　贷：应收账款——B公司　　113 000

（七）销货退回的核算

对于销售退回，企业应分不同情况进行会计处理：

（1）对于未确认收入的售出商品发生销售退回的，企业应按已记入“发出商品”账户的商品成本金额，借记“库存商品”账户，贷记“发出商品”账户。

（2）对于已确认收入的售出商品发生退回的，企业应在发生时冲减当期商品销售收入，同时冲减当期销售成本。如该项销售退回已发生现金折扣的，应同时调整相关财务费用的金额；如该项销售退回允许扣减增值税税额的，应同时调整“应交税费——应交增值税（销项税额）”账户的相应金额。

（3）已确认收入的售出商品发生的销售退回属于资产负债表后事项的，应当按照有关资产负债表日后事项的相关规定进行会计处理。

【例11-2-8】 2019年10月10日，A公司销售给B企业商品一批，增值税专用发票上注明价款150 000元，增值税税额19 500元，成本115 000元。商品当日发出，收到对方支票一张，已送存银行。11月8日，B企业发现该批商品质量有问题，将商品全部退回，A公司将货款退给B企业，并按规定开具了红字增值税专用发票。

（1）销售实现时，编制的会计分录为：

借：银行存款　　169 500

　贷：主营业务收入　　150 000

　　　应交税费——应交增值税（销项税额）　　19 500

借：主营业务成本　　115 000

　贷：库存商品　　115 000

（2）11月8日，销货退回时，编制的会计分录为：

借：主营业务收入　　150 000

　　应交税费——应交增值税（销项税额）　　19 500

　贷：银行存款　　169 500

借：库存商品　　115 000

　贷：主营业务成本　　115 000

（八）预收款销售的核算

预收款销售商品是指购买方在商品尚未收到前按合同或协议约定分期付款，销售方在收到最后一笔款项才将商品交付购货方，标明商品所有权上的主要风险和报酬只有在收到最后一笔款项时才转移给购货方，企业通常应在发出商品时确认收入，在此之前预收的货款应确认为负债，计入“合同负债”账户。合同负债是指企业已收客户对价而应向客户转让商品的义务，如企业在转让承诺的商品之前已收取的款项，其核算内容与“预收账款”账户相同。

【例 11-2-9】 2019 年 8 月 25 日，A 公司与 B 企业签订一笔金额为 600 000 元的销货合同。合同规定，A 公司于 9 月 1 日先预先收货款的 50%，余款在 12 月 5 日交货后收取。

（1）2019 年 9 月 1 日，预收货款时，编制的会计分录为：

借：银行存款　　300 000

　贷：合同负债　　300 000

（2）2019 年 12 月 5 日，交货时，编制的会计分录为：

借：合同负债　　678 000

　贷：主营业务收入　　600 000

　　应交税费——应交增值税（销项税额）　　78 000

（3）2019 年 12 月 5 日，收到余款时，编制的会计分录为：

借：银行存款　　378 000

　贷：合同负债　　378 000

（九）委托代销商品的核算

代销业务是指委托方和受托方签订协议，委托方将商品交付给受托方，受托方代委托方销售商品，委托方按协议价收取所销货款的一种销售方式。代销一般可以分为视同买断的代销和收取手续费的代销两种情况。

1. 视同买断方式

视同买断方式下，代销商品的实际售价可由受托方自定，实际售价与协议价之间的差额归受托方所有。在交付商品时，委托方不确认收入，受托方也不作购进商品处理。受托方将商品销售后，按实际售价确认销售收入，并向委托方开具代销清单，委托方收到代销清单时再确认本企业的销售收入。

在视同买断代销方式委托方账务处理中，委托方把商品发出时，按库存商品的成本，借记“委托代销商品”账户，贷记“库存商品”账户。委托方收到代销清单时，按确认的收入贷记“主营业务收入”账户，按应缴纳的税金贷记“应交税费——应交增值税（销项税额）”账户，根据两者的合计金额确定借方“应收账款”金额。同时结转存货的成本，借记“银行存款”账户，贷记“应收账款”账户。

当受托方收到代销商品时按收到代销商品的价值，借记“受托代销商品”账户，贷记“受代销商品款”账户。当受托方实际销售商品时，按照确认的收入，贷记“主营业务收入”账户，按照应缴纳的税金贷记“应交税费——应交增值税（销项税额）”账户，根据两者的合计金额确定借方“银行存款”金额。同时结转受托代销商品的成本，借记“主营业务成本”账户，贷记“受托代销商品”账户。开具代销清单取得委托方增值税发票时，借记“受托代销商品款”“应交税费——应交增值税（进项税额）”账户，贷记“应付账款”账户。

【例 11-2-10】 甲公司委托乙公司销售产品 100 件，协议价每件 2 000 元，该产品每件成本 1 000 元，增值税税率 13%。月底，甲公司收到乙公司开来的代销清单，向乙公司开具增值税专用发票，发票上注明售价 40 000 元，增值税税额 5 200 元。乙公司实际销售时开具的增值税专用发票上注明售价 50 000 元，增值税税额 6 500 元。

（1）委托方甲企业会计处理如下：

① 发出商品时，编制的会计分录为：

借：委托代销商品　　100 000
　贷：库存商品　　100 000

② 月底，收到代销清单，开出增值税专用发票时，编制的会计分录为：

借：应收账款——受托方　　45 200
　贷：主营业务收入　　40 000
　　　应交税费——应交增值税（销项税额）　　5 200

同时，结转代销商品销售成本时，编制的会计分录为：

借：主营业务成本　　10 000
　贷：委托代销商品　　10 000

③ 收到货款时，编制的会计分录为：

借：银行存款　　45 200
　贷：应收账款——受托方　　45 200

（2）受托方乙企业会计处理如下：

① 收到商品时，编制的会计分录为：

借：受托方代销商品　　200 000
　贷：代销商品款　　200 000

② 实际销售商品，开出增值税专用发票时，编制的会计分录为：

借：银行存款　　56 500
　贷：主营业务收入　　50 000
　　　应交税费——应交增值税（销项税额）　　6 500

同时，结转代销商品销售成本时，编制的会计分录为：

借：主营业务成本　　40 000
　贷：受托代销商品　　40 000

③ 月底，开出代销清单，收到增值税专用发票时，编制的会计分录为：

借：代销商品款　　40 000
　　应交税费——应交增值税（进项税额）　　5 200
　贷：应付账款——委托方　　45 200

④ 按照合同，付出货款时，编制的会计分录为：

借：应付账款——委托方　　45 200
　贷：银行存款　　45 200

2. 手续费方式

与视同买断的代销相比，收取手续费形式的代销由委托方制定价格，受托方只是按照协议价格对外销售，不得自行改变售价，根据协议由委托方支付一定的手续费。在这种代销方式下，委托方在受托方将商品售出并收到受托方开具的代销清单后，确认收入。受托方在商品销售后，按照协议约定的手续费确认代销收入。

在收取手续方式委托方账务处理中，委托方把商品发出时按库存商品的成本，借记“委托代销商品”账户，贷记“库存商品”账户。当委托方收到代销清单时，按照确认的收入，贷记“主营业务收入”账户，按照应缴纳的税金，贷记“应交税费”——应交增值税（销项税额）账户，根据两者的合计金额确定借方“应收账款”金额。同时结转存货的成本，借记“主营业务成本”账户，贷记“委托代销商品”账户。收到账款时，借记“银行存款”账户，贷记“应收账款”账户。

在收取手续费方式受托方账务处理中，当受托方收到代销商品时按收到代销商品的价值，借记“受托代销商品”账户，贷记“代销商品款”账户。当受托方实际销售商品时，按照销售商品的金额，贷记“应付账款”账户，按照应缴纳的税费，贷记“应交税费——应交增值税（销项税额）”账户，根据两者的合计金额确定借方“银行存款”金额。开出代销清单取得委托方增值税发票时，借记“应交税额——应交增值税（进项税额）”账户，贷记“应付账款”账户。同时结转代销商品价值，借记“代销商品款”账户，贷记“受托代销商品”账户。支付货款并计算代销手续费时，借记“应付账款”账户，贷记“银行存款”“主营业务收入”等账户。

【例 11-2-11】 A 公司委托 B 公司销售商品 100 件，双方签订的委托协议价格 200 元/件，该商品的成本 120 元/件，增值税税率 13%。B 公司将该批商品以每件 200 元的价格对外出售，共取得价款 20 000 元，增值税税额 2 600 元。A 公司按照售价的 10% 支付 B 公司手续费，并在 B 公司交来代销清单时给 B 公司同样金额的销项税发票。

（1）委托方 A 公司会计处理如下:

① 发出商品时，编制的会计分录为:

	借方	贷方
借：发出商品	12 000	
贷：库存商品		12 000

② 收到代销清单时，编制的会计分录为:

	借方	贷方
借：应收账款	22 600	
贷：主营业务收入		20 000
应交税费——应交增值税（销项税额）		2 600

同时，结转代销商品销售成本时，编制的会计分录为:

	借方	贷方
借：主营业务成本	12 000	
贷：发出商品		12 000

③ 确认代销费用时，编制的会计分录为:

	借方	贷方
借：销售费用	2 000	
贷：应收账款		2 000

④ 收到B公司的代销收入款时，编制的会计分录为：

借：银行存款　　20 600

　贷：应收账款　　20 600

（2）受托方B公司会计处理如下：

① 收到商品时，编制的会计分录为：

借：受托代销商品　　20 000

　贷：代销商品款　　20 000

② 实际销售商品，开出增值税专用发票时，编制的会计分录为：

借：应收账款　　22 600

　贷：应付账款　　20 000

　　应交税费——应交增值税（销项税额）　　2 600

③ 收到增值税专用发票时，编制的会计分录为：

借：应交税费——应交增值税（进项税额）　　2 600

　贷：应付账款　　2 600

借：代销商品款　　20 000

　贷：受托代销商品　　20 000

④ 按照合同，付出货款时，编制的会计分录为：

借：应付账款　　22 600

　贷：银行存款　　20 600

　　主营业务收入　　2 000

第三节　提供劳务收入

一、提供劳务收入的确认与计量

（一）提供劳务收入的确认

企业提供劳务的种类有很多，如旅游、运输、饮食、广告、咨询、代理、培训、产品安装等。有的劳务一次就能完成，且一般为现金交易，如饮食、理发、照相等；有的劳务需要花费一段较长的时间才能完成，如安装、旅游、培训、远洋运输等。

企业提供的服务如果属于在某一时点履约的义务，应采用与前述商品销售相同的办法确认收入；如果属于在某一期间履行的义务，则应当考虑服务的性质，采用产出法或投入法确定恰当的履约进度，分期确认收入。

（二）提供劳务收入的计量

产出法是根据已提供给客户的劳务对于客户的价值确定履约进度。例如，甲公司与乙公司签订一项服务合同，合同总收入为300万元，合同总成本预计为200万元，期限为

2 年，采用产出法确定履约进度。资产负债表日，经专业测量师测量认定，该项服务的价值累计履约进度为 10%，乙公司接受该项测量结果，则甲公司应确认收入 30 万元（300×10%）。

投入法是根据企业为履行履约义务的投入确定履约进度。例如，甲公司与乙公司签订一项服务合同，合同总收入为 300 万元，合同总成本预计为 200 万元，期限为 2 年，采用投入法确定履约进度。资产负债表日，该项服务的累计服务成本为 40 万元，则累计履约进度为 20%（即 40÷200），应累计确认收入 60 万元（300×20%）。

采用上述方法确认收入及相关费用的计算方法如下：

各期确认的收入=预计总收入×履约进度−前期累计确认收入

各期确认的费用=预计总成本×履约进度−前期累计确认费用

（三）特殊劳务交易收入的确认

（1）安装费，在资产负债表日根据安装的完工进度确认收入。安装工作属于商品销售附带条件的，安装费在确认商品销售实现时确认收入。

（2）宣传媒介的收费，在相关的广告或商业行为开始出现于公众面前时确认收入。广告的制作费，在资产负债表日根据广告的完工进度确认收入。

（3）为特定客户开发软件的收费，在资产负债表日根据开发的完工进度确认收入。

（4）包括在商品售价内可区分的服务费，在提供服务的期间内分期确认收入。

（5）艺术表演、招待宴会和其他特殊活动的收费，在相关活动发生时确认收入。

（6）属于提供设备和其他有形资产的特许权费，在交付资产或转移资产所有权时确认收入；属于提供初始及后续服务的特许权费，在提供服务时确认收入。

（7）会员费。申请入会或加入会员，只允许取得会籍，所有其他服务或商品都要另行收费的，在取得该会员费时确认收入。申请入会或加入会员后，会员在会员期内不再付费就可得到各种服务或商品，或者以低于非会员的价格销售商品或提供服务的，该会员费应在整个受益期内分期确认收入。

（8）劳务费。长期为客户提供重复的劳务收取的劳务费，在相关劳务活动发生时确认收入。

二、提供劳务收入的核算

（一）持续时间不超过一个会计期间劳务的核算

持续时间不超过一个会计期间的劳务，在发生劳务成本时，借记“合同履约成本”账户，贷记“银行存款”“原材料”“应付职工薪酬”等账户，在劳务完成时，借记“银行存款”“应收账款”等账户，贷记“主营业务收入”“其他业务收入”等账户。同时，借记“主营业务成本”或“其他业务成本”账户，贷记“合同履约成本”账户。

【例 11-3-1】 2019 年 12 月 1 日，A 公司接受一项设备安装任务，12 月 28 日完成，合同总金额为 120 000 元，16 日用银行存款支付相关费用 95 000 元，该企业为增值税一般纳税人，增值适用增值税税率 9%。

（1）发生并确认有关成本费用时，编制的会计分录为：

借：合同履约成本　　95 000

　贷：银行存款　　95 000

（2）确认所提供劳务的收入时，编制的会计分录为：

借：应收账款（或银行存款）　　130 800

　贷：主营业务收入　　120 000

　　应交税费——应交增值税（销项税额）　　10 800

同时，结转劳务成本，编制的会计分录为：

借：主营业务成本　　95 000

　贷：合同履约成本　　95 000

（二）持续时间超过一个会计期间劳务的核算

1．履约进度能够合理确定

资产负债表日提供劳务交易的履约进度能够合理确定的，应当按照合同履约进度确认提供劳务的收入。

【例 11-3-2】 2019 年 12 月 1 日，A 公司接受一项设备安装任务，安装期为 3 个月，合同总收入 500 000 元，至年底已预收安装费用 400 000 元，实际发生安装费用 280 000 元，估计还会发生安装费用 120 000 元。该企业为增值税一般纳税人，增值适用增值税税率 9%。A 公司按照实际发生的成本占估计总成本的比例确定合同履约进度。

（1）实际发生合同履约成本时，编制的会计分录为：

实际发生的成本占估计总成本的比例=280 000/（280 000+120 000）×100%=70%

2019 年 12 月 31 日确认的合同履约收入=500 000×70%−0=350 000 元

2019 年 12 月 31 日结转的合同履约成本=（280 000+120 000）×70%−0=280 000 元

借：合同履约成本　　280 000

　贷：应付职工薪酬　　280 000

（2）预收合同款时，编制的会计分录为：

借：银行存款　　400 000

　贷：合同负债　　400 000

（3）2019 年 12 月 31 日，确认合同履约收入并结转合同履约成本时，编制的会计分录为：

借：合同负债　　381 500

　贷：主营业务收入　　350 000

　　应交税费——应交增值税（销项税额）　　31 500

借：主营业务成本　　280 000

　贷：合同履约成本　　280 000

2020 年 2 月 28 日，完工时再确认其余的收入，同时结转成本，并与受托方结算余款。

2．履约进度不能够合理确定

当履约进度不能合理确定时，企业已经发生的成本预计能够得到补偿的，应当按照已经发生的成本确认收入，直到履约进度能够合理确定为止；如果已发生的成本预计不能全部得到补偿的，应当按照预计能够得到补偿的部分确认收入。

第四节 让渡资产使用权收入

一、让渡资产使用权收入的确认与计量

让渡资产使用权取得的收入主要有：

（1）因他人使用本企业现金而取得的利息收入，主要是指金融企业存、贷款形成的利息收入及同业之间发生往来形成的利息收入等。

（2）因他人使用本企业的无形资产（如商标权、专利权、专营权、软件、版权）等而形成的使用费收入。

让渡资产使用权的使用费收入同时满足下列条件的，才能予以确认。

（1）相关的经济利益可能流入企业。企业在确定让渡资产使用权的使用费收入金额是否可能收回时，应当根据对方企业的信誉和生产经营使用情况、双方就结算方式和期限等达成的合同或协议条款等因素，综合进行判断。如果企业估计使用费收入金额收回的可能性不大，就不应确认收入。

（2）收入的金额能够可靠的计量。让渡资产使用权的使用费收入金额能够可靠估量时，企业才能确认收入。让渡资产使用权使用费收入，应按照有关合同或协议约定的收费时间和方法计算确定的。

二、让渡资产使用权收入的核算

让渡资产使用权收入，一般通过“其他业务收入”账户核算，所让渡资产计提的摊销额等，一般通过“其他业务成本”账户核算。

出租固定资产取得的租金时，一般应根据收到的款项，借记“银行存款”账户，按取得的收入，贷记“其他业务收入”账户，向对方收取的增值税税额，贷记“应交税费——应交增值税（销项税额）”账户，发生的相关成本则借记“其他业务成本”账户，贷记“累计折旧”账户；进行债券投资收取的利息、进行股权投资取得的现金股利，则借记“银行存款”账户，贷记“投资收益”“应交税费——应交增值税（销项税额）”等账户。

（一）利息收入

利息收入应在每个会计期末，按照未收回的存款或贷款的本金、存续期间和根据合同或协议规定的存、贷款利率确定。

（二）使用费收入

不同使用费收入，收费时间和方法各不相同。有一次性收取一笔固定金额的，如一次收取 10 年的场地费用；有在合同或协议规定的有效期内分期等额收取的，如合同或协议规定在使用期内每期收取一笔固定的资金；也有分期不等额收取的，如合同或协议规定按资产使用方每期销售额的百分比收取使用费等。

【例 11-4-1】 A、B 两企业达成协议，A 企业允许 B 企业经营其连锁店。协议规定，A 企业共向 B 企业收取特许权费 1 200 000 元。其中，提供家具、柜台等收费 400 000 元，这些家具、柜台的成本为 360 000 元；提供初始服务收费 600 000 元，发生成本 400 000 元；提供后续服务收费 200 000 元，发生成本 100 000 元。假定款项在协议开始时一次支付。

（1）收到预付款项时，编制的会计分录为：

借：银行存款　　1 200 000

　贷：合同负债　　1 200 000

（2）家具、柜台等物品所有权转移时，编制的会计分录为：

借：合同负债　　400 000

　贷：主营业务收入　　400 000

借：主营业务成本　　360 000

　贷：库存商品　　360 000

（3）提供初始服务时，编制的会计分录为：

借：劳务成本　　400 000

　贷：银行存款　　400 000

借：合同负债　　600 000

　贷：主营业务收入　　600 000

借：主营业务成本　　400 000

　贷：劳务成本　　400 000

（4）提供后续服务时，编制的会计分录为：

借：劳务成本　　100 000

　贷：银行存款　　100 000

借：合同负债　　200 000

　贷：主营业务收入　　200 000

借：主营业务成本　　100 000

　贷：劳务成本　　100 000

【业务能力训练】

一、单项选择题

1．下列选项中，符合收入会计要素概念，可以确认为收入的是（　　）。

A．出售无形资产收取的价款　　B．出售原材料收到的价款

C．出售固定资产收取的价款　　D．出售长期股权投资收取的价款

2．在采用收取手续费方式代销商品时，委托方确认商品销售收入的时点为（　　）。

A．委托方发出商品时　　B．受托方销售商品时

C．委托方收到受托方销售清单时　　D．受托方收到销售货款时

3．在采用预收款项方式销售的情况下，应当于（　　）确认营业收入的实现。

A．合同约定的收款日期　　B．实际收到货款时

C．将发票账单交给买方时　　D．在商品、产品发出时

4．销售商品发生的现金折扣，应当（　　）。

A．计入财务费用　　B．冲减财务费用

C．增加主营业务成本　　D．冲减主营业务成本

5．在附有销售退回条件的商品销售方式下，根据以往经验能够合理估计退货可能性并确认退货相关负债的，其销售商品收入的确认时间为（　　）。

A．在发出商品时　　B．在收到货款时

C．在收到退货商品时　　D．在退货期满时

二、多项选择题

1．下列选项中，符合收入概念的有（　　）。

A．销售商品取得的货款　　B．出售多余原材料取得的货款

C．处置固定资产取得的货款　　D．出租固定资产租金收入

2．下列各项交易或事项不应该确认收入的有（　　）。

A．为客户购买旅游门票收到的款项　　B．应收销售方违约罚款收入

C．接受母公司赞助收入　　D．销售商品取得收入

3．同时满足（　　）条件的，说明提供劳务交易的结果能够可靠估计。

A．收入的金额能够可靠地计量

B．相关的经济利益很可能流入企业

C．交易中已经发出和将发出的成本能够可靠地计量

D．合同履约进度能够可靠地确定

4．下列关于委托代销销售商品的说法中，正确的有（　　）。

A．委托方应在发出商品时确认收入

B．委托方应在收到代销清单时确认收入

C．受托方应将收到的商品列为受托代销商品

D．受托方应在实际销售商品时确认收入

5．下列各项中，属于让渡资产使用权应确认的收入有（　　）。

A．提供资金取得的利息　　B．对外出租资产收取的租金

C．对外股权投资取得的股利　　D．出租无形资产取得使用费

三、判断题

1．商业折扣是企业为促进商品销售而在商品标价上给予的价款扣除，应该在销售商品收入中减去，予以单独反映。（　　）

2．售后回购交易，在大多数情况下属于融资交易，企业不应确认销售商品收入。（　　）

3．现金折扣和销售折让在销售商品时均不能预计，因而，应在实际发生时冲减销售收入。（　　）

4．销售退回的商品，不管是在本年度销售还是在以前年度销售，均应冲减退回月份的收入、成本和税金。（　　）

5．在交款提货情况下，货款已经收到，以发票账单和提货单已交给购买方为标准确认营业收入的实现。（　　）

四、实务题

1．甲公司为增值税一般纳税人。2019 年 4 月 1 日，销售给乙企业商品一批，不含税价款 100 000 元，增值税税率 13%，商品成本 60 000 元，合同规定现金折扣条件为“2/10，1/20，*n*/30”，乙企业于 2019 年 4 月 9 日付款。2019 年 6 月，该批商品因质量问题被全部退回，货款及税款尚未退回。不考虑其他税费，计算现金折扣时不考虑增值税。

要求：根据上述资料编制相关会计分录。

2．甲、乙公司均为增值税一般纳税人，增值税税率为 13%。2019 年 4 月 6 日，甲公司与乙公司签订委托代销合同，委托乙公司代销商品 1 000 件。协议价为每件（不含增值税）300 元，每件成本为 200 元，代销合同规定，乙公司按 300 元/件的价格销售给顾客，甲公司按售价的 10%向乙公司支付手续费，每季末结算。2019 年 5 月 1 日，甲公司发出商品。2019 年 6 月 30 日，甲公司收到乙公司开来的代销清单，注明已销售代销商品 500 件，甲公司给乙公司开具增值税发票，2019 年 7 月 2 日收到货款。

要求：根据上述资料分别编制甲公司委托代销和乙公司受托代销的会计分录。

12

第十二章
费 用

学习目标

知识目标

通过本章的学习，了解费用的概念、各种形式的分类、组成，熟悉各种费用的具体构成，如何确认计量等，掌握营业成本、期间费用的核算内容，重点掌握所得税费用的核算。

能力目标

1. 能熟练掌握费用的各种分类形式及具体内容等。
2. 能熟练掌握营业成本的确认、计量及会计核算。
3. 能熟练掌握期间费用的确认、计量及会计核算。
4. 能熟练掌握所得税费用的相关概念及其确认、计量和会计核算。

导入案例

小张毕业后自主创业，注册了一家产品生产型公司，公司在筹建期间发生相关人员的工资费用、办公费、培训费、差旅费、印刷费和注册登记费等。在公司正常运营期间，资金的流出量很大，用于购买各种材料投入生产，支付生产工人的工资、各种车间和办公大楼的水电费，以及办公费等一系列费用。除此之外，鉴于公司的广告投入和销售人员投入很多，产品销售情况很好，毛利率也较高，税务局经过查实，督促其尽快汇算清缴企业所得税。

分析：在筹建期间，发生的各项费用该如何处理？在正常运营期间，各方面的支出又该如何处理？

第一节 费用概述

一、费用的概念与特征

费用是指企业在日常活动中形成的、会导致所有者权益减少的、与向所有者分配利润无关的经济利益的总流出。费用具有如下特征：

（1）费用是企业在日常活动中形成的。费用是企业在其日常活动中所形成的，这些日常活动的界定与收入定义中涉及的日常活动的界定相一致。因日常活动所产生的费用通常包括销售成本（营业成本）、管理费用等。

将费用界定为日常活动所形成的，目的是将其与损失相区分，企业非日常活动所形成的经济利益的流出不能确认为费用，而应计入损失。例如，工业企业制造并销售产品、商业企业购买并销售商品、咨询公司提供咨询服务、软件开发企业为客户开发软件、安装公司提供安装服务、租赁公司出租资产等活动中发生的经济利益的总流出构成费用。企业处置固定资产、无形资产等非流动资产，因违约支付罚款，对外捐赠，因自然灾害等非常原因造成财产毁损等活动或事项形成的经济利益的总流出属于企业的损失而不是费用。

（2）费用会导致企业所有者权益减少。与费用相关的经济利益的流出应当导致所有者权益的减少，不会导致所有者权益减少的经济利益的流出不符合费用的概念，不应确认为费用。企业经营管理中的某些支出并不会减少企业的所有者权益，也就不构成费用。例如，企业以银行存款偿还一项负债，只是一项资产和一项负债的等额减少，对所有者权益没有影响，因此不构成企业的费用。

（3）费用导致的经济利益总流出与向所有者分配利润无关。费用的发生应当会导致经济利益的流出，从而导致资产的减少或者负债的增加（最终也会导致资产的减少），其表现形式包括现金或者现金等价物的流出，存货、固定资产和无形资产等的流出或者消耗等。企业向所有者分配利润也会导致经济利益的流出，但该经济利益的流出属于投资者投资的回报分配，是所有者权益的直接抵减项目，不应确认为费用，应当将其排除在费用的概念之外。

二、费用的分类

（一）费用按经济用途分类

费用按经济用途分类，可以反映企业为取得营业收入进行产品销售等营业活动所发生的货币资金总流出，具体包括成本费用、期间费用等，成本费用又包括营业成本和税金及附加。

1. 营业成本

营业成本是指企业为生产产品、提供劳务等发生的可归属于产品成本、劳务成本等费用，应当在确认销售商品收入、提供劳务收入时，将已销售商品、已提供劳务的成本等计入当期损益。营业成本包括主营业务成本和其他业务成本等。

2. 税金及附加

税金及附加是指企业经营活动应负担的相关税费，包括消费税、城市维护建设税、教育费附加和资源税等。

3. 期间费用

期间费用是指企业日常活动发生的不能计入特定核算对象的成本，而应计入发生当期损益的费用，包括销售费用、管理费用和财务费用。

（二）费用按经济内容分类

费用按照经济内容分类，可以反映企业在一定时期内发生了哪些生产费用、金额各是多少，以便于分析企业各个时期各种费用占整个费用的比重，进而分析企业各个时期各种要素费用支出的水平，有利于考核费用计划的执行情况。

（1）外购材料是指企业为生产经营而耗用的一切从企业外部购入的原料及主要材料、半成品、辅助材料、包装物、修理用备件和低值易耗品等。

（2）外购燃料和动力是指企业为生产经营而耗用的从企业外部购入的各种燃料及动力。

（3）职工薪酬是指企业支付给职工，以及为职工支付的各项款项，如工资、五险一金等。

（4）折旧费是指企业所拥有或控制的固定资产按照使用情况计提的折旧费用。

（5）利息支出税金是指企业应计入生产经营费用的银行及金融机构的借款利息减去利息收入后的净额。

（6）税金是指企业按照税法规定应缴纳的各种税金，如消费税、城市维护建设税及教育费附加、房产税、土地使用税、车船使用税和印花税等。

（7）其他支出是指不属于以上各项目的费用支出，如邮电费等。

三、费用的确认与计量

（一）费用的确认

费用的确认除了应当符合费用的概念外，至少应当符合以下条件：

（1）与费用相关的经济利益很可能流出企业。

（2）经济利益流出企业的结果会导致资产的减少或者负债的增加。

（3）经济利益的流出额能够可靠计量。

（二）费用的计量

费用是通过所使用或所耗用的商品或劳务的价值来计量的，通常的费用计量标准是实际成本。企业会计制度规定，企业在生产经营过程中所发生的其他各项费用，应当以实际发生数计入成本、费用。

第二节　营业成本

一、营业成本的内容

（一）主营业务成本

主营业务成本是指企业销售商品、提供劳务等经常性活动所发生的成本。企业一般在确认销售商品、提供劳务等主营业务收入时，或在月末，将已销售商品、已提供劳务的成本转入主营业务成本。

（二）其他业务成本

其他业务成本是指企业确认的除主营业务活动以外的其他经营活动所发生的支出。其他业务成本包括销售材料的成本、出租固定资产的折旧额、出租无形资产的摊销额、出租包装物的成本或摊销额等。采用成本模式计量的投资性房地产计提的折旧额或摊销额也构成其他业务成本。

二、营业成本的核算

（一）账户设置

1.“主营业务成本”账户

为了核算企业销售商品、提供劳务等经常性活动所发生的成本，企业应设置“主营业务成本”账户。该账户属于损益类账户，其借方核算因销售商品、提供劳务等经常性活动所导致的成本增加，贷方核算期末转入“本年利润”账户的金额，期末结转后无余额。

2. “其他业务成本”账户

为了核算企业确认的除主营业务活动以外的其他经营活动所发生的支出，企业应设置“其他业务成本”账户。该账户属于损益类账户，其借方核算因销售材料的成本、出租固定资产的折旧额、出租无形资产的摊销额、出租包装物的成本或摊销额等的增加，贷方核算期末转入“本年利润”账户的金额，期末结转后无余额。

（二）主营业务成本的核算

企业一般在确认销售商品、提供劳务等主营业务收入时，或在月末，将已销售商品、已提供劳务的成本转入主营业务成本，借记“主营业务成本”账户，贷记“库存商品”或“银行存款”等账户。

【例 12-2-1】 2019 年 4 月 20 日，A 公司向乙公司销售一批产品，开出的增值税专用发票上注明价款 400 000 元，增值税税额 52 000 元；A 公司已收到乙公司支付的款项 452 000 元，并将提货单送交乙公司；该批产品成本 380 000 元。

（1）销售实现时，编制的会计分录为：

借：银行存款 452 000
　贷：主营业务收入 400 000
　　应交税费——应交增值税（销项税额） 52 000

借：主营业务成本 380 000
　贷：库存商品 380 000

（2）期末，将主营业务成本结转至本年利润时，编制的会计分录为：

借：本年利润 380 000
　贷：主营业务成本 380 000

【例 12-2-2】 2019 年 5 月 10 日，某安装公司接受一项设备安装任务，安装业务属于该公司的主营业务，该公司在安装完成时收到款项，不考虑相关税费。

（1）如果该任务可一次完成，合同总价款 20 000 元，实际发生安装成本 12 000 元。编制的会计分录为：

借：银行存款 20 000
　贷：主营业务收入 20 000

借：主营业务成本 12 000
　贷：银行存款 12 000

（2）如果上述安装任务需花费一段时间（不超过会计当期）才能完成，则应在发生劳务相关支出时，先记入“劳务成本”账户，安装任务完成时再转入“主营业务成本”账户，假如第一次发生劳务支出 4 000 元。

① 第一次发生劳务支出时，编制的会计分录为：

借：劳务成本 4 000
　贷：银行存款等 4 000

② 发生余下劳务支出时，编制的会计分录为：

借：劳务成本 8 000
　贷：银行存款等 8 000

③ 待安装完成确认所提供劳务的收入并结转该项劳务总成本 12 000 元时，编制的会计分录为：

借：银行存款 20 000
　贷：主营业务收入 20 000

借：主营业务成本　　12 000
　贷：劳务成本　　12 000

（3）期末，将主营业务成本结转至本年利润时，编制的会计分录为：

借：本年利润　　12 000
　贷：主营业务成本　　12 000

【例 12-2-3】 2019 年 6 月 2 日，A 公司向乙公司销售一批商品，开出的增值税专用发票上注明的价款 60 000 元，增值税税额 7 800 元，款项尚未收到；这批商品成本 40 000 元。乙公司收到商品后，经过验收发现，该批商品存在一定的质量问题，外观存在一定的瑕疵，但基本上不影响使用，因此，6 月 20 日乙公司要求 A 公司在价格上（含增值税税额）给予一定的折让，折让率 10%，A 公司表示同意。假定 A 公司已经确认收入，与销售折让有关的增值税税额税务机关允许扣减。

（1）6 月 2 日，销售收入实现时，编制的会计分录为：

借：应收账款　　67 800
　贷：主营业务收入　　60 000
　　　应交税费——应交增值税（销项税额）　　7 800
借：主营业务成本　　40 000
　贷：库存商品　　40 000

（2）6 月 20 日，发生销售折让时，编制的会计分录为：

折让的收入金额=60 000×10%=6 000 元

折让的增值税税额=6 000×13%=780 元

合计冲减应收账款金额=6 000+780=6 780 元

借：主营业务收入　　6 000
　　应交税费——应交增值税（销项税额）　　780
　贷：应收账款　　6 780

（3）2019 年，收到款项时，编制的会计分录为：

借：银行存款（67 800−6 780）　　61 020
　贷：应收账款　　61 020

（三）其他业务成本的核算

企业发生的其他业务成本，借记“其他业务成本”账户，贷记“原材料”“周转材料”“累计折旧”“累计摊销”“应付职工薪酬”“银行存款”等账户。

【例 12-2-4】 2019 年 5 月 2 日，A 公司销售一批原材料，开具的增值税专用发票上注明的售价 20 000 元，增值税税额 2 600 元，款项已由银行收妥。该批原材料的实际成本为 14 000 元。

（1）销售实现时，编制的会计分录为：

借：银行存款　　22 600

贷：其他业务收入　　　　20 000

　　应交税费——应交增值税（销项税额）　　　　2 600

借：其他业务成本　　　　14 000

　贷：原材料　　　　14 000

（2）期末，将其他业务成本结转至本年利润时，编制的会计分录为：

借：本年利润　　　　14 000

　贷：其他业务成本　　　　14 000

【例 12-2-5】　2019 年 6 月 1 日，A 公司将自行开发完成的非专利技术出租给另一家公司，该非专利技术成本为 240 000 元，双方约定的租赁期限为 10 年，A 公司每月应摊销 2 000 元（240 000÷10÷12）。

（1）每月摊销非专利技术成本时，编制的会计分录为：

借：其他业务成本　　　　2 000

　贷：累计摊销　　　　2 000

（2）期末，将其他业务成本结转至本年利润时，编制的会计分录为：

借：本年利润　　　　2 000

　贷：其他业务成本　　　　2 000

【例 12-2-6】　2019 年 6 月 22 日，某公司销售商品领用单独计价的包装物成本 80 000 元，增值税专用发票上注明价款 200 000 元，增值税税额 26 000 元，款项已存入银行（假设不考虑材料成本差异）。

（1）出售包装物时，编制的会计分录为：

借：银行存款　　　　226 000

　贷：其他业务收入　　　　200 000

　　应交税费——应交增值税（销项税额）　　　　26 000

（2）结转出售包装物成本时，编制的会计分录为：

借：其他业务成本　　　　80 000

　贷：周转材料——包装物　　　　80 000

（3）期末，将其他业务成本结转至本年利润时，编制的会计分录为：

借：本年利润　　　　80 000

　贷：其他业务成本　　　　80 000

第三节　期间费用

一、期间费用概述

（一）期间费用的概念

期间费用是指企业日常活动发生的不能计入特定核算对象成本，而应计入发生当期损益的费用。期间费用是企业日常活动中所发生的经济利益的流出，之所以不计入特定的成本核算对象，主要是因为期间费用是企业为组织和管理整个经营活动所发生的费用，与可以确定特定成本核算对象的材料采购、产成品生产等没有直接关系，因而期间费用不计入有关核算对象成本，而是直接计入当期损益。

期间费用包含以下两种情况：一是企业发生的支出不产生经济利益，或者即使产生经济利益但不符合或不再符合资产确认条件的，应当在发生时确认为费用，计入当期损益。二是企业发生的交易或者事项导致其承担了一项负债，而又不确认为一项资产的，应当在发生时确认为费用，计入当期损益。

（二）期间费用的内容

1．管理费用

管理费用是指企业为组织和管理生产经营发生的各种费用，包括企业在筹建期间内发生的开办费、董事会和行政管理部门在企业的经营管理中发生的及应由企业统一负担的公司经费（包括行政管理部门职工工资及福利费、物料消耗、低值易耗品摊销、办公费和差旅费等）、行政管理部门负担的工会经费、董事会费（包括董事会成员津贴、会议费和差旅费等）、聘请中介机构费、咨询费（含顾问费）、诉讼费、业务招待费、技术转让费、研究费用和排污费等。企业生产车间（部门）和行政管理部门发生的固定资产修理费用等后续支出，也作为管理费用核算。

2．销售费用

销售费用是指企业销售商品和材料、提供劳务的过程中发生的各种费用，包括保险费、包装费、展览费和广告费、商品维修费、预计产品质量保证损失、运输费、装卸费等，以及为销售本企业商品而专设的销售机构（含销售网点、售后服务网点等）的职工薪酬、业务费、折旧费等经营费用。企业发生的与专设销售机构相关的固定资产修理费用等后续支出也属于销售费用。销售费用是与企业销售商品活动有关的费用，但不包括销售商品本身的成本和劳务成本，销售商品的成本属于“主营业务成本”，提供劳务的成本属于“劳务成本”。

3．财务费用

财务费用是指企业为筹集生产经营所需资金等而发生的筹资费用，包括利息支出（减利息收入）、汇兑损益，以及相关的手续费、企业发生的现金折扣等。

根据财税〔2016〕36号文第一条规定，在中华人民共和国境内（以下称境内）销售服务、无形资产或者不动产（以下称应税行为）的单位和个人，为增值税纳税人的，应当按照本办法缴纳增值税。同时根据《增值税暂行条例》第一条规定，在中华人民共和国境内销售货物或者提供加工、修理修配劳务及进口货物的单位和个人，为增值税的纳税人的，应当依照本条例缴纳增值税。对于计入上述相关项目的费用，符合相应规定的，其取得的增值税专用发票进项税额可以抵扣。

二、期间费用的核算

（一）账户设置

1. “管理费用”账户

为了核算管理费用的发生和结转情况，企业应设置“管理费用”账户。该账户属于损益类账户，其借方核算企业发生的各项管理费用，贷方核算期末转入“本年利润”账户的管理费用，期末结转后无余额。该账户可按管理费用的费用项目进行明细分类核算。商品流通企业管理费用不多的，可不设本账户，相关核算内容可并入“销售费用”账户核算。

2. “销售费用”账户

为了核算销售费用的发生和结转情况，企业应设置“销售费用”账户。该账户属于损益类账户，其借方核算企业发生的各项销售费用，贷方核算期末转入“本年利润”账户的销售费用，期末结转后无余额。该账户可按销售费用的费用项目进行明细分类核算。

3. “财务费用”账户

为了核算财务费用的发生和结转情况，企业应设置“财务费用”账户。该账户属于损益类账户，其借方核算企业发生的各项财务费用，贷方核算期末转入“本年利润”账户的财务费用，期末结转后无余额。该账户可按财务费用的费用项目进行明细分类核算。

（二）管理费用的核算

企业发生的各项管理费用，应借记“管理费用”“应交税费——应交增值税（进项税额）”等账户，贷记“银行存款”“应付职工薪酬”“累计折旧”等相关账户。

【例 12-3-1】 2019 年 4 月 5 日，某公司为拓展产品销售市场发生业务招待费 10 000 元，用银行存款支付。

根据财税〔2016〕36 号文第二十七条：（六）购进的旅客运输服务、贷款服务、餐饮服务、居民日常服务和娱乐服务。因此，此处不能抵扣相关的进项税额。

该公司编制的会计分录为：

借：管理费用——业务招待费　　10 000

　贷：银行存款　　10 000

【例 12-3-2】 2019 年 7 月 22 日，某公司就一项产品的设计方案向有关专家进行咨询，以现金支付咨询费 50 000 元，增值税税额 3 000 元，取得增值税专用发票。

根据财税〔2016〕36 号文相关注释，公司因管理的需要聘请专业人士对公司管理、审计、法律等相关业务所进行咨询发生的费用，适用 6%的增值税税率，取得增值税专用发票可以抵扣。

该公司支付咨询费时，编制的会计分录为：

借：管理费用——咨询费　　50 000

　　应交税费——应交增值税（进项税额）　　3 000

　贷：库存现金　　53 000

【例 12-3-3】 2019 年 9 月份，某公司行政部共发生费用 216 000 元，其中：行政人员薪酬 150 000 元，行政部专用办公设备折旧费 45 000 元，报销行政人员差旅费 21 000 元（假定报销人员均未预借差旅费，且该差旅费中住宿费未取得专用发票）。

目前差旅费中，唯一能够抵扣的只有住宿费，适用 6%的增值税税率。由于出差乘坐的车、船、飞机等属于旅客运输服务，出差的伙食费属于餐饮服务，所以根据 36 号文相关规定不得从销项税额中抵扣。

该公司编制的会计分录为：

借：管理费用 216 000

　贷：应付职工薪酬 150 000

　　累计折旧 45 000

　　库存现金 21 000

【例 12-3-4】 2019 年 12 月 31 日，某公司将“管理费用”账户余额 65 000 元转入“本年利润”账户。该公司编制的会计分录为：

借：本年利润 65 000

　贷：管理费用 65 000

【例 12-3-5】 2019 年 12 月 31 日，A 公司计提公司管理部门固定资产折旧 80 000 元，摊销公司管理部门用无形资产成本 90 000 元。A 公司编制的会计分录为：

借：管理费用 170 000

　贷：累计折旧 80 000

　　累计摊销 90 000

（三）销售费用的核算

企业发生的各项销售费用，应借记“销售费用”“应交税费——应交增值税（进项税额）”等账户，贷记“银行存款”“应付职工薪酬”“累计折旧”等相关账户。

【例 12-3-6】 2019 年 8 月 1 日，A 公司为宣传新产品发生广告费 100 000 元，增值税税额 6 000 元，取得增值税专用发票，用银行存款支付。该公司编制的会计分录为：

借：销售费用——广告费 100 000

　　应交税费——应交增值税（进项税额） 6 000

　贷：银行存款 106 000

【例 12-3-7】 2019 年 8 月份，A 公司销售部共发生费用 220 000 元，其中：销售人员薪酬 100 000 元，销售部专用办公设备折旧费 50 000 元，业务费 70 000 元，用银行存款支付。该公司编制的会计分录为：

借：销售费用 220 000

　贷：应付职工薪酬 100 000

　　累计折旧 50 000

　　银行存款 70 000

【例 12-3-8】 2019 年 8 月 12 日，A 公司销售一批产品，销售过程中发生运输费 15 000 元，增值税税额 1 350 元，取得增值税专用发票，款项用银行存款支付。

装卸搬运服务按服务业计算，运输服务按运输业计算增值税，如果无法分别核算的，按运输服务计算增值税。

该公司编制的会计分录为：

借：销售费用——运输费 15 000

应交税费——应交增值税（进项税额） 1 350

贷：银行存款 16 350

【例 12-3-9】 2019 年 9 月 1 日，A 公司用银行存款支付所销产品保险费 15 000 元，增值税税额 900 元，取得增值税专用发票。保险费属于金融服务下的保险服务适用 6% 的增值税税率。该公司编制的会计分录为：

借：销售费用——保险费 15 000

应交税费——应交增值税（进项税额） 900

贷：银行存款 15 900

【例 12-3-10】 2019 年 9 月 30 日，A 公司计算出本月应付给为销售本企业商品而专设的销售机构的职工工资总额为 150 000 元。该公司编制的会计分录为：

借：销售费用 150 000

贷：应付职工薪酬 150 000

【例 12-3-11】 2019 年 9 月 30 日，A 公司计算出当月专设销售机构使用房屋应计提的折旧 17 800 元。该公司编制的会计分录为：

借：销售费用——折旧费 17 800

贷：累计折旧 17 800

【例 12-3-12】 2019 年 9 月 30 日，A 公司将本月发生的“销售费用”182 800 元，结转至“本年利润”账户。该公司编制的会计分录为：

借：本年利润 182 800

贷：销售费用 182 800

（四）财务费用的核算

企业发生的各项财务费用，应借记“财务费用”“应交税费——应交增值税（进项税额）”账户，贷记“银行存款”“应付利息”等相关账户。

【例 12-3-13】 2019 年 4 月 30 日，某公司用银行存款支付本月应负担的短期借款利息 44 000 元，增值税税额 2 640 元，取得增值税专用发票。该公司编制的会计分录为：

借：财务费用——利息支出 44 000

应交税费——应交增值税（进项税额） 2 640

贷：银行存款 46 640

【例 12-3-14】 2019 年 5 月 2 日，某公司用银行存款支付银行手续费 800 元，增值税税额 48 元，取得增值税专用发票。该公司编制的会计分录为：

借：财务费用——手续费 800

应交税费——应交增值税（进项税额） 48
贷：银行存款 848

【例 12-3-15】 2019 年 6 月 7 日，某公司在购买材料业务中，获得对方给予的现金折扣 2 000 元。该公司编制的会计分录为：

借：应付账款 2 000
贷：财务费用 2 000

【例 12-3-16】 2019 年 7 月 1 日，某公司向银行借入生产经营用短期借款 360 000 元，期限 6 个月，年利率 5%，该借款本金到期后一次归还，利息分月预提，按季支付。该公司编制的会计分录为：每月末，预提当月应计利息：

借：财务费用——利息支出（360 000×5%÷12） 1 500
贷：应付利息 1 500

【例 12-3-17】 2019 年 12 月 31 日，某公司将“财务费用”账户余额 51 800 元结转到“本年利润”账户。该公司编制的会计分录为：

借：本年利润 51 800
贷：财务费用 51 800

第四节 所得税费用

所得税费用是指在会计税前利润中扣除的所得税费用，包括当期所得税费用和递延所得税费用（或收益）。

一、会计利润和应纳税所得额的差异

会计与税法之间的差异包括永久性差异和暂时性差异两种。

（一）永久性差异

1. 永久性差异的概念与特征

永久性差异是指某一会计期间由于会计与税法计算口径不同产生的利润与所得之间的差异。这种差异在本期发生，不会在以后期间转回，对将来纳税无影响，不会形成递延所得税。

永久性差异的特征是：计算时期相同，计算口径不同。这一特征是指会计上与税务上计算利润总额与计算纳税所得的时期是一致的，但在计算利润总额与计算纳税所得时的口径却是不相同的。例如，会计上计算 2019 年的利润总额，税务上确认 2019 年的纳税所得时，对于 2019 年企业发生的一项与税收有关的滞纳金和罚款是否应计入利润总额与纳税所得存在分歧。会计上计算利润总额时将其进行扣除，而税法明确规定计算纳税所得时不允许扣除，此时就产生了一项会计已扣，而税法不允许扣的永久性差异。

2. 永久性差异的类型

永久性差异的类型有永久性差异的减项和永久性差异的加项。

（1）永久性差异的减项，又称利润总额的备抵调整项目。会计上已将其作为收入或收益计入利润总额，而税法规定不计入纳税所得的，企业在计算本年度应纳税所得额时，应将其作为利润总额的备抵调整项目，从本年实现的利润总额中予以扣除。常见的永久性差异减项主要有国库券利息收入、成本法下的股利收入、技术转让收入、可加计扣除的成本费用等。

（2）永久性差异的加项，又称利润总额的附加调整项目。凡是会计上不作为收入或收益处理，而税法规定应交所得税的，或会计上已将其作为税前费用、损失扣除，而税法规定不能在税前列支的，或虽然可以按标准、按规定在税前扣除，但对于超标、超规部分，在计算应纳税所得额时，都应作为利润总额的附加调整项目予以考虑。

- 标准差异。按标准、按规定可以在税前扣除，但对于超标准、超规定的部分，在计算应纳税所得额时必须予以加回。如利息支出、业务招待费、职工福利费支出、工会经费支出、公益性捐赠支出等。
- 项目差异是指会计计算利润时已作扣除，而税法规定不允许计算应纳税所得额时扣除的项目。例如，因违反国家法律、法规和规章，而被有关职能部门处以的罚款及被没收的财物损失；与税收有关的滞纳金和罚款；非公益救济性捐赠；各种非广告性的赞助支出等。

对于永久性差异，会计上不设置账户进行核算，只是在申报所得税时将其在利润总额的基础上予以调整。

（二）暂时性差异

暂时性差异是指账面价值与其计税基础之间的差额，这种差异在本期发生，对将来纳税有影响，形成递延所得税。

暂时性差异核算特征是：计算口径相同，计算时期不同。这一特征是指对收入与费用，会计上计算利润总额与税法上计算纳税所得的计算口径是相同的，但计入利润总额与计入纳税所得的时间却有所不同。例如，企业有一项应收账款 100 万元，计提坏账准备 10 万元。计提当期会计上减少利润，税法上不减少纳税所得；实际发生损失当期，会计上不减少利润，但税法上要减少纳税所得。这就使得企业与税法在计提当期和实际发生当期都存在一种差异，但从其最终结果看，企业计算利润总额与税务计算应纳税所得额都扣除了 10 万元的坏账损失，所不同的是会计扣在计提当期，而税法扣在实际发生当期。

暂时性差异的类型有可抵扣暂时性差异和应纳税暂时性差异。可抵扣暂性差异有超标准的职工教育经费、与资产相关的政府补助、公允价值变动净损失、企业计提的各项资产减值损失、企业计提的质量保证金等。应纳税暂时性差异主要有公允价值变动增值。

二、所得税费用的核算方法

（一）应付税款法

应付税款法是按照企业所得税法规定计算的当期应纳税额，确认所得税费用，该方法主要是中小企业采用。企业在利润总额的基础上，按照企业所得税法规定进行纳税调整，计算出当期应纳税所得额，按照应纳税所得额与适用所得税税率为基础计算确定当期应纳税额。其计算公式为：

当期应纳所得税税额=当期应纳税所得额×适用所得税税率

当期所得税费用=当期应纳所得税税额

（二）纳税影响会计法

纳税影响会计法，也称资产负债表债务法，是将本期税前会计利润总额与应纳税所得额之间的时间性差异造成的纳税影响额递延分配到以后期间的会计方法。实际上，纳税影响会计法是对税前利润（利润总额）与应纳税所得额（计税利润）之间的时间性差异逐渐确认和依法转销（过程中的积累和转回）的会计方法。

1. 纳税影响会计法的分类

纳税影响会计法可以分为递延法和债务法两大类。

（1）递延法是指按暂时性差异发生年度的税率计算其纳税影响数，作为递延所得税负债或递延所得税资产的一种方法。递延法是将本期时间性差异产生的影响所得税的金额递延和分配到以后各期，并同时转回原已确认的时间性差异对本期所得税的影响金额。在税率变动或开征新税时，对递延税款的账面余额不作调整。

（2）债务法是将本期由于时间性差异产生的影响所得税的金额，递延和分配到以后各期，并同时转回已确认的时间性差异的所得税影响金额，在税率变更或开征新税时，需要调整递延税款的账面余额。

由于递延法下“递延税款”的账面余额不能真实代表企业未来收款的权利或付款的义务；而采用债务法，在税率发生变动的当期，对递延税款的账面余额按照现行税率进行调整，使之能代表真正的未来预付或应付税款金额。债务法较之递延法，在理论上更符合会计要素的要求，而且债务法下只需注意在税率发生变化的年份按现行税率对递延税款做出调整，其他年份均直接以暂时性差异产生数或转回数与当期适用税率之乘积确认递延税款借方或贷方即可，处理思路更加简单。《企业会计准则（2014）》规定企业在进行所得税核算时只能采用纳税影响会计法中的债务法。

2. 纳税影响会计法的核算程序

（1）确定资产、负债的账面价值。资产或负债的账面价值是指企业按照相关会计准则的规定进行核算后在资产负债表中列示的金额。

（2）确定资产、负债的计税基础。按照会计准则中对于资产和负债计税基础的确定方法，以适用的税收法规为基础，确定资产负债表中有关资产、负债项目的计税基础。

（3）确定暂时性差异。比较资产、负债的账面价值与其计税基础，对于两者之间存在的差异，分析其性质，除准则中规定的特殊情况外，确定应纳税暂时性差异与可抵扣暂时性差异。

（4）确定递延所得税资产、递延所得税负债或递延所得税。根据应纳税暂时性差异与可抵扣暂时性差异，确定资产负债表日递延所得税负债和递延所得税资产的期末余额，并与期初递延所得税资产和递延所得税负债的余额相比，确定当期应予进一步确认的递延所得税资产和递延所得税负债金额或应予转销的金额，作为递延所得税。

（5）确定当期所得税费用。根据企业当期发生的交易或事项，按照适用的税法规定计算确定当期应纳税所得额，将应纳税所得额与适用的所得税税率计算的结果确认为当期应交所得税费用。

（6）确定所得税费用。利润表中的所得税费用包括当期所得税（当期应交所得税）和递延所得税两个组成部分，企业在计算确定的当期所得税和递延所得税之和，即为利润表中的所得税费用。

三、资产和负债的账面价值和计税基础

（一）资产和负债的账面价值

资产的账面价值是指资产类账户的账面余额减去相关备抵项目后的净额，如应收账款账面余额减去相应的坏账准备后的净额为账面价值，固定资产账面余额减去固定资产累计折旧与固定资产减值准备后的净额为账面价值。负债的账面价值一般是账面余额，除一些账户存在备抵账户，如“长期应付款”的备抵账户是“未确认融资费用”。

（二）资产和负债的计税基础

1. 计税基础的概念

计税基础是指资产负债表日，资产或负债在计算以后期间应纳税所得额时，根据税法规定还可以再抵扣或应纳税的剩余金额。

2. 资产计税基础的确定

资产的计税基础是指企业收回资产账面价值过程中，计算应纳税所得额时按照税法规定可以从应税经济利益中抵扣的金额。即该项资产在未来使用或最终处置时，允许作为成本或费用于税前列支的金额。初始确认时：

计税基础=账面价值

后续计量时：

某一资产在资产负债表日的计税基础=成本-以前期间已税前列支的金额

3. 负债计税基础的确定

负债的计税基础是指负债的账面价值减去未来期间计算应纳税所得额时按照税法规定可予抵扣的金额。其计算公式为：

负债的计税基础=负债的账面价值-未来期间税法允许税前扣除的金额
=负债的账面价值中未来不允许税前扣除的金额

负债的计税基础就是站在税法的角度看未来税前可不可以抵扣。如果可以抵扣就是没有负债，负债的计税基础就是0。

（三）资产的账面价值与计税基础差异举例

1. 固定资产

以各种方式取得的固定资产，初始确认时入账价值基本上是被税法认可的，即取得时其账面价值一般等于计税基础。固定资产在持有期间进行后续计量时，会计与税收处理的

差异主要来自于：① 折旧方法、折旧年限产生的差异；② 因计提固定资产减值准备产生的差异。相关计算公式为：

账面价值=实际成本−会计累计折旧−固定资产减值准备

计税基础=实际成本−税收累计折旧

【例 12-4-1】 胜利公司某项固定资产原价是 100 万元，按照 5 年计提折旧；税法按照 10 年计提折旧。则该项固定资产的账面价值和计税基础为：

会计年折旧额=100÷5=20 万元

税法年折旧额=100÷10=10 万元

第一年年末该固定资产账面价值=100−20=80 万元

第一年的末该固定资产计税基础=100−10=90 万元

2．无形资产

除内部研究开发形成的无形资产以外，以其他方式取得的无形资产，初始确认时其入账价值与税法规定的成本之间一般不存在差异。无形资产在后续计量时，会计与税收处理的差异主要产生于对无形资产是否需要摊销及无形资产减值准备的提取。相关计算公式为：

账面价值=实际成本−会计累计摊销−无形资产减值准备

对于使用寿命不确定的无形资产：

账面价值=实际成本−无形资产减值准备

计税基础=实际成本−税收累计摊销

应当注意的是，对于内部研究开发形成的无形资产，企业会计准则规定有关研究开发支出区分两个阶段，研究阶段的支出应当费用化计入当期损益，而开发阶段符合资本化条件以后发生的支出应当资本化作为无形资产的成本；税法规定，企业为开发新技术、新产品、新工艺发生的研究开发费用，未形成无形资产计入当期损益的，在按照规定据实扣除的基础上，按照研究开发费用的 50%加计扣除；形成无形资产的，按照无形资产成本的 150%摊销。

【例 12-4-2】 胜利公司某项商标权原始入账价值是 100 万元，按照 20 年摊销；税法按照 10 年摊销。则该项商标权的账面价值和计税基础为：

会计年折旧额=100÷20=5 万元

税法年折旧额=100÷10=10 万元

第一年年末该固定资产账面价值=100−5=95 万元

第一年的末该固定资产计税基础=100−10=90 万元

3．以公允价值计量且其变动计入当期损益的金融资产

按照《企业会计准则第 22 号——金融工具确认和计量》的规定，对于以公允价值计量且其变动计入当期损益的金融资产，某一会计期末的账面价值为该时点的公允价值。税法规定，企业以公允价值计量的金融资产，持有期间公允价值的变动不计入应纳税所得额。按照该规定，以公允价值计量的金融资产在持有期间市价的波动在计税时不予考虑，有关金融资产在某一会计期末的计税基础为其取得成本。

例如，胜利公司某项交易性金融资产取得时成本为 100 万元，年末公允价值为 120 万元。则该交易性金融资产账面价值为 120 万元，计税基础为历史成本 100 万元。

4. 投资性房地产

企业持有的投资性房地产在进行后续计量时，会计准则规定可以采用两种模式，一种是成本模式，采用该种模式计量的投资性房地产其账面价值与计税基础的确定与固定资产、无形资产相同；另一种是在符合规定条件的情况下，可以采用公允价值模式对投资性房地产进行后续计量。对于采用公允价值进行后续计量的投资性房地产，其计税基础的确定类似于以公允价值模式计量且其变动计入当期损益的金融资产。

（四）负债的账面价值与计税基础差异举例

1. 预提产品质量保证费用

预提产品质量保证费用时，借记“销售费用”账户，贷记“预计负债”账户。负债的账面价值就是本期预提的金额，而税法规定按收付实现制予以征税，未来实际发生产品质量问题的时候才可以计入费用，在税前抵扣，也就是说负债的计税基础是 0。

【例 12-4-3】 胜利公司根据历史销售经验，结合本期销售收入的 5%，计提产品质量三包准备金。本期销售收入为 100 万元，则会计处理如下：

借：销售费用　　50 000

　贷：预计负债　　50 000

预计负债的账面价值为 5 万元，而预计负债的计税基础为 0 万元（5−5）。

2. 房地产企业预收款项

房地产企业预收的销售未完工不动产金额，会计上作为“合同负债”处理，而根据企业所得税法规定（国税发〔2009〕31 号），房地产企业销售未完工不动产取得的预售收入应当按照毛利率的 15%预缴企业所得税。例如，某房地产企业“合同负债”账面金额为 100 万元，系当期预收房地产业务收入，则“合同负债”的账面价值为 100 万元；而税法上，由于相关收入按收付实现制予以征税已经完税，未来结转时可以抵扣应税利润为 100 万元，计税基础为 0 万元（100−100）。

四、暂时性差异的内容

暂时性差异是账面价值与其计税基础之间的差额。按其对未来应税金额的影响，分为应纳税暂时性差异和可抵扣暂时性差异。除此之外，还有特殊项目产生的暂时性差异。

（一）应纳税暂时性差异

在确定未来收回资产或清偿负债期间的应纳税所得额时，将导致产生应税金额的差异。产生于资产账面价值大于计税基础或负债账面价值小于计税基础的应纳税暂时性差异，通过递延所得税资产核算。

【例 12-4-4】 2019 年 10 月 20 日，胜利公司自公开市场取得一项权益性投资，支付价款 2 000 万元，作为交易性金融资产核算。2019 年 12 月 31 日，该投资的市价为 2 200 万元。

分析：该项交易性金融资产的期末市价为 2 200 万元，按照会计准则的规定进行核算时，在 2019 年资产负债表日的账面价值为 2 200 万元。因税法规定交易性金融资产在持有期间的公允价值变动不计入应纳税所得额，其在 2019 年资产负债表日的计税基础应维持原取得成本不变，为 2 000 万元。

该交易性金融资产的账面价值 2 200 万元与其计税基础 2 000 万元之间产生了 200 万元的应纳税暂时性差异，该暂时性差异在未来期间转回时会增加未来期间的应纳税所得额，产生递延所得税负债。

（二）可抵扣暂时性差异

在确定未来收回资产或清偿负债期间的应纳税所得额时，将导致产生可抵扣金额的差异。产生于资产账面价值小于计税基础或负债的账面价值大于计税基础的可抵扣暂时性差异，通过递延所得税资产核算。

【例 12-4-5】 2019 年，胜利公司发生了 2 000 万元广告费支出，发生时已作为销售费用计入当期损益。税法规定，该类支出不超过当年销售收入的 15%的部分允许当期税前扣除，超过部分允许向以后年度结转税前扣除。2019 年胜利公司实现销售收入 10 000 万元。

分析：该广告费支出因按照会计准则规定在发生时已计入当期损益，不体现为期末资产负债表的资产，如果将其视为资产，其账面价值为 0。而按照税法的规定，该类支出税前列支应根据当期销售收入的 15%计算，当期可于税前扣除 1 500 万元（10 000×15%），当期未予税前扣除的 500 万元可以向以后年度结转，其计税基础为 500 万元。

该项资产的账面价值 0 与其计税基础 500 万元之间产生了 500 万元的可抵扣暂时性差异，符合确认条件时，应确认相关的递延所得税资产。

（三）特殊项目产生的暂时性差异

某些交易或事项发生后，因不符合资产、负债确认条件而未在资产负债表中进行体现，但能够按照税法规定确定其计税基础，也会产生暂时性差异。

（1）未作为资产负债确认的项目产生的暂时性差异，如广告费和业务宣传费支出，企业发生的符合条件的广告费和业务宣传费支出，除另有规定外，不超过当年销售收入 15%的部分，准予扣除；超过部分准予在以后纳税年度结转扣除。该类费用在发生时按照会计准则规定计入当期损益，不形成资产负债表中的资产，但按照税法规定可以确定其计税基础的，两者之间差异也形成暂时性差异。

（2）未弥补亏损及税款抵减。对于按照税法规定可以结转以后年度的未弥补亏损及税款抵减，在会计处理上，与可抵扣暂时性差异的处理相同，符合条件的情况下，应确认与其相关的递延所得税资产。

五、所得税费用的核算

为了核算企业确认的应从当期利润总额中扣除的所得税费，企业应设置“所得税费用”

账户。该账户属于损益类账户，其借方反映企业当期所得税费用和递延所得税费用的增加额，贷方反映转入本年利润的所得税费用，期末结转后无余额。该账户可按“当期所得税费用”“递延所得税费用”设置明细账进行明细分类核算。

（一）递延所得税资产与递延所得税负债的核算

1. 递延所得税资产的核算

递延所得税资产是指对于可抵扣暂时性差异，以未来期间很可能取得用来抵扣可抵扣暂时性差异的应纳税所得额为限确认的一项资产。其计算公式为：

递延所得税资产=可抵扣暂时性差异×企业所得税税率

为了核算递延所得税资产，企业应当设置“递延所得税资产”账户。该账户属于资产类账户，其借方核算确认的递延所得税资产，贷方反映确认递延所得税资产的可抵扣暂时性差异发生转回的递延所得税资产，余额反映尚未转回的递延所得税资产。该账户可按照可抵扣暂时性差异等项目进行明细分类核算。

递延所得税资产属于预付的税款，在未来可以抵扣应纳税额，当期确认的递延所得税资产金额应确认为递延所得税收益，应冲减所得税费用。

【例 12-4-6】 2019 年 12 月 31 日，胜利公司应收账款余额为 7 500 万元，该公司期末对应收账款计提了 750 万元的坏账准备。税法规定按照应收账款期末余额的 5‰计提的坏账准备允许税前扣除。假定该公司期初应收账款及坏账准备的余额均为零。

分析：该项应收账款在 2019 年资产负债表目的账面价值为 6 750 万元（7 500−750），其计税基础为 7 462.5 万元（7 500−37.5）。计税基础 7 462.5 万元与其账面价值 6 750 万元之间产生的 712.5 万元为可抵扣暂时性差异，在应收账款发生实质性损失时，会减少未来期间的应纳税所得额。

确认的递延所得税资产=712.5×25%=178.13 万元

借：递延所得税资产　　　　1 781 300

　贷：所得税费用——递延所得税费用　　　　1 781 300

2. 递延所得税负债的核算

递延所得税负债是由应纳税暂时性差异产生的，对于影响利润的暂时性差异，确认的递延所得税负债应该调整“所得税费用”。其计算公式为：

递延所得税负债=应纳税暂时性差异×企业所得税税率

为了核算递延所得税负债，企业应当设置“递延所得税负债”账户。该账户属于负债类账户，其贷方反映的递延所得税负债，借方反映确认递延所得税负债的应纳税暂时性差异发生回转的递延所得税负债，期末余额反映尚未转回的递延所得税负债。该账户可按照应纳税暂时性差异项目进行明细分类核算。

递延所得税负债属于将来应付的税款，在未来期间转为应纳税款，当期确认的递延所得税负债金额应增加所得税费用。

【例 12-4-7】 2019 年 12 月 6 日，胜利公司购入某项设备，取得成本为 500 万元，会计上采用年限平均法计提折旧，使用年限为 10 年，净残值为零。因该资产长年处于强震动状态，计税时按双倍余额递减法计提折旧，使用年限及净残值与会计相同。胜利公司适用的所得税税率为 25%。假定该企业不存在其他会计与税收处理的差异。会计处理如下:

2019 年资产负债表日:

会计折旧=500÷10=50 万元

税法折旧=500×2÷10=100 万元

账面价值=500−50=450 万元

计税基础=500−100=400 万元

账面价值大于计税基础，其差额 50 万元构成应纳税暂时性差异，企业应确认相关的递延所得税负债。

递延所得税负债余额=50×25%=12.5 万元

借：所得税费用——递延所得税费用　　125 000

　贷：递延所得税负债　　125 000

（二）当期所得税费用

1. 应纳税所得额的确定

应纳税所得额是企业所得税的计税依据，按照企业所得税法的规定，应纳税所得额为企业每一个纳税年度的收入总额，减除不征税收入、免税收入、各项扣除及允许弥补的以前年度亏损后的余额。应纳税所得额有直接计算法和间接计算法两种计算方法。其计算公式分别为:

（1）直接计算法:

应纳税所得额=收入总额−不征税收入−免税收入−各项扣除金额−弥补亏损

（2）间接计算法:

应纳税所得额=会计利润总额±纳税调整项目金额

2. 当期所得税费用的确定

当期所得税是指企业按照税法规定计算确定的针对当期发生的交易和事项，应缴纳给税务部门的所得税金额，即应交所得税。当期所得税应以适用的税收法规为基础计算确定。

企业在确定当期所得税时，对于当期发生的交易或事项，会计处理与税收处理不同的，应在会计利润的基础上，按照适用税收法规的要求进行调整，计算出当期应纳税所得额，按照应纳税所得额与适用所得税税率计算确定当期应交所得税。

企业在计算确定当期所得税（即当期应交所得税）及递延所得税费用（或收益）的基础上，应将两者之和确认为利润表中的所得税费用（或收益），但不包括直接计入所有者权益的交易或事项的所得税影响。即:

所得税费用（或收益）=当期所得税+递延所得税费用（−递延所得税收益）

（三）所得税费用的核算

（1）资产负债表日，企业按照税法规定计算确定的当期应交所得税，借记本账户（当期所得税费用），贷记“应交税费——应交所得税”账户。

（2）资产负债表日，根据递延所得税资产的应有余额大于“递延所得税资产”账户余额的差额，借记“递延所得税资产”账户，贷记本账户（递延所得税费用）、“资本公积——其他资本公积”等账户；递延所得税资产的应有余额小于“递延所得税资产”账户余额的差额做相反的会计分录。企业应予确认的递延所得税负债，应当比照上述原则调整本账户、“递延所得税负债”账户及有关账户。

【例 12-4-8】　胜利公司符合企业所得税法规定的小型微利企业。2014 年 12 月 31 日，购入价值 5 000 元的设备，预计使用期 5 年，无残值，采用直线法计提折旧，税法允许采用双倍余额递减法计提折旧。每年未扣折旧前的利润总额均为 11 000 元，无其他纳税调整事项。胜利公司适用所得税税率为 20%。（为了保持案例数据的连续性，本案例不采用〔2014〕总局 64 号公告关于固定资产加速折旧税收政策。）

（1）确定产生暂时性差异的项目：固定资产折旧。

（2）确定各年的暂时性差异、该项差异对纳税的影响，如表 12-1 所示。

表 12-1　各年的暂时性差异及该项差异对纳税的影响计算表

单位：元

项目	2014 年	2015 年	2016 年	2017 年	2018 年	2019 年
实际成本	5 000	5 000	5 000	5 000	5 000	5 000
累计会计折旧	0	1 000	2 000	3 000	4 000	5 000
账面价值	5 000	4 000	3 000	2 000	1 000	0
累计计税折旧	0	2 000	3 200	3 920	4 460	5 000
计税基础	5 000	3 000	1 800	1 080	540	0
暂时性差异	0	1 000	1 200	920	460	0
适用税率	20%	20%	20%	20%	20%	20%
递延所得税负债余额	0	200	240	184	92	0

（3）各年应交所得税、确定所得税费用，如表 12-2 所示。

表 12-2　各年应交所得税及所得税费用计算表

单位：元

项目	2014 年	2015 年	2016 年	2017 年	2018 年	2019 年
税前会计利润	11 000	10 000	10 000	10 000	10 000	10 000
暂时性差异	0	1 000	1 200	920	460	0
应纳税所得额	11 000	9 000	9 800	10 280	10 460	10 460
适用税率	20%	20%	20%	20%	20%	20%
应交所得税	2 200	1 800	1 960	2 056	2 092	2 092
递延所得税负债余额	0	200	240	184	92	0
递延所得税负债贷方发生额	0	200	40	−56	−92	−92
所得税费用	2 200	2 000	2 000	2 000	2 000	2 000

（4）会计处理如下：

2014 年 12 月 31 日：

借：所得税费用　　2 200

　贷：应交税费——应交所得税　　2 200

2015 年 12 月 31 日：

借：所得税费用　　2 000

　贷：递延所得税负债　　200

　　　应交税费——应交所得税　　1 800

2016 年 12 月 31 日：

借：所得税费用　　2 000

　贷：递延所得税负债　　40

　　　应交税费——应交所得税　　1 960

2017 年 12 月 31 日：

借：所得税费用　　2 000

　　递延所得税负债　　56

　贷：应交税费——应交所得税　　2 056

2018 年 12 月 31 日：

借：所得税费用　　2 000

　　递延所得税负债　　92

　贷：应交税费——应交所得税　　2 092

2019 年 12 月 31 日：

借：所得税费用　　2 000

　　递延所得税负债　　92

　贷：应交税费——应交所得税　　2 092

（5）“递延所得税负债”账户简要记录如图 12-1 所示。

递延所得税负债

借方	贷方
	2014 年：0 元
	2015 年：200 元
	2016 年：40 元
2017 年：56 元	
2018 年：92 元	
2019 年：92 元	
	2019 年期末余额：0

图 12-1　“递延所得税负债”账户简要记录

【业务能力训练】

一、单项选择题

1．下列关于费用的表述中，不属于费用特征的是（　　）。

A．费用是企业在日常活动中发生的

B．费用是企业在经营活动中发生的

C．费用的发生会导致经济利益流出企业

D．费用的发生会导致所有者权益减少

2．企业在销售商品和材料、提供劳务过程中发生的各项运杂费，应当计入（　　）。

A．采购成本　　B．管理费用

C．销售费用　　D．财务费用

3．企业因销售商品发生的现金折扣，或购买商品收到的现金折扣，应当（　　）。

A．扣减销售收入　　B．扣减采购成本

C．计入管理费用　　D．计入财务费用

4．在会计核算中，资产的账面价值与计税基础不可能存在暂时性差异的资产是（　　）。

A．货币资金　　B．存货

C．固定资产　　D．长期股权投资

5．根据应纳税暂时性差异与适用的所得税税率计算确认的是（　　）。

A．递延所得税资产　　B．递延所得税负债

C．递延所得税费用　　D．应交所得税款

二、多项选择题

1．下列各项中，应当由“税金及附加”负担的税金有（　　）。

A．房产税　　B．土地使用税

C．印花税　　D．车船税

2．企业为筹集生产经营所需要资金等而发生的筹资费用，应当计入财务费用，具体包括（　　）。

A．利息支出　　B．汇兑损益

C．相关手续费　　D．现金折扣

3．对企业所得税核算时，下列项目中与计算递延所得税资产有关的因素有（　　）。

A．应纳税暂时性差异　　B．可抵扣暂时性差异

C．所得税税率　　D．应交所得税款

4．在实际工作中，资产的账面价值与其计税基础之间可能存在暂时性差异的资产项目有（　　）。

A．长期股权投资　　B．应收账款

C．银行存款　　D．交易性金融资产

5．下列情形中，会产生应纳税暂时性差异的有（　　）。

A．资产的账面价值大于其计税基础　　B．负债的账面价值大于其计税基础

C．资产的账面价值小于其计税基础　　D．负债的账面价值小于其计税基础

三、判断题

1．费用是企业在日常活动中发生的经济利益的流出，包括耗用的材料、职工薪酬、销售税费及罚款支出等。（　　）

2．企业在筹建期间发生的各项开办费用，应在长期待摊费用中归集，然后在开始生产经营的当月一次转入管理费用。（　　）

3．“递延所得税资产”和“递延所得税负债”账户，在全部转回后，应当没有余额。（　　）

4．根据可抵扣暂时性差异与适用所得税税率，计算确认递延所得税负债；根据应纳税暂时性差异与适用所得税税率，计算确认递延所得税资产。（　　）

5．企业发生的直接计入所有者权益的交易或事项所产生的递延所得税资产或递延所得税负债，应当计入资本公积。（　　）

四、实务题

1．某企业 8 月份发生如下经济业务：

（1）企业仓库发出下列材料，其中甲产品领用 A 材料 200 千克，单价 10 元；乙产品领用 B 材料 100 千克，单价 500 元；基本生产车间领用 A 材料 100 千克，单价 10 元；管理部门领用 B 材料 50 千克，单价 500 元。

（2）企业以现金支付基本生产车间办公费 600 元，行政管理部门办公费 400 元。

（3）企业向银行提取现金 100 000 元，备发工资。

（4）以现金支付职工工资 100 000 元。

（5）分配本月应支付职工工资 100 000 元，其中生产工人工资 80 000 元（甲产品生产工时 500 小时，乙产品生产工时 300 小时），基本生产车间管理人员工资 15 000 元，行政管理人员工资 5 000 元。

（6）企业按规定计提本月固定资产折旧 6 400 元，其中基本生产车间计提折旧 4 000 元，行政管理部门计提折旧 2 400 元。

要求：根据上述经济业务编制相关会计分录。

2．某企业 9 月份发生如下经济业务：

（1）计提行政管理部门固定资产折旧费 5 000 元。

（2）销售部门发生修理费 700 元，生产车间维修机器费用 300 元。

（3）本月专设销售机构职工工资及福利费 9 000 元。

（4）用银行存款支付短期借款利息支出 900 元。

要求：根据上述经济业务编制相关会计分录。

3．某企业 2019 年年初递延所得税资产借方余额为 29 700 元，递延所得税负债贷方余额为 99 000 元，该企业所得税税率为 25%。预计未来期间能够产生足够的应纳税所得额用来抵扣可抵扣暂时性差异。2019 年度利润表中的利润总额为 10 000 000 元，发生的与所得

税核算有关的经济业务如下：

（1）当期购入到期一次还本付息的国债，成本 1 000 000 元，期末确认利息收入 50 000 元。

（2）应付税收滞纳金 10 000 元。

（3）当年度发生研发支出 3 000 000 元，其中费用化支出 1 000 000 元，资本化支出 2 000 000 元。该支出税法规定，可按实际发生额的 150%加计扣除税前利润。

（4）2018 年 12 月购入的一项固定资产成本 1 000 000 元，会计累计折旧为 200 000 元，税法允许计税前扣除的累计折旧为 250 000 元。

（5）期末存货的账面价值为 1 000 000 元，其计税基础为 1 120 000 元，本期计提的存货跌价准备为 120 000 元。

（6）一项以公允价值计量且变动计入其他综合收益的金融资产，其成本为 320 000 元，期末，因公允价值上升，调整后的账面价值为 350 000 元。

要求：

（1）计算确定该企业 2019 年度应纳所得税税额及应交所得税。

（2）计算当期递延所得税资产、递延所得税负债和所得税费用，并作相关会计分录。

第十三章 利 润

13

学习目标

知识目标

通过本章的学习，了解利润的概念及构成；掌握营业外收支的核算；掌握利润的形成与分配、以前年度损益的核算。

能力目标

1. 能正确计算营业利润、利润总额和净利润。
2. 能进行本年利润的构成和年终利润结转的账务处理。
3. 能按利润分配顺序计算利润分配数并进行账务处理。
4. 能按以前年度盈亏数进行调整并作出账务处理。

2019年年初，江汉公司“利润分配——未分配利润”账户为贷方余额为1 000 000元。2019年度，公司共实现主营业务收入4 500 000元，其他业务收入1 200 000元，营业外收入80 000元；共发生主营业务成本1 240 000元，其他业务成本730 000元，税金及附加524 000元，销售费用310 000元，管理费用840 000元，财务费用210 000元，资产减值损失98 000元，营业外支出560 000元，所得税费用347 000元。公司按净利润的10%提取法定盈余公积，5%提取任意盈余公积，分配现金股利500 000元。

分析：至2019年12月31日江汉公司业绩如何？该公司2019年度资产负债表中“未分配利润”项目应填列多少金额？

第一节 利润概述

一、利润的概念

利润是指企业在一定期间的经营成果，包括收入减去费用后的净额、直接计入当期利润的利得和损失等。

直接计入当期利润的利得和损失，是指应计入当期损益、会导致所有者权益发生增减变动的、与所有者投入资本或向所有者分配利润无关的利得或损失。

二、利润的构成

（一）营业利润

营业利润是指企业一定期间从事正常经营活动取得的成果，是一定会计期间的营业收入，减除营业成本、税金及附加、期间费用、资产减值损失后，再加上其他收益、投资收益（减去投资损失）、公允价值变动收益（减去公允价值变动损失）和资产处置收益（减去资产处置损失）后的金额。其中，期间费用包括销售费用、管理费用和财务费用。

1. 营业收入

营业收入是指企业经营业务所确认的收入总额，包括主营业务收入和其他业务收入。

2. 营业成本

营业成本是指企业经营业务所发生的实际成本总额，包括主营业务成本和其他业务成本。

3. 资产减值损失

资产减值损失是指企业计提各项资产减值准备所形成的损失。

4. 公允价值变动净损益

公允价值变动净损益是指企业交易性资产等公允价值变动形成的应计入当期损益的利得减去损失后的净额。

5. 投资净损益

投资净损益是指企业以各种方式对外投资所取得的收益减去发生的投资损失后的净额。

6. 其他收益

其他收益是指企业收到的与日常活动相关的计入当期损益的政府补助。

7. 资产处置损益

资产处置损益是指核算固定资产、无形资产等因出售、转让等原因，产生的处置利得或损失。

营业利润的计算公式为：

营业利润=营业收入−营业成本−税金及附加−销售费用−管理费用−财务费用−资产减值损失+其他收益+公允价值变动收益（−公允价值变动损失）+投资收益（−投资损失）+资产处置收益（−资产处置损失）

其中：

营业收入=主营业务收入+其他业务收入

营业成本=主营业务成本+其他业务成本

（二）利润总额

利润总额是指营业利润加上营业外收入减去营业外支出后的金额。其中，营业外收入是指企业发生的与其日常活动无直接关系的各项利得；营业外支出是指企业发生的与其日常活动无直接关系的各项损失。利润总额的计算公式为：

利润总额=营业利润+营业外收入−营业外支出

（三）净利润

净利润是指利润总额减去所得税费用后的金额。其中所得税费用是指企业应计入当期损益的所得税费用，是企业按照税法规定，就其生产经营所得和其他所得计算并缴纳的一种税金。净利润的计算公式为：

净利润=利润总额−所得税费用

三、营业外收入

（一）营业外收入的内容

营业外收入是指企业发生的与其日常活动无直接关系的各项利得。营业外收入不是企业经营资金耗费所产生的，不需要企业付出代价，实际上是一种经济利益的净流入，因此不存在收入与费用配比的问题。营业外收入主要包括：

（1）固定资产和无形资产因已丧失使用功能或因自然灾害发生毁损等原因而报废清理产生的利得。

（2）与日常经营活动无关的政府补助形成的利得。

（3）盘盈利得是指企业对现金等资产清查盘点时发生盘盈，报经批准后计入营业外收入的金额。

（4）捐赠利得是指企业接受捐赠产生的利得。

（5）罚没利得是指企业取得的各项罚款，在弥补对违反合同或协议而造成的经济损失后的净收益。

（6）无法支付的应付款项是指由于债权单位撤销或其他原因而无法支付，按规定程序报经批准后转入当期损益的应付账款形成的利得。

（7）债务重组利得是指债务重组的账面价值超过清偿债务的现金、非现金资产的公允价值、所转股份的公允价值，或者重组后债务账面价值之间的差额。

（二）营业外收入的核算

为了反映和监督营业外收入的取得及结转情况，企业应设置“营业外收入”账户。该账户属于损益类账户，其贷方登记企业发生的营业外收入额，借方登记期末转入“本年利润”账户的营业外收入额，期末结转后无余额。该账户可按营业外收入的具体项目进行明细分类核算。

发生营业外收入时，借记“库存现金”“银行存款”“待处理财产损溢”“固定资产清理”“应付账款”等账户，贷记“营业外收入”账户。期末，应将“营业外收入”账户余额转入“本年利润”账户，借记“营业外收入”账户，贷记“本年利润”账户。

【例 13-1-1】 A企业经批准转销盘盈现金100元，编制的会计分录为：

借：待处理财产损溢　　100

　贷：营业外收入——盘盈利得　　100

【例 13-1-2】 按规定将固定资产报废清理收益5 000元予以结转，编制的会计分录为：

借：固定资产清理　　5 000

　贷：营业外收入——处置非流动资产利得　　5 000

【例 13-1-3】 A企业取得捐赠1 000元，编制的会计分录为：

借：银行存款　　1 000

　贷：营业外收入——捐赠利得　　1 000

四、营业外支出

（一）营业外支出的内容

营业外支出是指企业发生的与其日常活动无直接关系的各项损失，主要包括：

（1）固定资产和无形资产因已丧失使用功能或因自然灾害发生毁损等原因而报废清理产生损失。

（2）公益性捐赠支出是指企业对外进行公益性捐赠发生的支出。

（3）盘亏损失是指对于财产清查盘点中盘亏的资产，查明原因并报经批准计入营业外支出的损失。

（4）非常损失是指企业对于因客观因素（如自然灾害等）造成的损失，扣除保险公司赔偿等后应计入营业外支出的净损失。

（5）罚款支出是指行政罚款、税务罚款及其他违反法律法规、合同协议等而支付的罚款、违约金、赔偿金等支出。

（6）债务重组损失是指重组债权的账面余额与受让资产的公允价值、所转股份的公允价值，或者重组后债权的账面价值之间的差额。

需要注意的是，营业外收入和营业外支出应当分别核算。在具体核算时，不得以营业外支出直接冲减营业外收入，也不得以营业外收入冲减营业外支出，即企业在会计核算时，应当区别营业外收入和营业外支出进行核算。

（二）营业外支出的核算

为了核算营业外支出的发生及结转情况，企业应设置“营业外支出”账户。该账户属于损益类账户，其借方登记企业发生的各项营业外支出额，贷方登记期末转入“本年利润”账户的营业外支出额，期末结转后无余额。该账户可按营业外支出的具体项目进行明细分类核算。

发生营业外支出时，借记“营业外支出”账户，贷记“库存现金”“银行存款”“待处理财产损溢”“固定资产清理”等账户。期末，应将“营业外支出”账户的余额转入“本年利润”账户，借记“本年利润”账户，贷记“营业外支出”账户。

【例 13-1-4】 经批准转销盘亏设备一台，净值 10 000 元，编制的会计分录为：

借：营业外支出——盘亏损失 10 000

　贷：待处理财产损溢 10 000

【例 13-1-5】 按规定将固定资产清理损失 5 000 元予以转账，编制的会计分录为：

借：营业外支出——处置非流动资产损失 5 000

　贷：固定资产清理 5 000

【例 13-1-6】 以银行存款捐赠希望工程 8 000 元，编制的会计分录为：

借：营业外支出——公益性捐赠支出 8 000

　贷：银行存款 8 000

第二节　利润的形成及分配

一、本年利润的结转

（一）本年利润结转的方法

1. 表结法

表结法是使用“利润表”结转期末损益类项目，计算体现期末财务成果的方法。每月月末只结出损益类账户（包括期间费用）的月末余额，但不结转到“本年利润”账户，只有在年末结转时才使用“本年利润”账户。“本年利润”账户集中反映当年利润财务费用的本月发生额合计并填入利润表的本月栏，将本月余额填入利润表的本年累计栏，账户不结转。表结法在平时直接在利润表结转，省去了转账环节，并可以从账户余额得出本年累计的指标，同时并不影响利润表的编制及有关损益指标的利用。这种方法只能1～11月份采用，12月份必须采用使用账结法结转整个年度的累计余额。

2．账结法

账结法是每个会计期间期末将损益类账户净期末余额结转到“本年利润”账户中，损益类账户月末不留余额。资产负债表上本年利润账户填列的是账户实际余额。每个会计期间期末将损益类账户净期末余额结转到“本年利润”账户中，损益类账户月末不留余额。资产负债表上本年利润账户填列的是账户实际余额。账结法下每个月末需要将损益账户的余额转入“本年利润”账户。

（二）本年利润结转的核算

为了核算企业当期实现的净利润（或发生的净亏损），企业应设置“本年利润”账户。会计期末，企业应将各损益类账户的余额转入“本年利润”账户，将收入收益类账户的余额转入“本年利润”账户的贷方，将成本费用类账户的余额转入“本年利润”账户的借方。期末结转后，“本年利润”账户如为贷方余额，为当期实现的净利润；如为借方余额，为当期发生的净亏损。年度终了，企业应将本年实现的净利润，转入“利润分配”账户的贷方；如为净亏损，转入“利润分配”账户的借方。结转后“本年利润”账户应无余额。

【例13-2-1】 2019年12月份，A企业各有关损益类账户结转前余额如表13-1所示。

表13-1 各有关损益类账户结转前余额表

单位：元

账户名称	贷方发生额	账户名称	借方发生额
主营业务收入	30 000 000	主营业务成本	20 000 000
其他业务收入	1 500 000	税金及附加	700 000
营业外收入	5 000 000	其他业务成本	800 000
投资收益	3 500 000	销售费用	200 000
		管理费用	600 000
		财务费用	300 000
		营业外支出	100 000
		所得税费用	264 000

期末将各项收益类账户发生额转入“本年利润”账户贷方，将各项支出类账户发生额转入“本年利润”账户借方。

（1）结转收益类账户，编制的会计分录为：

借：主营业务收入　　30 000 000
　　其他业务收入　　1 500 000
　　营业外收入　　5 000 000

投资收益	3 500 000
贷：本年利润	40 000 000

（2）结转费用类账户，编制的会计分录为：

借：本年利润	22 964 000	
贷：主营业务成本		20 000 000
税金及附加		700 000
其他业务成本		800 000
销售费用		200 000
管理费用		600 000
财务费用		300 000
营业外支出		100 000
所得税费用		264 000

二、利润分配

利润分配是指企业根据国家有关规定和企业章程、投资协议等，对企业当年可供分配的利润所进行的分配。企业本年实现的净利润加上年初未分配利润（或减年初未弥补亏损）和其他转入后的余额，为可供分配的利润。

（一）利润分配的顺序

企业年度实现的利润在按税法规定弥补 5 年内发生的尚未弥补完毕的亏损，并减去确认的应当从当期利润总额中扣除的所得税费用后，按下列程序进行分配：① 弥补以前年度亏损；② 提取法定盈余公积，即按注册资本的 10%提取法定盈余公积，累计额达到注册资本 50%以后，可以不再提取；③ 提取任意盈余公积，其提取比例由投资者决议；④ 向投资者分配利润。

企业弥补以前年度亏损和提取盈余公积后，当年没有可供分配的利润时，不得向投资者分配利润，但法律、行政法规另有规定的除外。

（二）利润分配的核算

为了核算利润的分配情况，企业应设置“利润分配”账户。该账户属于所有者权益类账户，其借方核算利润的分配额或对以前年度亏损的弥补数，贷方核算每年转入的净利润，期末贷方余额，表示历年累计的未分配利润，期末借方余额，表示历年累计的未弥补亏损。该账户可按利润分配的形式分别设置“提取法定盈余公积”“提取任意盈余公积”“应付现金股利或利润”“盈余公积补亏”和“未分配利润”等明细账户进行明细分类核算。

1．结转本年利润

年度终了，将本年实现的利润总额（或亏损总额）结转到“利润分配”账户及所属的“未分配利润”明细账户。如果企业当年盈利，借记“本年利润”账户，贷记“利润分配——未分配利润”账户；如果企业当年发生亏损，做相反会计分录。无论是盈利还是亏损，年终结转后，“本年利润”账户无余额。

【例 13-2-2】 承【例 13-2-1】，2019 年 12 月份末，A 企业结账结束，结转当月净利润，编制的会计分录为：

借：本年利润　　17 036 000

　贷：利润分配——未分配利润　　17 036 000

2．弥补以前年度亏损

企业无论是用税前利润还是用税后利润弥补以前年度亏损，都不需要单独编制弥补亏损的会计分录，即不需要单独进行会计处理。年末进行利润结转时，将本年实现的利润从“本年利润”账户结转到“利润分配”账户及其所属明细账户“未分配利润”账户的贷方，这样就自然进行了弥补。

但需要注意的是，在年末计算“应纳税所得额”时，如果用税前利润弥补亏损，需要将弥补亏损的数额从应纳税所得额中扣除，而用税后利润弥补亏损，则不能进行扣除。

3．提取盈余公积

提取盈余公积时，借记“利润分配——提取盈余公积”账户，贷记“盈余公积——法定盈余公积”“盈余公积——任意盈余公积”账户。

【例 13-2-3】 承【例 13-2-2】，A 企业按 10%的比例提取法定盈余公积，按 5%的比例提取任意盈余公积，编制的会计分录为：

借：利润分配——提取法定盈余公积　　1 703 600

　　　　　——提取任意盈余公积　　851 800

　贷：盈余公积——法定盈余公积　　1 703 600

　　　　　　——任意盈余公积　　851 800

4．分给投资者利润或股利

分给投资者利润或股利时，借记“利润分配——应付现金股利”账户，贷记“应付股利”账户。

【例 13-2-4】 承【例 13-2-3】，A 企业按规定分配现金股利 500 000 元，编制的会计分录为：

借：利润分配——应付现金股利　　500 000

　贷：应付股利　　500 000

5．年末结转已分配利润

所得税费用与会计利润的关系

为了按年度考核企业利润的实现及分配情况，每个会计年度结束，应对利润和利润分配进行年终结转。利润的年终结转包括两个方面：一是将“本年利润”结转到“利润分配”账户及所属的“未分配利润”明细账户；二是将利润分配账户所属的其他明细账户的余额全部转入“未分配利润”明细账户。

如果企业当年盈利，并进行了利润分配，借记“利润分配——未分配利润”账户，贷记“利润分配——提取法定盈余公积”“利润分配——提取任意盈余公积”

“利润分配——应付现金股利”账户。

如果企业亏损，并没有进行弥补，也不存在进行利润分配。在这种情况下，将亏损额从“本年利润”账户转入“利润分配——未分配利润”账户的借方后，不需要进行其他的账务处理。

如果亏损后，用盈余公积金弥补亏损时，借记“盈余公积——法定盈余公积”账户，贷记“利润分配——盈余公积补亏”账户。结转利润分配明细账时，借记“利润分配——盈余公积补亏”账户，贷记“利润分配——未分配利润”账户。

【例 13-2-5】 承【例 13-2-4】，结转 A 企业利润分配明细账户，编制的会计分录为：

借：利润分配——未分配利润 3 055 400

贷：利润分配——提取法定盈余公积 1 703 600

——提取任意盈余公积 851 800

——应付现金股利 500 000

三、以前年度损益调整

（一）以前年度损益调整的概念

以前年度损益调整是指企业对以前年度多计或少计的重大盈亏数额所进行的调整，以使其不至于影响本年度利润总额。以前年度多计、少计费用或多计、少计收益时，应通过“以前年度损益调整”账户来代替原相关损益账户，对方账户不变，然后把“以前年度损益调整”账户结转到“利润分配”下，进行相应的盈余公积的调整，最终不能影响当期的“本年利润”账户。

以前年度损益调整主要用于前期差错更正、会计政策变更需追溯调整，以及资产负债表日后事项追溯调整时对以前年度损益的调整。

（二）以前年度损益调整的核算

（1）企业调整增加以前年度利润或减少以前年度亏损，借记有关账户，贷记“以前年度损益调整”账户；调整减少以前年度利润或增加以前年度亏损做相反的会计分录。

（2）由于以前年度损益调整增加的所得税费用，借记“以前年度损益调整”账户，贷记“应交税费——应交所得税”等账户；由于以前年度损益调整减少的所得税费用做相反的会计分录。

（3）经上述调整后，应将本账户的余额转入“利润分配——未分配利润”账户。本账户如为贷方余额，借记“以前年度损益调整”账户，贷记“利润分配——未分配利润”账户；如为借方余额做相反的会计分录。本账户结转后应无余额。

【例 13-2-6】 2019 年，A 公司在发现 2018 年漏记一项固定资产的折旧费用 150 000 元，所得税申报表中未扣除该项费用。假设 2018 年适用的所得税税率为 25%，无其他纳税调整事项。该公司按净利润的 10%、5%提取法定盈余公积和任意盈余公积。公司发行股票份额为 1 800 000 股。假定税法允许调整应交所得税。

分析前期差错的影响数：2018 年少计折旧费用 150 000 元；多计所得税费用 37 500 元（150 000×25%）；多计净利润 112 500 元；多计应交税费 37 500 元（150 000×25%）；多提法定盈余公积和任意盈余公积 11 250 元和 5 625 元。编制有关项目的调整分录为：

（1）补提折旧：

借：以前年度损益调整　　150 000

　贷：累计折旧　　150 000

（2）调整应交所得税：

借：应交税费——应交所得税　　37 500

　贷：以前年度损益调整　　37 500

（3）将“以前年度损益调整”账户余额转入利润分配：

借：利润分配——未分配利润　　112 500

　贷：以前年度损益调整　　112 500

（4）调整利润分配有关数字：

借：盈余公积　　16 875

　贷：利润分配——未分配利润　　16 875

【例 13-2-7】　2019 年 6 月，甲公司销售给乙公司一批产品，货款 33 900 元（含增值税），乙公司于当月收到所购物资并验收入库，按合同规定，乙公司应于收到所购物资后一个月内付款。由于乙公司财务状况不佳，到 2019 年 12 月 31 日仍未付款。甲公司于 12 月 31 日编制 2019 年财务报表时，已为该项应收账款提取坏账准备 4 000 元；12 月 31 日该项应收账款在资产负债表的金额为 30 800 元。

甲公司于 2020 年 3 月 6 日（所得税汇算清缴前）收到法院通知，乙公司已宣告破产清算，无力偿还所欠部分货款。甲公司预计可收回应收账款的 40%，所得税税率为 25%。企业按净利润的 10%提取法定盈余公积，提取法定盈余公积后不再作其他分配。

本例中，甲公司在收到法院通知后，首先可判断该事项应按资产负债表日后调整事项的处理原则进行处理。具体过程如下：

（1）补提坏账准备：

应提取的坏账准备=33 900×60%−4 000=16 340 元

借：以前年度损益调整　　16 340

　贷：坏账准备　　16 340

（2）调整递延所得税资产：

借：递延所得税资产　　4 085

　贷：以前年度损益调整　　4 085

（3）将“以前年度损益调整”账户的余额转入利润分配：

借：利润分配——未分配利润　　12 255

　贷：以前年度损益调整　　12 255

（4）调整利润分配有关数字：

借：盈余公积　　1 225.5

　贷：利润分配——未分配利润　　1 225.5

【业务能力训练】

一、单项选择题

1．下列选项中，不应计入营业外收入的是（ ）。

A．政府补助　　B．捐赠利得

C．债务重组利得　　D．固定资产盘盈

2．下列选项中，应计入营业外支出的是（ ）。

A．出售无形资产损失　　B．存货自然灾害损失

C．转让固定资产损失　　D．长期股权投资处置损失

3．2019 年 10 月份，甲公司的损益类账户资料如下：主营业务收入 200 万元，主营业务成本 150 万元，管理费用 8 万元，公允价值变动损益 3 万元，资产减值损失 1 万元，投资收益 7 万元，营业外收入 6 万元。假定不考虑其他因素，该公司当月的营业利润为（ ）万元。

A．51　　B．57　　C．45　　D．42

4．2019 年度，某公司的管理费用为 200 万元，公允价值变动损益为 100 万元，投资收益为 150 万元，营业外支出为 50 万元，所得税费用为 300 万元，营业利润为 2 000 万元。假定不考虑其他因素，该企业本年的净利润为（ ）万元。

A．1 600　　B．1 650　　C．2 650　　D．2 000

5．下列交易或事项中，影响营业利润的是（ ）。

A．公益性捐赠支出　　B．无形资产报废净损失

C．固定资产报废净损失　　D．固定资产减值损失

二、多项选择题

1．下列选项中，影响企业营业利润的有（ ）。

A．营业外支出　　B．管理费用

C．资产减值损失　　D．所得税费用

2．下列选项中，属于“营业外支出”账户核算内容的有（ ）。

A．公益性捐赠支出　　B．非流动资产转让损失

C．管理不善造成的存货盘亏　　D．自然灾害造成的损失

3．下列关于未分配利润的说法中，正确的有（ ）。

A．未分配利润是企业支付普通股股利之前剩余的利润

B．未分配利润是提取任意盈余公积之前剩余的利润

C．未分配利润是企业支付普通股股利之后剩余的利润

D．未分配利润可与下一年度的税后利润结合在一起形成可供投资者分配的利润

4．下列选项中，影响当期利润表中利润总额的有（ ）。

A．固定资产盘盈　　B．确认所得税费用

C．对外捐赠固定资产　　　　　　　　　D．无形资产出售利得

5．下列选项中，不应计入营业外收入的有（　　）。

A．由于管理原因造成的原材料盘盈

B．报经批准后，无法查明原因的现金溢余

C．转让长期股权投资取得的净收益

D．转让无形资产所有权取得的净收益

三、判断题

1．出售投资性房地产的净收益，通过营业外收入账户核算。（　　）

2．与资产相关的政府补助，企业在收到时，应计入营业外收入。（　　）

3．公益性捐赠支出应计入营业外支出账户。（　　）

4．企业在弥补亏损和提取法定公积金前，不得分配利润。（　　）

5．年度终了后，“利润分配”各明细账户均无余额。（　　）

四、实务题

大地公司为增值税一般纳税人，2019 年度发生如下经济业务：

（1）销售甲产品一批，售价 500 000 元，成本 240 000 元；产品已发出，并向银行办妥了托收手续。

（2）5 月 10 日，以提供现金折扣方式出售给 A 公司乙产品一批，折扣条件为“2/10，1/20，*n*/30”；该批产品的售价为 40 000 元（不含税），成本为 16 000 元；销货款已于 5 月 19 日收讫；7 月 10 日，收到 A 公司因产品质量问题而退回的乙产品一批，大地公司以银行存款支付了退货款，并按规定向 A 公司开具了红字增值税专用发票。

（3）报废旧设备一台，该设备原值 8 000 元，已提折旧 7 000 元，发生清理费 200 元，取得残料变价收入 300 元，有关款项已通过银行存款结算完毕。

（4）收到委托 B 公司代销产品的销售清单；该批产品的销售价格为 90 000 元（不含税），成本为 50 000 元，代销合同规定大地公司按不含税售价的 10%向 B 公司支付手续费；大地公司已开具了增值税专用发票。

（5）销售产品应交的城市维护建设税为 3 000 元，应交教育费附加为 800 元。

（6）以银行存款支付发生的管理费用 15 000 元。

要求：

（1）根据上述经济业务编制相关会计分录。

（2）编制该公司结转本年利润的会计分录。

（3）假设该公司不存在纳税调整因素，计算该公司 2019 年应交所得税并编制相应的会计分录。

第十四章 财务报告

14

学习目标

知识目标

通过本章的学习，了解财务报告内容、分类及编制要求等；理解资产负债表、利润表、现金流量表、所有者权益变动表四种主要报表的结构和内容；掌握资产负债表、利润表、现金流量表、所有者权益变动表的编制及财务会计报表附注的编写方法。

能力目标

1. 能简述财务报告对不同信息使用者的作用。
2. 能编制资产负债表、利润表、现金流量表和所有者权益变动表。
3. 能简述财务会计报表附注信息对信息使用者的作用。

导入案例

"中华珠宝"的陨落

达尔曼是我国珠宝首饰业首家股份上市企业，曾被誉为"中华珠宝第一股"，公司于 1993 年以定向募集方式设立，主要从事珠宝、玉器的加工和销售。从公司报表数据看，1997—2003 年，达尔曼销售收入合计 18 亿元，净利润合计 4.12 亿元。资产总额比上市时增长 5 倍，达到 22 亿元；净资产增长 4 倍，达到 12 亿元。在 2003 年之前，公司各项财务数据呈现均衡增长。然而，2003 年公司首次出现亏损，主营业务收入由 2002 年的 3.16 亿元下降到 2.14 亿元，亏损达 1.4 亿元，每股收益为-0.49 元。同时，公司的重大违规担保事项浮出水面，涉及人民币 3.45 亿元，美元 133.5 万元，还有重大质押事项，涉及人民币 5.18 亿元。

2004 年 5 月 10 日，达尔曼被上交所实行特别处理，变更为"ST 达尔曼"，同时证监会对公司涉嫌假陈述行为立案调查。2004 年 8 月，因众多法律诉讼，公司资产已被法院查封，银行账户被冻结，生产经营已经停滞，不再具备持续经营能力，编制会计报表的持续经营假设不再合理，由于所掌握的财务资料有限，公司董事会、监事会及经营层不能保证半年度财务报表的公允性，公司 2004 年半年报无法在法定期限内披露。

2004 年 9 月，公司发布重大事项公告称有大额贷款担保和质押贷款，而后公布了公司主要财务指标。截至 2004 年 6 月 30 日，净利润由 2003 年 12 月 31 日的 1 608 万元减少到-144 443 万元，每股收益由 0.056 元减少到-0.54 元。经营活动产生的现金流量净额由 14 491 万元减少到-78 835 万元。该公告显示，截至 2004 年 6 月 30 日，公司总资产锐减为 13 亿元，净资产-3.46 亿元，仅半年时间亏损额高达 14 亿元，不仅抵销了上市以来大部分业绩，而且濒临破产退市。此后，达尔曼股价一路狂跌。2004 年 12 月 30 日跌破一元面值。

因未依法披露 2004 年半年度报告，公司股票于 2005 年 1 月 10 日起被暂停上市，截至 2005 年 3 月 9 日，在暂停上市后两个月仍未披露 2004 年半年度报告被终止上市，成为中国第一个因无法披露定期报告而遭退市的上市公司。

分析：财务报告能反映企业什么信息？编制财务报告的要求有哪些？

第一节　财务报告概述

一、财务报告的概念与内容

财务报告是指企业对外提供的反映企业某一特定日期的财务状况和某一会计期间的经营成果、现金流量等会计信息的文件。财务报告包括财务报表和其他应当在财务报告中披露的相关信息和资料。

二、财务报表的构成及分类

（一）财务报表的构成

财务报表是对企业财务状况、经营成果和现金流量的结构性表述。其编制目的是向财务财务报告使用者提供与企业财务状况、经营成果和现金流量等有关的会计信息，反映企业管理层受托责任的履行情况，有助于财务报告使用者做出经济决策。一套完整的财务报表至少应当包括资产负债表、利润表、现金流量表、所有者权益（或股东权益）变动表及附注。

（二）财务报表的分类

1．按编制和报送时间的不同

财务报表按编制和报送时间的不同，可分为中期财务报表和年度财务报表。

（1）中期财务报表是以短于一个完整会计年度的报告期间为基础编制的财务报表，包括月报、季报和半年报等。中期财务报表至少应当包括资产负债表、利润表、现金流量表及附注。

（2）年度财务报表是全面反映企业整个会计年度的经营成果、现金流量情况及年末财务状况的财务报表。企业每年年底必须编制并报送年度财务报表。

2．按编报会计主体的不同

财务报表按编报会计主体的不同，可分为个别财务报表和合并财务报表。

（1）个别财务报表是由企业在自身会计核算基础上对账簿记录进行加工而编制的财务报表，它主要用以反映企业自身的财务状况、经营成果和现金流量情况。

（2）合并财务报表是以母公司和子公司组成的企业集团为会计主体，根据母公司和所属子公司单独编制的个别财务报表为基础，由母公司编制的综合反映企业集团财务状况、经营成果及其现金流量的财务报表。

3．按服务对象的不同

财务报表按服务对象的不同，可分为外部报表和内部报表。

（1）外部报表是按企业会计准则和有关的会计准则编制的，有统一的格式和指标体系。对外报表是企业必须定期编制、定期向上级主管部门、投资者和财税部门等报送或按规定向社会公布的财务报表，如资产负债表、利润表和现金流量表等。

（2）内部报表，又称为管理报表，是为了适应企业内部经营管理的需要，自行设计、编制的报表，没有统一规定的格式和指标体系，供其内部管理人员使用的财务报表，如成本报表。

4．按反映内容的不同

财务报表按反映内容的不同，可分为静态财务报表和动态财务报表。

（1）静态财务报表是反映企业一定日期资产、负债和所有者权益的财务报表，是反映财务状况的财务报表，如资产负债表。

（2）动态财务报表是反映企业一定期间资金耗用和资金收回的财务报表，是反映经营成果的财务报表，如利润表。

三、财务报表的编制要求

（1）企业应当以持续经营为基础，根据实际发生的交易和事项，按照企业会计准则的规定进行确认和计量，在此基础上编制财务报表。在编制过程中，企业管理层应当在考虑市场经营风险、企业盈利能力、偿债能力及财务弹性的基础上，对企业的持续经营能力进行评价。

（2）财务报表项目的列报应当在各个会计期间保持一致，不得随意变更，但下列两种情况除外：① 企业会计准则要求改变报表项目的列报；② 企业经营业务的性质发生重大变化后，变更财务报表项目的列报能够提供更可靠、更相关的会计信息。

（3）在编制财务报表过程中，企业应当考虑报表项目的重要性。重要性是指财务报表某项目的省略或错报会影响使用者据此做出经济决策的，该项目具有重要性。一个项目的重要性，应当从项目的金额和性质两方面来加以判断。对于性质或功能不同的项目，如长期股权投资、固定资产等，应当在财务报表中单独列报，但不具有重要性的项目除外；对于性质或功能类似的项目，如库存商品、原材料等，应当予以合并，作为存货项目列报。

（4）一般而言，财务报表中的资产项目和负债项目的金额、收入项目和费用项目的金额不得相互抵消。

（5）当期财务报表的列报，至少应当提供所有列报项目上可比会计期间的比较数据，以及与理解当前财务报表相关的说明，另有规定的除外。

（6）企业应当在财务报表的显著位置至少披露下列项目：① 编报企业的名称；② 资产负债表日或财务报表涵盖的会计期间；③ 人民币金额单位；④ 财务报表是合并报表的，应当予以标明。

（7）企业至少应当按年编制报表。年度财务报表短于一年的，应当披露年度财务报表的涵盖期间，以及短于一年的原因。

四、财务报告编制前的准备工作

（一）全面财产清查

企业在编制年度财务报告前，应当按照下列规定，全面清查资产、核实债务：

（1）结算款项（即债权债务），包括应收款项、应付款项、应交税费等是否存在，与债务、债权单位的相应债务、债权金额是否一致。

（2）原材料、在产品、自制半成品、库存商品等各项存货的实存数量与账面数量是否一致，是否有报废损失和积压物资等。

（3）各项投资是否存在，投资收益是否按照国家统一的会计制度规定进行确认和计量。

（4）房屋建筑物、机器设备、运输工具等各项固定资产的实存数量与账面数量是否一致。

（5）在建工程的实际发生额与账面记录是否一致。

（6）需要清查、核实的其他内容。

（二）检查会计事项的处理结果

企业在编制财务报告前，除应当全面清查资产、核实债务外，还应当完成下列工作：

（1）核对各会计账簿记录与会计凭证的内容、金额等是否一致，记账方向是否相符。

（2）依照规定的结账日进行结账，结出有关会计账簿的余额和发生额，并核对各会计账簿之间的余额。

（3）检查相关的会计核算是否按照国家统一的会计制度的规定进行。

（4）对于国家统一的会计制度没有规定统一核算方法的交易、事项，检查其是否按照会计核算的一般原则进行确认和计量，以及相关账务处理是否合理。

（5）检查是否存在因会计差错、会计政策变更等原因需要调整前期或者本期相关项目。

第二节　资产负债表

一、资产负债表概述

（一）资产负债表的概念

资产负债表是指反映企业在某一特定日期的财务状况的报表。资产负债表是根据“资产=负债+所有者权益”这一会计等式，依照一定的分类标准和顺序，将企业在一定日期的全部资产、负债和所有者权益项目进行适当分类、汇总、排列后编制而成的。资产负债表反映的是特定日期的财务状况，所以又称为静态报表。

（二）资产负债表的作用

1. 反映企业的经济资源及其分布情况，以及企业的资本结构

资产负债表把企业的经济资源按经济性质、用途及目的加以分类，如按其流动性划分为流动资产和非流动资产，使用者通过资产负债表，可以清楚地了解企业在某一选定时日所拥有的资产总量及其结构。

2. 可据以评价和预测企业的短期偿债能力

企业的偿债能力是指企业以其资产偿付债务的能力。资产负债表分门别类地列示流动资产与流动负债，本身虽未直接反映出短期偿债能力，但通过将流动资产与流动负债的比较，并借助于报表可以评价和预测企业的短期偿债能力。

3. 可据以评价和预测企业的长期偿债能力

企业的长期偿债能力主要指企业以全部资产清偿全部负债的能力。资产负债表按资产、负债和所有者权益三大会计要素分类，列示了重要项目，可据以评价预测企业的长期偿债能力，为管理部门和债权人信贷决策提供重要的依据。

4．有助于评价、预测企业的财务弹性

财务弹性是指企业应付各种挑战、适应各种变化的能力，包括进攻性适应能力和防御性适应能力。所谓进攻性适应能力是指企业有能力和财力去抓住突如其来的获利机会；防御性适应能力是指企业在经营危机中生存下来的能力。财务弹性强的企业不仅能从有利可图的经营中获取大量资金，而且可以借助债权人的长期资金和所有者的追加资本获利，万一需要偿还巨额债务时也不至于陷入财务困境，遇到新的获利能力更高的投资机会时，也能及时筹集所需资金，调转船头，全力以赴。

5．有助于评价、预测企业的经营绩效

企业的经营绩效主要反映在它的获利能力上，获利能力直接影响企业能否有稳定而逐步增长的盈利水平，能否据约向债权人还本付息，能否维持甚至逐步提高股东的投资报酬。衡量企业获利的指标主要有资产报酬率、股东权益报酬率等。

二、资产负债表的内容和结构

（一）资产负债表的内容

资产负债表由表头、表体和补充资料三个部分构成。

1．表头

表头部分包括资产负债表的名称、编号、编制单位、编表时间和金额单位等内容。由于该表反映企业在某一时点总的财务状况，属于静态报表，因此，一定要注明是某年某月某日的报表。

2．表体

表体是资产负债表的主体部分，主要反映资产负债表各项目的内容。资产负债表包括资产、负债和所有者权益三个会计要素，各要素按一定的标准进行分类，并按一定的顺序加以排列。资产项目按照其流动性的大小（即变现能力的强弱）排列，流动性大的在前，流动性小的在后；负债项目按照其到期日的远近排列，到期日近的在前，到期日远的在后；所有者权益项目按其永久程度排列，永久程度高的在前，永久程度低的在后。

3．补充资料

补充资料包括附注和附列资料等内容，用以填列一些不能直接列入资产负债表的项目，如采用的主要会计处理方法、会计处理方法的变更情况，有关重要项目的明细资料等。

（二）资产负债表的结构

报告式资产负债表

在我国，资产负债表采用账户式结构，报表分为左右两方，左方列示资产各项目，反映全部资产的分布及存在形态；右方列示负债和所有者权益各项目，反映全部负债和所有者权益的内容及构成情况。资产负债表左右双方平衡，即资产总计等于负债和所有者权益总计。资产负债表的基本格式如表 14-1 所示。

表 14-1　资产负债表

会企 01 表

编制单位：　　　　　　　　　　　　____年__月__日　　　　　　　　　　　　单位：元

资产	期末余额	上年年末余额	负债和所有者权益（或股东权益）	期末余额	上年年末余额
流动资产：			流动负债：		
货币资金			短期借款		
交易性金融资产			交易性金融负债		
衍生金融资产			衍生金融负债		
应收票据			应付票据		
应收账款			应付账款		
应收款项融资			预收款项		
预付款项			合同负债		
其他应收款			应付职工薪酬		
存货			应交税费		
合同资产			其他应付款		
持有待售资产			持有待售负债		
一年内到期的非流动资产			一年内到期的非流动负债		
其他流动资产			其他流动负债		
流动资产合计			流动负债合计		
非流动资产：			非流动负债：		
债权投资			长期借款		
其他债权投资			应付债券		
长期应收款			其中：优先股		
长期股权投资			永续债		
其他权益工具投资			租赁负债		
其他非流动金融资产			长期应付款		
投资性房地产			预计负债		
固定资产			递延收益		
在建工程			递延所得税负债		
生产性生物资产			其他非流动负债		
油气资产			非流动负债合计		
使用权资产			负债合计		
无形资产			所有者权益（或股东权益）：		
开发支出			实收资本（或股本）		
商誉			其他权益工具		
长期待摊费用			其中：优先股		
递延所得税资产			永续债		
其他非流动资产			资本公积		
非流动资产合计			减：库存股		

续表

资产	期末余额	上年年末余额	负债和所有者权益（或股东权益）	期末余额	上年年末余额
			其他综合收益		
			专项储备		
			盈余公积		
			未分配利润		
			所有者权益（或股东权益）合计		
资产总计			负债和所有者权益（或股东权益）总计		

三、资产负债表的编制

资产负债表是反映企业在某一特定日期财务状况的报表。资产、负债和所有者权益各项目的数据有两项：上年年末余额和期末余额，因此，在编制时，企业应根据对应于列报项目账户的上年年末余额和期末余额分别填列。其中，资产项目应根据资产类账户上年年末借方余额和本年借方期末余额填列，负债及所有者权益项目应根据负债及所有者权益账户上年年末贷方余额和本年贷方期末余额填列。

（一）“上年年末余额”栏填列

资产负债表“上年年末余额”栏内各项数字，应根据上年年末资产负债表“期末余额”栏内所列数字填列。如果本年度资产负债表规定的各个项目的名称和内容同上年度不一致，应对上年年末资产负债表各项目的名称和数字按照本年度的规定进行调整，填入本年度资产负债表“上年年末余额”栏内。

（二）“期末余额”栏填列

“期末余额”栏主要有以下几种填列方法：

1. 根据总账账户余额填列

资产负债表中的有些项目，可直接根据一个总账账户余额填列，如“交易性金融资产”“短期借款”等项目，根据“交易性金融资产”“短期借款”各总账账户的余额直接填列；有些项目则需根据几个总账账户的期末余额计算填列，如“货币资金”项目，需根据“库存现金”“银行存款”“其他货币资金”三个总账账户的期末余额的合计数填列。

2. 根据明细账账户余额计算填列

如“应付账款”项目，需要根据“应付账款”和“预付款项”两个账户所属的相关明细账户的期末贷方余额计算填列；“应收账款”项目，需要根据“应收账款”和“预收款项”两个账户所属的相关明细账户的期末借方余额计算填列。

3. 根据总账账户和明细账账户余额分析计算填列

如“长期借款”项目，需要根据“长期借款”总账账户余额扣除“长期借款”账户所属的明细账户中将在一年内到期且企业不能自主地将清偿义务展期的长期借款后的金额计算填列。

4. 根据有关账户余额减去其备抵账户余额后的净额填列

如“长期股权投资”项目，应当根据“长期股权投资”账户的期末余额减去“长期股权投资减值准备”账户余额后的净额填列；“投资性房地产”项目，应当根据“投资性房地产”账户的期末余额减去“投资性房地产累计折旧”“投资性房地产减值准备”等账户余额后的净额填列；“无形资产”项目，应当根据“无形资产”账户的期末余额，减去“累计摊销”“无形资产减值准备”等账户余额后的净额填列。

5. 综合运用上述填列方法分析填列

如“存货”项目，应根据“材料采购”“原材料”“发出商品”“库存商品”“周转材料”“委托加工物资”“生产成本”“受托代销商品”等账户的期末余额合计，减去“受托代销商品款”“存货跌价准备”账户期末余额后的金额填列，材料采用计划成本核算，以及库存商品采用计划成本核算或售价核算的企业，还应按加或减材料成本差异、商品进销差价后的金额填列。

（三）各项目具体填列说明

1. 资产项目的填列说明

（1）“货币资金”项目，反映企业库存现金、银行结算户存款、外埠存款、银行汇票存款、银行本票存款、信用卡存款和信用保证金存款等的合计数。本项目应根据“库存现金”“银行存款”“其他货币资金”账户期末余额合计数填列。

（2）“交易性金融资产”项目，反映资产负债表日企业分类为以公允价值计量且其变动计入当期损益的金融资产，以及企业持有的指定为以公允价值计量且其变动计入当期损益的金融资产的期末账面价值。本项目应当根据“交易性金融资产”账户的相关明细账户的期末余额分析填列。

（3）“衍生金融资产”项目，反映企业衍生工具形成资产的期末余额。本项目应根据有关账户期末余额填列。

（4）“应收票据”项目，反映资产负债表日以摊余成本计量的、企业因销售商品、提供服务等收到的商业汇票，包括银行承兑汇票和商业承兑汇票。本项目应根据“应收票据”账户的期末余额，减去“坏账准备”账户中相关坏账准备期末余额后的金额填列。

（5）“应收账款”项目，反映资产负债表日以摊余成本计量的、企业因销售商品、提供服务等经营活动应收取得款项。本项目应根据“应收账款”账户的期末余额，减去“坏账准备”账户中相关坏账准备期末余额后的金额分析填列。

（6）“应收款项融资”项目，反映资产负债表日以公允价值计量且其变动计入其他综合收益的应收票据和应收账款等。

（7）“预付款项”项目，反映企业预付给供应单位的款项。本项目应根据“预付账款”和“应付账款”账户所属各明细账户的期末借方余额合计数，减去“坏账准备”账户中有关预付账款计提的坏账准备期末余额后的金额填列。如“预付账款”账户所属明细账户期末有贷方余额的，应在资产负债表“应付账款”项目内填列。

（8）“其他应收款”项目，反映企业除应收票据、应收账款、预付账款等以外的各种应收及暂付款项，包括各种应收赔款、备用金、应收包装物租金、应收的各种赔款、罚款和应向职工收取的各种垫付款项等。本项目应根据“应收利息”“应收股利”和“其他应收款”账户的期末余额合计数，减去“坏账准备”账户中相关坏账准备期末余额后的金额填列。其中的“应收利息”仅反映相关金融工具已到期可收取但于资产负债表日尚未收到的利息。基于实际利率法计提的金融工具的利息包含在相应金融工具的账面余额中。

（9）“存货”项目，反映企业期末在库、在途和在加工中的各项存货的成本或可变现净值。本项目应根据“材料采购”“在途物资”“原材料”“周转材料”“库存商品”“发出商品”“委托加工物资”“委托代销商品”“受托代销商品”“生产成本”等总账账户的期末余额合计数，减去“受托代销商品款”“存货跌价准备”账户余额后的净额填列。材料采用计划成本核算，以及库存商品采用计划成本核算或售价核算的企业，还应按加或减材料成本差异、商品进销差价后的金额填列。

（10）“合同资产”项目，反映按照《企业会计准则第 14 号——收入》的相关规定根据本企业履行履约义务与客户付款之间的关系在资产负债表中列示的合同资产。本项目应根据“合同资产”账户的相关明细账户的期末余额分析填列，同一合同下的合同资产应当以净额列示，其中净额为借方余额的，应当根据其流动性在“合同资产”或“其他非流动资产”项目中填列，已计提减值准备的，还应减去“合同资产减值准备”账户中相关的期末余额后的金额填列。

（11）“持有待售资产”项目，反映资产负债表日划分为持有待售类别的非流动资产及划分为持有待售类别的处置组中的流动资产和非流动资产的期末账面价值。本项目应根据“持有待售资产”账户的期末余额，减去“持有待售资产减值准备”账户的期末余额后的金额填列。

（12）“一年内到期的非流动资产”项目，反映预计自资产负债表日起一年内变现的非流动资产，包括一年内到期的债权投资、长期待摊费用、一年内可收回的长期应收款等。本项目应根据上述账户分析计算后填列。

（13）“其他流动资产”项目，反映企业除以上流动资产项目外的其他流动资产。本项目应根据有关账户的期末余额填列。

（14）“债权投资”项目，反映资产负债表日企业以摊余成本计量的长期债权投资的期末账面价值。本项目应根据“债权投资”账户的相关明细账户期末余额，减去“债权投资减值准备”账户中相关减值准备的期末余额后的金额分析填列。

（15）“其他债权投资”项目，反映资产负债表日企业分类为以公允价值计量且其变动计入其他综合收益的长期债权投资的期末账面价值。本项目应根据“其他债权投资”账户的相关明细账账户的期末余额填列。

（16）“长期应收款”项目，反映企业长期应收款的净额。本项目应根据“长期应收款”账户的期末余额，减去将于 1 年内到期的部分、“未确认融资收益”账户期末余额、“坏账准备”账户中按长期应收款计提的坏账损失后的净额填列。

（17）“长期股权投资”项目，反映投资方对被投资单位实施控制、重大影响的权益性投资，以及对其合营企业的权益性投资。本项目应根据“长期股权投资”账户的期末余额，减去“长期股权投资减值准备”账户期末余额后的净额填列。

（18）“其他权益工具投资”项目，反映资产负债表日企业指定为以公允价值计量且其变动计入其他综合收益的非交易性权益工具投资的期末账面价值。本项目应根据“其他权益工具投资”账户的期末余额填列。

（19）“投资性房地产”项目，反映企业持有的投资性房地产。企业采用成本模式计量投资性房地产的，本项目应根据“投资性房地产”账户的期末余额，减去“投资性房地产累计折旧（摊销）”和“投资性房地产减值准备”账户期末余额后的净额填列；企业采用公允价值模式计量投资性房地产的，本项目应根据“投资性房地产”账户的期末余额填列。

（20）“固定资产”项目，反映资产负债表日企业固定资产的期末账面价值和企业尚未清理完毕的固定资产清理净损益。本项目应根据“固定资产”账户的期末余额，减去“累计折旧”和“固定资产减值准备”账户的期末余额后的余额，以及“固定资产清理”账户的期末余额填列。

（21）“在建工程”项目，反映资产负债表日企业尚未达到预定可使用状态的在建工程的期末账面价值和企业为在建工程准备的各种物资的期末账面价值。本项目应根据“在建工程”账户的期末余额，减去“在建工程减值准备”账户的期末余额后的金额，以及“工程物资”账户的期末余额，减去“工程物资减值准备”账户的期末余额后的金额填列。

（22）“使用权资产”项目，反映资产负债表日承租人企业持有的使用权资产的期末账面价值。本项目应根据“使用权资产”账户的期末余额，减去“使用权资产累计折旧”和“使用权资产减值准备”账户的期末余额后的金额填列。

（23）“无形资产”项目，反映企业持有的各项无形资产的成本减去累计摊销和减值准备后的净值。本项目应根据“无形资产”账户的期末余额，减去“累计摊销”和“无形资产减值准备”账户期末余额后的净额填列。

（24）“开发支出”项目，反映企业开发无形资产过程中发生的、尚未形成无形资产成本的支出。本项目应根据“研发支出”账户中所属的“资本化支出”明细账户期末余额填列。

（25）“商誉”项目，反映企业合并中形成商誉的价值。本项目应根据“商誉”账户的期末余额，减去相应减值准备后的金额填列。

（26）“长期待摊费用”项目，反映企业已经发生但应由本期和以后各期负担的分摊期限在 1 年以上（不含 1 年）的各项费用。本项目应根据“长期待摊费用”账户的期末余额减去将于 1 年内（含 1 年）摊销的数额后的金额填列。

（27）“递延所得税资产”项目，反映企业确认的可抵扣暂时性差异产生的递延所得税资产。本项目应根据“递延所得税资产”账户期末余额填列。

（28）“其他非流动资产”项目，反映企业除以上资产以外的其他非流动资产。本项目应根据有关账户的期末余额填列。

2. 负债项目的填列说明

（1）“短期借款”项目，反映企业向银行或其他金融机构等借入的期限在 1 年以下（含 1 年）的各种借款。本项目应根据“短期借款”账户的期末余额填列。

（2）“交易性金融负债”项目，反映资产负债表日企业承担的交易性金融负债，以及企业持有的指定为以公允价值计量且其变动计入当期损益的金融负债的期末账面价值。本项目应根据“交易性金融负债”账户的相关明细账户的期末余额填列。

（3）“衍生金融负债”项目，反映企业衍生工具形成负债的期末余额。本项目应根据有关账户期末余额填列。

（4）“应付票据”项目，反映资产负债表日以摊余成本计量的、企业因购买材料、商品和接受服务等开出、承兑的商业汇票，包括银行承兑汇票和商业承兑汇票。本项目应根据“应付票据”账户的期末余额填列。

（5）“应付账款”项目，反映资产负债表日以摊余成本计量的、企业因购买材料、商品和接受服务等经营活动应支付的款项。本项目应根据“应付账款”和“预付账款”账户所属的相关明细账户的期末贷方余额合计数填列。

（6）“预收款项”项目，反映企业按合同规定预收的款项。本项目应根据“预收账款”和“应收账款”账户所属各明细账户的期末贷方余额合计填列。如“预收账款”账户所属明细账户期末有借方余额的，应在资产负债表“应收账款”项目内填列。

（7）“合同负债”项目，反映按照《企业会计准则第 14 号——收入》的相关规定根据本企业履行履约义务与客户付款之间的关系在资产负债表中列示的合同负债。本项目应根据“合同负债”账户的相关明细账户的期末余额分析填列，同一合同下的合同负债应当以净额列示，其中净额为贷方余额的，应当根据其流动性在“合同负债”或“其他非流动负债”项目中填列。

（8）“应付职工薪酬”项目，反映企业为获得职工提供的服务或解除劳动关系而给予的各种形式的报酬或补偿。企业提供给职工配偶、子女、受赡养人、已故员工遗属及其他受益人等的福利，也属于职工薪酬。职工薪酬主要包括短期薪酬、离职后福利、辞退福利和其他长期职工福利。本项目应根据“应付职工薪酬”账户的期末贷方余额填列，如“应付职工薪酬”账户期末为借方余额，以“-”号填列。

（9）“应交税费”项目，反映企业按照税法规定计算应交纳的各种税费。本项目应根据“应交税费”账户的期末贷方余额填列；如“应交税费”账户期末为借方余额，以“-”号填列。

（10）“其他应付款”项目，反映除短期借款、应付票据、应付账款、应付职工薪酬、应交税费、应付利润以及预提费用以外的各种偿付期在一年以内的款项，如出租、出借包装物收取的押金等。本项目应根据“应付利息”“应付股利”和“其他应付款”账户的期末余额合计数填列。

（11）“持有待售负债”项目，反映资产负债表日处置组中与划分为持有待售类别的资产直接相关的负债的期末账面价值。本项目应根据“持有待售负债”账户的期末余额填列。

（12）“一年内到期的非流动负债”项目，反映企业各种非流动负债将于一年内到期部分的金额，包括一年内到期的长期借款、长期应付款和应付债券。本项目应根据上述账户分析计算后填列。

（13）“其他流动负债”项目，反映企业除以上流动负债以外的其他流动负债。本项目应根据有关账户的期末余额填列。

（14）“长期借款”项目，反映企业向银行或其他金融机构借入的期限在一年期以上（不含一年）的各期借款。本项目应根据“长期借款”账户的期末余额减去一年内到期部分的金额填列。

（15）“应付债券”项目，反映企业为筹集资金而发行的债券本金和利息，并在“应付债券”项目下增设“优先股”和“永续债”两个项目，分别反映企业发行的分类为金融负债的优先股和永续债的账面价值。本项目应根据相关账户的期末余额填列。

（16）“租赁负债”项目，反映资产负债表日承租人企业尚未支付的租赁付款额的期末账面价值。本项目应根据“租赁负债”账户的期末余额填列。

（17）“长期应付款”项目，反映资产负债表日企业除长期借款和应付债券以外的其他各种长期应付款项的期末账面价值。本项目应根据“长期应付款”账户的期末余额，减去相关的“未确认融资费用”账户的期末余额后的金额，以及“专项应付款”账户的期末余额填列。

（18）“预计负债”项目，反映企业计提的各种预计负债。本项目应根据“预计负债”账户期末余额填列。

（19）“递延收益”项目，反映尚待确认的收入或收益，包括企业根据政府补助准则确认的应在以后期间计入当期损益的政府补助金额、售后租回形成融资租赁的售价与资产账面价值差额等其他递延性收入。本项目应根据“递延收益”账户的期末余额填列。

（20）“递延所得税负债”项目，反映企业根据应纳税暂时性差异确认的递延所得税负债。本项目应根据“递延所得税负债”账户期末余额填列。

（21）“其他非流动负债”项目，反映企业除以上长期负债项目以外的其他非流动负债。本项目应根据有关账户的期末余额填列。

3．所有者权益项目的填列说明

（1）“实收资本（或股本）”项目，反映企业各投资者实际投入的资本（或股本）总额。本项目应根据“实收资本（或股本）”账户的期末余额填列。

（2）“其他权益工具”项目，反映资产负债表日企业发行在外的除普通股以外分类为权益工具的金融工具的账面价值，并在“其他权益工具”项目下增设“优先股”和“永续债”两个项目，分别反映企业发行的分类为权益工具的优先股和永续债的账面价值。本项目应根据相关账户的期末余额填列。

（3）“资本公积”项目，反映企业资本公积的期末余额。本项目应根据“资本公积”账户的期末余额填列，其中“库存股”按“库存股”账户余额填列。

（4）“其他综合收益”项目，反映企业其他综合收益的期末余额，本项目应根据“其他综合收益”账户的期末余额填列。

（5）“专项储备”项目，反映高危行业企业按照国家规定提取的安全生产费的期末账面价值。本项目应根据“专项储备”科目的期末余额填列。

（6）“盈余公积”项目，反映企业盈余公积的期末余额。本项目应根据“盈余公积”账户的期末余额填列。

（7）“未分配利润”项目，反映企业尚未分配的利润。本项目应根据“本年利润”账户和“利润分配”账户的期末余额计算填列，如为未弥补的亏损，在本项目内以“-”号填列。

四、资产负债表编制举例

资料一：甲股份有限公司为增值税一般纳税人，适用的增值税税率为13%，所得税税率为25%；原材料采用计划成本进行核算。该公司2019年11月30日的资产负债表如表14-2所示。其中，“应收账款”账户的期末余额为4 000 000元，“坏账准备”账户的期末余额为9 000元。其他诸如存货、长期股权投资、固定资产、无形资产等资产都没有计提资产减值准备。

表14-2　资产负债表

会企01表

编制单位：甲股份有限公司　　2019年11月30日　　单位：元

资产	期末余额	上年年末余额	负债和所有者权益（或股东权益）	期末余额	上年年末余额
流动资产：			流动负债：		
货币资金	14 063 000		短期借款	3 000 000	
交易性金融资产	150 000		交易性金融负债		
衍生金融资产			衍生金融负债		
应收票据	2 460 000		应付票据	5 000 000	
应收账款	3 991 000		应付账款	6 548 000	
应收款项融资			预收款项		
预付款项	1 000 000		合同负债		
其他应收款	3 050 000		应付职工薪酬	1 100 000	
存货	25 800 000		应交税费	366 000	
合同资产			其他应付款	500 000	
持有待售资产			持有待售负债		
一年内到期的非流动资产			一年内到期的非流动负债		
其他流动资产			其他流动负债	10 000 000	
流动资产合计	50 514 000		流动负债合计	26 514 000	
非流动资产：			非流动负债：		
债权投资			长期借款	6 000 000	
其他债权投资			应付债券		
长期应收款			其中：优先股		
长期股权投资	2 500 000		永续债		
其他权益工具投资			租赁负债		
其他非流动金融资产			长期应付款		
投资性房地产			预计负债		
固定资产	8 000 000		递延收益		
在建工程	15 000 000		递延所得税负债		
生产性生物资产			其他非流动负债		

续表

资产	期末余额	上年年末余额	负债和所有者权益（或股东权益）	期末余额	上年年末余额
油气资产			非流动负债合计	6 000 000	
使用权资产			负债合计	32 514 000	
无形资产	6 000 000		所有者权益（或股东权益）：		
开发支出			实收资本（或股本）	50 000 000	
商誉			其他权益工具		
长期待摊费用			其中：优先股		
递延所得税资产			永续债		
其他非流动资产	2 000 000		资本公积		
非流动资产合计	33 500 000		减：库存股		
			其他综合收益		
			专项储备		
			盈余公积	1 000 000	
			未分配利润	500 000	
			所有者权益（或股东权益）合计	51 500 000	
资产总计	84 014 000		负债和所有者权益（或股东权益）总计	84 014 000	

资料二：2019 年 12 月，甲股份有限公司共发生如下经济业务：

（1）收到银行通知，用银行存款支付到期的商业承兑汇票 1 000 000 元。

（2）购入原材料一批，收到的增值税专用发票上注明的原材料价款 1 500 000 元，增值税税额 195 000 元，款项已通过银行转账支付，材料尚未验收入库。

（3）收到原材料一批，实际成本 1 000 000 元，计划成本 950 000 元，材料已验收入库，货款已于上月支付。

（4）用银行汇票支付采购材料价款，公司收到开户银行转来银行汇票多余款收账通知，通知上填写的多余款为 2 260 元，购入材料及运费 998 000 元，支付的增值税税额 129 740 元。原材料已验收入库，该批原材料计划成本 1 000 000 元。

（5）销售产品一批，开出的增值税专用发票上注明的价款 3 000 000 元，增值税税额 390 000 元，货款尚未收到。该批产品实际成本 1 800 000 元，产品已发出。

（6）将交易性金融资产（股票投资）出售取得价款 165 000 元，该投资的成本为 130 000 元，公允价值变动为增值 20 000 元，处置收益为 15 000 元。

（7）购入不需安装的设备一台，收到的增值税专用发票上注明的价款 854 700 元，增值税税额 111 111 元，支付包装费、运费 10 000 元（不考虑相关税费）。价款及包装费、运费均以银行存款支付。设备已交付使用。

（8）购入工程物资一批用于建造厂房，价款 1 500 000 元，款项已通过银行转账支付（不考虑相关税费）。

（9）工程本月发生应付职工薪酬 2 280 000 元。

（10）一项工程完工交付生产使用，已办理竣工手续，固定资产价值 14 000 000 元。

（11）基本生产车间一台机床报废，原价 2 000 000 元，已提折旧 1 800 000 元，清理费用 5 000 元，残值收入 8 000 元，均通过银行存款收支。该项固定资产已清理完毕。

（12）从银行借入 3 年期借款 10 000 000 元，款项已存入银行账户。

（13）销售产品一批，开出的增值税专用发票上注明的价款 7 000 000 元，增值税税额 910 000 元，款项已存入银行。销售产品的实际成本为 4 200 000 元。

（14）将要到期的一张面值为 2 000 000 元的无息银行承兑汇票（不含增值税），连同托收凭证交银行办理转账。款项银行已收妥。

（15）出售一台不需用设备，收到价款 3 000 000 元，该设备原价 4 000 000 元，已提折旧 1 500 000 元。该项设备已由购入单位运走，不考虑相关税费。

（16）通过公开市场交易取得交易性金融资产（股票投资），价款 1 030 000 元，交易费用 20 000 元，已用银行存款支付。

（17）支付本月工资 5 000 000 元，其中包括支付在建工程人员的工资 2 000 000 元。

（18）分配应支付的职工工资 3 000 000 元（不包括在建工程应负担的工资），其中生产人员工资 2 750 000 元，车间管理人员工资 100 000 元，行政管理部门人员工资 150 000 元。

（19）发生职工福利费 420 000 元（不包括在建工程应负担的福利费 280 000 元），其中生产工人福利费 385 000 元，车间管理人员福利费 14 000 元，行政管理部门福利费 21 000 元。

（20）基本生产车间领用原材料，计划成本 7 000 000 元；领用低值易耗品，计划成本 500 000 元，采用一次转销法核算。

（21）结转基本生产车间领用原材料和低值易耗品应分摊的材料成本差异。材料成本差异率均为 5%。

（22）对行政管理部门使用的无形资产进行摊销，摊销额为 600 000 元。以银行存款支付本年基本生产车间应负担的水电费 900 000 元。

（23）计提固定资产折旧 1 000 000 元，其中计入制造费用 800 000 元，计入管理费用 200 000 元。计提固定资产减值准备 300 000 元。

（24）收到应收账款 510 000 元，存入银行。计提应收账款坏账准备 9 000 元。

（25）用银行存款支付本期发生的产品展览费 100 000 元。

（26）计算并结转本期完工产品成本 12 824 000 元。期末没有在产品，本期生产的产品全部完工入库。

（27）广告费 100 000 元，已通过银行办理转账结算。

（28）采用商业承兑汇票结算方式销售产品一批，开出的增值税专用发票上注明的价款 2 500 000 元，增值税税额 325 000 元，收到 2 825 000 元的商业承兑汇票一张。所售产品实际成本 1 500 000 元。

（29）将上述 2 825 000 元的商业承兑汇票到银行办理贴现，贴现息为 200 000 元。

（30）本期产品销售应缴纳的教育费附加为 20 000 元。

（31）用银行存款缴纳增值税 1 000 000 元，教育费附加 20 000 元。

（32）本期在建工程应负担的长期借款利息费用 2 000 000 元，长期借款为分期付息。

（33）本期应计入损益的长期借款利息费用 100 000 元，长期借款为分期付息。

（34）归还短期借款本金 2 500 000 元。

（35）支付长期借款利息 2 100 000 元。

（36）归还长期借款本金 6 000 000 元。

（37）上月销售产品一批，开出的增值税专用发票上注明的价款 100 000 元，增值税税额 13 000 元，购货方开出商业承兑汇票。本期由于购货方发生财务困难，无法按合同规定偿还债务，经双方协议，甲股份有限公司同意购货方用产品抵偿该应收票据。用于抵债的产品市价 80 000 元，适用的增值税税率 13%。

（38）持有的交易性金融资产 2019 年 12 月 31 日的公允价值为 1 050 000 元。

（39）结转本期产品销售成本（5）1 800 000+（13）4 200 000+（28）1 500 000=7 500 000 元。

（40）假设本例中除计提固定资产减值准备 300 000 元造成固定资产账面价值与其计税基础存在差异外，不考虑其他项目的所得税影响。企业按照税法规定计算确定的应交所得税为 948 650 元，递延所得税资产为 75 000 元。

（41）将各收支账户结转本年利润。

（42）按照净利润的 10%提取法定盈余公积金。

（43）将利润分配各明细账户的余额转入“未分配利润”明细账户。

（44）用银行存款缴纳本月应交所得税。

要求：编制甲股份有限公司 2019 年 12 月份经济业务的会计分录，并在此基础上编制资产负债表。

解析：根据上述资料，甲股份有限公司编制的会计分录为：

（1）借：应付票据　　1 000 000
　　贷：银行存款　　1 000 000

（2）借：材料采购　　1 500 000
　　应交税费——应交增值税（进项税额）　　195 000
　　贷：银行存款　　1 695 000

（3）借：原材料　　950 000
　　材料成本差异　　50 000
　　贷：材料采购　　1 000 000

（4）借：材料采购　　998 000
　　银行存款　　2 260
　　应交税费——应交增值税（进项税额）　　129 740
　　贷：其他货币资金　　1 130 000
借：原材料　　1 000 000
　　贷：材料采购　　998 000

材料成本差异　　2 000

（5）借：应收账款　　3 390 000
　贷：主营业务收入　　3 000 000
　　应交税费——应交增值税（销项税额）　　390 000

（6）借：银行存款　　165 000
　贷：交易性金融资产——成本　　130 000
　　——公允价值变动　　20 000
　　投资收益　　15 000
借：公允价值变动损益　　20 000
　贷：投资收益　　20 000

（7）借：固定资产（854 700+10 000）　　864 700
　　应交税费——应交增值税（进项税额）　　111 111
　贷：银行存款　　975 811

（8）借：工程物资　　1 500 000
　贷：银行存款　　1 500 000

（9）借：在建工程　　2 280 000
　贷：应付职工薪酬　　2 280 000

（10）借：固定资产　　14 000 000
　贷：在建工程　　14 000 000

（11）借：固定资产清理　　200 000
　　累计折旧　　1 800 000
　贷：固定资产　　2 000 000
借：固定资产清理　　5 000
　贷：银行存款　　5 000
借：银行存款　　8 000
　贷：固定资产清理　　8 000
借：营业外支出——处置非流动资产损失　　197 000
　贷：固定资产清理　　197 000

（12）借：银行存款　　10 000 000
　贷：长期借款　　10 000 000

（13）借：银行存款　　7 910 000
　贷：主营业务收入　　7 000 000
　　应交税费——应交增值税（销项税额）　　910 000

（14）借：银行存款　　2 000 000
　贷：应收票据　　2 000 000

（15）借：固定资产清理　　2 500 000
　　累计折旧　　1 500 000

贷：固定资产 4 000 000
借：银行存款 3 000 000
贷：固定资产清理 3 000 000
借：固定资产清理 500 000
贷：资产处置损益 500 000
（16）借：交易性金融资产 1 030 000
投资收益 20 000
贷：其他货币资金 1 050 000
（17）借：应付职工薪酬 5 000 000
贷：银行存款 5 000 000
（18）借：生产成本 2 750 000
制造费用 100 000
管理费用 150 000
贷：应付职工薪酬——工资 3 000 000
（19）借：生产成本 385 000
制造费用 14 000
管理费用 21 000
贷：应付职工薪酬——职工福利 420 000
（20）借：生产成本 7 000 000
贷：原材料 7 000 000
借：制造费用 500 000
贷：周转材料——低值易耗品 500 000
（21）借：生产成本 350 000
制造费用 25 000
贷：材料成本差异 375 000
（22）借：管理费用——无形资产摊销 600 000
贷：累计摊销 600 000
借：制造费用——水电费 900 000
贷：银行存款 900 000
（23）借：制造费用——折旧费 800 000
管理费用——折旧费 200 000
贷：累计折旧 1 000 000
借：资产减值损失——计提的固定资产减值 300 000
贷：固定资产减值准备 300 000
（24）借：银行存款 510 000
贷：应收账款 510 000
借：资产减值损失——计提坏账准备 9 000

贷：坏账准备　9 000

（25）借：销售费用——展览费　100 000

贷：银行存款　100 000

（26）借：生产成本　2 339 000

贷：制造费用　2 339 000

借：库存商品　12 824 000

贷：生产成本　12 824 000

（27）借：销售费用——广告费　100 000

贷：银行存款　100 000

（28）借：应收票据　2 825 000

贷：主营业务收入　2 500 000

应交税费——应交增值税（销项税额）　325 000

（29）借：财务费用　200 000

银行存款　2 625 000

贷：应收票据　2 825 000

（30）借：税金及附加　20 000

贷：应交税费——应交教育费附加　20 000

（31）借：应交税费——应交增值税（已交税金）　1 000 000

——应交教育费附加　20 000

贷：银行存款　1 020 000

（32）借：在建工程　2 000 000

贷：应付利息　2 000 000

（33）借：财务费用　100 000

贷：应付利息　100 000

（34）借：短期借款　2 500 000

贷：银行存款　2 500 000

（35）借：应付利息　2 100 000

贷：银行存款　2 100 000

（36）借：长期借款　6 000 000

贷：银行存款　6 000 000

（37）借：库存商品　80 000

应交税费——应交增值税（进项税额）　10 400

营业外支出——债务重组损失　22 600

贷：应收票据　113 000

（38）借：交易性金融资产——公允价值变动　20 000

贷：公允价值变动损益　20 000

（39）借：主营业务成本　7 500 000

贷：库存商品　　7 500 000

（40）借：所得税费用——当期所得税费用　　948 650

贷：应交税费——应交所得税　　948 650

借：递延所得税资产　　75 000

贷：所得税费用——递延所得税费用　　75 000

（41）借：主营业务收入　　12 500 000

资产处置损益　　500 000

投资收益　　15 000

贷：本年利润　　13 015 000

其中：主营业务收入=（5）3 000 000+（13）7 000 000+（28）2 500 000=12 500 000 元

投资收益=（6）15 000+（6）20 000−（16）20 000=15 000 元

借：本年利润　　9 519 600

贷：主营业务成本　　7 500 000

税金及附加　　20 000

销售费用　　200 000

管理费用　　971 000

财务费用　　300 000

资产减值损失　　309 000

营业外支出　　219 600

其中：销售费用=（25）100 000+（27）100 000=200 000 元

管理费用=（18）150 000+（19）21 000+（22）600 000+（23）200 000=971 000 元

财务费用=（29）200 000+（33）100 000=300 000 元

资产减值损失=（23）300 000+（24）9 000=309 000 元

营业外支出=（11）197 000+（37）22 600=219 600 元

借：本年利润　　873 650

贷：所得税费用　　873 650

其中：所得税费用=（40）948 650−（40）75 000=873 650 元

（42）借：利润分配——提取法定盈余公积　　262 175

贷：盈余公积——法定盈余公积　　262 175

其中：提取法定盈余公积数额=（13 015 000−9 519 600−873 650）×10%=262 175 元

（43）借：利润分配——未分配利润　　262 175

贷：利润分配——提取法定盈余公积　　262 175

借：本年利润　　2 359 575

贷：利润分配——未分配利润　　2 359 575

（44）借：应交税费——应交所得税　　948 650

贷：银行存款　　948 650

根据 11 月份资产负债表和上述会计分录编制 12 月份资产负债表，如表 14-3 所示。

表 14-3　资产负债表　　会企 01 表

编制单位：甲股份有限公司　　2019 年 12 月 31 日　　单位：元

资产	期末余额	上年年末余额	负债和所有者权益（或股东权益）	期末余额	上年年末余额
流动资产：			流动负债：		
货币资金	14 258 799	14 063 000	短期借款	500 000	3 000 000
交易性金融资产	1050 000	150 000	交易性金融负债		
衍生金融资产			衍生金融负债		
应收票据	347 000	2 460 000	应付票据	4 000 000	5 000 000
应收账款	6 862 000	3 991 000	应付账款	6 548 000	6 548 000
应收款项融资			预收款项		
预付款项	1 000 000	1 000 000	合同负债		
其他应收款	3 050 000	3 050 000	应付职工薪酬	1 800 000	1 100 000
存货	25 827 000	25 800 000	应交税费	544 749	366 000
合同资产			其他应付款	500 000	500 000
持有待售资产			持有待售负债		
一年内到期的非流动资产			一年内到期的非流动负债		
其他流动资产			其他流动负债	10 000 000	10 000 000
流动资产合计	52 394 799	50 514 000	流动负债合计	23 892 749	26 514 000
非流动资产：			非流动负债：		
债权投资			长期借款	10 000 000	6 000 000
其他债权投资			应付债券		
长期应收款			其中：优先股		
长期股权投资	2 500 000	2 500 000	永续债		
其他权益工具投资			租赁负债		
其他非流动金融资产			长期应付款		
投资性房地产			预计负债		
固定资产	18 864 700	8 000 000	递延收益		
在建工程	6 780 000	15 000 000	递延所得税负债		
生产性生物资产			其他非流动负债		
油气资产			非流动负债合计	10 000 000	6 000 000
使用权资产			负债合计	33 892 749	32 514 000
无形资产	5 400 000	6 000 000	所有者权益（或股东权益）：		
开发支出			实收资本（或股本）	50 000 000	50 000 000
商誉			其他权益工具		
长期待摊费用			其中：优先股		

续表

资产	期末余额	上年年末余额	负债和所有者权益（或股东权益）	期末余额	上年年末余额
递延所得税资产	75 000		永续债		
其他非流动资产	2 000 000	2 000 000	资本公积		
非流动资产合计	35 619 700	33 500 000	减：库存股		
			其他综合收益		
			专项储备		
			盈余公积	1 262 175	1 000 000
			未分配利润	2 859 575	500 000
			所有者权益（或股东权益）合计	54 121 750	51 500 000
资产总计	88 014 499	84 014 000	负债和所有者权益（或股东权益）总计	88 014 499	84 014 000

注：“应收账款”账户的年末余额为 6 880 000 元，“坏账准备”账户的期末余额为 18 000 元。

第三节 利润表

一、利润表概述

（一）利润表的概念

利润表是指反映企业在一定会计期间经营成果的报表。利润表是根据会计核算的配比原则，把一定时期内的收入和相对应的成本费用配比，从而计算出企业一定时期的各项利润指标。利润表反映的是特定企业在某一时期的经营成果，是动态报表。

（二）利润表的作用

1．为企业外部投资及信贷者作投资决策及贷款决策提供依据

通过利润表，可以计算利润的绝对值指标，也可以计算投资报酬率、资金利润率等相对值指标，并通过前后两个时期及同一时期不同行业或企业的同类指标的比较分析，了解该企业的获利水平、利润增长变化趋势，据此决定是否投资、是否追加投资，以及是否改变投资方向。

2．为企业内部管理层的经营决策提供依据

利润表综合地反映营业收入、营业成本及期间费用等，披露利润组成的各大要素，通过比较分析利润的增减变化，可以寻求其根本原因，以便在价格、品种、成本、费用及其他方面揭露矛盾，找出差距，明确今后的工作重点，以便做出正确的决策。

3．为企业内部业绩考核提供重要的依据

企业一定时期的利润总额集中地反映了各部门工作的结果，它既是制订各部门工作计划的参考，又是考核各部门计划执行结果的重要依据，利润表内所提供的相关数据可以评判各部门工作的业绩，以便做出正确的奖罚决策。

单步式利润表

二、利润表的内容和结构

（一）利润表的内容

利润表至少应当单独列示反映下列信息的项目：① 营业收入；② 营业成本；③ 税金及附加；④ 期间费用；⑤ 投资净收益；⑥ 公允价值变动损益；⑦ 资产减值损失；⑧ 资产处置损益；⑨ 所得税费用；⑩ 净利润。

（二）利润表的结构

利润表的结构是指其主要内容在报表中的位置及其各具体项目的排列顺序。目前比较普遍的格式有单步式利润表和多步式利润表两种。我国《企业会计准则》规定，企业利润表应采用多步式利润表，其基本格式如表 14-4 所示。

表 14-4　利润表

会企 02 表

编制单位：　　　　＿＿＿年＿月　　　　单位：元

项目	本期金额	上期金额
一、营业收入		
减：营业成本		
税金及附加		
销售费用		
管理费用		
研发费用		
财务费用		
其中：利息费用		
利息收入		
加：其他收益		
投资收益（损失以“－”号填列）		
其中：对联营企业和合营企业的投资收益		
以摊余成本计量的金融资产终止确认收益（损失以“－”号填列）		
净敞口套期收益（损失以“－”号填列）		
公允价值变动收益（损失以“－”号填列）		
信用减值损失（损失以“－”号填列）		
资产减值损失（损失以“－”号填列）		
资产处置收益（损失以“－”号填列）		

续表

项目	本期金额	上期金额
二、营业利润（亏损以“-”号填列）		
加：营业外收入		
减：营业外支出		
三、利润总额（亏损总额以“-”号填列）		
减：所得税费用		
四、净利润（净亏损以“-”填列）		
（一）持续经营净利润（净亏损以“-”号填列）		
（二）终止经营净利润（净亏损以“-”号填列）		
五、其他综合收益的税后净额		
（一）不能重分类进损益的其他综合收益		
（二）将重分类进损益的其他综合收益		
六、综合收益总额		
七、每股收益		
（一）基本每股收益		
（二）稀释每股收益		

三、利润表的编制

企业可以分下列几个步骤编制多步式利润表：

第一步，以营业收入为基础，减去营业成本、税金及附加、销售费用、管理费用、财务费用、资产减值损失，加上其他收益、公允价值变动收益（减去公允价值变动损失）、资产处置收益（减去资产处置损失）和投资收益（减去投资损失），计算出营业利润。

第二步，以营业利润为基础，加上营业外收入，减去营业外支出，计算出利润总额。

第三步，以利润总额为基础，减去所得税费用，计算出净利润（或亏损）。

第四步，以净利润（或净亏损）为基础，计算每股收益。

第五步，以净利润（或净亏损）和其他综合收益为基础，计算综合收益总额。

此外，为了使财务报告使用者通过比较不同期间利润的实现情况，判断企业经营成果的未来发展趋势，企业需要提供比较利润表，利润表还就各项目再分为“本期金额”和“上期金额”两栏分别填列。

（一）“上期金额”栏填列

“上期金额”栏内各项数字，应根据上一年度利润表的“本期金额”栏内所列数字填列。如果上年度利润表规定的各个项目的名称和内容同本年度不相一致，应对上一年度利润表各项目的名称和数字按本年度的规定进行调整，填入本表“上期金额”栏内。

（二）“本期金额”栏填列

“本期金额”栏内各期数字，除“基本每股收益”和“稀释每股收益”项目外，应当按照相关账户的本期累计发生额分析填列。如“营业收入”项目，根据“主营业务收入”“其他业务收入”账户的发生额分析计算填列；“营业成本”项目，根据“主营业务成本”“其他业务成本”账户的发生额分析计算填列。

（三）各项目具体填列说明

（1）“营业收入”项目，反映企业经营主要业务和其他业务所确认的收入总额。本项目应根据“主营业务收入”和“其他业务收入”账户的发生额分析填列。

（2）“营业成本”项目，反映企业经营主要业务和其他业务所发生的成本总额。本项目应根据“主营业务成本”和“其他业务成本”账户的发生额分析填列。

（3）“税金及附加”项目，反映企业经营业务应负担的消费税、城市维护建设税、资源税、房产税、土地使用税、车船使用税、印花税和教育费附加等。本项目应根据“税金及附加”账户的发生额分析填列。

（4）“销售费用”项目，反映企业在销售商品过程中发生的包装费、广告费等费用和为销售本企业商品而专设的销售机构的职工薪酬、业务费等经营费用。本项目应根据“销售费用”账户的发生额分析填列。

（5）“管理费用”项目，反映企业为组织和管理生产经营发生的管理费用。本项目应根据“管理费用”账户的发生额分析填列。

（6）“研发费用”项目，反映企业进行研究与开发过程中发生的费用化支出，以及计入管理费用的自行开发无形资产的摊销。本项目应根据“管理费用”账户下的“研发费用”明细账户发生额，以及“管理费用”账户下的“无形资产摊销”明细账户的发生额分析填列。

（7）“财务费用”项目，反映企业筹集生产经营所需资金等而发生的筹资费用，并在“财务费用”项目下增设“利息费用”和“利息收入”两个项目，分别反映企业为筹集生产经营所需资金等而发生的应予费用化的利息支出和企业按照相关会计准则确认的应冲减财务费用的利息收入。本项目应根据“财务费用”账户的发生额分析填列。

（8）“资产减值损失”项目，反映企业各项资产发生的减值损失。本项目应根据“资产减值损失”账户的发生额分析填列。

（9）“其他收益”项目，反映企业计入其他收益的政府补助，以及其他与日常活动相关且计入其他收益的项目。本项目应根据“其他收益”账户的发生额分析列示。

（10）“投资收益”项目，反映企业以各种方式对外投资所取得的收益。本项目应根据“投资收益”账户的发生额分析填列。如为投资损失，本项目以“-”号填列。

（11）“公允价值变动收益”项目，反映企业应当计入交易性金融资产、交易性金融负债，以及采用公允价值模式计量的投资性房地产、衍生工具、套期保值业务等公允价值变动形成的应计入当期损益的利得或损失。本项目应根据“公允价值变动损益”账户的发生额分析填列，如为净损失，本项目以“-”号填列。

（12）“信用减值损失”项目，反映企业按照《企业会计准则第 22 号——金融工具确认和计量》的要求集体的各项金融工具信用减值准备所确认的信用损失。本项目应根据“信用减值损失”账户的发生额分析填列。

（13）“资产减值损失”项目，反映企业各项资产发生的减值损失。本项目应根据“资产减值损失”账户的发生额分析填列。

（14）“资产处置收益”项目，反映企业出售划分为持有待售的非流动资产（金融工具、长期股权投资和投资性房地产除外）或处置组（子公司和业务除外）时确认的处置利得或损失，以及处置未划分为持有待售的固定资产、在建工程、生产性生物资产及无形资产而产生的处置利得或损失。债务重组中因处置非流动资产产生的利得或损失和非货币性资产交换中换出非流动资产产生的利得或损失也包括在本项目内。该项目应根据“资产处置损益”账户的发生额分析填列；如为处置损失，以“-”号填列。

（15）“营业利润”项目，反映企业实现的营业利润。如为亏损，本项目以“-”号填列。

（16）“营业外收入”项目，反映企业发生的除营业利润以外的收益，主要包括与企业日常活动无关的政府补助、盘盈利得、捐赠利得（企业接受股东或股东的子公司直接或间接的捐赠，经济实质属于股东对企业的资本性投入的除外）等。该项目应根据“营业外收入”账户的发生额分析填列。

（17）“营业外支出”项目，反映企业发生的除营业利润以外的支出，主要包括公益性捐赠支出、非常损失、盘亏损失和非流动资产毁损报废损失等。该项目应根据“营业外支出”账户的发生额分析填列。

（18）“利润总额”项目，反映企业实现的利润。如为亏损，本项目以“-”号填列。

（19）“所得税费用”项目，反映企业应从当期利润总额中扣除的所得税费用。本项目应根据“所得税费用”账户的发生额分析填列。

（20）“净利润”项目，反映企业实现的净利润。如为亏损，本项目以“-”号填列。

（21）“（一）持续经营净利润”和“（二）终止经营净利润”项目：分别反映净利润中与持续经营相关的净利润和与终止经营相关的净利润；如为净亏损，以“-”号填列。该两个项目应按照《企业会计准则第 42 号——持有待售的非流动资产、处置组和终止经营》的相关规定分别列报。

（22）“其他综合收益的税后净额”项目，反映企业根据企业会计准则规定未在损益中确认的各项利得和损失扣除所得税影响后的净额。

（23）“综合收益总额”项目，反映企业净利润与其他综合收益的合计金额。

（24）“每股收益”项目，包括基本每股收益和稀释每股收益两项指标，反映普通股或潜在普通股已公开交易的企业，以及正处在公开发行普通股或潜在普通股过程中的企业的每股收益信息。

（25）“基本每股收益”项目，按照归属于普通股股东的当期净利润除以当期实际发行在外普通股的加权平均数计算确定。计算基本每股收益时，分子为归属于普通股股东的当期净利润。发生亏损的企业，每股收益以“-”号列示。

（26）“稀释每股收益”项目，计算稀释每股收益时，当期发行在外普通股的加权平均数应当为计算基本每股收益时普通股的加权平均数与假定稀释性潜在普通股转换为已发行普通股而增加的普通股股数的加权平均数之和。

四、利润表编制举例

要求： 根据甲股份有限公司 2019 年 12 月份发生的经济业务，编制甲股份有限公司 2019 年 12 月份利润表。

解析：（1）根据对前述业务的上述会计处理，甲股份有限公司 2019 年 12 月份利润表账户本年累计发生额如表 14-5 所示。

表 14-5　2019 年度利润表账户本年累计发生额

单位：元

账户名称	借方发生额	贷方发生额
营业收入		12 500 000
营业成本	7 500 000	
税金及附加	20 000	
销售费用	200 000	
管理费用	971 000	
财务费用	300 000	
资产减值损失	309 000	
投资收益		15 000
资产处置损益		500 000
营业外收入		
营业外支出	219 600	
所得税费用	873 650	

（2）根据 2019 年 12 月份相关账户发生额编制利润表，如表 14-6 所示。

表 14-6　利润表

会企 02 表

编制单位：甲股份有限公司　　2019 年 12 月　　单位：元

项目	本期金额	上期金额
一、营业收入	12 500 000	
减：营业成本	7 500 000	
税金及附加	20 000	
销售费用	200 000	
管理费用	971 000	
研发费用		
财务费用	300 000	
其中：利息费用		

续表

项目	本期金额	上期金额
利息收入		
加：其他收益		
投资收益（损失以“-”号填列）	15 000	
其中：对联营企业和合营企业的投资收益		
以摊余成本计量的金融资产终止确认收益（损失以“-”号填列）		
净敞口套期收益（损失以“-”号填列）		
公允价值变动收益（损失以“-”号填列）		
信用减值损失（损失以“-”号填列）		
资产减值损失（损失以“-”号填列）	309 000	
资产处置收益（损失以“-”号填列）	500 000	
二、营业利润（亏损以“-”号填列）	3 215 000	
加：营业外收入		
减：营业外支出	219 600	
三、利润总额（亏损总额以“-”号填列）	3 495 200	
减：所得税费用	873 650	
四、净利润（净亏损以“-”填列）	2 621 750	
五、其他综合收益的税后净额		
六、综合收益总额		
七、每股收益		
（一）基本每股收益		
（二）稀释每股收益		

第四节　现金流量表

一、现金流量表概述

（一）现金流量表的概念

现金流量表是反映企业一定会计期间内有关现金和现金等价物的流入和流出信息的财务报表，是动态报表。编制现金流量表的目的是为了向会计报表的使用者提供企业一定会计期间内现金和现金等价物流动情况，以便于了解和评价现金和现金等价物的流动和获取能力，并据以预测企业未来的现金流量。

（二）现金流量表的作用

1．可以提供企业的现金流量信息，从而对企业整体财务状况做出客观评价

在市场经济条件下，竞争异常激烈，企业要想站稳脚跟，不但要设法把自身的产品销售出去，更重要的是要及时收回销货款，以便以后的经营活动能够顺利开展。除了经营活动以外，企业所从事的投资和筹资活动同样影响着现金流量，从而影响财务状况。如果企业进行投资，而没能取得相应的现金回报，就会对企业的财务状况（如流动性、偿债能力）产生不良影响。从企业的现金流量情况看，可以大致判断其经营周转是否顺畅。

2．可以反映企业资产的变现能力、支付能力、偿债能力和对外筹资能力

评估企业是否具有这些能力，最直接有效的方法是分析现金流量。现金流量表披露的经营活动净现金流入本质上代表了企业自我创造现金的能力，尽管企业取得现金还可以通过对外筹资的途径，但债务本金的偿还最终取决于经营活动的净现金流入。因此，经营活动的净现金流入占总来源的比例越高，企业的财务基础越稳固，支付能力和偿债能力才越强，现金流量表有助于达到这一目的。

3．可以预测企业未来的发展情况

如果现金流量表中各部分现金流量结构合理，现金流入和流出无重大异常波动，一般来说企业的财务状况基本良好。企业最常见的失败原因、情况也可在现金流量表中得到反映。例如，从投资活动流出的现金、筹资活动流入的现金和筹资活动流出的现金中，可以分析企业是否过度扩大经营规模；通过比较当期净利润与当期净现金流量，可以看出非现金流动资产吸收利润的情况，评价企业产生净现金流量的能力是否偏低。

4．便于财务报告使用者评估报告期内与现金有关和无关的投资及筹资活动

现金流量表除披露经营活动的现金流量、投资及筹资活动的现金流量外，在全部资金概念下，还披露与现金无关的投资及筹资活动，这对财务报告使用者制定合理的投资与信贷决策，评估企业未来的现金流量同样具有重要意义。

（三）现金流量表的编制基础

现金流量表中的现金概念即为编制基础，其含义是广泛的，它是指现金及现金等价物。其中，现金是指企业库存现金和可以随时用于支付的存款，包括库存现金、银行存款和其他货币资金（如外埠存款、银行汇票存款、银行本票存款等）等。不能随时用于支付的存款不属于现金。

现金等价物是指企业持有的期限短、流动性强、易于转换为已知金额现金、价值变动风险很小的投资。期限短一般是指从购买日起三个月内到期。现金等价物通常包括三个月内到期的债券投资等。权益性投资变现的金额通常不确定，因而不属于现金等价物。

不同企业现金及现金等价物的范围可能不同。企业应当根据经营特点等具体情况，确定现金及现金等价物的范围，一经确定不得随意变更。如果发生变更，应当按照会计政策变更处理。

（四）现金流量的分类

现金流量是指一定会计期间内企业现金和现金等价物的流入和流出。企业从银行提取现金、用现金购买短期到期的国债等现金和现金等价物之间的转换不属于现金流量。企业产生的现金流量分为下列三类：

1．经营活动产生的现金流量

经营活动产生的现金流量是指企业投资活动和筹资活动以外的所有交易活动和事项的现金流入和流出量，主要包括销售商品、提供劳务和经营租赁等活动收到的现金；购买商品、接受劳务、广告宣传和缴纳税金等活动支付的现金。

2．投资活动产生的现金流量

投资活动产生的现金流量是指企业长期资产的购建和对外投资活动（不包括现金等价物范围的投资）的现金流入和流出量，主要包括收回投资、取得投资收益和处置长期资产等活动收到的现金；购建固定资产、在建工程、无形资产等长期资产和对外投资等到活动所支付的现金等。

3．筹资活动产生的现金流量

筹资活动产生的现金流量是指企业接受投资和借入资金导致的现金流入和流出量，主要包括接受投资、借入款项和发行债券等活动收到的现金；偿还借款、偿还债券、支付利息和分配股利等活动支付的现金等。

二、现金流量表的内容和结构

（一）现金流量表的内容

企业的现金流量按交易的性质，可分为经营活动产生的现金流量、投资活动产生的现金流量和筹资活动产生的现金流量。因此，现金流量表应反映以下内容：① 经营活动产生的现金流量；② 投资活动产生的现金流量；③ 筹资活动产生的现金流量；④ 现金流量净额；⑤ 现金的期末余额。

（二）现金流量表的结构

我国企业现金流量表采用报告式结构，通过主表和补充资料两部分进行完整详细地列报，分类反映经营活动、投资活动、筹资活动产生的现金流量，最后汇总反映企业某一期间现金及现金等价物的净增加额，其基本格式如表 14-7 所示。

表 14-7 现金流量表

会企 03 表

编制单位： ____年____月 单位：元

项目	本期金额	上期金额
一、经营活动产生的现金流量：		
销售商品、提供劳务收到的现金		
收到的税费返还		

续表

项目	本期金额	上期金额
收到其他与经营活动有关的现金		
经营活动现金流入小计		
购买商品、接受劳务支付的现金		
支付给职工以及为职工支付的现金		
支付的各项税费		
支付其他与经营活动有关的现金		
经营活动现金流出小计		
经营活动产生的现金流量净额		
二、投资活动产生的现金流量：		
收回投资收到的现金		
取得投资收益收到的现金		
处置固定资产、无形资产和其他长期资产收回的现金净额		
处置子公司及其他营业单位收到的现金净额		
收到其他与投资活动有关的现金		
投资活动现金流入小计		
购建固定资产、无形资产和其他长期资产支付的现金		
投资支付的现金		
取得子公司及其他营业单位支付的现金净额		
支付其他与投资活动有关的现金		
投资活动现金流出小计		
投资活动产生的现金流量净额		
三、筹资活动产生的现金流量：		
吸收投资收到的现金		
取得借款收到的现金		
收到其他与筹资活动有关的现金		
筹资活动现金流入小计		
偿还债务支付的现金		
分配股利、利润或偿付利息支付的现金		
支付其他与筹资活动有关的现金		
筹资活动现金流出小计		
筹资活动产生的现金流量净额		

续表

项目	本期金额	上期金额
四、汇率变动对现金及现金等价物的影响		
五、现金及现金等价物净增加额		
加：期初现金及现金等价物余额		
六、期末现金及现金等价物余额		

三、现金流量表的编制

（一）列报经营活动现金流量的方法

编制现金流量表时，列报经营活动现金流量的方法有直接法和间接法两种。

1．直接法

直接法是指按现金收入和现金支出的主要类别直接反映企业经营活动产生的现金流量，如销售商品、提供劳务收到的现金；购买商品、接受劳务支付的现金等就是按现金收入和支出的类别直接反映的。在直接法下，一般是以利润表中的营业收入为起算点，调节与经营活动有关项目的增减变动，然后计算出经营活动产生的现金流量。

2．间接法

间接法是指以净利润为起算点，调整不涉及现金的收入、费用、营业外收支等有关项目，剔除投资活动、筹资活动对现金流量的影响，据此计算出经营活动产生的现金流量。由于净利润是按照权责发生制原则确定的，且包括了与投资活动和筹资活动相关的收益和费用，将净利润调节为经营活动现金流量，实际上就是将按权责发生制原则确定的净利润调整为现金净流入，并剔除投资活动和筹资活动对现金流量的影响。

采用直接法编制的现金流量表，便于分析企业经营活动产生的现金流量的来源和用途，预测企业现金流量的未来前景；而采用间接法不易做到这一点。

我国《企业会计准则》规定，企业应当采用直接法编报现金流量表，同时要求在附注中提供以净利润为基础调节的经营活动现金流量的信息，也就是间接法来计算经营活动的现金流量。

（二）现金流量表编制的技术方法

采用直接法具体编制现金流量表时，可以采用工作底稿法或T型账户法，也可采用分析填列法。

1. 工作底稿法

工作底稿法是以工作底稿为手段，以利润表和资产负债表数据为基础，结合有关会计账户的记录，对现金流量表的每一项目进行分析并编制调整分录，从而编制出现金流量表的一种方法。采用工作底稿编制现金流量表的具体步骤如下：

第一步，将资产负债表项目的“上年年末余额”和“期末余额”过入工作底稿中与之对应项目期初数栏和期末数栏。

第二步，对当期业务进行分析并编制调整分录。在调整分录中，有关现金及现金等价物的事项分别计入“经营活动产生的现金流量”“投资活动产生的现金流量”“筹资活动产生的现金流量”等项目，借记表明现金流入，贷记表明现金流出。

第三步，将调整分录过入工作底稿中的相应部分。

第四步，核对调整分录，借贷合计应当相等，资产负债表项目期初数加减调整分录中的借贷金额以后，应当等于期末数。

第五步，根据工作底稿中的现金流量表项目部分编制正式的现金流量表。

2. T 型账户法

T 型账户法是以 T 型账户为手段，以利润表和资产负债表数据为基础，对每一项进行分析并编制调整分录，从而编制出现金流量表。采用 T 型账户法编制现金流量表的具体程序如下：

第一步，为所有的非现金项目（包括资产负债表项目和利润表项目）分别开设 T 型账户，并将各自的期末期初变动数过入各账户。

第二步，开设一个大的“现金及现金等价物”T 型账户，每边分为经营活动、投资活动和筹资活动三个部分，左边记现金流入，右边记现金流出。与其他会计账户一样，过入期末期初变动数。

第三步，以利润表项目为基础，结合资产负债表分析每一个非现金项目的增减变动，并据此编制调整分录。

第四步，将调整分录过入各 T 型账户，并进行核对，该账户借贷相抵后的余额与原先过入的期末期初变动数应当一致。

第五步，根据大的“现金及现金等价物”T 型账户编制正式现金流量表。

3. 分析填列法

分析填列法是直接根据资产负债表、利润表和有关会计账户明细账的记录，分析计算现金流量表各项目的金额，并据以编制现金流量表的一种方法。

（三）各项目具体填列说明

在编制现金流量表时需要填列每个项目的“本期金额”栏和“上期金额”栏。其中“上期金额”栏内各项目的填列，应根据上年该期现金流量表的“本期金额”栏所列金额填列。“本期金额”栏的填列方法如下所述：

1. 经营活动产生的现金流量

（1）“销售商品、提供劳务收到的现金”项目，反映企业本期销售商品、提供劳务收到的现金，以及前期销售商品、提供劳务本期收到的现金（包括应向购买者收取的增值税销项税额）和本期预收的款项，减去本期销售本期退回商品和前期销售本期退回商品支付的现金。企业销售材料和代购代销业务收到的现金，也在本项目反映。本项目可以根据利润表、资产负债表有关项目及部分账户记录资料填列。

（2）“收到的税费返还”项目，反映企业收到返还的所得税、增值税、消费税、关税和教育费附加等各种税费返还款。本项目可以根据“现金”“银行存款”“税金及附加”“营业外收入”等账户记录分析填列。

（3）“收到其他与经营活动有关的现金”项目，反映企业经营租赁收到的租金等其他与经营活动有关的现金流入，金额较大的应当单独列示。本项目可以根据“库存现金”“银行存款”“管理费用”“营业费用”等账户的记录分析填列。

（4）“购买商品、接受劳务支付的现金”项目，反映企业本期购买商品、接受劳务实际支付的现金（包括增值税进项税额），以及本期支付前期购买商品、接受劳务的未付款项和本期预付款项，减去本期发生的购货退回收到的现金。企业购买材料和代购代销业务支付的现金，也在本项目反映。本项目可以根据利润表、资产负债表有关项目及部分账户记录资料填列。

（5）“支付给职工以及为职工支付的现金”项目，反映企业实际支付给职工的工资、奖金、各种津贴和补贴等职工薪酬（包括代扣代缴的职工个人所得税）。本项目可以根据“现金”“银行存款”“应付职工薪酬”等账户的记录分析填列。

（6）“支付的各项税费”项目，反映企业发生并支付、前期发生本期支付及预交的各项税费，包括所得税、增值税、消费税、印花税、房产税、土地增值税、车船税、教育费附加等。本项目可以根据“应交税费”“现金”“银行存款”等账户分析填列。

（7）“支付其他与经营活动有关的现金”项目，反映企业经营租赁支付的租金、支付的差旅费、业务招待费、保险费、罚款支出等其他与经营活动有关的现金流出，金额较大的应当单独列示。本项目可以根据有关账户的记录分析填列。

2．投资活动产生的现金流量

（1）“收回投资收到的现金”项目，反映企业出售、转让或到期收回除现金等价物以外的对其他企业长期股权投资等收到的现金，但处置子公司及其他营业单位收到的现金净额除外。本项目可根据“以公允价值计量且其变动计入当期损益的金融资产”“长期股权投资”等账户的记录分析填列。

（2）“取得投资收益收到的现金”项目，反映企业除现金等价物以外的对其他企业的长期股权投资等分回的现金股利和利息等。本项目可以根据“应收股利”“应收利息”“投资收益”“库存现金”“银行存款”等账户的记录分析填列。

（3）“处置固定资产、无形资产和其他长期资产收回的现金净额”项目，反映企业出售、报废固定资产、无形资产和其他长期资产所取得的现金（包括因资产毁损而收到的保险赔偿收入），减去为处置这些资产而支付的有关费用后的净额。本项目可根据“固定资产”“固定资产清理”“无形资产”“营业外收入”“营业外支出”等账户记录分析填列。

（4）“处置子公司及其他营业单位收到的现金净额”项目，反映企业处置子公司及其他营业单位所取得的现金，减去相关处置费用，以及子公司及其他营业单位持有的现金和现金等价物后的净额。本项目可以根据“长期股权投资”“银行存款”“库存现金”等账户的记录分析填列。

（5）“收到其他与投资活动有关的现金”项目，反映企业除上述各项目外，收到的其他与投资活动有关的现金。其他与投资活动有关的金额，如果金额较大，应单列项目反映。本项目可以根据有关账户的记录分析填列。

（6）“购建固定资产、无形资产和其他长期资产支付的现金”项目，反映企业购买、建造固定资产、取得无形资产和其他长期资产所支付的现金（含增值税税额等），以及用现金支付的应由在建工程和无形资产负担的职工薪酬。本项目可以根据“固定资产”“在建工程”“工程物资”“无形资产”“库存现金”“银行存款”等账户的记录分析填列。

（7）“投资支付的现金”项目，反映企业取得除现金等价物以外的对其他企业的长期股权投资等所支付的现金及支付的佣金、手续费等附加费用，但取得子公司及其他营业单位支付的现金净额除外。本项目可以根据“以公允价值计量且其变动计入当期损益的金融资产”“长期股权投资”等账户的记录分析填列。

（8）“取得子公司及其他营业单位支付的现金净额”项目，反映企业购买子公司及其他营业单位购买出价中以现金支付的部分，减去子公司及其他营业单位持有的现金和现金等价物后的净额。本项目可以根据“长期股权投资”“库存现金”“银行存款”等账户的记录分析填列。

（9）“支付其他与投资活动有关的现金”项目，反映企业除上述各项目外，支付的其他与投资活动有关的现金。其他与投资活动有关的现金，如果金额较大，应单列项目反映。本项目可以根据有关账户的记录分析填列。

3. 筹资活动产生的现金流量

（1）“吸收投资收到的现金”项目，反映企业以发行股票、债券等方式筹集资金实际收到的款项（发行收入减去支付的佣金等发行费用后的净额）。本项目可以根据“实收资本（或股本）”“资本公积”“库存现金”“银行存款”等账户的记录分析填列。

（2）“取得借款收到的现金”项目，反映企业举借各种短期、长期借款而收到的现金。本项目可以根据“短期借款”“长期借款”“以公允价值计量且其变动计入当期损益的金融负债”“应付债券”“库存现金”“银行存款”等账户的记录分析填列。

（3）“收到的其他与筹资活动有关的现金”项目，反映企业除上述各项目外，收到的其他与筹资活动有关的现金。其他与筹资活动有关的现金，如果金额较大的，应单列项目反映。本项目可根据有关账户的记录分析填列。

（4）“偿还债务支付的现金”项目，反映企业偿还债务本金所支付的现金，包括偿还金融企业的借款本金、偿还债券本金等。企业支付的借款利息和债券利息在“分配股利、利润或偿付利息支付的现金”项目反映，不包括在本项目内。本项目可以根据“短期借款”“长期借款”“以公允价值计量且其变动计入当期损益的金融负债”“应付债券”“库存现金”“银行存款”等账户的记录分析填列。

（5）“分配股利、利润或偿付利息支付的现金”项目，反映企业实际支付的现金股利、支付给其他投资单位的利润或用现金支付的借款利息、债券利息。不同用途的借款，其利息的开支渠道不一样，如在建工程、制造费用、财务费用等，均在本项目中反映。本项目可以根据“应付股利”“应付利息”“在建工程”“制造费用”“研发支出”“财务费用”等账户的记录分析填列。

（6）“支付其他与筹资活动有关的现金”项目，反映企业除上述各项目外，支付的其他与筹资活动有关的现金。其他与筹资活动有关的现金，如果价值较大的，应单列项目反映。本项目可根据有关账户的记录分析填列。

4. “汇率变动对现金及现金等价物的影响”项目的列报

“汇率变动对现金及现金等价物的影响”项目，反映下列两个金额之间的差额：

（1）企业外币现金流量折算为记账本位币时，采用现金流量发生日的即期汇率或按照系统合理的方法确定的、与现金流量发生日即期汇率近似的汇率折算的金额（编制合并现金流量表时折算境外子公司的现金流量，应当比照处理）。

（2）企业外币现金及现金等价物净增加额按资产负债表日即期汇率折算的金额。

四、现金流量表编制举例

要求：根据甲股份有限公司的相关资料及编制的资产负债表和利润表，采用工作底稿法编制 2019 年 12 月份现金流量表。

解析：

第一步，将资产负债表的“上年年末余额”和“期末余额”过入工作底稿的期初数栏和期末数栏。

第二步，对当期业务进行分析并编制调整分录。编制调整分录时，要以利润表项目为基础，从“营业收入”开始，结合资产负债表项目逐一进行分析。本例调整分录如下：

（1）分析调整营业收入：

借：经营活动现金流量——销售商品收到的现金　　13 358 000
　　应收账款　　2 880 000
　贷：营业收入　　12 500 000
　　　应收票据　　2 113 000
　　　应交税费　　1 625 000

利润表中的营业收入是按权责发生制反映的，应转换为现金制。因此，应调整应收账款和应收票据的增减变动。本例应收账款增加 2 880 000 元，增值税销项税额 1 625 000 元，应减少经营活动产生的现金流量，而应收票据减少 2 113 000 元均系货款，应增加经营活动产生的现金流量。

（2）分析调整营业成本：

借：营业成本　　7 500 000
　　应付票据　　1 000 000
　　应交税费　　446 251
　　存货　　27 000
　贷：经营活动现金流量——购买商品支付的现金　　8 973 251

根据资产负债表及其编制分录，应付票据减少 1 000 000 元，表明本期用于购买存货的现金支出增加 1 000 000 元，增值税进项税额增加 446 251 元；存货增加 27 000 元，表明本期用于购买商品的现金增加 27 000 元。

（3）调整本年税金及附加：

借：税金及附加　　20 000
　贷：应交税费　　20 000

即本年支付的税金及附加。

（4）计算销售费用付现：

借：销售费用　　200 000

　贷：经营活动现金流量——支付其他与经营活动有关的现金　　200 000

本例中，利润表中所列销售费用与按现金制确认数相同。

（5）分析调整管理费用：

借：管理费用　　971 000

　贷：经营活动现金流量——支付其他与经营活动有关的现金　　971 000

管理费用中包含不涉及现金支出的项目，此笔分录先将管理费用全额转入“经营活动现金流量——支付的其他与经营活动有关的现金”项目中，至于不涉及现金支出的项目，再分别进行调整。

（6）分析调整财务费用：

借：财务费用　　300 000

　贷：经营活动现金流量——销售商品收到的现金　　200 000

　　　筹资活动现金流量——偿付利息支付的现金　　100 000

本期增加的财务费用中，有 200 000 元是票据贴现利息，由于在调整应收票据时已全额计入“经营活动现金流量——销售商品收到的现金”项目中，所以要从“经营活动现金流量——销售商品收到的现金”项目内冲回，不能作为现金流出；支付长期借款利息 100 000 元，作为偿付利息所支付的现金。

（7）分析调整资产减值损失：

借：资产减值损失　　309 000

　贷：坏账准备　　9 000

　　　固定资产减值准备　　300 000

本期计提的坏账准备和固定资产减值准备影响净利润，但不影响现金流量。

（8）分析调整公允价值变动收益：

借：交易性金融资产　　20 000

　贷：投资收益　　20 000

本期发生的公允价值变动收益影响净利润，但不影响现金流量。资产负债表日，交易性金融资产公允价值增加 20 000 元。本期处置交易性金融资产，调整公允价值变动损益 20 000 元，转入投资收益。

（9）分析调整投资收益：

借：投资活动现金流量——收回投资收到的现金　　165 000

　　交易性金融资产　　1 030 000

　　投资收益　　5 000

　贷：交易性金融资产　　150 000

　　　投资活动现金流量——投资支付的现金　　1 050 000

投资收益应从利润表项目中调整出来，列入投资活动现金流量中。本例投资收益包括两个部分，一是购买交易性金融资产发生 20 000 元的交易费用，二是出售交易性金融资产获利 35 000 元，其中 20 000 元已在分录（8）中调整。

（10）分析调整营业外收入：

借：投资活动现金流量——处置固定资产收回的现金　3 000 000
　　累计折旧　1 500 000
　贷：资产处置损益　500 000
　　　固定资产　4 000 000

编制现金流量表时，需对营业外收入和营业外支出进行分析，以列入现金流量表的不同部分。本例中资产处置损益 500 000 元是处置固定资产的利得，处置过程中收到的现金应列入投资活动现金流量中。

（11）分析调整营业外支出：

借：营业外支出　197 000
　　投资活动现金流量——处置固定资产收回的现金　3 000
　　累计折旧　1 800 000
　贷：固定资产　2 000 000
借：营业外支出　22 600
　　经营活动现金流量——购买商品支付的现金　90 400
　贷：经营活动现金流量——销售商品收到的现金　113 000

本例中营业外支出 219 600 元由两个部分组成：一部分营业外支出 197 000 元是处置固定资产的损失，处置过程中收到的现金应列入投资活动现金流量中；一部分营业外支出是债务重组损失，债务重组中增加存货和增值税进项税额 90 400 元，已经计入了“经营活动现金流量——购买商品支付的现金”项目中，债务重组中减少的应收票据 113 000 元，也已经计入了“经营活动现金流量——销售商品收到的现金”项目中，应作补充调整。

（12）分析调整所得税费用：

借：所得税费用　873 650
　　递延所得税资产　75 000
　贷：应交税费　948 650

将利润表中的所得税费用调入应交税费。

（13）分析调整固定资产：

借：固定资产　14 864 700
　贷：投资活动现金流量——购建固定资产支付的现金　864 700
　　　在建工程　14 000 000

本期固定资产的增加包括两个部分：一是购入设备 864 700 元，二是在建工程完工转入 14 000 000 元。本期处置固定资产已在分录（11）中调整。

（14）分析调整累计折旧：

借：经营活动现金流量——支付其他与经营活动有关的现金　200 000
　　　　　　　　　　——购买商品支付的现金　800 000
　贷：累计折旧　1 000 000

本期计提的折旧 1 000 000 元中，计入管理费用的 200 000 元，计入制造费用的 800 000 元，基于和第（13）笔分录同样的理由，应作补充调整。

（15）分析调整在建工程：

借：在建工程　　4 280 000

　　工程物资　　1 500 000

　贷：投资活动现金流量——购建固定资产支付的现金　　3 500 000

　　　筹资活动现金流量——偿付利息支付的现金　　2 000 000

　　　应付职工薪酬　　280 000

本期在建工程增加的原因，包括以下几个方面：一是以现金购买工程物资 1 500 000 元及支付工资 2 000 000 元；二是支付的长期借款利息 2 000 000 元，资本化到在建工程成本中；三是为建造工人计提的福利费 280 000 元，资本化到在建工程成本中。

（16）分析调整累计摊销：

借：经营活动现金流量——支付其他与经营活动有关的现金　600 000

　贷：累计摊销　　600 000

无形资产摊销时已计入管理费用，所以应作补充调整。理由同第（13）笔分录。

（17）分析调整短期借款：

借：短期借款　　2 500 000

　贷：筹资活动现金流量——偿还债务支付的现金　　2 500 000

偿还短期借款应列入筹资活动的现金流量。

（18）分析调整应付职工薪酬：

借：经营活动现金流量——购买商品支付的现金　　3 249 000

　　　　　　　　　——支付其他与经营活动有关的现金　171 000

　贷：经营活动现金流量——支付给职工以及为职工支付的现金　　3 000 000

　　　应付职工薪酬　　420 000

本期应付职工薪酬的期末期初差额为 700 000 元，由计提的职工福利费构成，包括在建工程应负担的职工福利费 280 000 元，已在分录（11）中调整，以及为生产人员和管理人员计提的福利费 420 000 元。本例中并没有出现使用应付福利费的情况。若本期使用了应付福利费，则应将这部分金额列入“经营活动现金流量——支付给职工以及为职工支付的现金”项目中。上述分录中，由于工资费用分配时已分别计入制造费用和管理费用，所以要补充调整。

（19）分析调整应交税费：

借：应交税费　　1 968 650

　贷：经营活动现金流量——支付的各项税费　　1 968 650

本期支付的各项税费包括税金及附加 20 000 元、已交增值税 1 000 000 元，以及已交所得税 948 650 元。为便于分析，企业在日常核算中，应按应交税费的税种分设明细账，以便取得分析所需的数据。

（20）分析调整长期借款：

借：长期借款　　6 000 000

　贷：筹资活动现金流量——偿还债务支付的现金　　6 000 000

以现金偿还长期借款。

借：筹资活动现金流量——取得借款所收到的现金　　10 000 000

　贷：长期借款　　10 000 000

举借长期借款。

（21）结转净利润：

借：净利润　　2 621 750

　贷：未分配利润　　2 621 750

（22）提取盈余公积：

借：未分配利润　　262 175

　贷：盈余公积　　262 175

（23）最后调整现金净变化额：

借：现金　　380 218

　贷：现金净增加额　　380 218

第三步，将调整分录过入工作底稿的相应部分，如表 14-8 所示。

表 14-8　现金流量表工作底稿

单位：元

项目	期初数	调整分录		期末数
		借方	贷方	
一、资产负债表项目				
借方项目：				
货币资金	14 063 000	（23）195 799		14 258 799
交易性金融资产	150 000	（8）20 000 （9）880 000		1 050 000
应收票据	2 460 000		（1）2 113 000	347 000
应收账款	4 000 000	（1）2 880 000		6 880 000
预付款项	1 000 000			1 000 000
应收股利				
应收利息				
其他应收款	3 050 000			3 050 000
存货	25 800 000	（2）27 000		25 827 000
一年内到期的非流动资产				
其他流动资产				

续表

项目	期初数	调整分录		期末数
		借方	贷方	
其他债权投资				
债权投资				
长期应收款				
长期股权投资	2 500 000			2 500 000
投资性房地产				
固定资产——原价	11 000 000	（13）14 864 700	（10）4 000 000 （11）2 000 000	19 864 700
在建工程	15 000 000	（15）4 280 000	（13）14 000 000	5 280 000
工程物资		（15）1 500 000		1 500 000
固定资产清理				
无形资产	6 000 000			6 000 000
开发支出				
商誉				
长期待摊费用				
递延所得税资产		（12）75 000		75 000
其他非流动资产	2 000 000			2 000 000
借方项目合计	87 023 000			89 903 918
贷方项目：				
坏账准备	9 000		（7）9 000	18 000
累计折旧	3 000 000	（10）1 500 000 （11）1 800 000	（14）1 000 000	700 000
累计摊销			（16）600 000	600 000
固定资产减值准备			（7）300 000	300 000
短期借款	3 000 000	（17）2 500 000		500 000
应付票据	2 000 000	（2）1 000 000		1 000 000
应付账款	9 548 000			9 548 000
预收款项				
应付职工薪酬	1 100 000		（15）280 000 （18）420 000	1 800 000
应交税费	366 000	（2）446 251 （19）1 968 650	（1）1 625 000 （3）20 000 （12）948 650	544 749
应付利息				

续表

项目	期初数	调整分录		期末数
		借方	贷方	
应付股利				
其他应付款	500 000			500 000
其他流动负债	10 000 000			10 000 000
长期借款	6 000 000	（20）6 000 000	（20）10 000 000	10 000 000
应付债券				
长期应付款				
专项应付款				
递延所得税负债				
其他非流动负债				
实收资本（或股本）	50 000 000			50 000 000
资本公积				
盈余公积	1 000 000		（22）262 175	1 262 175
未分配利润	500 000	（22）262 175	（21）2 621 750	2 859 575
减：库存股				
贷方项目合计	87 023 000			89 632 499
二、利润表项目				
营业收入			（1）12 500 000	12 500 000
营业成本		（2）7 500 000		7 500 000
税金及附加		（3）20 000		20 000
销售费用		（4）200 000		200 000
管理费用		（5）971 000		971 000
财务费用		（6）300 000		300 000
资产减值损失		（7）309 000		309 000
公允价值变动收益（损失以“-”号填列）				
投资收益（损失以“-”号填列）		（9）5 000	（8）20 000	15 000
资产处置损益			（10）500 000	500 000
营业外收入				
营业外支出		（11）219 600		219 600
所得税费用		（12）873 650		873 650
净利润（净亏损以“-”号填列）		（21）2 621 750		2 621 750

续表

项目	期初数	调整分录		期末数
		借方	贷方	
三、现金流量表项目				
（一）经营活动产生的现金流量:				
销售商品、提供劳务收到的现金		（1）13 358 000	（6）200 000 （11）113 000	13 054 000
收到的税费返还				
收到其他与经营活动有关的现金				
经营活动现金流入小计				13 054 000
购买商品、接受劳务支付的现金		（11）90 400 （14）800 000 （18）3 249 000	（2）8 973 251	4 833 851
支付给职工以及为职工支付的现金			（18）3 000 000	3 000 000
支付的各项税费			（19）1 968 650	1 968 650
支付其他与经营活动有关的现金		（14）200 000 （16）600 000 （18）171 000	（4）200 000 （5）971 000	200 000
经营活动现金流出小计				10 002 501
经营活动产生的现金流量净额				3 051 499
（二）投资活动产生的现金流量:				
收回投资收到的现金		（9）165 000		165 000
取得投资收益收到的现金				
处置固定资产、无形资产和其他长期资产收回的现金净额		（10）3 000 000 （11）3 000		3 003 000
处置子公司及其他营业单位收到的现金净额				
收到其他与投资活动有关的现金				
投资活动现金流入小计				3 168 000
购建固定资产、无形资产和其他长期资产支付的现金			（13）864 700 （15）3 500 000	4 364 700
投资支付的现金			（9）1 050 000	1 050 000
取得子公司及其他营业单位支付的现金净额				
支付其他与投资活动有关的现金				
投资活动现金流出小计				5 414 700
投资活动产生的现金流量净额				−2 246 700

续表

项目	期初数	调整分录		期末数
		借方	贷方	
（三）筹资活动产生的现金流量：				
吸收投资收到的现金				
取得借款收到的现金		（20）10 000 000		10 000 000
收到其他与筹资活动有关的现金				
筹资活动现金流入小计				10 000 000
偿还债务支付的现金			（17）2 500 000 （20）6 000 000	8 500 000
分配股利、利润或偿付利息支付的现金			（6）100 000 （15）2 000 000	2 100 000
支付其他与筹资活动有关的现金				
筹资活动现金流出小计				10 600 000
筹资活动产生的现金流量净额				-600 000
（四）汇率变动对现金等价物的影响				
（五）现金及现金等价物净增加额			（23）195 799	195 799
调整分录借贷合计		84 855 975	84 855 975	

第四步，核对调整分录，借方、贷方合计数均已经相等，资产负债表项目年初余额加减调整分录中的借贷金额以后，也已等于期末数。

第五步，根据工作底稿中的现金流量表项目部分，编制正式的现金流量表，如表 14-9 所示。

表 14-9　现金流量表

会企 03 表

编制单位：甲股份有限公司　　2019 年 12 月　　单位：元

项目	本期金额	上期金额
一、经营活动产生的现金流量：		
销售商品、提供劳务收到的现金	13 054 000	
收到的税费返还		
收到其他与经营活动有关的现金		
经营活动现金流入小计	13 054 000	
购买商品、接受劳务支付的现金	4 833 851	
支付给职工以及为职工支付的现金	3 000 000	
支付的各项税费	1 968 650	
支付其他与经营活动有关的现金	200 000	

续表

项目	本期金额	上期金额
经营活动现金流出小计	10 002 501	
经营活动产生的现金流量净额	3 051 499	
二、投资活动产生的现金流量：		
收回投资收到的现金	165 000	
取得投资收益收到的现金		
处置固定资产、无形资产和其他长期资产收回的现金净额	3 003 000	
处置子公司及其他营业单位收到的现金净额		
收到其他与投资活动有关的现金		
投资活动现金流入小计	3 168 000	
购建固定资产、无形资产和其他长期资产支付的现金	4 364 700	
投资支付的现金	1 050 000	
取得子公司及其他营业单位支付的现金净额		
支付其他与投资活动有关的现金		
投资活动现金流出小计	5 414 700	
投资活动产生的现金流量净额	−2 246 700	
三、筹资活动产生的现金流量：		
吸收投资收到的现金		
取得借款收到的现金	10 000 000	
收到其他与筹资活动有关的现金		
筹资活动现金流入小计	10 000 000	
偿还债务支付的现金	8 500 000	
分配股利、利润或偿付利息支付的现金	2 100 000	
支付其他与筹资活动有关的现金		
筹资活动现金流出小计	10 600 000	
筹资活动产生的现金流量净额	−600 000	
四、汇率变动对现金及现金等价物的影响		
五、现金及现金等价物净增加额	195 799	
加：期初现金及现金等价物余额	14 063 000	
六、期末现金及现金等价物余额	14 258 799	

第五节　所有者权益变动表

一、所有者权益变动表概述

（一）所有者权益变动表的概念

所有者权益变动表是指反映构成所有者权益各组成部分当期增减变动情况的报表。

（二）所有者权益变动表的作用

通过所有者权益变动表，既可以为财务报告使用者提供所有者权益总量增减变动的信息，也能为其提供所有者权益增减变动的结构性信息，特别是能够让财务报告使用者理解所有者权益增减变动的根源。

二、所有者权益变动表的内容和结构

（一）所有者权益变动表的内容

所有者权益变动表在一定程度上体现企业综合收益的特点，除列示直接计入所有者权益的利得和损失外，同时包含最终属于所有者权益变动的净利润。主要包括以下内容：① 净利润；② 直接计入所有者权益的利得和损失项目及其总额；③ 会计政策变更和差错更正的累积影响金额；④ 所有者投入资本和向所有者分配利润等；⑤ 提取的盈余公积；⑥ 实收资本或股本、资本公积、盈余公积、未分配利润的期初和期末余额及其调节情况。

（二）所有者权益变动表的结构

在所有者权益变动表上，企业至少应当单独列示反映下列信息的项目：① 综合收益总额；② 会计政策变更和差错更正的累积影响金额；③ 所有者投入资本和向所有者分配利润等；④ 提取的盈余公积；⑤ 实收资本（或股本）、资本公积、盈余公积、未分配利润的期初和期末余额及其调节情况。

为了清楚地表明构成所有者权益的各组成部分当期的增减变动情况，所有者权益变动表应以矩阵的形式列示。一方面，列示导致所有者权益变动的交易或事项，即所有者权益变动的来源，对一定时期所有者权益的变动情况进行全面反映；另一方面，按照所有者权益各组成部分（即实收资本、资本公积、其他综合收益、盈余公积、未分配利润和库存股）列示交易或事项对所有者权益各部分的影响。

我国企业所有者权益变动表的格式如表 14-10 所示。

表 14-10　所有者权益变动表

会企 04 表

编制单位：　　　　　　　　　　年度　　　　　　　　　　单位：元

项目	本年金额												上年金额											
	实收资本（或股本）	其他权益工具			资本公积	减：库存股	其他综合收益	专项储备	盈余公积	未分配利润	所有者权益合计		实收资本（或股本）	其他权益工具			资本公积	减：库存股	其他综合收益	专项储备	盈余公积	未分配利润	所有者权益合计
		优先股	永续债	其他										优先股	永续债	其他							
一、上年年末余额																								
加：会计政策变更																								
前期差错更正																								
其他																								
二、本年年初余额																								
三、本年增减变动金额（减少以“-”号填列）																								
（一）综合收益总额																								
（二）所有者投入和减少资本																								
1．所有者投入普通股																								
2．其他权益工具持有者投入资本																								
3．股份支付计入所有者权益的金额																								
4．其他																								
（三）利润分配																								
1．提取盈余公积																								
2．对所有者（或股东）的分配																								
3．其他																								
（四）所有者权益内部结转																								
1．资本公积转增资本（或股本）																								
2．盈余公积转增资本（或股本）																								
3．盈余公积弥补亏损																								
4．设定受益计划变动额结转留存受益																								
5．其他																								
四、本年年末余额																								

三、所有者权益变动表的编制

所有者权益变动表各项目均需填列“本年金额”和“上年金额”两栏。

（一）“上年金额”的填列方法

所有者权益变动表“上年金额”栏内各项数字，应根据上年度所有者权益变动表“本年金额”栏内所列数字填列。上年度所有者权益变动表规定的各个项目的名称和内容同本年度不一致的，应对上年度所有者权益变动表各项目的名称和数字按照本年度的规定进行调整，填入所有者权益变动表的“上年金额”栏内。

（二）“本年金额”的填列方法

所有者权益变动表“本年金额”栏内各项数字一般应根据“实收资本（或股本）”“资本公积”“其他综合收益”“盈余公积”“利润分配”“库存股”“以前年度损益调整”账户的发生额分析填列。

企业的净利润及其分配情况作为所有者权益变动的组成部分，不需要单独编制利润分配表列示。

（三）各项目具体填列说明

（1）“上年年末余额”项目，反映企业上年资产负债表中实收资本（或股本）、资本公积、库存股、其他综合收益、盈余公积、未分配利润的年末余额。

（2）“会计政策变更”“前期差错更正”项目，分别反映企业采用追溯调整法处理的会计政策变更的累积影响金额和采用追溯重述法处理的会计差错更正的累积影响金额。为了体现会计政策变更和前期差错更正的影响，企业应当在上期期末所有者权益余额的基础上进行调整得出本期期初所有者权益，根据“盈余公积”“利润分配”“以前年度损益调整”等账户的发生额分析填列。

（3）“本年增减变动金额”项目：

- “综合收益总额”项目，反映净利润和其他综合收益扣除所得税影响后的净额相加后的合计金额。
- “所有者投入和减少资本”项目，反映企业当年所有者投入的资本和减少的资本。其中，“所有者投入资本”项目，反映企业接受投资者投入形成的实收资本（或股本）和资本溢价或股本溢价；“股份支付计入所有者权益的金额”项目，反映企业处于等待期中的权益结算的股份支付当年计入资本公积的金额。
- “利润分配”项目，反映企业当年对所有者（或股东）分配的利润（或股利）金额和按照规定提取的盈余公积金额，并对应列在“未分配利润”和“盈余公积”栏。其中，“提取盈余公积”项目，反映企业按照规定提取的盈余公积；“对所有者（或股东）的分配”项目，反映对所有者（或股东）分配的利润（或股利）金额。
- “所有者权益内部结转”项目，反映企业构成所有者权益的组成部分之间的增减变动情况。其中，“资本公积转增资本（或股本）”项目，反映企业以资本公积转增资本或股本的金额；“盈余公积转增资本（或股本）”项目，反映企业以盈余公积转增资本或股本的金额；“盈余公积弥补亏损”项目，反映企业以盈余公积弥补亏损的金额。

四、所有者权益变动表编制举例

要求：编制甲股份有限公司 2019 年 12 月份所有者权益变动表。

解析：根据所给资料，编制甲股份有限公司所有者权益变动表，如表 14-11 所示。

会企 04 表

表 14-11 所有者权益变动表

编制单位　　2019 年 12 月　　单位：元

项目	本年金额										上年金额								
	实收资本（或股本）	其他权益工具			资本公积	减：库存股	其他综合收益	盈余公积	未分配利润	所有者权益合计	实收资本（或股本）	其他权益工具			资本公积	减：库存股	其他综合收益	盈余公积	未分配利润
		优先股	永续债	其他								优先股	永续债	其他					
一、上年年末余额	50 000 000							1 000 000	500 000	51 500 000									
加：会计政策变更																			
前期差错更正																			
其他																			
二、本年年初余额	50 000 000							1 000 000	500 000	51 500 000									
三、本年增减变动金额（减少以“–”号填列）								262 175	2 359 575	2 621 750									
（一）综合收益总额									2 621 750	2 621 750									
（二）所有者投入和减少资本																			
1．所有者投入普通股																			
2．其他权益工具持有者投入资本																			
3．股份支付计入所有者权益的金额																			
4．其他																			
（三）利润分配																			
1．提取盈余公积								262 175	–262 175	0									
2．对所有者（或股东）的分配																			
3．其他																			
（四）所有者权益内部结转																			
1．资本公积转增资本（或股本）																			
2．盈余公积转增资本（或股本）																			
3．盈余公积弥补亏损																			
4．设定受益计划变动额结转留存受益																			
5．其他																			
四、本年年末余额										54 121 750									

第六节　财务报告附注

一、财务报告附注概述

（一）财务报告附注的概念

财务报告附注是对资产负债表、利润表、现金流量表和所有者权益变动表等报表中列示项目的文字描述或明细资料，以及对未能在这些报表中列示项目的说明等。

（二）财务报告附注的作用

财务报告附注主要起到两方面的作用：

（1）财务报告附注的披露，是对资产负债表、利润表、现金流量表和所有者权益变动表列示项目的含义的补充说明，帮助财务报告使用者更准确地把握其含义。例如，通过阅读附注中披露的固定资产折旧政策的说明，使用者可以掌握报告企业与其他企业在固定资产折旧政策上的异同，以便进行更准确的比较。

（2）财务报告附注提供了对资产负债表、利润表、现金流量表和所有者权益变动表中未列示项目的详细或明细说明。例如，通过阅读附注中披露的存货增减变动情况，使用者可以了解资产负债表中未单列的存货分类信息。

通过附注与资产负债表、利润表、现金流量表和所有者权益变动表列示项目的相互参照关系，以及对未能在报表中列示项目的说明，可以使财务报告使用者全面了解企业的财务状况、经营成果和现金流量。

二、财务会计报告附注的内容

按《企业会计准则第 30 号——财务报表列报》的规定，附注应当按照如下顺序披露有关内容。

（一）企业的基本情况

（1）企业注册地、组织形式和总部地址。

（2）企业的业务性质和主要经营活动。

（3）母公司及集团最终母公司的名称。

（4）财务报告的批准报出者和财务报告批准报出日。

（5）营业期限有限的企业，还应当披露有关营业期限的信息。

（二）财务会计报表的编制基础

财务会计报表的编制基础是指财务报表是在持续经营基础上还是非持续经营基础上编制的。企业一般是在持续经营基础上编制财务报表，清算、破产属于非持续经营基础。

（三）遵循企业会计准则的声明

企业应当声明编制的财务报表符合企业会计准则的要求，真实、完整地反映了企业的财务状况、经营成果和现金流量等有关信息，以此明确企业编制财务报表所依据的制度基础。如果企业编制的财务报表只是部分地遵循了企业会计准则，附注中不得做出这种表述。

（四）重要会计政策和会计估计

企业应当披露采用的重要会计政策和会计估计，不重要的会计政策和会计估计可以不披露。在披露重要会计政策和会计估计时，企业应当披露重要会计政策的确定依据和财务报表项目的计量基础，以及会计估计中所采用的关键假设和不确定因素。

（五）会计政策和会计估计变更以及差错更正的说明

企业应当按照《企业会计准则第 28 号——会计政策、会计估计变更和差错更正》及其应用指南的规定，披露会计政策和会计估计变更及差错更正的情况。

（六）报表重要项目的说明

企业对报表重要项目的说明，应当按照资产负债表、利润表、现金流量表、所有者权益变动表及其项目列示的顺序，采用文字和数字描述相结合的方式进行披露。报表重要项目的明细金额合计，应当与报表项目金额相衔接。

报表重要项目的说明

（七）其他需要说明的重要事项

其他需要说明的重要事项主要包括或有和承诺事项、资产负债表日后非调整事项、关联方关系及其交易等，以及有助于财务财务报告使用者评价企业管理资本的目标、政策及程序的信息。

【业务能力训练】

一、单项选择题

1．“应付账款”账户明细账中若有贷方余额，应将其计入资产负债表中的（　　）项目。

A．应收账款　　B．预收款项

C．应付账款　　D．预付款项

2．资产负债表中“未分配利润”项目应根据（　　）计算填列。

A．“未分配利润”账户余额

B．“本年利润”账户余额

C．“利润分配”账户余额

D．“本年利润”账户和“利润分配”账户余额

3．以下应在“取得投资收益收到的现金”项目下反映的是（　　）。

A．发行股票　　B．发行债券　　C．长期借款　　D．取得现金股利

4．下列各项中，会引起现金流量净额发生变动的是（　　）。

A．从银行提取现金　　B．生产领用原材料

C．以银行存款偿还应付账款　　D．以设备抵偿债务

5．下列经济业务所产生的现金流量中，属于“经营活动产生的现金流量”的是（　　）。

A．变卖固定资产所产生的现金流量

B．偿还债务所产生的现金流量

C．支付经营租赁费所产生的现金流量

D．取得债券利息收入所产生的现金流量

二、多项选择题

1．下列各项中，属于筹资活动的有（　　）。

A．发行股票　　B．分配股利

C．取得长期借款　　D．取得长期股权投资

2．下列项目中应在所有者权益变动表中反映的有（　　）。

A．净利润　　B．利润分配

C．前期差错更正　　D．直接计入当期损益的利得和损失

3．下列项目中，应在财务报表附注中披露的有（　　）。

A．企业的业务性质　　B．持续经营能力

C．关联方交易　　D．会计政策的确定依据

4．下列资产减值准备相关账户余额中，不在资产负债表上单独列示的有（　　）。

A．长期股权投资减值准备　　B．存货跌价准备

C．坏账准备　　D．固定资产减值准备

5．下列各项，属于现金流量表中现金及现金等价物的有（　　）。

A．库存现金　　B．其他货币资金

C．3 个月内到期的债券投资　　D．可随时支付的银行存款

三、判断题

1．车船税应在利润表的“税金及附加”项目下列示。（　　）

2．用银行存款购买两个月内到期的国债投资不会使现金流量表中现金流量发生增减变动。（　　）

3．转让无形资产所有权收到的现金属于现金流量表中投资活动产生的现金流量。（　　）

4．企业应当在财务报表附注中披露当期资本化的借款费用金额和当期用于计算确定借款费用资本化金额的资本化率。（　　）

5．财务报表的编制基础是指财务报表是在持续经营基础上还是在非持续经营的基础上编制的。（　　）

四、实务题

甲股份有限公司为商品流通企业。2019 年度，资产负债表部分资料和利润表部分资料分别如表 14-12 和表 14-13 所示。

表 14-12　资产负债表部分资料

单位：万元

资产	年初余额	期末余额	负债和股东权益	年初余额	期末余额
应收票据	300	200	应付账款	400	250
应收账款	495	693	应付职工薪酬	50	60
预付款项	100	150	其他应付款	2	10
存货	1 000	700			

表 14-13　利润表部分资料

单位：万元

项目	本期金额
营业收入	8 000
营业成本	4 500
税金及附加	64.60
销售费用	2 000
所得税费用	400

其他有关资料如下：

（1）本期增值税销项税额 1 040 万元，进项税额 546 万元，已交增值税 490 万元。已交税金及附加 64.60 万元，已交所得税费用 400 万元。

（2）其他应付款为收取的出借包装物押金 8 万元。

（3）应收款项计提坏账准备 2 万元。

（4）未单独设置“管理费用”账户；销售费用中包含职工薪酬 1 140 万元、折旧费 22 万元、摊销的预付保险费 50 万元，其余以银行存款支付。

（5）本年以银行存款 700 万元（不含税价款）购入不需要安装的设备一台，另外以银行存款支付增值税 91 万元。本年对一台管理用设备进行清理。该设备账面原价为 460 万元，清理时的累计折旧为 370 万元。该设备清理过程中，以银行存款支付清理费用 6 万元，变价收入 76 万元已存入银行。

要求：计算现金流量表中下列项目的金额。

（1）销售商品、提供劳务收到的现金。

（2）收到的其他与经营活动有关的现金。

（3）购买商品、接受劳务支付的现金。

（4）支付给职工及为职工支付的现金。

（5）支付的各项税费。

（6）支付的其他与经营活动有关的现金。

（7）处置固定资产、无形资产和其他长期资产收到的现金净额。

（8）购建固定资产、无形资产和其他长期资产支付的现金。